D1390556

EINSTEIN

SA VIE ET SON TEMPS

PHILIPPE FRANK

EINSTEIN
SA VIE ET SON TEMPS

Traduit de l'anglais
avec un chapitre complémentaire
par
ANDRÉ GEORGE

FLAMMARION

ISBN 2-08-081242-4

Imprimé en France

A

MA FEMME

HANNA

DE QUI LE NOBLE ET VAILLANT ESPRIT
FUT UNE PRÉCIEUSE SOURCE D'INSPIRATION
DANS LES DEUX HÉMISPHÈRES
DE LA
TERRE.

« La chose la plus incompréhensible du monde, c'est que le monde est compréhensible. »

EINSTEIN.

NOTE PRÉLIMINAIRE

L'auteur de ce livre, Philippe Frank, est né à Vienne en 1884. Il a été reçu docteur ès sciences, à l'Université de sa ville natale, en 1906. Six ans plus tard et sur la recommandation d'Albert Einstein même, il remplaçait celui-ci à l'Université de Prague, dans la chaire de Physique théorique.

En 1928, il fit des conférences en U. R. S. S., puis il vint aux Etats-Unis en 1938, pour donner à Harvard une série de leçons sur des sujets de physique ou de mathématiques. Depuis 1939 enfin, il est associé de recherches en physique et philosophie, à Harvard encore. Il habite Cambridge (Massachusetts).

Le professeur Frank a publié des travaux qui font autorité en optique géométrique, en dynamique et en aérodynamique théorique. Il est aussi parmi les fondateurs du mouvement pour un empirisme logique en science, mouvement qui est partout célèbre sous le nom de Cercle de Vienne (Wiener Kreis). Le public français connaît particulièrement Philippe Frank sous cet aspect. On a en effet traduit son ouvrage, le Principe de causalité et ses limites, *dans la « Bibliothèque de Philosophie scientifique », et plusieurs courtes études aux « Actualités scientifiques et industrielles ».*

La biographie d'Einstein (Einstein, his life and times) *a paru pour la première fois chez Alfred A. Knopf, à New-York, en 1947, et n'a cessé d'être réimprimée. La présente introduction a été envoyée par l'auteur pour la traduction française.*

Nous terminions ainsi notre courte note, lors du premier tirage de cette traduction en 1950. Le succès de l'édition française a égalé celui qu'a rencontré l'ouvrage dans les autres pays. La biographie de Frank demeure le livre de base — le seul qu'admettait Einstein le concernant personnellement.

L'auteur sentit bientôt que son récit s'arrêtant à 1945, il fallait un chapitre final s'étendant aux dix dernières années d'Einstein. Malheureusement, Philippe Frank ne put l'écrire et il est mort le 21 juillet 1966.

C'est cette période 1945-1955 que j'ai tenté d'évoquer pour cette édition nouvelle et l'on trouvera donc cette partie complémentaire à sa place, au terme du volume.

André George.

INTRODUCTION

1. « Comprendre Einstein », c'est comprendre le monde du xxᵉ siècle.

On a souvent dit que « pour comprendre rigoureusement le centième de pouce d'un brin d'herbe, il faudrait comprendre l'univers ». Mais celui qui parviendrait à si bien comprendre un brin d'herbe, ne trouverait rien d'obscur dans quoi que ce soit de l'univers. Dans un esprit voisin, on peut dire que quiconque a la moindre entente de la personnalité d'Einstein, de son œuvre et de son influence, aura accompli un grand pas dans l'intelligence du monde du xxᵉ siècle.

J'écris cette biographie d'Einstein non pour les physiciens ni les mathématiciens, non pour les philosophes ni les théologiens, non pour les Sionistes ni les pacifistes, mais pour ceux qui veulent comprendre quelque chose du monde contradictoire et complexe du xxᵉ siècle.

Par suite d'heureuses circonstances, j'ai eu le désir et l'occasion d'observer Einstein comme homme et comme savant. Depuis mes années d'étudiant, j'ai été captivé à mainte reprise par la manière dont Einstein savait déduire, de lois simples et élégantes, des phénomènes naturels récemment découverts et souvent étranges. Les rapports entre théories physiques et théories philosophiques m'ont aussi fréquemment retenu. Avec le temps, une question m'attira, voire m'intrigua, toujours davantage: pourquoi des théories scientifiques et philosophiques n'ayant apparemment presque rien à voir avec la vie humaine, sont-elles si souvent employées à influencer les attitudes pratiques dans des matières politiques ou religieuses?

En 1912, je remplaçai Einstein comme professeur de physique théorique à l'Université de Prague; en 1938, lorsque j'arrivai aux Etats-Unis, je rencontrai de nouveau Einstein qui s'y trouvait déjà depuis cinq ans. Je conçus l'idée de saisir l'avantage d'une telle proximité matérielle pour préparer un récit de sa vie et de son œuvre. Lorsque je lui parlai de ce projet, il me déclara : « Comme il est étrange que vous suiviez mes pas une seconde fois! »

Avant notre arrivée aux Etats-Unis, ma femme me disait souvent que j'avais écrit jusqu'alors assez de livres ou d'articles intelligibles à un très petit nombre de spécialistes seulement, pour qu'en échange il me plût d'écrire un ouvrage qu'un plus grand nombre de personnes pussent goûter. En fait, j'ai fréquemment déploré ce large fossé ouvert entre les livres écrits pour les savants spécialistes et la grande communauté des hommes ou des femmes cultivés. J'ai cherché une occasion de contribuer à lancer un pont par-dessus le fossé. Il me tardait de faire un livre qui pût aider à comprendre l'œuvre accomplie par les savants d'aujourd'hui; et, ainsi, d'une manière plus personnelle, je voulais fournir, des fondements psychologiques ou culturels de la recherche scientifique, une vue plus intime que ne peuvent l'offrir les habituels livres de science, même à caractère populaire.

Toutes ces circonstances m'encouragèrent à écrire ce livre. Bien des spécialistes ont tenté de m'en dissuader. Ils m'ont fait ressortir que je n'aurais le choix qu'entre deux écueils. Ou bien j'écrirais de telle manière que je serais compris du grand public, mais l'ouvrage serait de vulgarisation, donc critiqué des savants; ou bien je le ferais de telle façon qu'il plût aux spécialistes, mais alors il serait incompréhensible et personne ne le lirait.

Ces arguments ne m'ont point détourné, parce que je n'ai pas cru qu'il y eût une différence si radicale entre le profane et le spécialiste. Tout spécialiste devient un profane, dès lors qu'il quitte son très étroit domaine personnel. Ce livre a affaire à tant de régions de la vie et de la pensée humaines que personne n'y peut être spécialiste de la totalité. Je crois donc que je puis en toute conscience écrire pour les profanes sans paraître superficiel au spécialiste, parce qu'en réalité ce dernier n'existe pas.

De formation et de métier, je suis mathématicien et physicien, non point écrivain. Mon métier incite à la répugnance pour les exagérations de tout ordre. On y acquiert seulement cet enthousiasme qui s'oriente vers la quête de la vérité, comme vers la présentation de la vérité sous une forme accessible et élégante.

Pour autant qu'il s'agît de purs faits, j'ai partiellement utilisé les précédentes biographies d'Einstein. Toutefois, la peinture de la personnalité d'Einstein et de sa place dans notre temps résulte de mon étude personnelle des écrits sur Einstein, — amis ou ennemis, — et dans une large mesure d'entretiens personnels avec lui-même.

Le portrait présenté à travers ce livre est celui que j'ai dégagé de mes propres impressions. Ce n'est en aucune façon une autobiographie d'Einstein. Je le décris exactement comme un savant décrirait tout autre remarquable, rare et puissant phénomène naturel ou historique. C'est seulement de la sorte que justice peut être rendue à un grand homme.

2. Popularité et incompréhensibilité d'Einstein.

Dans une récente biographie de l'un des plus grands physiciens, on rencontre cette phrase : « Après la publication de ses nouveaux principes, les étudiants, dans la cour du collège, dirent, comme il passait par là : voilà l'homme qui a écrit un livre que ni lui ni personne ne comprend. » Ce n'est pas dans une biographie d'Einstein qu'on trouve cela, mais dans celle d'Isaac Newton, qui, de nos jours, fut si souvent opposé comme exemple de *limpidité* à « l'incompréhensible » Einstein.

Un contemporain de Newton l'exalta dans un poème qui culmine par ces vers :

La nature et ses lois se cachaient dans la nuit,
Dieu dit : que Newton soit! et la lumière luit.

Et dans notre temps, on y a ajouté les vers suivants :

Mais non pas pour longtemps. Le diable hurlant : Oh!
Que cet Einstein soit donc! rendit le *statu quo.*

Cette étiquette d' « incompréhensibilité » a joué un grand rôle dans la légende populaire d'Einstein. A New-York, je rencontrai un agent d'assurances auquel je racontai mon intention d'écrire ce livre. Stupéfait, il me dit : « Vous n'allez pas, j'espère, essayer de me convaincre que vous pouvez comprendre Einstein! » Je lui demandai pourquoi il trouvait cela impossible. Il répliqua catégoriquement : « Nous nous servons du mot *Einstein*, pour dire *incompréhensible*. Quand nous voulons dire que quelque chose est incompréhensible, nous disons : c'est de l'Einstein. C'est pourquoi cela ne signifie rien de dire que vous comprenez Einstein ».

On a largement diffusé une prétendue remarque d'Einstein, selon laquelle douze personnes seulement au monde comprendraient sa théorie. On peut se demander si quelqu'un comprend jamais réellement quelque chose, et si ce qu'on nomme incompréhensible ne dépend pas de la question qu'on pose. Quiconque s'étonne de voir la popularité s'allier à l'incompréhensibilité doit se convaincre que toutes deux ont un important trait commun. C'est la qualité d'être « inaccoutumées ».

Tout ce qui est « inaccoutumé » est incompréhensible, mais possède en même temps un pouvoir d'attraction. Et dans l'esprit populaire, cette qualité d'« inaccoutumé » a toujours été liée à Einstein.

Un jour d'hiver j'arrivai à Princeton. Dans les rues, s'entassait très haut une neige qui déjà commençait à fondre. Il n'y avait ni autobus ni tramway, et je voulais me rendre chez un mathématicien habitant à quelque distance de la route (270, Mercer Street). Je demandai à un homme qui balayait la neige où se trouvait cette maison. L'homme leva la tête de son ouvrage, puis, avec un étonnement considérable et un certain plaisir, il me dit : « 270? c'est la maison d'Einstein. » Comme Einstein habite 112, Mercer Street, je pus l'assurer que ce n'était précisément pas la maison d'Einstein. « Ah, dit-il, nous appelons toujours le 270 la maison d'Einstein. Si vous ne le croyez pas, sautez dans ce camion où j'emporte la neige, et venez jeter un coup d'œil sur la maison. » J'étais content de trouver un véhicule par ce temps et nous roulâmes ainsi jusqu'au n° 270.

C'était une maison avec toit banal dans le style de l'architecture moderne d'Europe, — genre *fonctionnel*,— et qui était à la vérité entièrement différente des autres maisons de la rue, toutes plus ou moins du style colonial. Le balayeur de neige me dit triomphant : « Est-ce que cette maison ne paraît pas drôle et bien différente de toutes ses voisines? » Je ne pus que répondre : « Mais la maison qu'habite réellement Einstein, le n° 112, ressemble exactement, de l'extérieur, à toutes les maisons voisines. »

Beaucoup de gens n'avaient pas la moindre idée de la branche des connaissances humaines à quoi appartenait véritablement la théorie de la Relativité. Pendant les « années vingt », à Prague, j'allais un jour à une de ces conférences de vulgarisation sur la théorie d'Einstein, qui étaient si habituelles alors. J'y rencontrai un théologien catholique que je connaissais et qui me présenta comme physicien à un évêque également présent. « Oh! dit l'évêque extrêmement surpris, les physiciens aussi s'intéressent à la théorie d'Einstein? » Nous verrons dans la suite que cette question, effectivement étrange, n'était pas aussi impropre qu'il semble au premier abord.

3. Interprétations superficielles de la théorie d'Einstein.

Le grand public a toujours tenu Einstein pour « incompréhensible ». Cependant, l'examen un peu plus serré des conceptions populaires au sujet de ses théories révèle qu'il y avait un détail que les gens croyaient comprendre.

D'évidence, quelque chose de totalement inintelligible ne saurait être admis. Mais en général, ce noyau « compréhensible », on découvre qu'il est d'une énorme banalité. Au cours des années vingt, j'allai un jour dans une toute petite ville de Bohême, habitée par les Allemands des Sudètes qui devaient acquérir plus tard une telle célébrité. J'arrivai à l'auberge dans la soirée et je trouvai les hôtes en train de fumer leur pipe en buvant de la bière. Quand ils apprirent ma qualité de physicien à Prague, l'un d'entre eux remarqua qu'il avait entendu dire que je m'occupais de la théorie d'Einstein. Il ajouta : « Ces théories einsteiniennes ne sont pas nouvelles dans notre ville. On les connaissait ici bien avant Einstein. Depuis vingt ans, notre médecin municipal s'en sert pour venir à cette auberge, allumer sa pipe et prendre son premier verre de bière en disant : tout est relatif. Einstein ne dit rien de plus. »

A New-York, j'ai entendu une fois un voyageur demander au conducteur de l'autobus si Washington Square était loin. Le conducteur répondit avec emphase et non sans fierté : « D'après Einstein, *loin* est un concept relatif. Cela dépend si vous êtes pressé... »

En une autre occasion, j'écoutais une conférence d'un vulgarisateur connu des théories d'Einstein. Il illustrait tout avec des projections. Une image montrait un élève en classe, écoutant une leçon assommante du professeur. L'étudiant regardait sa montre et soupirait : « Ça va durer encore longtemps. Au moins dix minutes... une éternité! » Le cliché suivant montrait le même étudiant sur un banc, dans le parc, en conversation avec une charmante jeune fille. « Je ne peux plus rester que dix minutes », disait-elle. Et lui soupirait : « Dix minutes... ça passera comme un éclair! »

Mais ce fut en 1927 que j'eus la plus remarquable expérience du genre. Elle est d'un très grand intérêt car elle nous permet d'apprendre quelque chose sur le rôle politique des théories d'Einstein. Il se trouvait alors que je voyageais par le train, de Moscou à Léningrad. J'entrai en conversation avec un compagnon de voyage qui avait l'air d'être professeur de philosophie politique. J'avais vaguement entendu dire que la théorie de la Relativité, souvent attaquée déjà en Allemagne comme « le bolchevisme en physique », se voyait taxée par nombre de savants soviétiques d'être « bourgeoise et réactionnaire ». J'ignorais si c'était vrai, car les plus étranges rumeurs circulaient sur la vie en Russie. Par suite, j'appréciais ma chance de rencontrer ce compagnon de voyage, et je m'entretins avec lui sur divers problèmes de philosophie politique ou scientifique, pour autant que ma connaissance du russe le permettait. A la fin, je lui dis, plaisantant à demi : « Je vous serais très reconnaissant si vous pouviez me répondre à une question. Je n'arrive pas à comprendre comment la même théorie, la Relativité d'Einstein, est décriée en certains pays comme bolchevique et attaquée en Russie comme anti-bolchevique. »

Mon compagnon réfléchit un moment, puis répondit catégoriquement : « Dans les pays capitalistes, la théorie de la Relativité soutient que l'économie capitaliste est seulement « relativement juste ». D'un autre côté, en U. R. S. S., les partisans d'Einstein proclament que le système communiste n'est que « relativement juste ». Le résultat c'est que les relativistes sont fort justement condamnés partout. »

4. La personnalité et le destin d'Einstein symbolisent des traits importants du XXe siècle

Beaucoup de gens ressentirent la grandeur des théories d'Einstein, mais les hommes veulent aussi trouver un motif à l'hommage qu'ils rendent. Bien souvent, il est difficile de parvenir à l'intelligence de quelque grande œuvre, et pourtant on veut expliquer pourquoi on la comprend. Par suite, au lieu d'indiquer la vraie raison de la hauteur de l'œuvre, on donne quelque argument superficiel, banal. Naturellement ce n'est point la vraie cause de la grandeur d'un homme tel qu'Einstein.

Malgré le caractère superficiel des raisons offertes, l'admiration si répandue pour la théorie d'Einstein ne peut être comprise que si l'on considère la place d'Einstein dans l'histoire. Ses théories apparurent à un important tournant de la pensée humaine touchant l'univers. Les gens regardèrent avec étonnement la révolution qui se produisait sous leurs yeux, et sentirent que la théorie d'Einstein était un aspect particulièrement caractéristique de cette révolution, son noyau pour ainsi dire.

Vers 1900, il devenait de plus en plus clair que les processus physiques et chimiques de la matière inanimée même, n'ont pas lieu selon les lois qui s'appliquent à une machine, — le mot machine pris dans le sens où l'emploie le technicien. Cependant, une explication de la nature en termes d'analogie mécanique avait été un élément caractéristique de la façon dont l'esprit humain s'émancipa des bornes du moyen âge. En conséquence, l'écroulement de la « théorie mécanique du monde » fut souvent interprété comme une faillite de cette émancipation. Ce fut un argument pour le retour au moyen âge dans tous les aspects de la vie. Un nombre croissant de personnes commençaient à douter si le progrès prophétisé par le libéralisme et fondé sur cette science mécanique du XIXe siècle, serait jamais capable d'éliminer complètement, voire d'alléger substantiellement, les soucis matériels et spirituels de l'humanité. Il en résulta que ce sentiment de « banqueroute » de la science en ce temps alla de concert avec une attitude semblable envers le libéralisme.

Avant et après 1900, apparurent ces mouvements intellectuels caractéristiques qui s'opposaient au « matérialisme » et au « libéralisme ». D'une part, on proclama le retour à la philosophie organiciste du moyen âge, tendance qui sous sa dernière forme politique conduisit au fascisme. D'autre part, des tentatives furent faites pour promouvoir des formes dynamiques et organiques du matérialisme, donnant ainsi naissance aux diverses formes du socialisme marxiste.

Tous ces groupes philosophiques et politiques firent

appel à la révolution de la science pour se donner une base intellectuelle, et plus ou moins par conséquent, à l'œuvre comme à la personne d'Einstein. Donc, du point de vue de l'histoire des idées, il se place très près des origines du fascisme et du marxisme. Pour la même raison, il se rattache à ces tendances du XXe siècle qui agirent en faveur d'un réveil de la religion, en opposition aux convictions « matérialistes » et « athées » du XVIIIe et du XIXe siècles en science, convictions d'abord fondées sur la physique de ces périodes. Toute diminution du prestige de cette science signifie un plus grand prestige de ces tendances, qui semblent dirigées vers un « nouvel ordre » du monde. Par là, la vie et l'œuvre d'Einstein nous apprennent beaucoup pour l'intelligence de ce qui, selon l'expression de Mrs Lindbergh, a souvent été appelé « la vague du futur ».

Einstein est d'origine juive. A bien des tournants de l'histoire, les Juifs ont joué le rôle de bouc émissaire, en sorte que le destin de ce peuple, tel un verre grossissant, reflète pour une bonne part la vie et les problèmes d'une époque. Comme ce peuple antique se dresse dans notre temps tel un roc des âges primitifs, et par son opiniâtreté même à garder ses vieilles traditions, il a mainte fois éveillé l'antagonisme des autres. De la souche ancienne d'où sortit un jour Jésus, et que l'on croyait morte, le monde s'émerveille et souvent s'étonne de voir surgir encore et toujours des figures prophétiques. Karl Marx ou Siegmund Freud peuvent bien être pris par certaines personnes pour de faux prophètes, mais nul ne peut, sans risquer d'offenser ou blesser beaucoup de monde, nier qu'ils n'aient souvent étudié ou même découvert des aspects intimes et sensibles de la nature humaine.

En un certain sens, Einstein appartient aussi à cette catégorie d'hommes. H. G. Wells, définit de façon très saisissante la caractéristique de l'esprit d'Einstein, en parlant de « subtile simplicité ». Et cette « subtile simplicité » est devenue un élément essentiel de l'esprit du XXe siècle. Les principes où reposent les théories einsteiniennes de l'univers physique sont d'une étrange simplicité, mais il en découle une profusion de conséquences révolutionnaires.

Pour Einstein, il fut toujours évident que l'histoire de l'humanité ne saurait se réduire à des formules simples. Les influences qui interviennent sont si nombreuses, que le futur ne peut être prédit. Plus ou moins, nous aurons toujours l'impression du chaos. Mais si nous considérons l'univers comme un tout, — le soleil, les planètes, les étoiles fixes, la voie lactée et les galaxies lointaines et les nébuleuses stellaires, — il y a des lois mathématiques d'une si sublime simplicité que l'esprit de l'homme peut difficilement exprimer son étonnement. Einstein a souvent insisté sur le fait que cette impression d'étonnement se rattache étroitement à un sentiment d'admiration. L'existence de ces lois simples, dans le chaos qui nous environne, est un trait mystérieux de l'univers qui éveille parfois chez lui des impressions qu'il appelle « religion ». Il a traduit la perception et le sentiment de cette « simplicité au sein du chaos » dans la phrase que nous avons prise pour thème de ce livre :

« La chose la plus incompréhensible du monde, c'est que le monde est compréhensible. »

L'univers qui obéit à des lois simples et le monde chaotique des actions humaines, voilà les deux scènes accolées sur lesquelles la vie d'Einstein s'est jouée, et c'est là ce que nous voulons dépeindre.

5. Einstein a vécu l'histoire de notre siècle.

Einstein passa la période de son existence essentielle au développement de son esprit dans l'Allemagne de Guillaume II, après le renvoi de Bismarck. Ses parents appartenaient à la petite bourgeoisie allemande, dont ils partageaient l'admiration pour la *kultur* germanique et le « Nouveau Reich. » Nous verrons que dès sa prime enfance Einstein se révolta contre l'idée de regarder le dressage militaire comme un modèle pour l'éducation et la formation religieuse. Nous verrons Einstein fuir l'école allemande pour vivre dans une atmosphère plus libérale, en Suisse.

1905 fut l'année révolutionnaire décisive dans l'histoire du monde. Cette année, la Russie nouvelle grandit, le Japon entra dans le concert des puissances mondiales, et tout était préparé pour l'explosion de la guerre mondiale en 1914. Dans cette année essentielle de 1905, Einstein pensait encore peu aux germes de l'avenir. C'est pourtant alors qu'il accomplit des pas décisifs, qui allaient révolutionner nos vues sur l'univers physique. En 1905, il créa la théorie de la Relativité, la théorie des quanta de lumière, et la théorie du mouvement brownien. Tous ces bouleversements dans le tableau du monde physique furent bientôt interprétés comme des révolutions dans notre philosophie de la matière et de l'énergie, de l'espace, du temps, et de la causalité. Bientôt les plus profondes conséquences en étaient tirées pour la doctrine du libre arbitre, pour le rôle de la matière et de l'esprit dans le monde, et, par suite, des conséquences pour la morale, la politique et la religion. C'est seulement quarante ans plus tard, en 1945, que les conséquences techniques des théories d'Einstein apparurent, avec la libération de l'énergie atomique.

Ensuite, nous rencontrons Einstein comme professeur de physique à des universités où l'on parlait allemand, mais qui se trouvaient hors de l'empire allemand, en Suisse à Zurich, puis à Prague, qui appartenait alors à l'Autriche. A Prague, on voyait déjà avec la clarté de l'évidence la tension résultant de la sympathie qu'éprouvait la population slave envers la Russie et la France, ainsi que l'orientation germanophile de la politique étrangère en Autriche. L'atmosphère était grosse de la guerre mondiale qui arrivait, mais Einstein ne s'intéressait pas beaucoup à cela, alors. C'est dans cette atmosphère qu'il développa sa théorie de la gravitation, et annonça la déviation de la lumière des étoiles par l'attraction solaire.

En 1913, immédiatement avant l'explosion de la guerre, Einstein partit pour Berlin. La perspective d'y participer à l'intense vie scientifique de la ville domina son aversion pour le climat politique et social d'une Allemagne menée par la Prusse, dont il s'était une première fois échappé pour aller en Suisse.

Nous le voyons en 1914 subissant le début de la guerre à Berlin. De la guerre, il n'aperçut d'abord que son pitoyable et lamentable côté humain. Il ne participa en effet à aucun mouvement politique, pas même ceux qui avaient ses sympathies, et travailla à sa théorie de la Relativité généralisée.

Vers la fin du conflit, pourtant, — et surtout après la révolution russe, qui changeait radicalement la face de la lutte tout entière, — Einstein commença de sentir qu'il serait arraché à sa tâche concernant les lois éternelles de l'univers, pour être plongé dans le monde chaotique des hommes. Pendant la guerre, il continua de travailler à des problèmes cosmologiques. Il chercha la possibilité d'une hypothèse sur le caractère infini de l'univers, et c'est de ces études que devait naître plus tard la théorie de l'univers en expansion.

Pourtant, le sentiment s'affirmait dans son esprit que le monde du chaos était en train de déborder violemment sur son œuvre scientifique. Comme beaucoup d'autres intellectuels, il avait cru d'abord que la fin des hostilités conduirait à un monde meilleur, qu'un faible reflet au moins de la légalité cosmique pénétrerait l'univers des hommes. Par cette voie, le sort d'Einstein et de ses théories devenait le symbole de la nouvelle Europe en qui chacun espérait, l'Europe de la paix, l'Europe du respect mutuel entre tous les peuples, toutes les classes sociales.

Mais la haine que sa vie et son œuvre éveillèrent chez les ennemis de cette nouvelle Europe ne fut pas moins symbolique. Après la guerre, l'Allemagne chercha des boucs émissaires sur qui satisfaire ses tendances agressives inhibées, et pour se libérer elle-même de son complexe d'infériorité. Ces boucs émissaires, on les trouva dans les pacifistes, les Juifs et les démocrates. Comme Einstein — universellement célèbre d'ailleurs — appartenait aux trois groupes, il devint l'objectif de choix pour de telles attaques en Allemagne, singulièrement à Berlin où il habitait.

Il se vit alors chassé de son royaume, du beau rêve d'un univers harmonieusement réglé par des lois simples, et duquel un pâle reflet apparaîtrait dans le monde des hommes. A maintes reprises, il eut conscience d'appartenir au peuple juif, de lui être lié par des idéals politiques et sociaux particuliers, et par là même d'être emporté dans la vie chaotique de l'humanité.

Nous verrons avec quel courage il assuma ce rôle qui s'imposait à lui, et l'assuma avec la même confiance qu'il apportait dans sa lutte personnelle pour les lois de l'univers. Il devint le leader de la communauté juive et l'avocat de la conciliation internationale. Il prôna l'établissement d'un foyer national israélite en Palestine, et fit des voyages de propagande pour l'Université hébraïque de Jérusalem.

Nous saurons comment, pendant les premières années après l'armistice de 1919, il voyagea à travers le monde entier pour atteindre ces buts. Il visita la France, l'Angleterre, le Japon, la Palestine, et les États-Unis. Partout il essaya de faire servir l'enthousiasme que lui valaient ses exploits scientifiques, à ses efforts en faveur de l'unité humaine et en vue de trouver au peuple juif une digne place dans la famille des nations.

Nous verrons comment ces entreprises suscitèrent contre lui une vague de haine chez les partisans d'une « Révolution de la Droite ». Cette haine ne demeura pas confinée au monde chaotique des choses humaines, mais elle déborda jusque dans le monde des théories de l'univers. La frontière entre ces deux mondes apparaissait de plus en plus indistincte.

Nous verrons comment Einstein, de retour à Berlin après ses voyages, trouva la situation changée; le maréchal von Hindenburg était maintenant à la tête de la République allemande. Dès lors, c'est au milieu de la révolution nationale-socialiste en train de se tramer qu'Einstein nourrissait tous ses projets et ses intentions. Les idées de libéralisme et d'entente internationale grâce au progrès scientifique, perdaient leur prestige parmi les savants mêmes.

Le régime de Staline en Russie contribuait également à ce cours des choses. Ce régime a été fondé sur la théorie d'après laquelle le socialisme ne pouvait avoir pour base qu'une puissante nation russe. Ce qui ne pouvait point cadrer avec l'idéologie d'une Europe « libérale ».

Einstein maintenant se détournait de tous les partis politiques, parce qu'il n'était vraiment en harmonie avec aucun. Il combattait, d'un point de vue plus éthique ou peut-être même esthétique, contre le militarisme, qui lui apparaissait l'esprit diabolique de cet âge. De même fut-il souvent affecté désagréablement par le nationalisme des Sionistes. Il soutint le sionisme en tant que mouvement pour établir un foyer national juif, mais non pas en tant que parti politique.

La vie d'Einstein nous permet de suivre en toute clarté l'histoire entière du désenchantement des libéraux et des intellectuels d'Europe. Nous le verrons s'éloignant de plus en plus de l'Europe pour chercher au delà de l'océan des possibilités nouvelles à son œuvre. Finalement, nous constaterons la fin du processus qui, de l'élection de Hindenburg à la présidence et par le gouvernement intermédiaire de Brüning et Papen, conduisit à l'accession d'Hitler au pouvoir.

Nous verrons quelle calamité amena le monde du chaos humain à dominer le monde de l'intelligence. L'autorité de l'État déclarait désormais ouvertement et nettement : l'intelligence est la servante de la volonté, la science la servante de la politique.

Face à cette réalité brutale et nue, Einstein lui-même se vit forcé d'abandonner sa position radicalement antimilitariste. Il fut contraint d'adopter une position politique à l'égard de la lutte générale, et d'admettre la possibilité d'une guerre « juste ». Nous saurons comment il devint citoyen de l'Amérique et vécut des événements historiques en ce pays.

De même, à travers la vie d'Einstein, pouvons-nous suivre à la trace les luttes intellectuelles du XXe siècle. Nous verrons l'enfance d'Einstein se dérouler dans un milieu qui opposait à la religion l'indifférence de la bourgeoisie libérale du XIXe siècle. Pourtant, la religion comme conception mystique et artistique du monde contribua grandement à former la vie psychologique de cet enfant. Il ne sentit pas grande différence entre judaïsme et christianisme.

Peu après la fin de la première guerre mondiale, cependant, nous trouvons Einstein membre conscient de la communauté juive. Malgré sa répugnance continue pour l'orthodoxie religieuse hébraïque et le nationalisme juif, il se vit poussé à travailler pour cette communauté. Il sentit pleinement le fardeau et l'état d'humiliation psychologique des Juifs à travers le monde. Il voyait nettement combien ces circonstances ne présageaient qu'oppression plus grande encore.

Nous verrons aussi comment, entre les deux guerres, Einstein non seulement ressentit et accentua publiquement sa solidarité avec la communauté israélite, mais encore combien divers aspects de son attitude d'enfance envers la religion revécurent en lui. Il comprit clairement l'impuissance de la science devant la croissante influence des doctrines sur la race des maîtres, ou sur la glorification de la guerre, et il fit ressortir que beaucoup d'enseignements du judaïsme comme du christianisme s'opposaient à ces tendances prédominantes.

Nous observerons l'étrange spectacle d'Einstein condamné comme matérialiste, athée et bolchévique, d'un côté, et de l'autre approuvé avec enthousiasme par beaucoup de prêtres chrétiens ou juifs comme un bel exemple d'attitude du savant moderne envers la religion. De même, nous suivrons sa position par rapport aux diverses croyances politiques. Son comportement fut toujours déterminé par des motifs purement humanitaires. Comme tant d'esprits progressistes de son époque, il attendit beaucoup de la nouvelle Russie socialiste. Mais nous verrons combien il fut à mainte reprise rebuté par les exemples d'intolérance qui s'y produisirent, et combien il resta suspendu entre l'espoir et la crainte. Le même trait semble aussi évident dans ses rapports avec la Société des Nations et à l'égard d'autres idées politiques, même du sionisme lorsque celui-ci abandonna le royaume des idées et prit forme d'organisation humaine.

Plusieurs fois, les partis politiques ou religieux voulurent interpréter la nouvelle physique einsteinienne comme la splendide confirmation de leurs fondements philosophiques, et par là faire d'Einstein leur saint patron. Ici, nous saisirons mieux les relations mutuelles entre science, philosophie, religion et politique, particulièrement lorsqu'elles se reflètent dans la personnalité intellectuelle d'un Einstein, ce miroir sans tache comme sans altération. En un tel esprit, simplicité et subtilité s'unissent d'une façon qui caractérise les grands hommes. Nous apprendrons à comprendre la manière selon laquelle Einstein fait face au monde : absolue confiance dans les grandes choses, inépuisable méfiance de tous les détails.

6. Comment les rêves se firent vérité.

A travers la plus grande partie de sa vie, la pensée d'Einstein fut à la recherche des lois éternelles qui gouvernent l'univers, tandis que sa personne physique dut subir tous les troubles que l'on dénomme traditionnellement « l'histoire du monde », et par quoi l'on entend en réalité les vicissitudes du pouvoir politique. Cette double vie nous remémore un peu les pièces religieuses du moyen âge où des histoires bibliques étaient jouées sur deux scènes. A l'étage supérieur, Dieu le Père, son Fils, la sainte Vierge et les anges donnaient le spectacle de la dignité et de la sérénité, tandis qu'à l'étage inférieur les humains étalaient les mesquines misères de l'existence ici-bas. Cette analogie nous aidera un peu à comprendre la vie d'Einstein durant l'orgie nationaliste de la première guerre mondiale et sous le cauchemar du régime nazi menaçant. Quand Einstein se fixa paisiblement en 1933, aux États-Unis, il semblait d'abord qu'il allait enfin se donner à son grand travail d'élaboration de la théorie du champ unitaire, ce système de lois mathématiques qui rendrait raison de tous les faits physiques, aussi bien des phénomènes électromagnétiques que mécaniques et nucléaires.

Depuis 1939 pourtant, lorsque l'active intervention des Etats-Unis dans la guerre contre les nazis sembla forcer les deux scènes du drame à se fondre de plus en plus ensemble, Einstein fut attiré à l'intérieur des événements réels de « l'histoire du monde ». Il parut à beaucoup de gens qu'il ne devait plus être un spectateur passif, mais un acteur dans le mélange de saints et de pécheurs unis qui « fait » l'histoire du monde.

Les vifs contrastes de sa personnalité, qui déconcertèrent tant de personnes et firent naître tant de méprises, se révélaient beaucoup plus visibles désormais, et le proposaient de nouveau comme cible aux vaines attaques.

Lorsqu'il fut clair que le gouvernement des Etats-Unis prendrait activement parti contre la puissance nazie, on eut la certitude que les nazis asserviraient à leur machine de guerre l'immense potentiel de la science allemande. L'extraordinaire esprit de Franklin D. Roosevelt comprit fort bien que la puissance allemande ne pouvait être vaincue que par ses propres armes.

Devant l'attitude sceptique d'un grand nombre de militaires et d'hommes politiques, Roosevelt eut la perspicacité de deviner que les Etats-Unis avaient maintenant accumulé assez de forces intellectuelles en science pour participer au championnat du monde. Il joua sur sa conviction que sept années d'administration nazie auraient assez handicapé la science allemande pour assurer aux Etats-Unis la victoire dans la course. Il existait un projet de fabrication « d'armes atomiques », fondé sur les plus récentes théories de la physique : théorie de la relativité, théorie des quanta et théorie du noyau. Einstein, qui avait apporté une contribution décisive à toutes trois, exprima l'opinion que pareilles armes étaient réalisables, et Roosevelt suivit le conseil. Le monde entier connaît le résultat. Les premières bombes atomiques, lancées sur le Japon en 1945, mirent une brusque fin à la seconde guerre mondiale. Quarante ans avant cette date, en 1905, Einstein avait annoncé la loi de conversion de la masse en énergie et prédit que, selon ce principe, en quelque avenir éloigné, d'incroyables quantités d'énergie pourraient être produites. Sa théorie avait été regardée alors, par la plupart des « gens pratiques », comme une espèce de spéculation philosophique, sans doute fort intéressante, mais sans aucune application technique. En 1945, l'explosion d'Hiroshima pulvérisait aussi l'argument des hommes pratiques qui essayaient de minimiser l'imagination créatrice des physiciens spéculatifs. En outre, la philosophie de la science que proclamaient les leaders spirituels des nazis, et sur quoi nous lirons beaucoup de choses dans ce livre, éclatait elle aussi dans le nuage en forme de champignon d'Hiroshima. Einstein, le grand rêveur parmi les physiciens, et le grand savant parmi les pacifistes, se trouvait maintenant engagé activement dans la fabrication de l'histoire du monde, et dans le problème politique tout actuel de savoir comment éviter une guerre atomique.

Pour lui, la coopération au mouvement sioniste n'avait été qu'une partie de son effort en vue de comprendre les nations et les croyances. Il avait pensé que la fondation d'un foyer pour le peuple juif dispersé apaiserait la plupart des troubles qu'avait créés leur éparpillement dans les autres peuples. En 1948, le but immédiat du mouvement sioniste se trouvait atteint par la fondation de l'État d'Israël. A maintes reprises, les prophètes bibliques avaient annoncé que le retour d'Israël à sa vieille patrie se relierait à une paix générale entre les nations, à une victoire générale de la justice et à la fin de toutes les querelles entre les hommes.

On lit par exemple dans *Isaïe*, LXI, 17 : « Je te donnerai la paix pour gouvernement et la justice pour maître. On n'entendra plus parler de violence dans ta patrie, non plus que de dévastation ni de ruine dans tes frontières; tes murs s'appelleront Salut et tes portes Gloire. »

L'esprit de ces vieilles prophéties revivait certainement dans l'âme d'Einstein lorsqu'il apporta son aide à la cause du sionisme. Mais, lorsqu'en 1948 ces rêves se firent réalité, ce fut dans une atmosphère de guerre et de haine entre les nations de la Terre Sainte. La renaissance d'Israël, tout comme la conquête de l'énergie atomique, avait été envisagée par les guides intellectuels et spirituels de l'humanité, telles des pierres milliaires sur le chemin de la paix perpétuelle et du bonheur. Toutes deux se réalisaient comme un résultat de la lutte pour le pouvoir entre les nations, et s'entouraient, dès le départ, des nuages d'une suspicion mutuelle.

Un grand nombre de gens se séparent des nobles causes parce que la réalisation actuelle en est ternie par beaucoup de bassesse et de sottise. Einstein n'a jamais usé de tels prétextes qui sont souvent les hypocrites excuses d'un défaut de courage. Il fut toujours profondément convaincu qu'il n'y a de résultats purs qu'au royaume de l'imagination créatrice. Il n'a jamais craint d'annoncer les vivants produits de son imagination, bien qu'ils fussent affectés par l'illégalité de tout ce qui arrive réellement au royaume des choses humaines.

Chaque honnête combattant des justes causes doit connaître cet état des choses, que le grand combattant de la paix, selon l'évangile, a sincèrement caractérisé par ces paroles : « Rendez à César ce qui appartient à César et à Dieu ce qui appartient à Dieu. »

I

JEUNESSE ET FORMATION D'EINSTEIN

1. Arrière-plan familial.

Aussi loin que remonte la mémoire d'Einstein, ses ancêtres paternels et maternels vivaient en de très petites villes ou des villages de Souabe, dans l'Allemagne du sud-ouest. C'était de très humbles marchands, boutiquiers ou artisans, et nul d'entre eux n'avait jamais attiré l'attention par le moindre ouvrage de l'esprit. Einstein lui-même remarque, à l'occasion, quand on le questionne sur ses ancêtres : « Les circonstances dans lesquelles ils vivaient, étaient beaucoup trop réduites pour leur permettre de se distinguer. » Ils ne pouvaient guère apparaître en relief par rapport à leur entourage.

Cet arrière-plan d'Allemagne sud-occidentale est fort important pour comprendre le caractère d'Einstein. Les Souabes se fondent presque imperceptiblement avec les Français par l'intermédiaire des Alsaciens voisins; ils sont réfléchis, pratiques dans la vie quotidienne, et participent avec entrain aux arts et aux plaisirs de tous genres, aussi bien qu'à toutes les spéculations philosophiques ou religieuses; mais ils sont très éloignés de tout ce qui est mécanisé. En quoi leur nature diffère des sobres et pratiques Prussiens, épris d'ordre et de domination, mais aussi des Bavarois terre à terre, d'une gaîté parfois un peu grosse.

Les diversités de caractères de ces gens apparaissent

tout à fait dans leurs dialectes. Le parler souabe est mélodieux; il coule lentement comme un ruisseau aux rides murmurantes, tout autre que celui des Allemands de la classe dominante, — officiers ou personnages officiels, — lequel retentit comme un clairon dans un camp militaire. Et nullement semblable non plus au cynique bêlement du Berlinois, critiquant toute chose sur terre et dans le ciel; nullement non plus à l'allemand littéraire, pompeusement exact, des pasteurs et des professeurs.

Les éléments de ce dialecte familier se perçoivent encore dans la conversation d'Einstein, bien qu'ils aient été fortement brouillés, presque effacés, par ses séjours en tant de pays divers. Particulièrement, son parler offre un mélange de certaines intonations venues de la Suisse dont le langage est bien en fait relié à celui de l'Allemagne du sud-ouest, toutefois avec quelque chose de plus rude. Mais quiconque entendait parler la seconde femme d'Einstein, qui se rattachait à la même famille que son mari, pouvait encore entendre l'originel idiome souabe, agréable et plaisant. Pour elle, Albert était toujours « Albertle », *Land* (le pays) était *Ländle*, *Stadt* (la ville), *Städtle*. Toute chose recevait le diminutif *le*, qui nuançait le dialecte de tendresse et d'affection.

Le fait que les ancêtres d'Einstein fussent des Juifs crée une différence, mais non point d'une telle ampleur qu'on pourrait l'attendre. Pendant la période où croissait sa famille, les Juifs des petites villes souabes ne se distinguaient pas beaucoup du reste de la population, dans leurs genres et moyens de vie. Ils ne se cantonnaient plus si fermement dans leurs us et coutumes compliqués, qu'ils rendissent difficile le développement de quelque intimité entre eux et l'ensemble de la population; et avec l'abaissement de ces barrières, ils tendaient toujours davantage à perdre leur situation de groupe séparé et unique. La vie des Juifs de ces districts n'était pas semblable à celle de Berlin, où ils formaient une classe de Juifs riches et instruits, dégageant ainsi une variante propre de la culture berlinoise. Rien de tel dans les petites cités souabes.

Là, les Juifs, comme les autres habitants, menaient une vie tranquille, accordée à leur milieu naturel, et se trouvaient fort peu influencés par l'agitation nerveuse ou le tumulte de la capitale.

Dans les cercles progressistes à cette époque, la lecture de la Bible et d'autres livres ayant trait aux doctrines juives n'était plus la seule source de vérité. On pratiquait la Bible comme les belles-lettres ou la littérature édifiante et, dans les familles israélites, les classiques allemands prenaient place à côté des prophètes comme professeurs de morale et de conduite. Schiller, Lessing et Heine étaient honorés à l'égal de Salomon ou du *Livre de Job*. Frédéric Schiller surtout, avec son sentiment moral presque biblique et sa glorification d'un universel amour de l'humanité, devint extrêmement populaire parmi les familles juives et fut un élément important dans l'éducation de leurs enfants. Qu'il ait été Souabe devenait une raison supplémentaire pour le regarder comme une manière de proche parent. Dans la famille d'Einstein, le culte de Schiller et l'admiration pour le rayonnement qui s'en dégagea jouèrent donc un grand rôle dans la formation de la jeune génération.

L'écrivain Berthold Auerbach, dont l'action s'exerçait entre 1840 et 1870, est assez caractéristique du mode de vie comme du tempérament intellectuel des Juifs de Souabe, au temps des parents et grands-parents d'Einstein. Il fut le premier à dépeindre la vie quotidienne des paysans de la Forêt-Noire. Ses *Schwarzwälder Dorfgeschichten (Récits de la Forêt-Noire)* sont sans doute un peu trop idéalisés et artificiels pour notre goût présent; mais les contemporains y voyaient un contre-poids flatteur à ce qu'on devait nommer plus tard la « littérature berlinoise de ruisseau », et tenir pour une contribution caractéristique des Juifs à la littérature allemande.

On doit aussi mentionner qu'après 1871, par suite de la guerre franco-allemande, la Prusse était devenue la puissance germanique prédominante, et que son influence affecta profondément le caractère allemand. L'unification de la plupart des populations germaniques et la restauration d'un puissant empire allemand n'étaient pas le fait de la classe intellectuelle. Les écrivains et les universitaires avaient longtemps rêvé et chanté cette œuvre, mais ils avaient espéré, — selon le mot du poète souabe Uhland, que la couronne impériale de la Germanie nouvelle serait ointe d'une goutte d'huile démocratique. Or, le rêve n'était pas devenu réalité. Bismarck avait accompli sa tâche non avec « l'huile démocratique », mais « par le fer et dans le sang », et selon des méthodes tout opposées aux idées progressistes des intellectuels de l'Allemagne. D'ailleurs, la Germanie nouvelle ne sortait point des éléments nationaux possesseurs d'une vieille culture : Souabes, Rhénans et Autrichiens, qui donnèrent le jour à Schiller, Gœthe, Mozart et Beethoven. Les gouvernants provenaient des races de l'Est; celles qui avaient occupé le sol par droit de conquête, — germanisant, et pour une part, exterminant la population slave originelle, — et celles qui descendaient des races subjuguées. Ainsi formaient-elles un amalgame d'oppresseurs et d'opprimés fort capables de commander et d'obéir.

Cette situation plaçait les groupes intellectuels de l'Allemagne entière, en particulier ceux des vieux centres culturels, dans une position équivoque et assez pénible. Ils ne pouvaient éviter d'admettre que les méthodes des nouveaux dirigeants fussent plus efficaces que les leurs, puisque le succès les avait couronnées; pourtant, ils ne pouvaient non plus surmonter leur répugnance pour l'adoration de la force et la glorification de l'ordre, tenues pour des fins en soi. Ils détestaient une telle mécanisation de la vie, ayant de l'inclination et des aptitudes pour l'art et la science. Les nouveaux maîtres ne leur plaisaient point, mais ils étaient forcés de les admirer, et quelque peu entraînés à les imiter. Les intellectuels éprouvaient un sentiment d'infériorité par rapport aux officiers prussiens, ils apprenaient à se cantonner dans leur « matière » propre et à laisser la vie publique comme « matière » aux dirigeants; enfin, à prêter attention, même dans l'ordre de l'esprit, au bruit du commandement.

Tout ceci n'était pas moins vrai des Juifs. Eux aussi admiraient le nouvel empire et les énergiques méthodes de ses chefs. Même s'ils cultivaient à domicile la tradition intellectuelle des Juifs et du classicisme allemand, dans leur vie publique ils s'efforçaient de se conformer à la conduite ou aux idées de la classe dominante.

Ceux-là seuls qui étaient assez forts pour ne pas accorder de considération au succès extérieur et qui ne pouvaient trouver dans une manifestation apparente de puissance une compensation à la perte de leur liberté comme de leur atmosphère culturelle, gardaient la possibilité d'une attitude indépendante et d'une résistance au courant. Nous verrons que le jeune Einstein était de ces gens. D'ailleurs, même lorsque plus tard il eut eu de fréquents conflits avec les tendances prévalentes en Allemagne, il lui resta toujours un certain attachement pour la petite patrie souabe et son peuple.

2. Enfance.

Albert Einstein naquit le 14 mars 1879 à Ulm, moyenne cité du Wurtemberg. Ville d'ailleurs insignifiante dans sa vie, puisqu'un an après sa naissance, la famille allait à Munich. L'année d'après, une fille naissait, et il n'y eut plus d'autre enfant. Munich, la ville de jeunesse d'Albert, était le centre politique et intellectuel de l'Allemagne du Sud. La famille se dégagea alors des coins romantiques de la Souabe et évolua vers une existence plus citadine. Toutefois, sa demeure était un cottage entouré d'un grand jardin, dans les faubourgs. Le père d'Albert, Hermann Einstein, avait une petite usine électrochimique, qu'il exploitait avec l'aide de son frère, lequel vivait chez eux. Celui-ci était directeur technique, celui-là assurait la partie commerciale de l'entreprise.

Hermann Einstein était un optimiste qui jouissait de

la vie. Ce n'était pas un remarquable homme d'affaires et il connut de fréquents insuccès, mais ces échecs ne changèrent pas sa manière générale de voir la vie. Par son mode d'existence et sa *Weltanschauung*, il ne différait en rien de la moyenne des habitants. Sa tâche accomplie, il lui plaisait d'excursionner en famille dans les beaux environs de Munich, vers les montagnes ou les lacs romantiques, et il aimait à s'arrêter dans les joyeuses, les confortables tavernes bavaroises, avec leur bonne bière, leurs radis et leurs saucisses. Du goût traditionnel des Juifs pour la littérature édifiante, il n'avait retenu que l'amour de la poésie germanique, singulièrement Schiller et Heine. Les jeûnes rituels et autres pratiques habituelles des communautés israélites ne lui semblaient qu'antiques superstitions : dans son foyer l'on ne trouvait nulle trace de quelque coutume juive. Bref, les anciennes mœurs mêmes avaient disparu, mais plusieurs habitudes d'âme liées à elles étaient restées. C'est ainsi que chaque jeudi, les Einstein invitaient un étudiant juif pauvre, originaire de Russie, à partager leur repas de midi, reflet sans doute de la vieille coutume du sabbat. De même, leur préférence pour les drames ou poèmes de Schiller, remplis de sentiments moraux, devenaient un susbtitut à la lecture de la Bible. Dans ses vues politiques encore, le père d'Einstein comme tant d'autres redoutait la domination prussienne, mais admirait le nouvel empire allemand, Bismarck son chancelier, le général Moltke, et le vieil empereur Guillaume Ier. La mère d'Einstein, née Pauline Koch, était d'une nature plus sérieuse et artistique, avec une note délicate d'humour. D'ailleurs, les assez maigres conditions matérielles où elle vivait la laissaient satisfaite d'une sécurité d'existence suffisante pour elle-même et ses enfants. Elle puisait beaucoup de bonheur et de consolation dans sa musique, et quand il arrivait que des ingénieurs de la fabrique vinssent en visite le soir, ils l'accompagnaient au piano. Elle aimait par-dessus tout la musique allemande classique, spécialement les sonates pour piano de Beethoven.

L'oncle qui vivait avec la famille témoignait pour les aspects les plus raffinés de la vie intellectuelle un plus grand intérêt que le père d'Einstein. C'était un ingénieur d'expérience et c'est de lui qu'Albert reçut l'impulsion première en mathématiques.

Nul doute qu'une telle origine, en un milieu provincial, semi-rural, ne fût de la plus grande importance dans tout le développement psychologique d'Einstein. Il n'est jamais devenu tout à fait un citadin. Il redouta toujours un peu Berlin, et pareillement New-York plus tard. Il faut rapprocher de cette attitude un certain trait qui caractérise ses goûts artistiques et qui parut à coup sûr vieux jeu aux modernes Berlinois. La prédilection d'Einstein pour les classiques allemands en littérature comme en musique s'exprimait dans un moment où les cercles intellectuels de la capitale déclaraient de tels goûts depuis longtemps dépassés. Sa prédilection pour Schiller est un trait révélateur qui le faisait tenir pour le fidèle d'une culture ne relevant pas du Berlin « xxe siècle ».

En rien, le petit Albert n'était enfant prodige. Il mit même très longtemps à apprendre à parler, et ses parents commençaient à craindre qu'il ne fût anormal. Enfin, l'enfant se mit à parler, mais il demeurait taciturne et n'était jamais porté à ces jeux auxquels les nourrices se livrent avec les enfants, pour maintenir la bonne humeur entre eux et elles-mêmes. Une gouvernante chargée de sa formation première le baptisait même *Pater Langweil* (Père Ours). Il n'aimait pas les exercices violents comme la course ou le saut, peut-être parce qu'il se sentait trop faible pour ce genre d'activités. Dès ses débuts véritables, il inclinait à se séparer des enfants de son âge et à se plonger dans une quotidienne rêverie méditative. Il lui déplaisait particulièrement de jouer au soldat comme, en bien des pays, ces enfants qui s'y adonnent avec un plaisir extrême, plaisir qui, surtout dans l'Allemagne de Bismarck et Moltke, se nimbait d'une splendeur quasi mythique. Quand les soldats marchaient par les rues de Munich, accompagnés par le roulement des tambours et la stridence des fifres, combinaison si caractéristique de l'armée allemande et qui confère à la musique un rythme excitant, contraignant, et un accent sauvage, — quand les pavés et les vitres tremblaient sous les sabots des chevaux piaffants, les enfants rejoignaient dans l'enthousiasme la parade et tentaient de marcher au pas avec les soldats. Mais si le petit Albert et ses parents rencontraient ainsi la troupe, lui se mettait à crier. A Munich, on disait souvent aux enfants : « Un jour, quand vous serez grands, vous aussi vous pourrez marcher à la parade »; alors cette perspective aiguillonnait la plupart des garçons vers les plus grands et les plus ambitieux efforts. Albert, au contraire, disait à sa famille : « Quand je serai grand je ne souhaite pas d'être l'un de ces malheureux.» Lorsque le plus grand nombre suivait le rythme d'un mouvement joyeux, lui-même remarquait la coercition imposée aux soldats; il regardait la parade comme un mouvement d'hommes impérieusement transformés en machines.

Dès alors, il laissait clairement apparaître l'un de ses traits essentiels : sa haine irréductible pour toute espèce de contrainte arbitrairement imposée par certaines gens à d'autres gens. Il détestait l'idée d'oppresseurs détournant les opprimés de suivre leurs inclinations et de développer leurs talents naturels, pour en faire des automates. D'autre part, Albert avait conscience des lois de la nature, il pensait qu'il y avait là de grandes lois éternelles du monde. Enfant, il n'était capable de les entendre que sous la forme de la religion traditionnelle, mais il se sentait attiré vers cette tradition et ces préceptes rituels qui symbolisaient le sentiment des lois de l'univers. Les perpétuelles railleries paternelles à l'égard de la religion l'offensaient, et il regardait cette dérision comme due à un type de pensée en un certain sens inharmonieux, puisqu'il refuse de se soumettre aux lois éternelles de la nature. Cette double attitude — haine des lois arbitraires de l'homme, dévotion aux lois de la nature — accompagna Einstein toute sa vie et en explique bien des actes qui purent sembler singuliers ou incohérents.

Dans l'Allemagne d'alors, les écoles primaires étaient à base confessionnelle, le clergé de chaque groupe religieux contrôlant les siennes. Munich étant de majorité catholique, la plus grande partie des établissements relevait naturellement de cette confession. Il est probable que, de nom, les parents d'Einstein adhéraient à la religion d'Israël; mais leur éducation juive n'était pas assez profonde pour qu'ils envoyassent leurs enfants à l'école juive, alors qu'il n'y en avait pas dans le voisinage et que cela eût été coûteux. Peut-être même eurent-ils le sentiment qu'en faisant suivre à leur fils l'école catholique, ils le mettraient plus intimement en contact avec des enfants non-israélites. Albert en tout cas fréquenta l'école primaire catholique, alors qu'il était le seul Juif de sa classe.

L'adolescent ne tira de cette situation aucune expérience fâcheuse. Seul un léger sentiment d'être un étranger résultait bien entendu de traditions religieuses différentes, et ce facteur, d'importance secondaire en définitive, n'accrut en nul degré notable sa difficulté à se lier d'intimité avec ses camarades d'école. La difficulté provenait foncièrement de son caractère.

Albert fut régulièrement instruit dans la religion catholique et il en tira grand plaisir. Il apprenait si bien cette matière qu'il était capable d'aider ses condisciples catholiques lorsqu'ils ne pouvaient répondre tout de suite aux questions du professeur. Einstein n'a pas souvenir que quelque objection ait pu s'élever contre la participation d'un élève juif à l'instruction religieuse catholique. Il arriva que le professeur fit un essai plutôt étrange de leçon imagée, en apportant en classe un gros clou et en déclarant aux élèves : « Les clous avec lesquels le Christ fut cloué sur la croix étaient comme ceux-là ». Mais il n'ajouta pas, comme il advient parfois, que la crucifixion fut l'œuvre des Juifs. Pas davantage l'idée n'entra dans l'esprit des écoliers qu'ils devaient pour cela changer leurs relations avec leur camarade Albert. Toutefois, Einstein trouva cette façon d'enseigner peu convenable, mais pour la seule raison qu'elle rappelait l'acte brutal qui lui est associé et parce qu'il éprouvait nettement combien les vivantes images de la brutalité, au lieu de développer à l'ordinaire des sentiments contraires, réveillent bien plutôt de latentes tendances sadiques.

Un trait caractéristique du sentiment religieux d'Einstein jeune, c'est qu'il ne voyait aucune différence notable entre ce qu'il apprenait du catholicisme à l'école et les vagues restes de tradition juive qui lui étaient familiers à la maison. Tout cela se fondait en lui dans le sentiment d'une soumission de l'univers à des lois et dans la représentation de cette harmonie par diverses catégories de symboles qu'il jugeait plutôt d'après leur valeur esthétique, que comme symboles de « la vérité ».

Au reste, il trouvait dans l'ensemble que l'école n'était pas fort éloignée de sa conception de la caserne, à savoir, un endroit où l'on était soumis au pouvoir d'une organisation mécanique pressurant l'individu, ne lui laissant aucun champ de possibilité pour quelque activité conforme à sa nature. Les écoliers étaient tenus d'apprendre machinalement la matière offerte, et l'on mettait l'accent primordial sur l'acquisition de l'obéissance comme de la discipline. Les élèves devaient prendre le garde-à-vous quand le professeur s'adressait à eux, ils n'avaient jamais à parler si on ne leur posait pas de question. Les questions directement posées par eux au professeur et les conversations irrégulières entre eux étaient rares.

Même à neuf ans, au sommet de l'école primaire, Albert manquait encore de facilité d'élocution, et il ne disait jamais rien qu'il ne l'eût bien considéré et n'y eût réfléchi. Pour sa conscience à ne rien rapporter de faux comme à ne point mentir, ses condisciples l'appelaient *Biedermeier* (Jean l'Honnête). On le regardait comme un aimable rêveur. Et puisque nulle apparence d'un talent quelconque ne se devinait encore, sa mère observait à l'occasion : « Il sera peut-être un grand professeur un jour. » Mais sans doute entendait-elle seulement par là qu'il pouvait devenir une manière d'original.

3. Le gymnase a Munich.

A dix ans, le jeune Einstein quitta l'école primaire pour entrer au Luitpold Gymnasium, à Munich. En Allemagne, la période de dix à dix-huit ans, les années décisives dans le développement intellectuel de l'adolescent, sont absorbées par le collège. Le but de ces institutions était d'offrir aux jeunes gens une éducation générale fondée sur l'acquisition de la culture gréco-latine, et dans ce dessein on accordait la plus grande partie du temps à la grammaire latine et grecque. En raison de leur complication, et comme les élèves devaient en apprendre les règles d'une façon pédantesque, il restait peu de temps pour une intelligence réelle de la culture antique. D'ailleurs, ç'eût été une tâche trop difficile pour la majorité des professeurs. On proclamait qu'apprendre la grammaire d'une ou deux langues compliquées est un entraînement indispensable de l'esprit, une discipline intellectuelle qu'il serait malaisé d'obtenir autrement. Pour Einstein cependant, qui aspirait à connaître les lois de l'univers, l'étude machinale des langues était singulièrement pénible, et ce mode de formation lui semblait vraiment trop apparenté aux méthodes de l'armée prussienne, où une discipline mécanique s'acquérait par l'exécution répétée d'ordres absurdes.

Plus tard, à propos de ses impressions scolaires, Einstein dira fréquemment : « Les professeurs m'ont fait à l'école primaire l'effet de sergents, et au gymnase de lieutenants. » Les sergents dans l'armée de Guillaume II étaient célèbres par leur grossière et souvent brutale attitude envers les simples soldats, et l'on sait bien que, les troupes étant totalement à leur merci, de sadiques instincts se développaient en eux. Les lieutenants, d'autre part, membres de la classe supérieure, n'entraient pas en contact direct avec les hommes, mais leur soif de pouvoir se manifestait d'une façon détournée. Donc, lorsque Einstein comparait ses professeurs aux sergents et lieutenants, il regardait leur mission comme étant d'inculquer un certain corps de connaissances et d'imprimer un ordre mécanique aux élèves. Ceux-ci ne considéraient point leurs maîtres comme des amis plus âgés, plus expérimentés, capables de les aider à aborder les problèmes variés de la vie, mais plutôt comme des supérieurs redoutés qu'ils essayaient de se ménager favorablement en se montrant aussi soumis que possible.

Au gymnase, il se trouvait un professeur, nommé Ruess, qui tentait vraiment de faire accéder ses élèves à l'esprit de la culture antique. Il leur montrait l'influence des idées anciennes sur les poètes allemands classiques et dans la culture germanique des temps modernes. Einstein, avec son sentiment puissant de tout ce qui était d'ordre artistique et de tout ce qui lui dévoilait mieux l'harmonie secrète du monde, n'était jamais rassasié de ce maître. En lui s'élevait un vif intérêt pour les classiques allemands, Schiller et Gœthe, aussi bien que pour Shakespeare. Le temps consacré à lire et commenter *Hermann et Dorothée*, l'histoire d'amour mi-romantique, mi-sentimentale écrite par Gœthe dans une période d'extrême agitation politique, resta profondément gravée dans la mémoire d'Einstein. Au gymnase, les élèves en faute avaient pour punition de rester consignés après la classe, sous la surveillance d'un professeur. Etant donné le caractère odieux et assommant de l'instruction habituelle, ce supplément était regardé comme une véritable torture. Mais lorsque le surveillant était Ruess, la punition faisait le bonheur d'Einstein.

Au milieu de tout ce dressage mécanique, la faculté de perdre une heure dans une atmosphère artistique faisait une grande impression sur lui. Le souvenir de cette classe demeura très vif dans son esprit, mais il ne s'était jamais arrêté à se demander quel genre d'impression luimême avait pu faire sur le professeur. Bien des années plus tard, déjà jeune professeur à Zurich, Einstein passa par Munich et le souvenir du seul homme qu'il avait tenu vraiment pour un éducateur traversant sa mémoire, il décida de payer sa dette d'une visite. Il lui semblait évident que le maître serait heureux d'apprendre qu'un de ses élèves enseignait à son tour. Or, quand Einstein arriva chez Ruess habillé avec l'absence de soin qui l'a caractérisé alors et toujours, Ruess ne gardait plus le moindre souvenir d'un élève appelé Einstein et se demandait ce que pouvait bien lui vouloir ce jeune homme si piteusement vêtu. Il n'imaginait qu'une chose, c'est qu'en se réclamant du titre d'ancien élève, le jeune homme comptait bien tirer quelque argent de lui. Apparemment, il n'entra jamais dans la tête de Ruess qu'un élève pouvait s'acquitter par une visite de la reconnaissance éprouvée pour l'enseignement reçu. Après tout, cet enseignement n'avait-il sans doute pas eu le mérite que lui attribuaient les souvenirs d'Einstein, et peut-être l'avait-il seulement imaginé. En tout cas, la visite fut fort embarrassante pour lui, et il partit aussi vite que possible.

4. Gouts intellectuels.

Einstein venait d'avoir cinq ans lorsqu'un jour son père lui montra une boussole de poche. La mystérieuse propriété de l'aiguille aimantée, toujours pointée dans la même direction quelle que fût l'orientation de son cadre, fit une très forte impression sur l'enfant. Bien que rien de visible ne fît mouvoir l'aiguille, il conclut que quelque chose qui attire et tourne les corps dans une direction particulière doit exister dans l'espace considéré comme vide. Ce fut l'une des impressions qui plus tard conduisirent Einstein à réfléchir aux mystérieuses propriétés de l'espace vide.

Lorsqu'il grandit, son intérêt pour les sciences de la nature s'éveilla davantage à la lecture d'ouvrages de vulgarisation scientifique. L'étudiant juif russe qui déjeunait le jeudi chez les Einstein appela son attention sur les *Naturwissenschaftliche Volksbücher (Livres populaires de sciences de la nature)*, d'Aaron Bernstein, très lus alors par les profanes qui s'intéressaient aux sciences. Ces livres traitaient des animaux, des plantes, de leurs mutuelles dépendances, et des hypothèses concernant leur origine; ils parlaient des étoiles, des météores, des volcans, des tremblements de terre, des climats, et de bien d'autres choses, sans jamais perdre de vue les profondes relations entre phénomènes naturels. Bientôt Einstein devint aussi le lecteur enthousiaste de livres tels que le *Kraft und Stoff (Force et Matière)*, de Büchner, qui tentait de rassembler les connaissances scientifiques de l'époque et de les organiser en une sorte de conception philosophique totale de l'univers. Les défenseurs de cette vue, souvent appelée « matérialisme » bien qu'on doive plutôt la nommer « naturalisme », voulaient comprendre et expliquer tous les événements de la terre et des cieux par analogie avec les sciences de la nature, et s'opposaient particulièrement à toute conception religieuse de l'univers.

Aujourd'hui, on tient des livres comme le *Kraft und Stoff* de Büchner pour superficiels, et nous nous demandons comment des jeunes gens tels qu'Einstein, capables de penser par eux-mêmes, pouvaient bien alors être séduits par eux. Toutefois, avec un peu de sens historique et d'équité, nous nous demanderions nous-mêmes si de récents ouvrages ne sont pas comparables à ces livres d'autrefois. Nous pourrions répondre en désignant des livres tels que le *Mystérieux univers*, de sir James Jeans. Il est probable qu'une critique rigoureuse ne jugerait pas le volume de Büchner plus superficiel que ceux d'écrivains semblables, qui sont nos contemporains. En tout cas, nous y trouvons une excellente présentation populaire des résultats scientifiques eux-mêmes, et une interprétation philosophique plutôt vague, que l'on peut accepter ou non selon le goût de chacun.

L'intérêt d'Einstein pour les mathématiques s'éveillait alors dans sa famille et non pas à l'école. Ce fut son oncle et non le professeur du gymnase qui lui donna sa première compréhension de l'algèbre. « C'est une science amusante, disait-il au jeune garçon; quand l'animal que nous sommes en train de poursuivre ne peut pas être attrapé, nous l'appelons *x* momentanément et nous continuons la chasse jusqu'à ce qu'il soit dans le sac. » Avec un pareil enseignement, Albert trouvait beaucoup de plaisir à la solution de problèmes simples, par suggestion d'idées nouvelles plutôt que par emploi rigide d'une méthode régulière.

Toutefois, il fut vivement frappé lorsque environ la douzième année il reçut pour la première fois un manuel systématique de géométrie. Il s'agissait d'un livre en usage dans une classe où il venait à peine d'entrer et, comme beaucoup d'enfants curieux des nouveautés qu'ils sont en train de découvrir à l'école, il essaya de creuser le sujet avant que le sujet eût acquis ce mérite déplaisant et fastidieux dont les professeurs le gratifient généralement. Il ne lâcha plus le livre, dès qu'il en eut commencé la lecture. La clarté de l'exposition et la preuve avancée pour chaque assertion, aussi bien que la connexion rigoureuse entre figures et raisonnements, le frappèrent par une sorte d'ordonnance et de rigoureuse assurance qu'il n'avait pas rencontrée jusqu'alors. Le monde dans son désordre et son imperfection lui parut tout à coup contenir aussi un élément intellectuel et psychologique d'ordre et de beauté.

A partir de la sixième année d'Albert, ses parents tinrent toujours à ce qu'il prît des leçons de violon. Au début, il n'y vit guère qu'une contrainte de plus ajoutée à la coercition scolaire; d'autant plus qu'il avait la malchance d'être enseigné par des professeurs pour qui jouer du violon n'était rien d'autre qu'une routine technique, chose qu'il était incapable d'apprécier. Mais, vers l'âge de treize ans, il connut les sonates de Mozart et s'éprit de leur grâce unique. Il comprit que sa technique n'était pas à la hauteur de ces compositions qui nécessitent une main si légère dans l'expression de leur essentielle beauté, et il s'exerça beaucoup à rendre par son jeu leur élégance, leur insouciante grâce. De la sorte, et par ses efforts à traduire une émotion particulière aussi clairement que possible, plutôt qu'au moyen d'exercices techniques, il acquit au violon une certaine dextérité et un amour de la musique qu'il a conservés toute sa vie. Le frisson de profonde émotion qu'il éprouva en lisant les livres de géométrie ne peut sans doute être comparé qu'à ses impressions d'adolescent de quatorze ans, lorsque pour la première fois il fut capable de participer à une exécution de musique de chambre.

A cet âge de quatorze ans, tandis qu'il lisait toujours les livres de Büchner, l'attitude d'Einstein envers la religion connut un important changement. Alors qu'à l'école primaire il avait reçu l'instruction catholique, il fut au gymnase instruit dans la religion juive, que l'on y enseignait aux élèves de cette confession. Le jeune Einstein était vivement excité par les commentaires des professeurs de religion sur les *Proverbes* de Salomon et les autres parties de l'Ancien Testament qui traitent de questions morales. Cette expérience lui fit une impression durable et lui laissa la conviction profonde de la grande valeur morale de la tradition biblique. D'autre part, il vit comment les élèves étaient contraints aux services religieux dans les temples israélites, qu'ils y trouvassent quelque intérêt ou non. Il sentit que cela ne différait pas de la coercition par laquelle les soldats étaient forcés au dressage sur le terrain de parade, ou bien les élèves à démêler les subtils puzzles d'invention grammaticale. Il ne pouvait pas regarder plus longtemps les coutumes rituelles comme de poétiques symboles de la situation de l'homme dans l'univers; de plus en plus, il n'y voyait au contraire que des superstitions empêchant l'homme de penser librement. Une aversion s'éveilla alors en lui contre les pratiques orthodoxes du judaïsme comme de toute autre religion traditionnelle, aussi bien d'ailleurs que contre toute présence à des services religieux, et il n'a jamais perdu ce sentiment. Après l'examen du gymnase, il libéra son esprit, désirant abandonner la communauté judaïque et n'appartenir à aucun autre groupement religieux, parce qu'il entendait éviter tout genre de relations personnelles avec les lois de la nature, qui fût conforme à un ordre mécanisé quelconque.

5. Départ de Munich.

Quand Albert eut quinze ans, un événement survint qui détourna sa vie dans une nouvelle voie. M. Einstein fut entraîné dans des difficultés d'affaires à la suite desquelles il apparut judicieux de liquider la fabrique de Munich et de chercher fortune ailleurs. Son tempérament optimiste et amoureux du plaisir le conduisit à émigrer dans un pays plus heureux, en Italie, à Milan où il établit une entreprise similaire. Mais il souhaitait qu'Albert achevât ses études au gymnase. Dans ce temps, c'était un axiome pour tout Allemand de la classe moyenne qu'une personne de bonne éducation devait avoir un diplôme du gymnase, puisque ce diplôme seul donnait licence de devenir étudiant d'université. Et comme un cycle d'études conduisant à un titre universitaire était à son tour nécessaire avant d'obtenir une situation dans les professions intellectuelles, Einstein, comme tout le monde, se sentit contraint d'achever son programme au gymnase.

Dans l'ordre des mathématiques, Einstein surpassait de haut ses compagnons, mais il n'en était nullement ainsi pour les langues classiques. Il souffrait d'avoir à s'appliquer à des matières qui ne l'intéressaient pas et qu'il supposait n'avoir à apprendre qu'à cause des examens. Ce sentiment pénible s'accrut lorsque ses parents s'en allèrent et le laissèrent dans une maison de famille. Il se sentait étranger parmi ses camarades et tenait pour inconsidérée ou grossière leur insistance à le voir participer aux diverses activités athlétiques. Il était probablement en termes amicaux avec tous, mais son scepticisme envers l'organisation et l'esprit de l'école dans l'ensemble apparaissait très clairement aux professeurs comme aux élèves et faisait naître un sentiment de malaise chez beaucoup d'entre eux.

Comme il entendait être un homme à la pensée indépendante, l'idée d'avoir à se soumettre encore quelque temps aux méthodes pédagogiques du gymnase devint de plus en plus insupportable. Bien que d'un bon naturel et modeste dans ses rapports personnels, il n'en défendait pas moins et opiniâtrement, dès lors aussi bien que plus tard, la vie de son esprit contre l'intrusion de toute contrainte extérieure. Il trouvait de plus en plus intolérable aussi d'être obligé à se rappeler mécaniquement des règles, et il préféra souvent subir des punitions plutôt que de répéter une chose qu'il avait apprise par routine et sans la comprendre.

Après avoir souffert de sa solitude une demi-année, Einstein tenta de quitter l'école et de suivre ses parents en Italie. Pour lui, qui vivait à Munich où sévissait le froid et rigide esprit prussien, l'Italie riche en couleurs, avec son peuple amoureux d'art et de musique, et vivant d'une vie bien plus naturelle et bien moins mécanisée, lui apparaissait telle qu'un fascinant paradis. Il dressa un plan qui lui procurerait le moyen de laisser l'école, au moins pour quelque temps, sans perdre ses chances de continuer ses études. Puisque son savoir mathématique passait de beaucoup les exigences du gymnase, il espérait pouvoir sans doute être admis dans un institut technique à l'étranger, même sans diplôme. Probablement pensait-il qu'une fois hors de l'Allemagne, tout s'arrangerait de soi-même.

Il obtint d'un médecin un certificat déclarant qu'à cause d'une dépression nerveuse un congé de six mois hors de l'école lui était nécessaire, pour rejoindre ses parents, en Italie où il se rétablirait. Son professeur de mathématiques lui remit aussi une attestation affirmant que ses connaissances extraordinaires en ce domaine le qualifiaient pour le faire admettre dans un institut supérieur de ce genre. Son départ du gymnase était finalement beaucoup plus facile qu'il ne l'avait prévu. Un jour, son professeur le convoqua et lui dit qu'il serait désirable qu'il quittât l'école. Surpris par cette tournure des événements, le jeune Einstein demanda de quelle offense il pouvait bien être coupable? Le professeur répliqua : « Votre présence en cette classe ruine le respect des étudiants. » Évidemment, l'intime horreur d'Einstein pour le constant dressage s'était d'une manière ou d'une autre manifestée dans son comportement à l'égard de ses maîtres comme de ses camarades.

En arrivant à Milan, il dit à son père son intention de renoncer à la nationalité allemande. M. Einstein lui fit remarquer cependant combien cette situation était insolite. Et comme il ne pouvait acquérir immédiatement aucune autre nationalité, il devint apatride. En même temps, il renonçait à son appartenance légale à la communauté religieuse israélite.

La première période de son séjour en Italie, fut d'une joie extatique. Il était captivé par les œuvres d'art dans les églises ou dans les musées, il écoutait la musique qui résonne dans chaque coin de ce pays et les voix mélodieuses de ses habitants. Il parcourut les Apennins jusqu'à Gênes. Il observait avec délices la grâce naturelle de ce peuple, lequel accomplit les actes les plus ordinaires et dit les plus simples choses avec un goût et une délicatesse qui semblèrent au jeune Einstein dans un parfait contraste avec la conduite habituelle des Allemands. Làbas, il avait vu des êtres humains à la spiritualité brisée, et transformés en d'obéissants automates dont tout naturel était expulsé; ici, il trouvait des gens dont l'attitude n'était guère déterminée par des règles artificiellement imposées de l'extérieur, mais bien plutôt s'accordait à leurs impulsions propres. Leurs actions lui apparurent beaucoup plus conformes aux lois de la nature qu'à celles de quelque autorité humaine.

Cet état de plaisir paradisiaque, cependant, ne pouvait exister qu'aussi longtemps qu'il serait capable d'oublier complètement — il le fit un moment — la pressante urgence des nécessités de la vie. Le besoin d'une occupation pratique se faisait particulièrement sentir depuis que son père connaissait de nouveau l'insuccès en Italie. Ni à Milan, ni à Pavie, son affaire d'électricité ne réussit. En dépit de son optimisme et de son heureuse vision de l'existence, il fut obligé de dire à Albert : « Je ne peux pas t'entretenir plus longtemps. Il faut que tu prennes une profession quelconque le plus tôt possible. » La contrainte dont il était à peine délivré menaçait de revenir. Son départ du gymnase avait-il été une démarche désastreuse? Comment pourrait-il retomber dans la voie régulière conduisant à une profession?

L'impression enfantine d'Einstein à propos de la boussole magnétique avait éveillé sa curiosité des mystérieuses lois naturelles; et de même, en lisant le livre de géométrie, il avait suscité en lui un goût passionné de tout ce qui est compréhensible en termes mathématiques et le sentiment qu'il y avait là dans le monde un élément complètement intelligible aux êtres humains. La physique théorique était le champ qui l'attirait et auquel il désirait consacrer sa vie. Il voulait étudier cette matière parce qu'elle se rattache à la question suivante : comment les phénomènes incommensurablement compliqués que l'on observe dans la nature peuvent-ils être réduits à de simples formules mathématiques?

Son goût de la science pure en physique et en mathématiques, la formation requise d'autre part pour une profession plus pratique, enfin le fait que son père était lui-même engagé dans un métier technique, tout semblait conduire le jeune Einstein à étudier les sciences technologiques. Au reste, puisqu'il manquait d'un diplôme de gymnase, mais qu'il possédait une excellente connaissance des mathématiques, il croyait qu'il pourrait plus aisément obtenir son admission dans un institut technique que dans une université régulière.

6. Étudiant a Zurich.

A cette époque, l'établissement technique le plus renommé de l'Europe centrale en dehors de l'Allemagne était l'Ecole Polytechnique Fédérale suisse, à Zurich. Einstein y alla donc et passa l'examen d'entrée. Il montra que son savoir mathématique était très au-dessus de celui de tous les autres candidats, mais que sa connaissance des langues modernes et des sciences naturelles (zoologie et botanique) n'y correspondait pas : il ne fut pas admis. Maintenant, le coup était arrivé. Ce qu'il craignait depuis son départ de Munich s'était produit, et semblait démontrer son incapacité à poursuivre dans la direction projetée.

Toutefois le directeur du Polytechnicum avait été frappé des connaissances mathématiques d'Einstein, et l'engagea à obtenir le diplôme requis dans une école suisse, l'excellente école cantonale de la petite ville d'Aarau, dirigée de façon moderne. La perspective n'enchantait guère Einstein, qui craignait de redevenir le pensionnaire d'une institution enrégimentée, analogue au gymnase de Munich.

Il se rendit à Aarau avec beaucoup de répugnance et d'appréhension, mais il fut agréablement surpris. L'école cantonale était menée dans un esprit très différent de celui du gymnase munichois. Là, pas de dressage militariste, et l'enseignement était orienté vers la formation des étudiants à penser et travailler par eux-mêmes. Les professeurs étaient toujours à la disposition de leurs élèves, pour d'amicales discussions ou des conseils. Les étudiants n'étaient pas obligés de rester tout le temps au même endroit, et l'on trouvait des salles séparées renfermant instruments, modèles, accessoires pour chaque matière. En physique et chimie, il y avait des appareils avec lesquels l'étudiant pouvait faire des expériences. En zoologie, c'était un petit muséum et des microscopes permettant d'observer de minuscules organismes; et, pour la géographie, les cartes ou tableaux des pays étrangers.

Ici, Einstein perdit son aversion de l'école. Il se fit plus amical envers ses condisciples. A Aarau, il vivait chez un professeur de l'institution qui avait un fils et une fille avec lesquels Einstein faisait des courses en montagne. Il eut donc l'occasion de discuter en détail les problèmes de la vie publique avec des personnes qui, selon la tradition helvétique, s'intéressaient beaucoup à de telles questions. Il se familiarisa avec un point de vue différent de celui qu'il avait accoutumé de connaître en Allemagne.

Après une année à l'école cantonale, il obtint son diplôme et fut en conséquence admis à l'Ecole Polytechnique de Zurich sans autre examen. Dans l'intervalle, cependant, il avait abandonné l'idée de choisir une profession technique. Son séjour à Aarau lui avait montré qu'une situation de professeur de physique ou mathématique dans un établissement supérieur lui permettrait de poursuivre ses études favorites, tout en lui faisant de modestes conditions de vie. Le Polytechnicum avait une section de perfectionnement des professeurs dans la recherche physique et mathématique; or, Einstein désormais se tournait de ce côté.

Son année à l'école cantonale lui avait donné la certitude que l'objet vrai de ses goûts intellectuels était la physique, et non les mathématiques pures comme il l'avait cru quelque temps à Munich. Son but était de découvrir les plus simples règles pour la compréhension des lois naturelles. Par malheur, dans ce temps, c'était précisément cet enseignement de la physique qui était plutôt vieilli et pédantesque à l'Ecole Polytechnique. On y apprenait simplement aux étudiants les principes physiques qui avaient passé par l'épreuve des applications techniques, et qui étaient reçus dans tous les manuels. On n'y songeait guère à aborder objectivement les phénomènes naturels, ni à discuter logiquement des simples et vastes principes dont ils dépendent.

Bien que les cours de physique ne fussent empreints d'aucune profondeur de pensée, ils excitèrent Einstein à lire les ouvrages des grands investigateurs dans ce domaine. C'était précisément la période, à la fin du XIXe siècle, où le développement de la physique atteignait un tournant. Les théories de cette époque avaient été exposées d'une façon attrayante par les savants novateurs. Einstein dévora ces classiques de la physique théorique, les œuvres de Helmholtz, Kirchhoff, Boltzmann, Maxwell et Hertz. Jour et nuit, il se plongeait dans ces livres, où il apprit l'art d'ériger un cadre mathématique dans lequel on pût dresser l'édifice de la physique.

L'enseignement des mathématiques était d'un niveau beaucoup plus élevé. Parmi les maîtres se trouvait Hermann Minkowski, Russe de naissance, qui, bien qu'il fût encore un jeune homme, se voyait déjà regardé comme l'un des plus originaux mathématiciens de son temps. Ce n'était pas, en revanche, un très bon pédagogue, et Einstein ne prenait guère d'intérêt à ses cours. C'est précisément alors qu'Einstein abandonna son goût des mathématiques pures. Il croyait que les principes mathématiques les plus simples seraient adéquats à l'expression des lois fondamentales de la physique, tâche qu'il s'était à lui-même fixée. Plus tard seulement, il comprit en toute clarté que c'était exactement le contraire : la formulation mathématique de ses idées exigeait des concepts dérivant eux-mêmes d'un type de mathématiques du plus haut niveau. Et ce fut Minkowski, dont les leçons avaient si peu intéressé Einstein, qui mit au jour les idées nécessaires à la formulation mathématique des théories d'Einstein, et sema le germe de tous les développements futurs en ce domaine.

A ce moment, le Polytechnicum jouissait d'une grande réputation internationale et comptait un nombre considérable d'étudiants étrangers. L'on en trouvait parmi eux beaucoup de l'Est et du Sud-Est de l'Europe, qui ne pouvaient ou ne voulaient poursuivre leurs études dans leur pays d'origine pour des raisons politiques; Zurich devint ainsi un centre où s'élaboraient de futures révolutions. L'un de ceux avec qui Einstein entra en relations était l'Autrichien Friedrich Adler. C'était un jeune homme mince, pâle et blond, qui aimait les autres étudiants venant de l'Est, unis à lui par la passion de ces études et par une foi fanatique dans le développement révolutionnaire de a société. Il était le fils de Victor Adler, l'un des leaders de la Sociale-Démocratie à Vienne, qui avait essayé d'écarter son fils de la politique en l'envoyant étudier la physique à Zurich.

Parmi les relations d'Einstein se trouvait aussi Mileva Maritsch, jeune Hongroise mais qui avait pour langue maternelle le serbe et professait la religion grecque orthodoxe. Elle appartenait à ce groupe serbe, très nombreux dans le Sud-Est de la Hongrie, qui avait toujours violemment combattu la domination magyare. Comme beaucoup d'étudiantes de l'Europe orientale, elle ne faisait attention qu'à son travail et avait peu d'occasions d'attirer l'attention des hommes. Elle et Einstein trouvaient une communauté d'intérêt dans leur passion pour l'étude des grands physiciens et ils passaient beaucoup de temps ensemble. Pour Einstein, ce fut toujours un plaisir que de penser en société ou mieux peut-être, d'approfondir ses pensées en les extériorisant par des mots. Bien que Mileva Maritsch fût extrêmement taciturne et plutôt réservée, Einstein, très appliqué à ses études, s'en aperçut à peine.

Cette période studieuse à Zurich, si importante pour son développement intellectuel, ne fut pas en revanche un temps facile en ce qui concerne la vie pratique. La situation financière du père était si difficile qu'il ne pouvait contribuer en rien à l'entretien du fils. Albert recevait cent francs suisses par mois d'un parent riche, mais il devait en mettre de côté vingt chaque fois, pour économiser la somme néeessaire à l'acquisition de la nationalité suisse, qu'il espérait obtenir dès son diplôme. S'il n'éprouva pas de difficultés matérielles vraiment pénibles, toute espèce de luxe en revanche lui fut interdite.

7. Employé a l'Office des brevets.

Einstein acheva ses études juste au tournant du siècle, et affronta alors la nécessité de chercher une situation. Lorsqu'un jeune homme témoignant d'un exceptionnel intérêt et d'une grande habileté en science vient d'achever le cours régulier de ses études universitaires ou techniques, il est important et généralement désirable pour lui de parfaire sa formation de chercheur indépendant, en travaillant comme assistant d'un professeur d'université. C'est le moyen d'apprendre les méthodes de l'enseignement comme de l'investigation scientifiques, sous la direction d'un maître expérimenté. Depuis qu'il avait compris que là était sa voie, Einstein s'appliquait à trouver une telle position. Pourtant, il devint évident que les mêmes professeurs qui avaient prisé si hautement ses goûts et sa valeur scientifiques, n'avaient toutefois pas l'intention de le prendre pour assistant. Pas davantage ne reçut-il quelque explication directe de ce refus.

Devant cette impossibilité d'une situation d'ordre enseignant au Polytechnicum, il ne lui restait plus qu'à en chercher une dans une école secondaire. Ici encore, malgré les excellentes lettres de recommandation écrites par ses professeurs, il fut malchanceux. Tout ce qu'il put obtenir, ce fut une occupation temporaire dans une école professionnelle à Winterthur : après quelques mois il se trouvait de nouveau sans emploi.

C'était maintenant l'année 1901. Einstein avait vingt et un ans, il était devenu citoyen suisse. Il sut par un journal qu'un professeur de collège à Schaffhouse, tenant une maison de famille pour élèves, était à la recherche d'un précepteur pour deux garçons. Einstein postula l'emploi et fut accepté. Il vint donc dans la petite ville, où les fameuses chutes du Rhin résonnent à travers tout le voisinage et où de nombreux touristes s'arrêtent pour voir ce phénomène naturel qui reçoit les trois étoiles du Baedeker.

Einstein n'était pas mécontent de son travail. Il était heureux de former de jeunes esprits et de chercher des méthodes pédagogiques préférables à celles qu'il avait connues lui-même en classe. Mais il remarqua bien vite que les autres professeurs ruinaient le bon grain qu'il avait semé, et il demanda que l'enseignement des deux élèves fût complètement entre ses mains. On imagine sans peine que le professeur de collège dirigeant la maison de famille regarda la requête comme un acte de rébellion contre son autorité. Il sentit là une atmosphère de révolte et congédia Einstein. L'affaire montra cette fois à Einstein que ce n'était pas seulement les élèves, mais aussi bien les maîtres, qui étaient écrasés ou assouplis par le « moulin de discipline » de · l'école ordinaire [1].

Einstein était encore en difficulté. Tous ses efforts pour trouver une situation enseignante s'écroulaient, malgré son diplôme de l'Ecole Polytechnique et ses papiers de citoyenneté suisse. Lui-même n'arrivait pas à comprendre tout à fait la raison de sa faillite. Peut-être était-ce qu'on ne le regardait pas comme un Suisse d'origine. Avec sa récente naturalisation, il était ce que les citoyens suisses d'origine appellent un « Suisse-papier ». Le fait de ses ascendances juives causaient une difficulté de plus pour être accepté comme un véritable Suisse.

Dans cette sombre période, une légère lueur apparut. Un camarade d'Einstein au Polytechnicum, Marcel Grosmann, le présenta à un certain Haller, directeur du Bureau des Brevets à Berne. C'était un homme intelligent et vraiment d'esprit large, sachant que dans toute profession il est plus important d'avoir quelqu'un capable de penser par soi-même, qu'une personne entraînée à une routine particulière. Après un long entretien, il fut convaincu qu'Einstein, bien que n'ayant encore aucune expérience des inventions techniques, convenait fort bien au Bureau des Brevets et il lui donna un emploi.

A maint égard, le déplacement d'Einstein à Berne marqua un tournant important de sa vie. Il avait maintenant une position avec un salaire fixe de quelque trois mille francs par an, somme qui à cette époque lui procurait une vie tout à fait confortable. Il avait la faculté de consacrer ses heures de loisir, et il en avait beaucoup,

1. Allusion au moulin que les forçats, autrefois, mouvaient avec leurs pieds. *(N. d. T.)*

à la recherche scientifique. Il était en situation de penser au mariage et d'avoir une famille.

Peu après son arrivée à Berne, Einstein épousa Mileva Maritsch, sa compagne d'études au Polytechnicum. Elle était un peu plus âgée que lui. Malgré son origine grecque orthodoxe, c'était une libre-penseuse aux idées avancées, comme la plupart des étudiants serbes. De nature réservée, elle ne possédait guère l'art d'entrer en intimité et en relations agréables avec son entourage. La personnalité si différente d'Einstein, manifestée par le naturel de sa conduite et l'intérêt de sa conversation, la gênait souvent. Il y avait quelque chose de brusque et sévère dans son caractère. Ce n'était pas toujours une source de paix et de bonheur pour la vie conjugale d'Einstein. Quand il avait envie de discuter avec elle ses idées — et il lui en venait toujours abondamment — la réponse était si mince qu'il était souvent incapable de décider si sa femme était intéressée ou non. Au début, toutefois, il eut le plaisir de vivre une vie personnelle en famille. Deux fils s'étaient rapidement succédé, le plus âgé nommé Albert comme son père. Einstein était vraiment heureux avec ses enfants. Il aimait à s'occuper d'eux lui-même, à leur raconter ce qui lui venait à l'esprit; et il observait leurs réactions avec grand attrait et plaisir.

Le travail d'Einstein au Bureau des Brevets était loin d'être inintéressant. Sa tâche était de faire un premier examen des inventions apportées. Beaucoup d'inventeurs sont des amateurs, et bien des professionnels sont pareillement incapables d'exprimer leurs pensées. La fonction de l'Office était de pourvoir à la protection légale des inventions et des inventeurs, et il importait de formuler clairement les rapports expliquant l'essentiel de chaque invention. Einstein devait en définir nettement les applications, qui fréquemment n'étaient indiquées que d'une manière vague. Par-dessus tout, il lui fallait être capable de dégager des descriptions les idées fondamentales des inventions. Le plus souvent ce n'était pas facile et cela lui fournissait une occasion d'étudier à fond bien des idées neuves et intéressantes. Peut-être est-ce ce travail qui développa son exceptionnelle faculté de saisir immédiatement la conséquence maîtresse de chaque nouvelle hypothèse, une faculté qui a suscité l'admiration de tant de personnes ayant pu l'observer au cours de discussions scientifiques.

Au reste, cette occupation maintint en éveil chez lui l'intérêt pour la construction des appareils scientifiques. Il existe encore un instrument pour la mesure des très faibles charges électriques, qu'il a inventé à cette époque. Au milieu de ses abstraites recherches théoriques, un tel travail était une manière de récréation, tout comme les échecs et les romans policiers permettent à d'autres savants de se détendre. Quelques mathématiciens trouvent amusement à la solution de problèmes d'échecs et non pas dans quelque sport ou dans le mouvement; et il se peut bien qu'un esprit mathématicien trouve sa meilleure distraction dans des problèmes qu'il n'y a pas à prendre au sérieux, bien qu'ils exigent encore une certaine part de pensée logique. Einstein n'avait de goût ni pour les échecs ni pour les romans policiers, mais il aimait à réfléchir sur toutes sortes d'instruments techniques et à en disputer avec ses amis. C'est ainsi qu'aujourd'hui encore, il voit souvent son ami le Dr Bucky, de New-York, — physicien bien connu et spécialiste de la construction d'appareils à rayons X, — et ils ont imaginé ensemble un mécanisme pour régler automatiquement la durée d'exposition des pellicules photographiques, en fonction de l'éclairement. Ce n'est point à cause de leur utilité pratique qu'Einstein s'intéresse à de telles inventions, mais parce qu'il y force le secret de l'énigme.

II

CONCEPTIONS DU MONDE PHYSIQUE AVANT EINSTEIN

1. Conception philosophique de la nature.

La conception philosophique de la nature qui prévaut dans une période donnée a toujours une influence profonde sur le cours des sciences physiques dans cette période. D'un bout à l'autre de son histoire la science de la nature a été pratiquée selon deux points de vue très différents. L'un, qu'on peut appeler « scientifique », s'efforce de développer un système auquel les faits observés puissent être rattachés et duquel une utile information puisse être obtenue; tandis que l'autre point de vue, qu'on peut nommer « philosophique », tente d'expliquer les phénomènes naturels selon un mode d'exposition particulier, ratifié par l'histoire. On peut très bien illustrer cette différence par la théorie du mouvement des corps célestes. Au xvie siècle, la théorie copernicienne, affirmant le mouvement de la terre autour du soleil, était utile pour déterminer les positions relatives des astres mais n'était pas considérée comme « philosophiquement vraie », parce que cette idée contredisait à la conception philosophique du temps selon laquelle la terre se tenait en repos au centre de l'univers.

La conception philosophique elle-même, dans l'histoire de la science, a subi des changements par suite des découvertes révolutionnaires. Deux périodes principales se détachent. Au Moyen Age, l'intelligence des phénomènes naturels était conçue sous forme d'analogies avec le comportement des animaux et des hommes. Par exemple, les mouvements des corps célestes ou des projectiles étaient décrits dans les mêmes termes que l'action des créatures vivantes. Il est permis d'appeler cette vue la conception *organiciste*. Les décisives recherches de Galilée et Newton en mécanique, au XVIIe siècle, causèrent la première grande révolution de la pensée physique et engendrèrent les vues *mécanistes*, où tous les phénomènes s'expliquaient par analogie avec les machines simples, telles que roues ou leviers. Ces vues jouirent d'un grand succès et, par elles, la mécanique devint le modèle de toutes les sciences physiques, voire, de toute science en général. Elles atteignirent leur apogée vers 1870, après quoi, avec l'accroissement des découvertes en de nouveaux domaines de la physique, elles commencèrent à décliner. Puis en 1905, avec la publication du premier mémoire d'Einstein sur la théorie de relativité, commença la seconde grande révolution. De même que Newton avait opéré le passage de la physique organiciste à la physique mécaniste, Einstein l'imitait en faisant succéder au mécanisme ce qu'on nomme parfois la description mathématique de la nature.

Pour bien comprendre l'œuvre d'Einstein et le destin paradoxal de ses théories, il faut mesurer le trouble moral profond et les interférences de forces politiques, religieuses ou sociales qui ont accompagné les révolutions survenues dans les conceptions philosophiques de la nature. Tout de même que l'Inquisition romaine caractérisa et condamna les investigations de Copernic et Galilée comme « philosophiquement fausses », parce qu'elles ne cadraient pas avec sa propre conception de la nature, beaucoup de philosophes et physiciens à travers le monde rejetèrent la théorie de la relativité d'Einstein parce qu'ils ne pouvaient la comprendre de leur point de vue mécaniste. Dans les deux cas, la raison de la condamnation était, non point une différence d'opinion dans l'appréciation des observations, mais le fait que la nouvelle théorie n'utilisait pas les analogies requises par la philosophie traditionnelle.

A coup sûr, cette insistance rigide à garder une certaine analogie explicative a plusieurs fois découragé la découverte de lois nouvelles, qui eussent rendu compte des faits récemment aperçus. Mais il y aurait beaucoup d'injustice historique à assurer que ce conservatisme ait toujours nui au progrès de la science. L'application d'une conception particulière fut un important instrument d'unification, pour les diverses branches de la science. Dans la perspective organiciste, il n'y avait point de fossé réel entre nature animée et inanimée; l'une et l'autre étaient soumises aux mêmes lois. Il en fut de même pour la perspective mécaniste, dans laquelle les organismes vivants étaient décrits en termes de mécanique. En outre, l'entière application d'une analogie réclamait souvent une simplification formelle, puisque cela même favorisait des théories qui déduisaient toute manifestation expérimentale d'un petit nombre de principes simples.

Depuis que notre formation scolaire nous a tous imprégnés de la conception mécaniste de la nature, elle nous est devenue si familière que nous la tenons pour banalité. Or, quand une théorie semble banale, nous ne comprenons plus très bien ses parties saillantes. Par conséquent, pour saisir la signification profondément révolutionnaire que cette théorie possédait à son apparition, nous devons tenter de nous imaginer nous aussi dans cette même période. Nous verrons que la science mécaniste, en son premier stade, apparut aussi incompréhensible et paradoxale à beaucoup de gens que ne le fait de nos jours la théorie d'Einstein.

2. La physique organiciste du Moyen Age.

Quand nous observons l'action d'un individu, nous trouvons qu'elle est tantôt compréhensible et tantôt incompréhensible. Si nous voyons un homme se précipiter brusquement dans une certaine direction, cela nous paraît d'abord étrange, mais si nous apprenons que dans cette direction des pièces d'or sont distribuées gratuitement, son action devient intelligible. Nous ne pouvons comprendre son action tant que nous ignorons son intention. Il en est exactement de même du comportement animal. Si un lièvre détale en grande hâte, nous nous expliquons son acte en constatant qu'il a un chien à ses trousses. Le but de tout mouvement est d'atteindre un point qui d'une manière ou d'une autre soit mieux approprié que le point de départ.

Ainsi, différentes sortes de comportements sont mises en jeu par des organismes variés, en fonction de leur nature; or, « la science organiciste » interprétait tout à fait de même les mouvements exécutés par les objets inanimés. La chute d'une pierre et le jaillissement d'une flamme peuvent s'interpréter de la façon suivante : ainsi qu'une souris a son trou dans la terre et un aigle son nid sur un roc montagneux, une pierre a sa propre place sur la terre tandis qu'une flamme a la sienne plus haut, sur l'une des sphères qui tournent autour de la terre. Chaque corps a sa position naturelle, où il doit être en harmonie avec sa nature propre. Si un corps est écarté de cette position, il exécute un mouvement violent et tend à y retourner aussi vite que possible. Une pierre jetée en l'air tend à retourner aussi rapidement que possible à sa position aussi près qu'il se peut du centre de la terre, exactement comme une souris qui a été expulsée de son trou cherche à le regagner aussi tôt que possible lorsque l'animal qu'elle fuit est parti.

Bien entendu, il peut arriver que la pierre soit empêchée de tomber. Ce qui se produit lorsqu'une force « violente » agit sur elle. Selon les philosophes anciens : « Le médecin cherche la guérison, mais des obstacles peuvent l'empêcher d'atteindre son but. » Cette analogie présente le point de vue organiciste sous sa forme vraisemblablement la plus crue.

Il y a aussi des mouvements qui apparemment ne servent aucun dessein. Ils ne tendent à aucun but, mais simplement se répètent eux-mêmes. Tels sont les mouvements des corps célestes, qui furent donc regardés comme des êtres spirituels d'une nature beaucoup plus élevée. Tout comme la nature des organismes inférieurs était de s'efforcer vers un but pour échapper à un danger, ainsi la nature des corps spirituels était de poursuivre éternellement des mouvements identiques.

Cette conception organiciste avait sa base dans les doctrines du philosophe grec Aristote. Bien que ce fût essentiellement une philosophie païenne, on la retrouve à travers toute la période médiévale, à peine modifiée, dans la doctrine du maître de la philosophie catholique, Thomas d'Aquin, aussi bien que dans l'enseignement du philosophe juif Moïse Maimonide, ou du mahométan Averroës.

3. Philosophie et physique mécanistes.

La transition de la physique organiciste à la mécaniste est incarnée très clairement et, en un certains sens, très dramatiquement dans la personne de Galileo Galilei. Il considéra la théorie copernicienne du mouvement de la terre comme quelque chose de plus qu'une hypothèse « astronomique » pour représenter les observations simplement et sans exprimer rien de la réalité. Il essaya de jeter le doute sur le principe fondamental de la physique médiévale.

Galilée prit comme point de départ le mouvement d'un objet le long d'une ligne droite, avec une vitesse constante. C'est un type de mouvement très aisément représentable par un traitement mathématique. Il considéra alors le mouvement le long d'une droite avec accélération constante; c'est celui où la vitesse croît d'une quantité constante par unité de temps. Galilée essaya de comprendre des types plus complexes de mouvement, sur la base de ces formes simples. En particulier, il découvrit comme une propriété caractéristique des corps en chute libre ou des projectiles dans l'air d'avoir une accélération constante vers le bas. Dès lors il était en mesure de considérer leur mouvement total comme étant fait de deux composantes :

1° un mouvement où la vitesse initiale reste constante à la fois en direction et en grandeur (mouvement d'inertie);

2° un mouvement à accélération constante dirigée verticalement vers le bas (action de gravité).

Sir Isaac Newton étendit plus tard ce schéma au mouvement plus compliqué des corps célestes, puis à tout mouvement en général. Pour le mouvement circulaire des planètes, telles que la terre, autour du soleil, Newton le décomposa en deux :

1° le mouvement d'inertie, où la vitesse initiale reste constante à la fois en direction et en grandeur;

2° l'action de la force gravitationnelle entre le soleil et la terre, par laquelle cette dernière reçoit une accélération dirigée vers le soleil et inversement proportionnelle au carré de la distance entre le soleil et la terre.

Il développa enfin ces idées dans ses célèbres lois du mouvement et sa théorie de la gravitation :

1re *loi :* tout corps poursuit son état de repos ou de mouvement uniforme le long d'une droite s'il n'est pas contraint à changer cet état par des forces agissant sur lui (loi d'inertie);

2e *loi :* le changement du mouvement est proportionnel à la force appliquée, et suit la direction dans laquelle est appliquée cette force (loi de force);

3e *loi :* à toute action se trouve opposée une égale réaction; enfin :

Loi de la gravitation universelle : Dans l'univers, toute particule matérielle attire chaque autre particule avec une force dirigée selon la ligne qui les joint, dont la grandeur est directement proportionnelle au produit de leurs masses, indirectement proportionnelle au carré de leur distance.

Le remarquable succès de ces lois est trop connu pour avoir besoin de commentaire. Elles ont formé la base de toute la physique, de l'astronomie et de la mécanique appliquée.

Newton et ses contemporains avaient aussi énoncé des théories concernant les phénomènes optiques. Toutes ces théories gardaient un trait commun : elles affirmaient que les lois de la mécanique, — si triomphantes dans le calcul des mouvements affectant les corps célestes ou les corps matériels de la vie courante, — pouvaient être appliquées aussi bien aux phénomènes optiques, et en rendaient raison en termes de mouvements de particules. Des tentatives semblables furent ainsi faites pour tous les processus dans les autres branches de la science; par exemple, l'électromagnétisme, la chaleur, les réactions chimiques. Dans chaque cas, le phénomène particulier était expliqué à l'aide d'un modèle mécanique, qui obéissait aux lois newtoniennes du mouvement.

Les grands succès pratiques de cette méthode atteignirent bientôt au point où seule une exposition fondée sur une analogie mécanique était regardée comme offrant une « compréhension physique » satisfaisante. Tout autre mode de présentation et de calcul d'une série de phénomènes pouvait être « pratiquement utile », mais ne permettait pas une « compréhension physique ». Les explications en termes de processus mécaniques commencèrent bientôt à jouer le rôle des explications en termes de physique organiciste, au Moyen Age. Une philosophie mécaniste prenait la place de la philosophie organiciste.

Et pourtant, il est clair qu'à l'origine la physique mécaniste devait ses succès à sa seule utilité pratique, mais non pas à quelque manière de plausibilité philosophique. La loi d'inertie, lorsqu'elle fut d'abord énoncée, n'était pas plausible du point de vue de la philosophie dominante au Moyen Age; au contraire, elle y eût été absurde. Pourquoi un corps ordinairement terrestre se mouvrait-il le long d'une droite et s'efforcerait-il pour toujours d'atteindre l'infini où il n'a rien à faire?

Pourtant cette loi « absurde » surmonta toute opposition; d'abord parce qu'elle était mathématiquement simple et, en second lieu parce que la physique mécaniste fondée sur elle conduisit à de grands succès. Enfin, le cours des choses tout entier fut bouleversé de fond en comble, et on affirma que seules les explications conformes au modèle mécanique étaient « philosophiquement vraies ». Les penseurs de la période mécaniste, surtout vers la fin du XVIIIe siècle, remuèrent toutes sortes d'idées pour prouver non seulement que la loi d'inertie n'était pas absurde, mais que sa vérité était d'une évidence simplement rationnelle, et que toute autre prétention était en désaccord avec la philosophie.

C'est bien là que se trouve la racine historique des luttes soutenues par beaucoup de philosophes professionnels contre les théories d'Einstein. Elles eurent d'autre part pour alliés beaucoup de physiciens expérimentateurs qui, concentrés sur des problèmes plus généraux, n'avaient pas approfondi les bases des principes scientifiques dont ils usaient dans leurs laboratoires. Ils gardaient leurs recherches scientifiques à l'écart de la philosophie traditionnelle qu'ils avaient apprise à l'Université, et à laquelle ils adhéraient comme à une créance bien plutôt que comme à une théorie scientifique.

4. Le principe de relativité dans la mécanique newtonienne.

Toutefois, il y avait un point, dans les lois de Newton sur le mouvement, qui n'était pas clair, et un point de la première importance. La loi d'inertie établit que tout corps se meut sur une droite avec une vitesse constante, à moins qu'une influence extérieure ne le contraigne de modifier cet état. Mais quelle est la signification de l'expression « se meut sur une droite »? Dans la vie courante, le sens est tout à fait clair; si une bille de billard se meut parallèlement au bord d'une table, elle se meut en ligne droite. Mais, la table est en repos par rapport à la terre, laquelle tourne autour de l'axe des pôles et de plus accomplit sa révolution autour du soleil. A quelqu'un d'extérieur à la terre, la même bille semblerait se mouvoir selon une trajectoire très compliquée. Donc, la bille ne se déplace apparemment suivant une droite que par rapport à une personne dans la même salle.

Newton expliqua ce point par sa définition du « mouvement absolu » comme « translation d'un corps d'une position absolue à une autre »; et il disait que « un mouvement absolu n'est engendré ni altéré, sauf si quelque force est imprimée au corps en mouvement ». Alors, si l'on observe une bille se mouvant parallèlement au bord d'une table et indépendamment de toute force extérieure, la salle peut être considérée comme au repos dans « l'espace absolu ». De telles salles « au repos », où règne la loi d'inertie, furent appelées dans la suite *systèmes d'inertie.* Si une salle est en rotation par rapport à la salle « au repos » (un manège de chevaux de bois par exemple), alors une bille ne peut plus se mouvoir parallèlement au bord d'une table placée sur le manège, sans que quelque force ne soit exercée. Un manège n'est pas un système d'inertie.

Mais que se passe-t-il si la seconde salle décrit un mouvement rectiligne et uniforme? La bille peut alors voyager parallèlement à un bord, sans action d'aucune force dans la salle « en mouvement ». En fait, tout mouvement rectiligne et uniforme dans le premier système aura lieu également avec une vitesse uniforme et en ligne droite dans le second système. En conséquence, la loi d'inertie s'applique aussi dans le « système en mouvement », et ceci, — bien que la vitesse du système soit prise par rapport à la salle « au repos », — est vrai aussi longtemps que cette vitesse a lieu dans la même direction et reste constante.

Si les forces opérant sur la bille et sa vitesse ne restent pas constantes, si donc on introduit une accélération, cette accélération sera la même dans les deux systèmes.

Donc, la loi de force, qui détermine l'accélération et qui est indépendante de la vitesse initiale, est la même pour les deux systèmes. Ainsi, nous ne pouvons déterminer la vitesse avec laquelle la salle se meut par rapport au système d'inertie primitif, par des expériences sur le mouvement des particules, que l'on ferait dans cette salle; et, avec la loi de force et les vitesses initiales, nous pouvons prédire les mouvements futurs des points matériels sans savoir quoi que ce soit de la vitesse uniforme sèlon laquelle la salle peut être en mouvement. Tous les systèmes qui sont en mouvement rectiligne et uniforme par rapport à un système d'inertie, sont pareillement des systèmes d'inertie. Mais les lois de Newton ne disent pas quel corps matériel est un système d'inertie.

En pratique, l'effet de la rotation et de la révolution terrestres est très petit, le mouvement de la terre peut être considéré comme un mouvement rectiligne et uniforme. Dans cette vue, la terre est approximativement un système d'inertie et nous pouvons prédire le mouvement des points matériels sur la terre en appliquant les lois de Newton. On peut faire de même en ce qui concerne les trains, les ascenseurs et les navires, tant que leur mouvement par rapport à la terre est en ligne droite et à vitesse constante. C'est une expérience banale que nous pouvons faire avec une balle, exactement de la même façon, sur le plancher d'un train, ou dans un bateau, tant qu'il n'y a pas de secousses ni de roulis.

Cette loi concernant la possibilité de prédire les mouvements futurs à partir des vitesses initiales et des lois de force, peut être appelée le *principe de relativité de la physique mécaniste.* C'est une déduction des lois newtoniennes du mouvement, et qui ne traite que des mouvements relatifs, non pas, comme les propres lois de Newton, du mouvement absolu. Sous cette forme, c'est une affirmation positive, mais on peut également la formuler dans un sens négatif, comme il suit : Il est impossible, au moyen d'expériences telles que celles que nous venons de décrire, de différencier un système d'inertie d'un autre.

Ainsi, le principe de relativité apparut d'abord comme un trait caractéristique de la mécanique newtonienne. Comme nous le verrons, ce fut le plus grand exploit d'Einstein de découvrir que ce principe s'applique encore, même si la mécanique newtonienne n'est plus valable. Il vit que le principe de relativité est plus apte que les lois de Newton à servir de base pour une théorie générale des phénomènes physiques. Sa validité demeure même si la physique mécaniste devient inacceptable.

5. L'ÉTHER, HYPOTHÈSE MÉCANISTE.

L'explication de phénomènes optiques tels que la réflexion et la réfraction de la lumière fut d'abord présentée selon deux théories opposées. Newton avait proposé la théorie corpusculaire dans laquelle on considérait la lumière comme un flot de particules qui suivent les lois du mouvement; cependant qu'un contemporain, Huyghens, proposait la théorie des ondes qui considère la lumière comme une vibration d'un certain milieu, à la manière du son qui est une vibration de l'air. La controverse fut tranchée vers 1850 en faveur de la théorie ondulatoire, par les physiciens français Arago et Foucault. Puis, les calculs théoriques de Maxwell et les expériences de Hertz établirent que les vibrations associées à la lumière sont de nature électromagnétique : c'est-à-dire que la lumière est due à de très rapides oscillations des champs électrique et magnétique.

Ces vibrations, qui donnent naissance à la propagation des ondes, exigent un certain milieu dans lequel elles oscillent. Le son est dû aux vibrations des molécules de l'air; pas de son dans le vide. Les ondes séismiques qu'on enregistre lors des tremblements de terre sont dues aux vibrations de la matière interne du globe. Le mouvement de l'eau en surface donne naissance aux ondes liquides. Mais la lumière des étoiles éloignées nous parvient, bien qu'apparemment nul milieu matériel n'existe dans les espaces interstellaires. Néanmoins, selon la physique mécaniste, il est absolument essentiel que les oscillations donnant lieu à la propagation de la lumière trouvent un milieu où elles puissent osciller. C'est ce milieu que l'on appela l'*éther*.

Deux questions se posent lorsque l'on considère l'analogie entre les ondes sonores dans l'air et les ondes lumineuses dans l'éther. Si quelque objet tel qu'un avion ou un projectile traverse l'air, il existe une certaine force de résistance due au frottement et une certaine quantité d'air est entraînée le long de l'objet dans sa progression aérienne. D'où la première question : est-il possible de détecter le mouvement des objets à travers l'éther, disons celui de la terre dans sa révolution autour du soleil? Et la seconde : cet éther freine-t-il la progression des objets qui se meuvent à travers lui, y a-t-il un effet d'entraînement?

Pour répondre à ces questions il faut considérer les propriétés de la propagation de la lumière à travers l'éther, car c'est seulement par le moyen de la lumière que l'éther se manifeste. Or, si un éclair lumineux est tout à fait analogue à la propagation des rides sur une mare stagnante, sa vitesse de propagation aura une valeur fixe par rapport à l'éther. Et, pour tout observateur en mouvement par rapport à lui, la vitesse sera plus ou moins grande selon que la direction de propagation et le mouvement de l'observateur sont de sens opposé ou du même sens. Alors, si la terre se meut à travers l'éther sans l'entraîner après elle dans sa révolution autour du soleil, sa vitesse relativement à l'éther doit être observable par des mesures de vitesse de la lumière par rapport à la terre, mesures faites dans des directions différentes.

Le fait que le mouvement de la terre à travers l'éther n'affecte pas celui-ci est connu par l'*aberration* de la lumière stellaire. La façon dont la propagation de la lumière d'une étoile est vue par un observateur sur la terre, — laquelle tourne autour du soleil, — est semblable à celle d'une personne qui constaterait une performance accomplie sur une scène, depuis une plate-forme qui tourne autour. Il lui apparaîtrait que chaque événement sur la scène accuse des changements périodiques, annuels. Les astronomes savent depuis longtemps que les étoiles fixes subissent de tels mouvements apparents et annuels. Ainsi, le phénomène de l'aberration prouve que l'éther n'est pas influencé par le mouvement de la terre.

L'expérience décisive pour mettre en évidence le mouvement de la terre relatif à l'éther fut d'abord préparée à l'Académie navale des Etats-Unis par A. A. Michelson, en 1879. Il l'exécuta ensuite à l'Observatoire astrophysique de Potsdam, où il passa un an à ce travail, et la refit plus tard aux Etats-Unis. Michelson, qui était un spécialiste hors de pair dans les mesures optiques de précision, avait disposé les conditions expérimentales de telle façon qu'une mesure déterminée pouvait être faite, même si la vitesse de la terre à travers l'éther n'était qu'une très faible fraction de sa vitesse de révolution autour du soleil. Et pourtant le résultat fut entièrement négatif. Impossible de trouver quelque mouvement de la terre relatif à l'éther.

Ainsi la théorie mécaniste de la lumière conduisait à un dilemme. L'*aberration* montrait que la terre se meut par rapport à l'éther sans troubler celui-ci, mais *l'expérience de Michelson* prouvait qu'il n'était pas possible de mesurer la vitesse avec laquelle la terre voyage à travers l'éther.

6. Vestiges de concepts médiévaux dans la physique mécaniste.

Le trait caractéristique de la physique médiévale, touchant le mouvement des objets, avait été la révolution des corps célestes autour de la terre, prise comme centre immobile. Ce système représentait une sorte de cadre universel où toute chose avait sa place propre, et un mouvement dans ce système signifiait un mouvement par rapport à ce cadre. Le problème du mouvement absolu apparaissait à peine. Aussi, une mesure naturelle de temps était-elle donnée par la période des révolutions accomplies par les corps célestes.

Il peut sembler au premier abord que la théorie de Copernic, comme la mécanique de Galilée et Newton, aient fait éclater ce « monde fermé » du moyen âge; mais un examen minutieux montre qu'un concept similaire fut encore retenu par la physique mécaniste. La loi d'inertie de Newton impliquait que des objets se mouvant librement pouvaient voyager au-delà de toutes limites spatiales; mais ceci était en relation avec « l'espace absolu ». Puisque le lien entre l'espace absolu et le contenu empirique des lois physiques était difficile à démontrer, le concept auxiliaire de « système d'inertie » fut introduit. Toutefois, il n'était pas possible d'expliquer pourquoi la loi d'inertie était valable dans certains systèmes et non pas dans d'autres. Ce caractère ne se rattachait à aucune autre propriété physique du système. Donc, le système d'inertie conservait encore quelque caractère du cadre d'univers médiéval. De plus, l'extension des lois de la mécanique à l'optique avait imposé la nécessité de « matérialiser » l'espace, sous la forme de l'éther. Cet éther était un véritable cadre universel. Le mouvement d'un laboratoire par rapport à lui devait être observable par le moyen d'expériences optiques.

Les physiciens de la période mécaniste éprouvèrent toujours quelque malaise à user des expressions « d'espace absolu », « temps absolu », « mouvement absolu », « système d'inertie » et « éther universel ». Newton en personne ne réussit point à expliquer comment on reconnaissait le mouvement d'un corps dans « l'espace absolu », par des observations réelles, et il écrivait : « C'est en vérité une question fort difficile que de découvrir, et de discerner avec certitude, le mouvement vrai et le mouvement apparent des différents corps; parce que les parties de cet espace immobile où s'accomplissent ces mouvements, ne peuvent aucunement tomber sous l'observation de nos sens. » En conséquence, si l'on reste dans les limites de la physique, on ne peut donner une définition satisfaisante du « mouvement absolu ». La théorie n'est complètement et logiquement à l'abri de toute objection que si, comme cela allait de soi pour Newton, Dieu et sa conscience sont surajoutés aux phénomènes physiques.

Pendant longtemps, on n'a pas compris exactement quel était le lien réel entre les réflexions théologiques de Newton et son œuvre scientifique. On prétendit souvent qu'elles n'offraient aucun rapport logique, et que ses réflexions n'avaient de signification qu'à un point de vue purement affectif, ou comme concession à l'esprit théologique de son temps. Or, il n'en est certainement pas ainsi. Bien qu'on eût pu jadis garder quelque doute à cet égard, depuis la découverte du journal de David Gregory, ami et élève de Newton, nous savons décidément que Newton introduisit l'hypothèse théologique afin de conférer à sa théorie de l'espace vide et absolu une forme logiquement rigoureuse. Le journal de Gregory pour 1705 contient un passage concernant une conversation avec Newton sur cette question. Le voici : « Que l'espace qui est vide de tout corps soit rempli ainsi, la franche vérité c'est qu'il (Newton) croit que Dieu est omniprésent, dans le sens littéral; et que, tout comme nous avons la sensation des objets lorsque leurs images viennent se loger dans notre cerveau, ainsi Dieu doit être sensible à toutes choses, étant intimement présent en tout : et il (Newton) suppose aussi que comme Dieu est présent dans l'espace où il n'y a aucun corps, il est de même présent dans l'espace si un corps s'y trouve présent. »

Dans ses *Fondements métaphysiques de la science physique moderne*, publiés en 1925, E. A. Burtt, en donne cette interprétation correcte :

« A coup sûr, Dieu du moins doit savoir si un mouvement donné est absolu ou relatif. La conscience divine fournit le centre de référence suprême du mouvement absolu. De plus, dans la conception newtonienne de la force, l'animisme joue son rôle pour l'élaboration de la doctrine. Dieu est le suprême générateur du mouvement. Ainsi, en dernière analyse, tout mouvement relatif ou absolu est le résultat d'une effusion de l'énergie divine. Chaque fois que la divine intelligence enregistre une telle effusion, le mouvement ajouté de la sorte au système du monde doit être absolu. »

Grâce à cette conception anthropomorphique de Dieu, on obtient une définition scientifique, presque physique, du mouvement absolu. Celui-ci se relie à l'énergie dispensée par un être appelé « Dieu », mais auquel sont imputées les propriétés d'un système physique. Sans quoi le concept d'énergie ne saurait s'appliquer au système. La définition signifie essentiellement que l'on se donne l'existence dans le monde d'une source réelle d'énergie, qui est distincte de toutes les autres. Tout mouvement produit par la dépense d'énergie des systèmes mécaniques en général est décrit seulement comme un mouvement « relatif »; alors que le mouvement produit par cet être privilégié se caractérise comme « absolu ». Mais on ne doit jamais oublier que cette définition du mouvement absolu ne saurait être logiquement admise si le lien en est rompu avec l'existence de l'être producteur d'énergie. Au cours du XVIIIe siècle, dans l'âge des lumières, les hommes n'inclinèrent plus à attribuer à Dieu une part dans les lois de la physique. Mais on oubliait que le concept newtonien du « mouvement absolu » se trouvait dès lors vidé de tout contenu. Burtt, dans l'ouvrage plus haut mentionné, dit très justement : « Quand au XVIIIe siècle la conception du monde selon Newton fut graduellement dépouillée de ses connexions religieuses, la justification suprême de l'espace et du temps absolus, tels qu'il les avait dépeints, s'évanouit, et ces entités demeurèrent vides. »

7. Critiques de la philosophie mécaniste.

Vers la fin du XIXe siècle, on découvrit un nombre toujours plus grand de phénomènes dont l'explication par les principes de la mécanique newtonienne devenait fort difficile et embrouillée. En conséquence, de nouvelles théories apparurent, dont il n'était pas clair qu'elles pussent dériver de la mécanique newtonienne, mais que l'on acceptait comme des représentations provisoires des phénomènes observés. Etait-ce une véritable connaissance de la nature ou simplement une « description mathématique », tel qu'apparaissait le système de Copernic aux physiciens médiévaux? Les doutes ne pouvaient se dissiper aussi longtemps qu'on croyait à l'existence de preuves philosophiques selon lesquelles la réduction à la mécanique newtonienne offrait la seule possibilité d'une véritable intelligence de la nature.

Durant le dernier quart du XIXe siècle, l'attitude critique envers cette philosophie mécaniste se fit de plus en plus évidente. Comprendre ce criticisme est une première condition essentielle pour entendre la théorie d'Einstein et sa position dans le développement de notre connaissance de la nature. Aussi longtemps que l'on crut la mécanique newtonienne fondée en dernier ressort sur la raison humaine, et ne pouvant être ébranlée par le progrès de la science, toute tentative analogue à celle d'Einstein pour établir une théorie du mouvement non fondée sur la théorie de Newton apparut nécessairement absurde. Les critiques de la philosophie mécaniste labouraient le terrain sur lequel Einstein allait donc pouvoir semer ses graines.

Nous pouvons mentionner Gustave Kirchhoff, qui découvrit l'analyse spectrale, comme le premier de ces critiques. En 1876, il énonça que le but de la mécanique était « de décrire complètement et aussi simplement que possible les mouvements que l'on rencontre dans la nature ». Ce qui signifie que la mécanique newtonienne n'est elle-même qu'un canevas commode pour une présentation simple des phénomènes du mouvement que nous observons dans l'expérience quotidienne. La « compréhension » qu'elle nous offre de ces faits ne comporte pas d'autre sens philosophique. En contrevenant alors à l'opinion générale que les principes de la mécanique de Newton sont évidents par eux-mêmes à l'esprit humain, Kirchhoff suscita quelque sensation parmi les savants et les philosophes.

En outre, avec l'idée de Kirchhoff que la mécanique est simple description des phénomènes du mouvement, les explications mécaniques en optique, en électricité, en théorie de la chaleur, etc. (but de la physique mécaniste) devenaient simplement des descriptions de résultats, selon le modèle que l'on estimait le plus adapté à la mécanique. Pourquoi tenter de décrire selon cette méthode détournée d'utiliser la mécanique, au lieu de chercher directement le canevas le plus convenable à une description des divers phénomènes? La mécanique, newtonienne était ainsi dépouillée de son statut philosophique particulier.

En 1888, Henri Hertz découvrit les ondes électromagnétiques qui forment la base de notre moderne télégraphie sans fil ou radio, et il rejeta alors toute explication de ces phénomènes en termes de théorie physique. Il prit pour point de départ la théorie des champs électromagnétiques de Maxwell. James Clerk Maxwell avait déduit ses équations fondamentales de la physique mécaniste, en énonçant que les phénomènes électromagnétiques sont effectivement des oscillations mécaniques de l'éther. Hertz remarqua qu'en agissant ainsi Maxwell avait été contraint d'inventer des mécanismes qu'il était très difficile de calculer, et il trouva plus simple de représenter les phénomènes électromagnétiques directement par les équations de Maxwell entre le champ électromagnétique et les charges. Toutefois, il lui apparut dans la suite que ces relations ne pouvaient être déduites directement de l'expérience, et il fut conduit à considérer le caractère logique des équations. En 1889 il fit une remarque qu'on peut regarder comme le programme de la nouvelle recherche en physique, conception qui devait finalement remplacer les vues mécanistes. Hertz déclarait :

« Mais on ne peut en aucune façon tirer de l'expérience une preuve directe des équations de Maxwell. Il paraît donc plus logique de les considérer indépendamment de la voie par laquelle on les établit et de les regarder comme des affirmations hypothétiques en laissant leur plausibilité résulter du très grand nombre de lois naturelles qu'elles embrassent. Si nous admettons ce point de vue, nous écartons alors nombre d'idées auxiliaires qui rendent la compréhension de la théorie de Maxwell plus difficile. »

Ainsi Hertz abandonnait en conscience ce qui durant les deux périodes organiciste et mécaniste avait été dépeint comme le fondement « philosophique » de la physique. Il soutenait qu'il suffisait de connaître les lois à partir desquelles on pouvait calculer et prédire les phénomènes, sans soulever aucunement la question de savoir si ces lois sont par elles-mêmes évidentes à l'esprit humain.

8. Ernest Mach : les lois générales de la physique sont des résumés d'observations, ordonnés en formes simples.

Les critiques de la philosophie mécaniste par des physiciens tels que Kirchhoff et Hertz avaient été seulement occasionnelles et aphoristiques. Mais d'autres savants fondèrent leurs critiques sur une conception très précise de la nature et du rôle de la science. Le philosophe français Auguste Comte édifia la théorie sociologique selon laquelle l'état « métaphysique » dans le développement d'une science est toujours suivi de l'état « positiviste ». Ce qui signifie que la question de savoir s'il faut user d'une analogie spécifique, comme cela se fit dans les vues organicistes et mécanistes, est abandonnée, après quoi une théorie est jugée seulement selon ce qu'elle présente d'expérience « positive » dans une forme simple, logiquement inattaquable.

Cette tentative fut très largement et profondément développée par le physicien autrichien Ernest Mach, qui devait être l'un des précurseurs immédiats d'Einstein. Mach fit une complète analyse historique et logique de la mécanique newtonienne et montra qu'elle ne contient pas de principe qui puisse, en quelque manière, être par soi-même évident à l'esprit humain. Tout ce que fit Newton fut d'ordonner ses observations sur le mouvement en quelques principes simples, à partir desquels l'on pouvait prédire les mouvements dans des cas particuliers. Mais toutes ces prédictions ne sont correctes qu'autant que les expériences, sur lesquelles Newton fonda ses principes, demeurent vraies.

Mach insista particulièrement sur l'exigence de simplicité et d'*économie de pensée* dans une théorie physique : le plus grand nombre possible de faits observables devait être ordonné dans le plus petit nombre possible de principes. Mach comparait cette requête à l'exigence de l'économie dans la vie pratique et parlait de la nature « économique » des théories scientifiques. Ainsi Mach, au lieu de réclamer l'emploi d'une analogie particularisée, insista sur ce caractère de la science d'être « économique ».

En outre, non seulement Mach critiqua les efforts des philosophes à dégager un système philosophique de la mécanique de Newton, mais il critiqua ce que celle-ci gardait encore de la physique médiévale. Il indiqua que la théorie de Newton renfermait des expressions comme « espace absolu », « temps absolu », qu'on ne peut définir dans le langage des quantités ou processus observables. Afin d'éliminer de telles expressions des lois fondamentales de la mécanique, Mach formula le postulat qu'on désigne souvent maintenant sous le nom de *critère positiviste* de la science : à savoir, que seules doivent être employées les propositions d'où se puissent déduire des assertions concernant les phénomènes observables.

Ce postulat est très exactement élucidé par sa critique

de la loi newtonienne d'inertie. Si l'on désire vérifier cette loi expérimentalement, l'on ne peut jamais formuler une question telle que celle-ci : un corps tend-il à conserver la direction de sa vitesse initiale par rapport à l'espace absolu? La question n'a pas de sens puisque l'espace absolu est inobservable. Si nous effectuons, par exemple, l'expérience du pendule de Foucault, — qui apporte une preuve expérimentale de la rotation terrestre, — nous observons en réalité que le pendule maintient son plan d'oscillation par rapport, non pas à l'espace absolu, mais bien plutôt aux étoiles fixes dans le ciel.

En conséquence, selon Mach, toute mention d'espace absolu doit être écartée de la loi d'inertie, qui doit alors s'exprimer comme il suit : tout corps maintient sa vitesse, à la fois en grandeur et en direction, par rapport aux étoiles fixes, aussi longtemps qu'aucune force n'agit sur lui. Ceci signifie que les étoiles fixes exercent une influence observable sur tout corps en mouvement, un effet qui vient s'ajouter à la loi de gravitation, mais en est indépendant. Touchant le mouvement des objets terrestres, l'influence gravitationnelle est à peine observable en pratique, car la force de gravité décroît selon le carré de la distance; mais les lois d'inertie détermineront tout mouvement terrestre si le cadre de référence des étoiles fixes est décrété système d'inertie.

9. Henri Poincaré : les lois générales de la physique sont de libres créations de l'esprit humain.

Les critiques de Mach et ses émules eurent pour conséquence de faire apparaître clairement que les lois de la mécanique newtonienne, et l'intelligence de tous les phénomènes physiques par ce moyen, ne sont nullement exigées par la raison humaine. Cependant, l'assertion de Mach, selon laquelle les lois générales de la physique ne sont que simples résumés « économiques » des faits observés, n'apportait pas satisfaction à beaucoup de savants. Particulièrement, pour les physiciens qui pensaient en mathématiciens et possédaient une plus grande imagination formelle, l'affirmation, par exemple, que la loi newtonienne de la gravitation résume purement et simplement l'observation des positions planétaires, ne paraissait point adéquate. Entre l'observation réelle de la position des planètes au télescope, et l'affirmation que la force gravitationnelle de deux corps est inversement proportionnelle au carré de la distance, il semblait exister un large fossé.

La critique de la physique du XIXe siècle dans ce sens fut surtout exercée par le mathématicien français Henri Poincaré. Ses écrits sur le caractère logique des lois générales de la nature eurent probablement plus d'influence sur les mathématiciens et physiciens, vers la fin du XIXe siècle, que tout autre écrit de ce genre. Il ouvrit la route à une conception de la nature neuve, logiquement satisfaisante, et ses idées jouèrent donc un rôle exceptionnel dans l'admission ou la discussion des théories d'Einstein.

Les vues de Poincaré sont souvent désignées du terme de « conventionalisme ». Pour lui, les propositions générales de la science, telles que le théorème sur la somme des angles d'un triangle, la loi d'inertie en mécanique, la loi de conservation de l'énergie, etc., ne sont point des affirmations concernant la réalité, mais des stipulations arbitraires sur la manière dont des mots tels que « ligne droite », « force », « énergie », doivent être employés dans les propositions de géométrie, de mécanique et de physique. Par conséquent on ne peut jamais dire si l'une d'entre elles est vraie ou fausse; ce sont de libres créations de l'esprit et l'on peut seulement se demander si de telles stipulations ou conventions ont été commodes ou non.

Cette conception peut être élucidée par deux exemples. Considérons d'abord le théorème de géométrie ci-dessus rappelé : à savoir, que la somme des angles d'un triangle est égale à deux droits. Dans la tradition du XIXe siècle, ceci est une proposition inébranlable, un produit du raisonnement humain et en même temps une assertion touchant ce qui est réellement observé dans la nature. D'une part, on peut déduire cette proposition des axiomes géométriques qui sont « directement évidents à l'esprit »; d'autre part, si l'on mesure les angles d'un triangle matériel, réel, on corrobore cette relation. Toutefois Poincaré dit : si un triangle réel est formé par exemple de trois baguettes de fer, et si la mesure montre que la somme des angles *n'est pas* exactement égale à deux droits, deux conclusions différentes peuvent être tirées : ou bien que le théorème n'est pas valable, ou bien que les baguettes formant le triangle ne sont pas des lignes droites. Nous avons une alternative, et nous ne pouvons jamais décider par des expériences la validité des théorèmes de géométrie. Nous pouvons donc dire que les propositions géométriques sont des stipulations ou des définitions arbitraires et non point des affirmations sur les faits expérimentaux. Elles établissent dans quelles circonstances nous désirons appeler une baguette « ligne droite ». Ainsi les théorèmes de géométrie sont, non pas des affirmations touchant la nature de l'espace, — comme on le dit souvent, — mais bien plutôt des définitions de certains mots tels que « lignes droites ».

Selon Poincaré, les lois de la mécanique ont quelque similitude de caractère avec les propositions de la géométrie. Considérons donc la loi d'inertie, en guise de second exemple. La possibilité de vérifier la loi repose sur notre aptitude à déterminer si un corps se meut ou non d'un mouvement rectiligne et uniforme. Tant qu'il nous est impossible de le faire, la loi d'inertie peut seulement être caractérisée par des déclarations telles que celle-ci : « Si un corps est en mouvement sans l'influence de forces extérieures, nous pouvons appeler cet état mouvement uniforme en ligne droite. » Ce qui est simplement définir l'expression « mouvement uniforme en ligne droite »; ou — selon nos discussions aux paragraphes

3 et 4 plus haut, — définir le terme « système d'inertie ».

Alors, les principes généraux, tels que le théorème sur la somme des angles d'un triangle ou la loi d'inertie, ne décrivent point les phénomènes observables, mais sont plutôt les définitions d'expressions comme « ligne droite » ou « mouvement uniforme le long d'une ligne droite ». On y doit ajouter les définitions par lesquelles on reconnaît si une baguette donnée est droite, ou si le mouvement d'une boule est uniforme le long d'une droite : c'est ce qui est appelé « définitions opérationnelles », par P. W. Bridgman. Celles-ci, avec l'ensemble des lois physiques (par exemple, la loi d'inertie), forment un système de propositions qui peut être vérifié par l'expérience.

Une des conséquences capitales de cette conception, c'est qu'il n'y a pas de sens, au point de vue scientifique, à chercher la signification philosophique ou la « nature » d'expressions physiques telles que « force », « matière », « charge électrique », « durée », etc. L'usage de pareils concepts est toujours justifié si des assertions permettant vérification expérimentale peuvent se déduire des propositions où ces expressions se rencontrent. Hors cela, elles n'ont pas de sens. Parce que la mécanique newtonienne était capable de décrire des phénomènes très complexes, comme le mouvement des planètes, dans des formules simples, grâce aux mots « force » et « masse », ces termes ont un sens scientifique. Et il n'y a pas là à se creuser plus amplement le cerveau pour savoir si « force » peut s'expliquer d'un point de vue « mécaniste » ou « matière » d'un point de vue « organiciste ». « Force » et « matière » sont des constructions de l'esprit.

10. Mouvements positiviste et pragmatiste.

L'idée de Mach que les lois générales de la science sont simples résumés de faits expérimentaux, et l'idée de Poincaré que ce sont libres créations de l'esprit, semblent s'opposer diamétralement l'une à l'autre. Mais si l'on considère les courants intellectuels du dernier quart du XIXe siècle, on peut voir qu'elles étaient seulement deux ailes du même mouvement intellectuel, généralement connu sous le nom de *mouvement positiviste.* Il était avant tout dirigé contre les fondements métaphysiques de la science. Les promoteurs de cette vue affirmaient que la validité des principes généraux de la science ne peut être prouvée par leur harmonie avec quelques vérités philosophiques éternelles, et ils recommandaient de chercher comment la validité des principes peut être jugée à l'intérieur de la science elle-même. Ils trouvaient deux critères possibles, un empirique et un logique. Selon le premier, les faits observables qui découlent des principes généraux doivent recevoir confirmation expérimentale, et selon le second les principes et les définitions opérationnelles doivent former un système utile et cohérent. L'accent mis sur le critère empirique, ou au contraire sur le critère logique détermine la position de chaque auteur dans l'une ou l'autre aile du mouvement. Mach était à l'extrémité de l'aile empirique, tandis que Poincaré se plaçait à l'extrémité du côté logique. Au reste, il n'y avait nul conflit entre eux; c'était seulement là simple accent mis sur deux aspects différents de la même méthode scientifique.

Le mouvement positiviste exerça une grande influence dans l'Europe occidentale et centrale durant le dernier quart du XIXe siècle. Le positivisme de l'Europe centrale, au centre duquel se trouvait surtout l'Autrichien Ernest Mach, se rencontrait dans les universités de Vienne et de Prague. Mais il avait peu d'influence et d'adeptes dans les universités de l'empire allemand. A cette époque, l'Allemagne était complètement soumise aux diverses variantes de la philosophie kantienne, qui avait presque statut d'une religion d'État. Et comme l'allemand était également l'idiome primordial de la science en Autriche, le positivisme de l'Europe centrale se développa amplement en tant que critique et rival du kantisme. Pour cette raison, il fut plus militant que le positivisme français, dirigé par Poincaré.

Environ cette époque, et indépendamment, apparut aux Etats-Unis un mouvement qui se rattachait au positivisme européen dans sa maîtresse ligne de pensée. En 1878, C. S. Peirce publiait un essai sur le caractère logique des assertions scientifiques. Comme Mach et Poincaré, il signalait que le sens des propositions générales ne peut dériver d'un accord avec des vérités métaphysiques plus générales encore, mais doit être tiré des faits d'observation qui s'ensuivent. Mais, en contraste aux positivistes européens, Peirce insistait particulièrement sur le rôle des propositions comme base de nos actions. C'est pourquoi il appela sa doctrine « pragmatisme ». « L'essence d'une croyance, disait-il, est l'établissement d'une habitude, et différentes croyances se distinguent par différents modes d'action auxquels elles donnent naissance. » Pareil à Mach, Peirce nous prévenait donc contre les métaphysiques banales dont nous nous imprégnons par notre éducation depuis l'enfance. Il disait encore : « La vérité est ce sens commun ou cette pensée commune, qui, émergeant d'abord au-dessus du niveau de la pratique stricte, est profondément imbue de cette basse qualité logique à quoi l'épithète métaphysique est communément appliquée. » Il insistait alors sur le fait que des mots comme « force » sont de simples expédients pour la représentation des phénomènes, et que toute question comme celle de leur « nature réelle », est superflue autant qu'inutile. Il poursuivait dans le même article :

« Que nous devions dire : une force *est* une accélération, ou : elle *cause* une accélération, c'est une simple question de propriété de langage qui n'a pas plus affaire au sens réel, que la différence entre le français *il fait froid* et son équivalent anglais *it is cold.* »

Une tentative vraiment semblable à celle de Mach fut accomplie par John Dewey dans son premier article scientifique, *Les prétentions métaphysiques du matéria-*

lisme, publié en 1882. Répudiant cette opinion que la réduction de tout phénomène aux mouvements de corps matériels soit une explication de la nature, il s'exprimait ainsi, au sujet du matérialisme :

« Premièrement, il assume la possibilité d'une connaissance ontologique par quoi nous entendons connaissance d'un être ou d'une substance en dehors d'une simple succession des phénomènes... Deuxièmement, il assume la réalité d'un lien causal et la possibilité d'une causation réelle. En déclarant que la matière est la cause de l'esprit, il déclare que cette relation est de dépendance, et non pas de succession. »

La lutte contre le matérialisme n'est point ici mise au service d'une philosophie idéaliste, comme chez la moyenne des professeurs de philosophie dans les universités d'Europe et d'Amérique; elle est entièrement dans la ligne du positivisme de l'Europe centrale qui s'oppose à la physique mécaniste en ceci qu'elle ne lui paraît pas offrir une base assez large à la science.

Depuis, le pragmatisme américain s'est épanoui en un puissant mouvement, dont John Dewey et William James offrent la plus caractéristique expression. Il s'est adonné plutôt aux problèmes de la vie humaine qu'à la logique des sciences physiques, contrastant ainsi avec toute une branche du positivisme en Europe. Du point de vue purement logique toutefois, la tendance de base était la même des deux côtés de l'Atlantique. L'idée médiévale d'une explication philosophique opposée à une représentation pratique des faits, mais essentielle à la vie, perdait son prestige d'une façon toujours croissante. Jadis base logique pour la science, la métaphysique devenait un moyen de satisfaire aux besoins émotionnels.

11. La science a la fin du XIXe siècle.

Durant l'âge d'or de la physique mécaniste, on sentit en général qu'elle devait laisser hors de son rayon d'action le royaume de l'inconnaissable et de l'inintelligible, puisque « comprendre » signifiait « représenter par l'analogie d'un mécanisme ». En 1872, le savant allemand Du Bois-Reymond, dans sa fameuse conférence sur *Die Grenzen des Naturerkentnisz (les Limites de notre connaissance de la Nature)* prit, comme point de départ alors regardé comme allant de soi, que « compréhension » signifie « réduction aux lois de la mécanique newtonienne ». Il indiquait deux problèmes importants de la science qui ne peuvent certainement point être réduits à la mécanique. Ce sont, d'abord le problème concernant « ce qui arrive réellement dans l'espace lorsqu'une force est en action », et, deuxièmement, comment il arrive que « la matière, dans le cerveau humain, puisse penser et sentir ». Puisque les réponses à ces questions ne peuvent, évidemment, s'obtenir dans le cadre de la physique mécaniste, il en conclut qu'il y a là « des problèmes insolubles », inaccessibles au savoir de l'homme. A ces questions nous devons dire *ignorabimus* (« nous ne saurons jamais ») au lieu de *ignoramus* (« nous ne savons pas »). Ce mot *ignorabimus* devint le slogan d'une période entière, le slogan du défaitisme en science, qui comblait de joie toutes les tendances anti-scientifiques de la période. Vers la fin du XIXe siècle, la physique et la biologie connurent de plus en plus de faits qui ne pouvaient être expliqués ou contrôlés au moyen des lois de la mécanique; il en résulta que la réclame *ignorabimus* se convertit bientôt dans ce slogan plus excitant encore : « la banqueroute de la science ».

Ce sentiment d'une faillite de la pensée scientifique rationnelle fut accru par divers événements sociaux. La science — c'est-à-dire la science guidée par l'esprit de la physique mécaniste — conduisit les hommes durant le XVIIIe et le XIXe siècles à croire en la possibilité du progrès continu. Si les hommes agissaient seulement selon les enseignements de la science au lieu de suivre d'irrationnelles superstitions, l'humanité serait libérée de toute misère. L'expression politique d'une telle foi, c'était le libéralisme. Vers la fin du XIXe siècle, pourtant, il devint toujours plus clair que les essais fondés sur la science et la croyance au progrès n'avaient pas réussi à abolir la misère économique du plus grand nombre, ni à éliminer la souffrance psychologique des individus. Un sentiment de désespoir grandit, qui exprimait la conviction d'une désillusion au sujet de la science théorique ou pratique. A côté du libéralisme, des courants politiques nouveaux grandissaient qui avaient leurs propres conceptions de la science, conceptions différant des vues mécanistes. Une tendance prônait un retour à la science organiciste du moyen âge, et il en est issu le socialisme autoritaire qui devint le germe du fascisme ultérieur, en toutes ses variétés. Un autre mouvement, représenté par Karl Marx, aspirait à transformer le matérialisme « mécaniste » en matérialisme « dialectique », d'où sortit le communisme du XXe siècle.

Il était impossible de nier que la science ne fût encore la base du progrès technique; mais, — tout comme l'Eglise l'avait fait pour le système de Copernic, — on en venait à croire que ce fait pouvait être minimisé par la remarque suivante : cette science mécaniste de la nature ne nous offre qu'un guide utile pour l'action, et non pas une connaissance réelle de la nature. Environ 1900, un philosophe et historien français des sciences, Abel Rey, donnait une description très aiguë et nette des dangers d'une telle attitude de désespoir, pour l'ensemble de la vie intellectuelle. Il disait :

« Si ces sciences qui, historiquement, ont été essentiellement émancipatrices, sombrent dans une crise qui ne leur laisse que la valeur de recettes techniquement utiles, mais leur enlève toute signification au point de vue de la connaissance de la nature, il doit en résulter, dans l'art logique et dans l'histoire des idées, un complet bouleversement [...]. L'émancipation de l'esprit, telle qu'elle a été conçue depuis Descartes grâce à la physique, est une erreur, et combien nuisible [...]! Il faut aller dans une autre voie et rendre à une intuition subjective, à un sens mystique de la réalité, au mystère en un mot, tout ce que l'on croyait lui avoir arraché. »[1]

Deux voies hors de cette crise de la science avaient été tracées par suite du déclin de la physique mécaniste. Dans son livre la *Réaction idéaliste contre la Science*, l'Italien Aliotta décrivait cette situation de la très frappante façon suivante :

« La pensée reposerait-elle tranquillement dans ce complaisant agnosticisme? Il y a deux voies pour échapper à cette intolérable situation : soit de revenir à l'autre fonction de l'esprit (hors de l'intellect), soit d'éliminer le problème tout à fait en prouvant qu'il est dû à une erreur de perspective et une fausse conception de la science. Les deux moyens ont été essayés. D'un côté, par un retour au moralisme de Fichte et à l'esthéticisme des romantiques, dans quoi le génie révolté de Nietzsche a insufflé une nouvelle vie, la volonté comme source créatrice de toutes les valeurs et d'une intuition esthétique libérée, est exaltée au-dessus de l'intelligence. D'autre part, les bases du mécanisme et ses maîtres instruments — intuition géométrique et analyse mathématique — sont soumis à un pénétrant examen. Cette enquête, à laquelle les hommes de science eux-mêmes étaient forcés par la découverte du nouveau principe de l'énergie et par les concepts métagéométriques, eut pour résultat d'insister sur l'importance du travail actif de l'esprit dans la construction des théories et des lois de la science. »

L'autre branche de l'alternative ici mentionnée était la conception adoptée par les défenseurs du positivisme et du pragmatisme. Leur moyen d'échapper à la « banqueroute de la science », c'était de proclamer que la science mécaniste avait formulé le problème d'une manière qui conduisait nécessairement à un cul-de-sac; le but de la science n'y avait pas été correctement défini. Le quelque chose d'inaccessible, pour lequel la désespérante

1. Nous avons rétabli le texte original d'Abel Rey, que nous avons pu retrouver dans sa thèse, *la Théorie de la Physique chez les Physiciens contemporains*, Alcan, 1907, p. 19. *(N. d. T)*

solution de l'*ignorabimus* était proposée, avait été reconnu pour un fantôme, une chimère qui n'a rien à faire avec la science. Par une analyse des méthodes scientifiques qui réussissent vraiment, des hommes tels que Mach et Poincaré en Europe, Peirce et Dewey en Amérique, avaient montré que tout devient dénué de sens lorsque les observations sont présentées par rapport à une certaine analogie privilégiée. Tout ce qui importe c'est que les affirmations de la science soient utiles; le langage particulier et l'algorithme qui les formulent n'ont pas d'importance. Alors, selon le but de la science défini au sens positiviste et pragmatique, il est clair que la fin du XIXe siècle ne représentait pas une crise, mais plutôt une phase du progrès graduel de la science vers son but, qui est de créer un instrument pour prédire et contrôler les phénomènes.

En un certain sens, ce mouvement positiviste-pragmatiste, si caractéristique du tournant du siècle, appartenait au groupe de mouvements dirigés contre la surestimation du rôle de l'intelligence. Le professeur Ralph Barton Perry dit très bien :

« La forme la plus sophistiquée de l'anti-intellectualisme et en même temps la forme la plus caractéristique de notre âge, c'est celle qu'on en est venu maintenant à appeler très généralement *instrumentalisme*, et qui est aujourd'hui représentée par l'école de James et Dewey en Amérique... Dans cette vue, l'intelligence au lieu d'être un oracle est un instrument pratique que l'on doit juger au succès de son ouvrage. »

Néanmoins, le mouvement nouveau, — peu importe qu'on l'appelle pragmatisme, positivisme, ou instrumentalisme, — n'était traité d'anti-intellectuel que parce qu'il avertissait de ne point occuper l'intelligence à des problèmes dénués de sens. Les adeptes en disaient que l'intelligence est incapable de découvrir la réalité métaphysique derrière les phénomènes. Mais ce n'est point là une diminution de son rôle, puisque parler d'une telle réalité métaphysique ne revêt aucun sens pour la science. Cela est stérile et ne mène qu'à la confusion. La création d'un « instrument », — et c'est là désormais ce que signifie « la science », — ne peut être accomplie que par les moyens de l'intelligence, bien que nous ne puissions dresser de « plan » tout préparé pour la découverte des principes généraux. La découverte des lois telles que le principe de l'énergie ou la loi d'inertie est l'œuvre d'un génie, comme la composition d'une symphonie. Mais, la loi générale une fois énoncée, c'est alors la fonction de l'intelligence procédant méthodiquement d'en rendre la signification claire à tout le monde. L'intelligence seule peut éprouver le principe et rendre un jugement sur sa vérité, c'est-à-dire sur sa capacité de réaliser les buts de la science.

Ainsi finit le XIXe siècle. Sa créance dans l'aptitude de la science à révéler l'ultime réalité derrière les phénomènes était brisée; mais à sa place apparaissait la consolation modérée du positivisme, selon quoi la science est devenue plus souple et armée pour de nouvelles tâches d'une hardiesse jamais rêvée jusqu'alors. Durant ce crépuscule caractérisé par une dévaluation de l'intelligence et une considération croissante pour l'action, apparaissait, tel un éclair argenté à l'horizon, l'espoir qu'une analyse logique plus aiguë donnerait une forme de science entièrement neuve, fondée sur une intelligence opérant méthodiquement. Le XXe siècle surgit dans cette aurore.

III

NAISSANCE D'UNE ÈRE NOUVELLE EN PHYSIQUE

1. Vie a Berne.

Quand Einstein prit sa situation à l'Office des Brevets de Berne, l'événement marqua un double tournant de son existence. Il s'engageait dans une occupation pratique où il gagnait l'indépendance matérielle et qui remplissait son temps d'une activité forcée; d'autre part, il fondait une famille. Pour l'ordinaire des gens, ce sont là deux circonstances qui apportent la plus importante et souvent la seule satisfaction de leur vie. Mais ce n'était que très légèrement vrai pour Einstein, chez qui l'activité professionnelle ni la famille n'avaient grande signification. Parfois, ce genre d'activité lui apporta une certaine détente, mais sans jamais le satisfaire réellement.

Toute sa vie, Einstein est resté une espèce de grand solitaire. Il a cherché l'harmonie de l'univers dans la musique aussi bien que dans la physique mathématique et ces deux domaines l'ont retenu tout au long de son existence. Le reste n'avait de sens pour lui que dans la mesure où pouvait s'en trouver affectée sa marche vers le but. Il cherchait des amis avec qui faire de la musique ou disputer d'idées sur l'univers; mais il n'aimait pas les amitiés trop intimes et qui pussent en quelque manière gêner sa liberté. Sa franchise, son attirante et spirituelle personnalité lui firent aisément beaucoup d'amis. Mais sa prédilection pour l'isolement, sa façon de se donner entièrement aux arts comme aux sciences déçurent bien des gens et lui aliénèrent quelques-uns de ceux qui avaient été ou du moins qui s'étaient crus, ses amis. On trouve souvent à travers sa vie ce contraste, qui a déterminé ses rapports avec son entourage.

Beaucoup plus tard, en 1930, il a lui-même analysé ce trait de caractère, d'une façon très précise et frappante :

« Mon intérêt passionné pour la justice sociale et la responsabilité sociale s'opposa toujours curieusement à mon inaptitude marquée pour tout désir d'association directe avec les hommes et les femmes. Je suis un cheval pour le harnais individuel, nullement taillé pour le tandem ou l'attelage. Je n'ai jamais appartenu de tout cœur à aucun pays ni aucun État, ni à mes amis, ni même à ma propre famille. Ces liens s'accompagnèrent toujours d'un vague éloignement, et l'envie de me retirer en moi-même s'est accrue avec les années. Un tel isolement est parfois amer, mais je ne regrette pas d'être coupé de la compréhension ou de la sympathie des autres. J'y perds quelque chose à coup sûr, mais en revanche je me libère des coutumes, des opinions ou des préjugés d'autrui, et ne suis point tenté de fonder ma sérénité d'esprit sur de si mouvantes assises. »

Bien qu'Einstein n'ait pas beaucoup recherché l'émulation, il n'a point aimé pour autant à développer ses idées dans la solitude, sans nul contact avec d'autres personnes. Souvent, il goûta la présence d'un compagnon avec qui donner cours à la libre expression de son esprit. Au début de sa carrière, il se plaisait même à essayer ses idées sur les autres, pour voir leurs réactions.

A Berne, son principal compagnon en ce genre fut un ingénieur italien nommé Besso. Un peu plus âgé qu'Einstein, c'était un homme à l'esprit critique et de tempérament extrêmement nerveux. Il était souvent capable d'apporter de pertinentes remarques aux vues d'Einstein et s'en prenait aussi avec vigueur à celles qui étaient neuves et surprenantes. Il observait fréquemment à leur sujet : « Si ce sont des roses, elles fleuriront. » Autour d'Einstein et de Besso s'assemblait un petit groupe de gens qui s'intéressaient à la science comme à la philosophie, et se réunissaient souvent pour en discuter.

2. Influences philosophiques.

Comme Einstein s'intéressait surtout aux lois générales de la physique, ou plus exactement à faire sortir logiquement, d'un petit nombre de principes, l'immense champ de nos expériences, il rencontra bientôt un ensemble de problèmes qui se trouvent généralement traités dans les livres de philosophie. Différent de la moyenne des spécialistes, il ne s'arrêtait pas à rechercher si un problème appartenait à son champ d'action ou si la solution en devait être abandonnée aux philosophes.

Einstein lisait les ouvrages philosophiques à deux points de vue, qui parfois s'excluent mutuellement. Il lut certains auteurs parce qu'ils pouvaient vraiment lui apprendre quelque chose sur la nature des principes généraux de la science, et particulièrement sur leur lien logique avec les lois qui expriment les observations directes. Ces philosophes furent avant tout David Hume, Ernest Mach, Henri Poincaré et, dans une certaine mesure, Emmanuel Kant. Mais Kant nous mène au second point de vue. Einstein aimait à lire certains philosophes parce qu'ils émettent des propositions plus ou moins superficielles et obscures en beau langage sur toutes sortes de choses, propositions qui éveillent souvent une émotion semblable à la belle musique et donnent l'essor aux rêveries ou aux méditations sur le monde. Schopenhauer était plus que tout autre un écrivain de ce genre, et Einstein se plaisait à le lire sans prendre le moins du monde ses vues au sérieux. Il rangeait également dans la même catégorie des philosophes comme Nietzsche. Einstein lut ces auteurs, — il l'a parfois reconnu, — par « édification », comme d'autres personnes écoutent des sermons.

Le philosophe dont les vues semblèrent à Einstein le plus utiles pour lui était David Hume, que l'on désigne d'habitude comme « le plus représentatif du siècle des lumières en Angleterre ». Ce qu'il aimait surtout en Hume c'était son incomparable clarté d'exposition, et l'absence de toute ambiguïté cherchant à jouer la profondeur. Hume démontrait qu'il existe seulement deux méthodes valables en science : l'expérience et la déduction mathématico-logique. Il était le père de la recherche logico-empirique, et rejetait tout concept métaphysique auxiliaire qui ne pût résulter de l'expérience ou de la déduction logique. Les plus célèbres exemples qu'on peut citer de Hume sont la critique de la manière dont on considère habituellement la relation entre cause et effet, et sa critique de l'induction, méthode selon laquelle on érige une loi générale à partir de quelques cas particuliers.

Quand on observe qu'une pierre A heurte une pierre B et la met en mouvement, on exprime ordinairement ce fait de la façon suivante : la pierre A est la cause du mouvement de la pierre B. Par l'expérience, on ne peut confirmer qu'une chose, c'est que si A heurte B, B est mis en mouvement. Avant Hume, il était habituel de dire que cette relation est une relation *nécessaire*. En physique cependant le mot « nécessaire » ne peut avoir d'autre sens que « régulièrement relié ». A cela, si nous désirons ajouter le mot « nécessaire » dans le sens différent et beaucoup plus élevé de « cause », nous affirmons quelque chose qui ne peut être prouvé par aucune observation. L'observation montre seulement si oui ou non le mouvement de B s'ensuit régulièrement du choc communiqué par A, mais jamais quoi que ce soit qui puisse s'exprimer par la proposition : « Le mouvement de B résulte *nécessairement* d'une collision avec A. »

Dès lors, selon Hume, expliquer un phénomène causalement signifie seulement établir les conditions qui le font apparaître. Cette conclusion de Hume, que la science connaît seulement la régularité des phénomènes ou processus naturels, mais ne sait rien de quelque « causation » qui agisse au delà, fut de la plus grande importance pour la pensée scientifique d'Einstein. Bien des polémiques ultérieures dirigées contre lui étaient essentiellement des polémiques contre Hume. Nous verrons que son adhésion à la philosophie des lumières en Angleterre fut plus tard utilisée par les nationalistes allemands pour le discréditer. On s'en servit pour rattacher les théories d'Einstein à la philosophie politique du libéralisme, et par conséquent pour les condamner.

Quelques idées de Hume apparaissent aussi dans les écrits d'Ernest Mach, le chef du positivisme en Europe centrale. Avec Hume, Mach fut le philosophe qui exerça la plus grande influence sur Einstein. Notons singulièrement à cet égard la critique par Mach des vestiges de physique médiévale dans la mécanique newtonienne, comme nous en avons déjà disputé au paragraphe 8 du chapitre précédent. La critique faite par Mach d'expressions comme « espace absolu », « temps absolu », et « mouvement absolu » — qui ne peuvent nullement être rattachées aux observations physiques — fut l'un des points de départ d'Einstein quand il en vint à remplacer la théorie de Newton sur le mouvement par la sienne. Le « postulat de Mach » lui fut en bien des cas l'utile point de départ de ses nouvelles théories. Selon ce postulat, les conditions d'apparition de tout phénomène physique doivent être cherchées parmi d'autres phénomènes observables. Dans la suite, le postulat de Mach conduisit Einstein à promouvoir sa nouvelle théorie de la gravitation.

D'ailleurs, Einstein n'avait aucune sympathie particulière pour ce qu'il appelait la « philosophie de Mach », c'est-à-dire la doctrine où les lois générales de la physique sont de simples résumés des résultats expérimentaux. Einstein pensait que cette conception ne réserve pas assez sa place au fait que des lois générales ne peuvent pas être inférées de l'expérience. Dans son opinion, elles ont à être éprouvées par l'expérience, mais doivent leur origine à la faculté inventrice de l'esprit humain.

C'est précisément sur ce point qu'Einstein appréciait si fort l'œuvre de Kant. Le point essentiel chez Kant est en effet que les lois générales de la science contiennent, non seulement le résultat de l'expérience, mais aussi un élément fourni par la raison. D'autre part, Einstein ne partageait pas cette croyance kantienne que la raison peut par elle-même engendrer d'importantes lois naturelles, et qu'en conséquence il existe des lois d'une validité éternelle. Einstein aimait à lire Kant parce qu'à travers lui il faisait connaissance avec beaucoup d'idées de Hume. Les vues d'Einstein et de Kant sont semblables en ce qu'elles insistent sur le rôle de l'esprit humain, mais cette similitude est plutôt émotionnelle que logique.

3. Les hypothèses fondamentales de la théorie de la Relativité.

Nous avons déjà vu au paragraphe 5 du dernier chapitre l'impasse où l'expérience de Michelson conduisait la théorie de la lumière se propageant à travers l'éther. Michelson avait essayé de mesurer la vitesse de la terre dans son mouvement à travers l'éther, mais il avait obtenu la valeur zéro pour cette vitesse.

L'idée maîtresse de cette expérience peut être expliquée de la façon suivante. On sait qu'un nageur met plus longtemps à remonter le courant qu'à le descendre, entre deux points pris sur la rive. En fait, si nous mesurons les deux durées du trajet, nous pouvons aisément calculer la vitesse du nageur et celle du courant. Dans la perspective mécaniste, la lumière parcourrait l'éther exactement comme le nageur le fleuve, et les expériences sur la propagation de la lumière à travers « le courant d'éther » relatif au mouvement de la terre, seraient comparables aux observations sur le nageur faites depuis la rive du fleuve. Ainsi, les opérations de mesure concernant la vitesse de la lumière, selon qu'elle voyage dans le courant d'éther ou au contraire contre lui, devraient nous permettre de calculer la vitesse de la terre par rapport à l'éther. La mise à exécution de cette idée fondamentale sous une forme aussi simple n'est toutefois point praticable, à cause de l'extrême vitesse de la lumière (300.000 km par seconde); mais Michelson imagina un moyen de comparer les vitesses de la lumière le long de deux chemins bien définis. Son idée fut de mesurer la différence du temps mis par un rayon allant d'un certain point S à un miroir M le long d'une direction qui est celle du mouvement de la terre par rapport à l'éther, avec retour à S en remontant ce mouvement, et le temps mis par un autre rayon qui va depuis S jusqu'à un autre miroir N, situé à la même distance S N, mais dans une direction perpendiculaire au mouvement de la terre par rapport à l'éther, le rayon revenant cette fois encore en S. Si les vues mécanistes sont correctes, le premier rayon mettra un peu plus de temps que le second, et la sensibilité de l'appareil était telle que Michelson aurait observé le résultat, même si la vitesse de la terre à travers l'éther n'avait été qu'une très faible fraction de sa vitesse autour du soleil. Et pourtant, aucune différence ne put être observée entre les deux durées.

Si nous nous refusons à affirmer que la terre est toujours au repos par rapport à l'éther, ce que contrediraient d'autres observations, la seule conclusion possible à tirer de l'expérience de Michelson, c'est que l'hypothèse sur laquelle on fondait le résultat devait être fausse. Or, cette hypothèse, c'était la théorie mécaniste de la lumière elle-même.

Einstein tira la conclusion radicale et suggéra d'abandonner entièrement l'idée que la lumière consiste dans une propagation à travers un milieu connu pour être l'éther. Au lieu de se demander quels sont les résultats de l'interaction de la lumière et du mouvement, dans la théorie de la lumière fondée sur l'existence de l'éther, il se demanda quelles sont les caractéristiques essentielles de l'interaction entre lumière et mouvement, qui nous sont connues par des observations réelles. Il condensa ces traits dans un petit nombre de lois simples, puis chercha ce qu'on pouvait faire sortir de telles lois si on les développait par des enchaînements mathématiques et logiques.

L'expérience de Michelson et les essais analogues d'autres savants montraient que les phénomènes optiques ne peuvent être regardés comme des phénomènes mécaniques dans l'éther, mais qu'ils doivent avoir en commun avec des phénomènes mécaniques, une caractéristique observable très générale. Cette caractéristique commune au mouvement des corps matériels et à la propagation de la lumière, Einstein la trouva dans le principe de relativité.

Comme on l'a vu au paragraphe 4 du chapitre dernier, la mécanique newtonienne renfermait un principe de relativité selon lequel le mouvement futur d'un objet quelconque, par rapport à un système d'inertie, peut être prévu si l'on connaît sa position initiale et sa vitesse initiale par rapport à ce système, sans aucune connaissance du mouvement du système d'inertie lui-même.

Alors, si nous rejetons l'existence de l'éther, le bilan négatif de l'expérience de Michelson signifie exactement que le résultat peut être prévu à partir de l'expérience au laboratoire, sans nulle connaissance de la vitesse du laboratoire par rapport aux corps célestes. Comme semblables affirmations pouvaient être faites touchant d'autres phénomènes optiques, Einstein proposa d'étendre le principe de relativité de la mécanique newtonienne, pour inclure les phénomènes optiques. Il l'énonça de la façon suivante : « Le cours futur des phénomènes optiques peut être prédit à partir des conditions de l'expérience relative au laboratoire dans lequel cette expérience est faite, sans rien connaître de la vitesse du laboratoire dans l'univers. » Donc, selon Einstein, le lien entre lois mécaniques et lois optiques n'est point fondé sur une réduction de l'optique à la mécanique, mais bien plutôt sur le fait qu'une seule et même loi générale s'applique aux deux.

Outre ce « principe de relativité », Einstein avait besoin

d'un second principe concernant l'interaction de la lumière et du mouvement. Il chercha l'influence du mouvement de la source sur la vitesse de la lumière émise par cette source. Du point de vue de la théorie de l'éther, il est bien évident qu'il n'y a aucune différence selon que la source de lumière est en mouvement ou non; la lumière considérée comme une vibration mécanique dans l'éther se propage à vitesse constante par rapport à l'éther. Cette vitesse dépend seulement de l'élasticité et de la densité de l'éther.

Abandonnant la théorie de la lumière à travers l'éther, Einstein avait à formuler cette loi d'une manière nouvelle, dans une proposition concernant les faits observables. Il y a un système de référence, F (le système fondamental), par rapport auquel la lumière se propage avec une vitesse spécifique, *c*. Peu importe avec quelle vitesse la source lumineuse se meut par rapport au système fondamental F; la lumière émise se propage toujours avec la même vitesse particulière *c* relative à F. Cette proposition est ordinairement appelée « principe de l'invariance de la vitesse de la lumière ».

L'invariance de la vitesse de la lumière a été confirmée empiriquement par l'observation des étoiles doubles. Ce sont des étoiles de masses approximativement égales, qui sont liées ensemble par un mouvement de rotation l'une autour de l'autre, et qui sont bien connues des astronomes. Si la vitesse de la lumière dépendait de la vitesse de la source, et puisque les étoiles ont un mouvement de révolution, le temps pris pour atteindre la terre par la lumière émanant du membre de la paire qui s'approche de la terre, serait alors plus court que le temps correspondant mis par la lumière partant du membre qui s'éloigne. L'analyse des deux rayons lumineux a montré qu'il n'y a là aucun effet observable dû à la vitesse de la source.

4. Conséquences des deux hypothèses d'Einstein.

Ce qui caractérise la démarche intellectuelle d'Einstein, c'est qu'il déduit de ses principes fondamentaux toutes leurs conséquences logiques, et jusqu'au bout. Il montra que de ces hypothèses, qui apparaissaient tout à fait inoffensives et plausibles, une déduction rigoureuse conduisait à des résultats qui semblèrent vraiment nouveaux et parfois même « incroyables ». De ces résultats, il passa à d'autres, qui non seulement parurent incroyables, mais que l'on regarda comme « paradoxaux », « absurdes », et « incompatibles avec la saine logique ou la saine psychologie ».

Il existe à présent des milliers d'ouvrages où l'on a tenté d'expliquer la théorie d'Einstein aux profanes. Ce n'est point le propos de ce livre de pénétrer dans tous les détails de ces théories; on veut y décrire la personnalité d'Einstein et ses relations avec son entourage. On doit pourtant s'étendre un peu sur son œuvre scientifique afin de donner au lecteur quelque idée de la manière dont il attaqua les problèmes de la science, par comparaison avec les autres savants. Nous essaierons en particulier de comprendre comment il arriva que ses théories non seulement intéressèrent les physiciens, mais aussi animèrent et excitèrent les philosophes jusqu'à émouvoir indirectement un public qui ne témoignait qu'un mince intérêt aux questions scientifiques, tout en participant au mouvement intellectuel de notre époque.

Partant de ses deux affirmations de base, Einstein était en mesure de conclure non seulement que la théorie mécaniste de la lumière était erronée, mais aussi que la mécanique newtonienne des objets matériels pouvait n'être point d'une validité générale. Ce résultat peut fort aisément se comprendre si nous remontons aux réflexions d'Einstein sur les propriétés de la lumière, telles qu'il les faisait dès l'âge de seize ans.

Etant encore étudiant, Einstein s'était représenté à

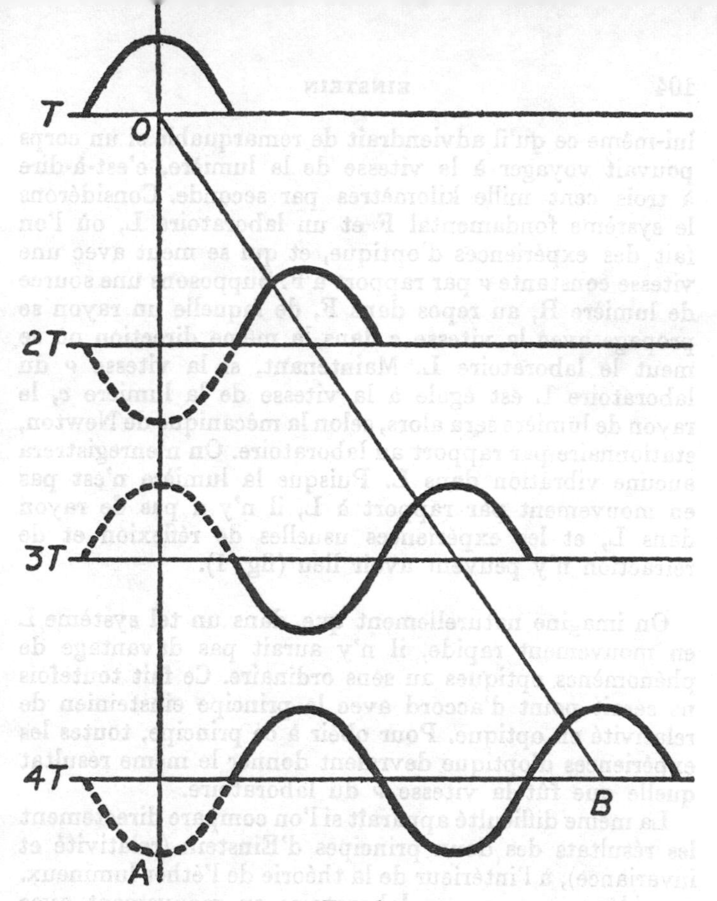

FIG. 1.

La figure représente les ondes lumineuse se propageant dans une direction horizontale à travers l'éther. Si T est une demi-période de la lumière, la première courbe représente l'état de l'onde au temps T, après émission par la source R. Les autres courbes représentent les états de la même onde après les temps 2T, 3T, 4T respectivement. Si on place un appareil d'enregistrement à un endroit fixe de l'éther, il enregistrera l'état de l'onde (le long de la droite OA) aux instants successifs T, 2T, 3T, 4T. Ces états sont figurés par les courbes en traits interrompus. Ils indiquent une vibration. Mais si l'enregistreur est en mouvement, à la vitesse de la lumière, dans la direction de propagation, il enregistrera les ondulations selon OB (traits pleins). Il est clair que *nulle* vibration n'est enregistrée par l'instrument en mouvement. En bref, il n'y a pas de lumière pour un enregistreur qui se déplace à la vitesse de la lumière.

lui-même ce qu'il adviendrait de remarquable si un corps pouvait voyager à la vitesse de la lumière, c'est-à-dire à trois cent mille kilomètres par seconde. Considérons le système fondamental F et un laboratoire L, où l'on fait des expériences d'optique, et qui se meut avec une vitesse constante v par rapport à F. Supposons une source de lumière R, au repos dans F, de laquelle un rayon se propage avec la vitesse c dans la même direction où se meut le laboratoire L. Maintenant, si la vitesse v du laboratoire L est égale à la vitesse de la lumière c, le rayon de lumière sera alors, selon la mécanique de Newton, stationnaire par rapport au laboratoire. On n'enregistrera aucune vibration dans L. Puisque la lumière n'est pas en mouvement par rapport à L, il n'y a pas de rayon dans L, et les expériences usuelles de réflexion et de réfraction n'y peuvent avoir lieu (fig. 1).

On imagine naturellement que, dans un tel système L en mouvement rapide, il n'y aurait pas davantage de phénomènes optiques au sens ordinaire. Ce fait toutefois ne serait point d'accord avec le principe einsteinien de relativité en optique. Pour obéir à ce principe, toutes les expériences d'optique devraient donner le même résultat quelle que fût la vitesse v du laboratoire.

La même difficulté apparaît si l'on compare directement les résultats des deux principes d'Einstein (relativité et invariance), à l'intérieur de la théorie de l'éther lumineux. Considérons encore un laboratoire en mouvement avec la vitesse de la lumière c par rapport au système fondamental F. Supposons qu'on place un miroir dans L pour réfléchir le rayon de lumière émis par une source au repos dans L. Par rapport à L, cette réflexion est précisément le phénomène habituel de la lumière réfléchie par un miroir au repos. Toutefois, selon le principe d'invariance, rien n'est changé si nous supposons que la source lumineuse est au repos dans F. Pourtant, le rayon ne peut alors jamais être réfléchi puisque la lumière et le miroir voyagent tous deux dans la même direction et avec la même vitesse *c*. La lumière ne peut jamais rattraper le miroir. On verrait alors reparaître une influence de la vitesse du laboratoire sur les phénomènes optiques qui s'y déroulent, et de la sorte une violation du principe de relativité d'Einstein.

Si l'on accepte ses deux hypothèses fondamentales, les considérations qui précèdent conduisent à cette conclusion : il *n'est pas* possible pour un laboratoire L de se mouvoir avec la vitesse de la lumière *c* par rapport au système de base F; si cela était possible, le principe de relativité ne serait plus valable. Ou bien, puisque le laboratoire est un corps matériel comme un autre, *aucun corps matériel ne peut se mouvoir à la vitesse de la lumière* c.

Cette conclusion peut au premier abord paraître absurde. Il est rationnel de penser qu'une vitesse quelconque peut être atteinte, par l'addition continue d'un certain accroissement de vitesse, même fort petit. Car, selon la loi de force de Newton, toute force agissant sur un corps lui impartit une vitesse additionnelle qui est d'autant plus petite que plus grande est sa masse. Il suffit qu'on ait une force, — et peu importe sa petitesse, — agissant assez longtemps sur un corps pour que sa vitesse puisse croître au-delà de toute grandeur quelconque. Cette circonstance montre l'incompatibilité des principes d'Einstein avec la mécanique newtonienne; ils requièrent l'impossibilité pour les corps matériels d'atteindre la vitesse de la lumière, la mécanique de Newton au contraire en offre la possibilité.

C'est pourquoi, dans la mécanique d'Einstein, la vitesse de la lumière à travers l'espace vide joue un rôle très spécial. C'est une vitesse qui ne peut être dépassée ni même atteinte par aucun corps matériel. Nous rencontrons alors un lien intime entre phénomènes mécaniques et phénomènes optiques. De plus, et grâce à cette circonstance, il devient plein de signification de parler d'une vitesse « petite » ou « grande », sans autre qualification. Cela veut dire que la vitesse est « petite » ou « grande », par rapport à la vitesse de la lumière.

5. Relativité du temps.

Non seulement les principes fondamentaux d'Einstein engendraient des résultats en conflit avec la mécanique newtonienne; ils conduisaient aussi à modifier profondément notre usage des mots « espace » et « temps ». Les lois de la physique contiennent des propositions sur les phénomènes dont les effets peuvent être observés sous forme de mesures concernant des règles ou des horloges, et l'on peut tirer des postulats d'Einstein bien des choses concernant leur comportement.

Considérons une situation semblable à l'une de celles du paragraphe précédent. Un système, un laboratoire L, est en mouvement, avec une vitesse constante v inférieure à c, par rapport à un système de base F. On a dans le laboratoire L une source de lumière S et un miroir M à une distance d de S, de telle sorte que la lumière va de S à M, est réfléchie, et retourne à S; de telle sorte aussi que la direction du rayon S M est perpendiculaire à la direction de la vitesse v de L par rapport à F. Dans le trajet d'aller de la source S au miroir M et retour, la lumière a à parcourir une distance $2d$ mesurée par un mètre attaché à L; mais mesuré dans L par un mètre attaché à F le trajet est plus long, parce que le miroir M est en mouvement par rapport à F. Soit $2d'$ la longueur de ce trajet. Le rapport $\frac{d'}{d}$ qu'on peut appeler k pour abréger, est facile à calculer. Il ne demande pas plus de connaissances mathématiques que le théorème de Pythagore, et son expression est $k = \frac{1}{\sqrt{1 - \frac{v^2}{c^2}}}$.

Comme v est plus petit que c, k est plus grand que 1. k n'est pas beaucoup plus grand que 1 si v est très petit par rapport à c, mais devient très grand si v approche de c.

Afin de déterminer la proportionnalité de k par rapport à v, nous devons considérer le temps pris par la lumière pour aller de la source S au miroir M et revenir à S. Quelque appareil de mesure du temps, une horloge sur le mur, une montre sur la table, un pendule suspendu au plafond, ou un sablier, est indispensable dans le laboratoire L. L'intervalle de temps entre le départ du rayon lumineux depuis S et son retour, est mesuré selon la durée que l'aiguille de l'horloge ou de la montre a mise pour bouger d'un certain angle, le pendule pour faire un certain nombre d'oscillations ou une certaine quantité de sable pour couler dans le sablier. L'unité de temps est un certain angle arbitraire de l'horloge ou de la montre, un nombre arbitraire d'oscillations pendulaires, ou une quantité arbitraire de sable.

Maintenant, l'*invariance de la vitesse de la lumière* signifie ceci : le quotient de la distance que parcourt le rayon lumineux, par le temps employé à parcourir cette distance, est égal à une constante c, quelle que soit la vitesse v de la source. La valeur de la distance est d si on la mesure avec le mètre attaché à L, et d' si l'on use du mètre attaché à F. Si alors nous désignons par t le temps que met la lumière pour aller de S à M et revenir à S, et en nous servant du mètre de L; si nous le désignons par t' lorsque nous nous servons du mètre de F, nous avons :

$$c = \frac{2d}{t} \quad \text{et} \quad c = \frac{2d'}{t'}\,; \quad \text{d'où} \quad \frac{t'}{t} = \frac{d'}{d} = k \text{ (fig. 2).}$$

Ce qui signifie toutefois que le résultat de la mesure dépend de k, et par conséquent de v. Plus grande est la vitesse du laboratoire L par rapport au système F, plus grand est l'angle dont tourne l'aiguille de l'horloge pendant le trajet d'aller et retour de la lumière au miroir. De même, avec un pendule ou un sablier, plus grand est le nombre d'oscillations, ou plus grande la quantité de sable. Donc, en mesurant cet intervalle de temps, l'obser-

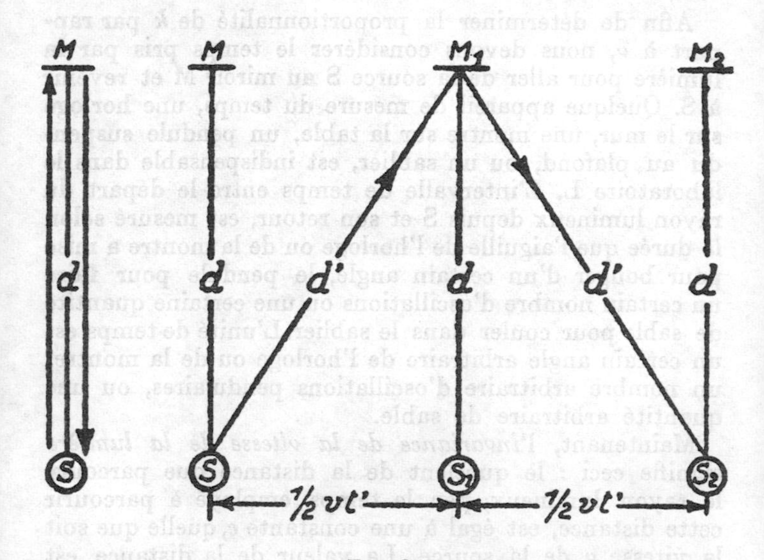

FIG. 2.

La source de lumière S et le miroir M sont en mouvement avec la même vitesse v par rapport à l'éther, tandis que la lumière elle-même se propage à la vitesse c. Le dessin à gauche montre un rayon lumineux émis par S, réfléchi par M et revenant en S. La droite SM est la trace du rayon sur un écran qui participe au mouvement commun de S et de M. Le temps d'aller et retour est $t = \frac{2d}{c}$, selon le principe de relativité. La partie droite de la figure montre la trace du même rayon sur un écran au repos par rapport à l'éther et ne participant point au mouvement de S et M. Selon le principe d'invariance nous aurons $t' = \frac{2d'}{c}$. Si on considère le triangle rectangle SM_1S_1, on tire du théorème de Pythagore : $d'^2 = d^2 + \left(\frac{vt'}{2}\right)^2$. En substituant les résultats du principe de relativité $\left(d = \frac{ct}{2}\right)$ et du principe d'invariance $\left(d' = \frac{ct'}{2}\right)$, on obtient finalement : $\frac{t'}{t} = \frac{1}{\sqrt{1 - \frac{v^2}{c^2}}} = K.$

vateur dans L serait capable de déterminer la vitesse v par des observations faites uniquement dans son laboratoire L. Et pourtant, ceci contredit au *principe de relativité* d'Einstein.

La contradiction provient d'une affirmation traditionnelle fondée sur l'idée newtonienne de temps absolu. Selon Newton, horloges, montres, sabliers, et tout autre instrument à mesurer le temps, fonctionnent exactement à la même allure, quelles que soient leurs vitesses. Particulièrement, une horloge dans le système du laboratoire L marche exactement à la même allure qu'une horloge fixée au système fondamental F. S'il en est ainsi, t ne peut pas différer de t'. D'autre part, nous avons déduit des deux hypothèses d'Einstein que $t' = kt$. Ce qui veut dire que le temps t' est différent de t, et que la différence dépend de k. Comme k dépend de v, la marche d'un garde-temps dépend elle-même de la vitesse v de son mouvement. On doit alors, si l'on accepte les hypothèses d'Einstein, rejeter l'affirmation traditionnelle selon laquelle la marche d'un garde-temps est indépendante de sa vitesse. Pour édifier une théorie de la lumière et du mouvement cohérente avec les hypothèses d'Einstein, nous avons à supposer que l'horloge dans le laboratoire L marche plus lentement que celle du système fondamental F, l'écart dépendant de la vitesse v de L par rapport à F. Ainsi, tandis que les aiguilles de l'horloge dans F tournent d'un angle a, celles de l'horloge dans L tournent d'un angle plus petit $\frac{a}{k}$; tandis que le pendule dans F fait n oscillations, celui de L en fait seulement $\frac{n}{k}$; si q grammes de sable coulent à travers le sablier dans F, il en coule seulement $\frac{q}{k}$ dans L; et c'est ainsi que l'intervalle de temps mis par la lumière pour aller de S à M et en revenir, — mesuré par un instrument quelconque attaché à L, —

dépendra seulement de la vitesse v de L et non pas du mode spécial d'instrument employé.

Mais alors une propriété entièrement nouvelle des garde-temps, qui n'est pas cohérente avec les vues classiques, a été déduite des deux hypothèses fondamentales d'Einstein. Une horloge en mouvement, quelle qu'en soit la construction, marche plus lentement qu'une horloge identique qui est au repos. C'est un fait physique qui peut être vrai ou faux, mais il n'y a rien de « paradoxal » là dedans.

Einstein indiqua même une méthode qui permettrait de soumettre l'hypothèse à une vérification expérimentale directe. Il montra que les atomes pouvaient servir d'horloges naturelles puisqu'ils émettent des ondes électromagnétiques de fréquences définies. Ces fréquences d'oscillation peuvent être prises comme unités naturelles de temps pour l'atome, et les fréquences d'un groupe d'atomes au repos dans le laboratoire peuvent être comparées à celles d'un autre groupe se déplaçant à grande vitesse. Cette comparaison peut être faite au moyen d'un spectrographe. La radiation de fréquences définies émise par des atomes forme des raies spectrales distinctes sur la plaque photographique, et la position des raies a lieu selon la valeur de la fréquence. Le résultat d'Einstein pouvait être vérifié si les raies spectrales des atomes en mouvement se trouvaient légèrement déplacées du côté des basses fréquences, par comparaison aux raies spectrales des atomes stationnaires. Cette expérience fut effectivement exécutée en 1936 par H. Ives, des laboratoires Bell Téléphone, à New-York City, et donna un résultat positif.

Il faut bien entendu distinguer cet effet de celui qu'on appelle effet Doppler, qui est aussi un changement de fréquence dû au mouvement des atomes. L'effet Einstein d'ailleurs est indépendant de la direction du mouvement des atomes, alors que l'effet Doppler dépend essentiellement de la direction : le déplacement a sa plus grande valeur si le mouvement des atomes se fait dans une direction opposée à la vitesse du miroir ou de l'écran qui intercepte la lumière.

Il y eut quelque chose de « sensationnel » lorsque Einstein signala que le battement du cœur de l'homme est aussi une sorte d'horloge, et que l'allure de ce battement peut donc elle aussi être affectée par le mouvement. Considérons une personne au repos dans F, et dont le cœur bat à raison de 70 par minute. Si cette même personne se meut avec la vitesse v par rapport à F, son cœur ne battra plus que $\frac{70}{k}$ fois par minute. Mais on doit se rappeler qu'il s'agit de $\frac{70}{k}$ mesuré par une horloge attachée à F; si la mesure est faite selon une horloge qui voyage avec la personne, l'horloge elle-même retardera et les battements de cœur se feront juste à 70. Puisque ce même retard affecte pareillement tout le métabolisme du corps, on pourra dire que la personne en mouvement avec le système L « vieillit » moins qu'une personne demeurant dans F. Un tel fait peut paraître nouveau, mais cette nouveauté ne suffit point à rendre compte de l'émotion que produisit la nouvelle théorie physique sur la masse du public. En vérité ce fut une impression que tous ceux d'entre nous qui méditaient sur l'univers, ressentirent comme un choc violent.

Vers la fin de 1912 je compris pour la première fois que la théorie d'Einstein sur la « relativité du temps » était en train de faire sensation à travers le monde. Vers cette époque, à Zurich, je vis dans un quotidien viennois cette manchette : « La minute en danger, une nouvelle sensationnelle de la science mathématique. » Dans l'article, un professeur de physique expliquait au public ahuri que par le moyen d'un artifice mathématique sans précédent, un physicien nommé Einstein avait réussi à prouver que, dans de certaines conditions, le temps lui-même peut se contracter ou se dilater, c'est-à-dire peut tantôt passer plus rapidement et tantôt plus lentement. Cette idée changeait entièrement notre conception des rapports entre l'homme et l'univers. Les hommes arrivaient et s'en allaient, les générations passaient, mais le cours du temps demeurait inchangé. Avec Einstein, tout cela prenait fin. Le cours du temps lui-même pouvait changer, et par le moyen d'un artifice « mathématique ». A la plupart des gens ceci paraissait incompréhensible. Quelques-uns se réjouissaient qu'une chose si absurde pût arriver et que la science traditionnelle, qui est toujours impopulaire auprès de certaines personnes, eût subi une telle défaite. D'autres étaient vexés que quelque chose arrivât qui allait à l'encontre du sens commun. On inclinait à regarder tout cela comme phantasmes de mathématicien ou exagérations d'auteur en mal de sensation. En tout cas, il était excitant qu'un événement de cette sorte se produisît et que notre génération fût choisie pour être le témoin du bouleversement des assises de l'univers.

Comment des considérations de ce genre, en partie stimulantes pour l'esprit et en partie absurdes, étaient-elles imputées à la théorie d'Einstein? Nous venons de voir qu'il s'agissait en réalité d'un exposé d'événements concrets et observables, mis en évidence au moyen d'appareils de physique bien définis. Pourquoi se complut-on à présenter les claires déductions d'Einstein concernant des expériences physiques, en un langage semi-mystique et incompréhensible?

La raison en est qu'Einstein non seulement affirmait l'existence d'événements physiques jusqu'alors inconnus, mais encore proposait de décrire ces phénomènes nouveaux en un langage capable de les exprimer très simplement. Le mode habituel d'expression en physique devait présenter aussi simplement que possible des phénomènes connus depuis fort longtemps. Ce langage classique de la physique parut à Einstein trop imparfait et compliqué pour la présentation de phénomènes soit récemment découverts, soit simplement prévus.

En physique ordinaire, la durée d'un événement était définie par la rotation des aiguilles d'une horloge ou par le nombre des oscillations d'un pendule. Définition clairement tranchée aussi longtemps qu'on croyait à l'impossibilité pour le fonctionnement d'un tel mécanisme d'être affecté par le mouvement. Mais, si les déductions des postulats d'Einstein étaient correctes, des horloges en mouvement offraient alors des durées différentes pour un même événement physique. Comme nous l'avons vu plus haut, la durée mise par la lumière pour aller de la source S au miroir M et revenir à S, dépend du fait que l'intervalle de temps est mesuré par une horloge au repos dans le système fondamental F, ou par une horloge du laboratoire L en mouvement avec la vitesse v par rapport à F.

Pour rendre compte très simplement de cette situation, Einstein proposait de ne point parler plus longtemps de la « durée d'un événement » sans autre qualification, mais de parler de la « durée par rapport à un système de référence particulier ». Par où il entendait dire : durée mesurée au moyen d'une horloge rattachée à ce système de référence particulier. La situation physique ne fournissait aucune base au choix d'un de ces appareils de mesure de préférence aux autres, ni à la description de cette mesure comme étant la « durée réelle », par opposition aux autres qui seraient « durées apparentes ». En effet, selon le principe de relativité, la durée d'un événement particulier dans un laboratoire est indépendante de la vitesse v du laboratoire, pourvu que les horloges utilisées soient au repos par rapport à L. Toutefois, aucun argument ne peut nous forcer d'accepter la proposition d'Einstein. On peut aussi bien décrire la situation ci-dessus en disant : « La *durée vraie* d'un événement est la durée mesurée par l'horloge d'un système de référence particulier. Toute autre durée n'est qu'une illusion due à une altération déterminée dans la marche de l'horloge. » Cet exposé offre exactement la même signification à propos des faits observables, sauf en ceci qu'un cadre de référence particulier est introduit, qui sur le terrain physique n'est nullement nécessaire.

Beaucoup d'auteurs ont interprété le raisonnement clair et non équivoque d'Einstein par ce raisonnement apparemment profond mais en réalité dénué de sens : « Einstein dit que le temps coule tantôt rapidement et tantôt lentement. » En effet, dire que le temps *coule*, c'est façon de parler, et en partie seulement appropriée à la description des phénomènes. Parler d'un flux « plus rapide », c'est prendre au sérieux une simple métaphore. Si l'on fait bien la distinction entre description de nouveaux événements physiques et présentation d'un mode d'expression nouveau, on peut formuler ce qu'on entend exactement en proclamant la « relativité du temps ». Cela signifie qu'on affirme : si nous usons de l'expression « intervalle de temps par rapport à un système de référence particulier », nous pouvons décrire les phénomènes d'une manière plus simple qu'en usant de l'expression traditionnelle « intervalle de temps sans spécification ». La *relativité du temps* d'Einstein est une réforme de *sémantique*, non point de métaphysique.

6. Relativité d'autres concepts physiques.

Si on se livre pour les « intervalles d'espace » mesurés par des règles graduées à la même investigation que nous venons de voir, concernant la durée temporelle mesurée par des horloges, la longueur d'un mètre doit, elle aussi, être affectée par son mouvement. Je ne discuterai pas ce point plus en détail, puisque nous sommes déjà familiarisés avec la méthode par laquelle on obtient de tels résultats. Je dois seulement rappeler la proposition d'Einstein que, puisque des règles en mouvement changent leurs longueurs relativement à celles qui sont au repos, on devrait parler seulement de « longueur relative à un système particulier » et non pas de « longueur » comme telle.

Autre conséquence des hypothèses fondamentales d'Einstein, une affirmation comme celle-ci : « Deux événements se produisent simultanément en des lieux différents », ne peut se formuler que par rapport à un système de référence particulier. Un observateur à Chicago peut recevoir simultanément des signaux par T. S. F., émanant de deux points équidistants de Chicago. Il dira que les radios ont été envoyés à un seul et même instant; mais quelqu'un qui intercepterait les mêmes signaux d'un train en mouvement ne les recevrait plus simultanément, s'ils ont été envoyés en accord avec les horloges habituelles. Einstein propose donc que le mot « simultané » soit pareillement introduit dans la seule combinaison verbale : « simultané par rapport à un système de référence particulier ». Ce sera encore une innovation de *sémantique.* « Simultanéité » sans spécification est un terme d'un usage peu pratique.

A cause de la continuité des lois, la mécanique de Newton perd également sa validité pour des particules dont la vitesse avoisine celle de la lumière. Einstein découvrit bientôt qu'il pouvait grâce à ses hypothèses s'atteler à une tâche très importante. Elles devenaient un instrument par lequel on pouvait déduire des lois de la physique qui ne sont applicables qu'aux faibles vitesses, des lois d'une validité générale à toutes les vitesses. Comme nous l'avons appris déjà, il découlait des deux hypothèses d'Einstein que la loi newtonienne de la mécanique ne pouvait être valable pour les grandes vitesses. Si elle l'était, en effet, il serait possible au moyen d'une force constante, même petite, d'accélérer graduellement une masse jusqu'à ce qu'elle atteigne la vitesse de la lumière.

Einstein partit de cette remarque que pour des vitesses faibles (c'est-à-dire beaucoup plus faibles que la vitesse de la lumière, c), toute masse se meut selon les lois newtoniennes du mouvement. En appliquant le raisonnement plus haut mentionné, il réussit à tirer des lois newtoniennes les lois du mouvement pour les grandes vitesses. Le résultat principal obtenu de la sorte est le fait plutôt surprenant que la masse d'un corps n'est pas constante; tout comme une durée temporelle et la longueur d'une règle, la masse dépend de la vitesse. La masse croît avec la vitesse de telle manière que si la vitesse devient très grande, la masse le devient également. Une force donnée produira des changements de plus en plus petits sur la vitesse réelle, à mesure qu'elle approchera davantage la vitesse de la lumière. Pour cette raison, aucune particule matérielle ne peut jamais atteindre la vitesse de la lumière, si grande que soit la force agissant sur elle et pendant quelque temps que ce soit.

Passant au domaine de l'électromagnétisme, Einstein fut de nouveau conduit à conclure que les forces du champ électromagnétique sont, elles aussi, des « quantités relatives ». Toute description efficace des forces du champ électrique ou magnétique doit indiquer non seulement leur grandeur, mais aussi le système dans lequel ces forces sont mesurées.

On en voit aisément la nécessité. Quand une charge électrique est au repos dans L, elle possède seulement un champ électrique « relatif à L ». Il n'y a pas de champ magnétique relatif à L, puisqu'une charge électrique au repos n'exerce pas de force magnétique. Cependant, si la même situation est décrite par rapport à F, la charge électrique est en mouvement avec une vitesse v: ce qui signifie qu'il y a là un *courant* électrique. Comme tout courant électrique exerce une force magnétique, il convient donc de dire qu'il y a là un champ magnétique « relatif à F ». L'existence de ces champs est, bien entendu, un fait physique. Mais leurs descriptions « relative à L » et « relative à F » sont différentes.

7. Équivalence de la masse et de l'énergie.

De ces mêmes hypothèses, Einstein sut tirer encore une autre conclusion qu'on eût pu difficilement, au premier abord, croire qu'elles contenaient. Si un ensemble de masses se forme ou se défait en produisant de l'énergie cinétique ou rayonnante, la somme des masses après l'agglomération ou la désintégration est plus petite qu'avant. L'énergie produite est donnée par la formule $E = mc^2$, où m est la perte de masse. Ce principe peut être considéré comme la loi de « transformation de la masse en énergie ». Dans un processus où se produit une telle transformation de masse en énergie ou *vice versa*, l'énergie du système ne sera pas conservée, à moins qu'une certaine quantité d'énergie ne soit interprétée comme correspondant au gain ou à la perte de masse.

Cette loi s'est révélée d'une immense importance dans le développement de nos connaissances sur l'intérieur de l'atome. Selon notre conception moderne, l'atome consiste en un noyau massif, chargé positivement, au centre, autour duquel un certain nombre de particules chargées négativement et appelées électrons circulent à grande vitesse. Le noyau lui-même est d'une structure complexe, bâti de deux espèces de particules, les protons, chargés positivement, qui sont les noyaux de l'atome le plus simple, l'hydrogène, et les neutrons qui sont exactement semblables aux protons avec cette différence qu'ils n'ont aucune charge électrique. Les divers atomes que l'on trouve dans la nature diffèrent seulement par le nombre de protons et de neutrons que possède leur noyau, les atomes les plus lourds contenant davantage de particules et revêtant ainsi une structure plus complexe. Comme on l'a déjà dit, l'hydrogène, l'atome le plus léger, a un noyau simplement fait d'un proton. Le plus léger ensuite est l'atome d'hélium, dont le noyau renferme deux protons et deux neutrons. Ces quatre particules sont très étroitement liées ensemble dans le noyau par certaines forces appelées forces nucléaires. Et c'est l'un des plus importants problèmes de la physique moderne que de rechercher l'intensité, le caractère et la nature de ces forces nucléaires qui maintiennent la structure des noyaux atomiques.

On peut mesurer la force avec laquelle les particules sont « empaquetées » dans le noyau en considérant l'énergie nécessaire pour arriver à libérer les particules et les séparer de manière qu'elles soient toutes à grande distance l'une de l'autre. Cette énergie est connue sous le nom d'énergie de liaison du noyau. Maintenant, selon la théorie d'Einstein, cette énergie E, qui est produite par la formation du noyau, peut apparaître comme perte de masse due à l'agglomération des particules. C'est-à-dire que les masses des protons et neutrons individuels ajoutés ensemble, sont de $\frac{E}{c^2}$ fois plus grandes que la masse du noyau où ces particules sont liées ensemble. Donc, en mesurant les masses des protons et neutrons tandis qu'ils sont libres, et d'autre part la masse du noyau, il est possible d'obtenir l'énergie de liaison du noyau. De telles mesures ont été faites pour beaucoup des atomes naturels, et nous sommes maintenant capables de les classer selon la force avec laquelle les particules sont liées ensemble dans les noyaux. Ces résultats se sont montrés d'une immense valeur pour la conduite et l'interprétation des récentes recherches sur la transmutation artificielle des atomes, où, par bombardement de noyaux atomiques variés au moyen de protons, neutrons, et autres particules analogues, on a pu produire de nouveaux atomes.

La relation d'Einstein entre masse et énergie a rendu également possible, pour la première fois dans l'histoire, la solution du problème de la source de l'énergie solaire. Le soleil a déjà rayonné chaleur et lumière depuis des milliards d'années, au même régime qu'actuellement. Si cette énergie provenait d'une combustion ordinaire, comme celle du charbon, le soleil serait désormais complètement refroidi. Le problème avait entièrement déjoué les efforts des savants jusqu'à ce qu'apparut l'*équation d'Einstein* $E = mc^2$. La vitesse de la lumière c représente un très grand nombre; avec son carré c^2, la formule établit donc qu'une faible quantité de masse peut se transformer en une très grande quantité d'énergie. Pour cette raison, en perdant seulement une quantité de masse insignifiante, le soleil a pu continuer de rayonner pendant aussi longtemps, et continuera de le faire pendant des milliards d'années encore. Le mécanisme réel de la transformation de la masse en énergie se produit dans des réactions nucléaires, dont l'intérieur du soleil est le siège. On croit aujourd'hui que ces réactions aboutissent finalement à la formation de noyaux d'hélium à partir de l'hydrogène. Dans cet « empaquetage[1] », comme nous l'avons appris déjà, une certaine quantité de masse est perdue, et de radiation émise.

Cette possibilité d'utiliser la masse comme source d'énergie a fait naître l'espoir très optimiste qu'on pourrait trouver des méthodes pour libérer l'énergie emmagasinée dans l'atome en tant que masse, et en tirer des usages pratiques. Mais d'autre part, la perspective était très effrayante de pouvoir ainsi produire un explosif si dévastateur qu'une livre en anéantît entièrement tout ce qui se trouve dans un rayon de quelques kilomètres. Cette horreur se réalisa quarante années plus tard, lorsque la première bombe atomique détruisit Hiroshima.

Pour Einstein, cependant, la valeur essentielle de son résultat ne fut pas dans les applications, si nombreuses ou importantes qu'elles fussent. Pour lui, son principal exploit était d'avoir déduit la loi $E = mc^2$ du principe de relativité. Il était bien dans la conception qu'il se faisait de l'univers, de chercher continuellement à découvrir des « ponts » simples et logiques entre les lois de la nature. Les conclusions si riches sorties de ses deux hypothèses constituent ce qu'on entend désormais sous le nom de « théorie de la relativité ». Einstein a creusé un puits si vaste d'informations sur la nature, qu'on en fera sortir des connaissances pendant plusieurs dizaines d'années encore.

1. Le texte porte *packing effect*, c'est-à-dire « effet d'empaquetage » (ou *packing fraction*), expressions par où Aston désigna la perte de masse rapportée à un proton. On parle plus simplement en France, très souvent, de défaut de masse (différence entre la masse exacte d'un noyau et la somme des masses de ses nucléons constituants). *(N. d. T.)*

8. Théorie du mouvement brownien.

Dans cette même année 1905, Einstein découvrit de nouvelles lois fondamentales dans deux champs extérieurs à la théorie de la relativité. Au moment où il arrivait à Berne, il était très fortement occupé par le problème de la lumière et du mouvement; mais il vit que le but final ne pouvait être atteint qu'en attaquant le problème sous des angles divers. L'un de ces chemins vers le but, il s'en convainquit, était de rechercher les relations entre lumière et chaleur, puis entre chaleur et mouvement.

On savait bien depuis quelque temps que la chaleur est liée au mouvement irrégulier des molécules. Plus la température est élevée, plus violent est ce mouvement. Le comportement statistique des particules dans un tel mouvement irrégulier avait été étudié surtout par le physicien écossais James Clerk Maxwell (1831-1879) et l'Autrichien Ludwig Boltzmann (1844-1906). Antérieurement même, on avait présumé que l'énergie cinétique des molécules est proportionnelle à la température absolue. Mais, au temps de Maxwell et Boltzmann, la constitution moléculaire de la matière n'était encore qu'une hypothèse, dont on pouvait douter. Elle permettait d'expliquer très simplement beaucoup de phénomènes divers, mais il n'y avait pourtant aucune preuve très directe de l'existence de la molécule. En outre, il n'avait pas davantage été possible d'obtenir une valeur sûre d'une quantité représentant le nombre des molécules dans une unité de volume matériel. Des estimations de ce nombre avaient bien été faites par des savants comme le physicien autrichien Loschmidt (1865), mais elles étaient fondées sur des méthodes compliquées et plutôt indirectes. Einstein sentait fortement la nécessité d'aborder cette recherche avec plus de rigueur et d'obtenir une preuve plus directe du mouvement moléculaire.

On savait depuis longtemps que des particules très petites, mais visibles au microscope, lorsqu'elles sont en suspension dans un fluide et de densité approximativement uniforme, font apparaître un mouvement incessant en zigzags irréguliers. Ce fait a été découvert par le botaniste écossais Robert Brown, pour de la poussière de pollen en suspension dans l'eau, et c'est pourquoi on le connaît sous le nom de *mouvement brownien.* Il n'y faut voir aucune influence extérieure telle que l'ébranlement du récipient ou que des courants dans l'eau; et l'agitation croît en intensité avec la température de l'eau. Pour cette raison, on avait supposé que le mouvement est en rapport avec le mouvement thermique des molécules. Dans cette vue, l'énergie cinétique des molécules d'eau, en perpétuelle collision avec les particules microscopiques, produit des forces irrégulières dans des directions quelconques, qui font naître les mouvements observés.

En 1902, Einstein reprit la théorie de Boltzmann sur le mouvement moléculaire désordonné, mais sous une forme plus simple. Il traita alors le mouvement brownien par cette méthode et arriva à un résultat d'une surprenante simplicité. Il montra que les conclusions de la théorie cinétique des molécules s'appliquent aussi aux particules visibles au microscope : par exemple, que l'énergie cinétique moyenne des particules dans le mouvement brownien doit avoir la même valeur que pour des molécules. De plus, en observant le mouvement des particules visibles au microscope, beaucoup d'informations valables pouvaient être obtenues concernant les molécules invisibles. Einstein en pouvait déduire une formule selon laquelle le déplacement moyen des particules, dans une direction quelconque, croît comme la racine carrée de la durée. Il montra enfin en 1905 comment on peut déterminer le nombre de molécules par unité de volume, en mesurant les distances que parcourent les particules visibles.

Les observations furent effectivement faites plus tard par le physicien français Jean Perrin, qui vérifia entièrement la théorie d'Einstein. Le phénomène du mouvement brownien fut toujours rangé dans la suite parmi les meilleures preuves « directes » de la réalité moléculaire.

9. Origine de la théorie des quanta.

Einstein avait toujours vu clairement que sa théorie de la relativité ne pouvait suffire (et, en effet, elle ne suffit jamais) à résoudre tous les mystères du comportement de la lumière. Les propriétés de la lumière étudiées par Einstein concernaient seul un certain groupe de phénomènes ayant trait aux rapports qui existent entre la propagation de la lumière et le mouvement des corps matériels. Pour tous ces problèmes, la lumière pouvait être conçue dans les grandes lignes de la physique classique, c'est-à-dire comme une ondulation électromagnétique qui remplit l'espace continu. On admettait toujours que certains objets peuvent émettre une lumière de cette nature, et aucune tentative n'avait été faite pour analyser le processus exact par lequel la lumière est émise, ou pour rechercher si la théorie suffit à déduire toutes les lois d'interaction de la matière et du rayonnement.

Les investigations sur la nature de la lumière et ses interactions avec la matière, cependant, avaient fait surgir la « théorie des quanta », qui devait amener dans la philosophie naturelle une révolution plus radicale encore que la théorie de la relativité. Or, dans ce domaine aussi, le génie d'Einstein eut une profonde influence sur le premier développement des idées. Pour rendre compréhensible la nature de cette contribution, je dois indiquer brièvement la situation avant ses recherches.

Le plus simple moyen de produire la lumière est de chauffer un corps solide. Quand la température monte, il commence à briller d'un rouge sombre puis d'une couleur orange plus brillante, et enfin d'une aveuglante lumière blanche. La raison en est que la lumière visible consiste en radiations de différentes fréquences, qui vont du rouge pour les basses fréquences jusqu'au violet pour les hautes, en passant par les autres couleurs du spectre. La qualité de la lumière émise par un corps solide dépend uniquement de sa température : aux basses températures, les ondes de basses fréquences prédominent et c'est pourquoi la lumière paraît alors rouge; aux températures élevées les plus courtes longueurs d'onde apparaissent et donnent, mélangées au rouge, la couleur blanche.

La tentative d'expliquer ce changement qualitatif de la lumière en fonction de la température, dans le cadre de la physique du XIXe siècle, s'était terminée par un échec, et c'était là l'un des plus importants problèmes qui se dressaient devant les physiciens, au commencement du XXe. On pensait alors que l'émission de la lumière était due aux oscillations de particules chargées (électrons), la fréquence du rayonnement émis étant égal à la fréquence de la vibration. Selon la loi statistique de Boltzmann, déjà mentionnée, l'énergie moyenne d'oscillation d'un électron est exactement égale à l'énergie cinétique moyenne du gaz de molécules, et donc simplement proportionnelle à la température absolue. Mais ceci mène à conclure que l'énergie des vibrations est indépendante de la fréquence d'oscillation, et par suite que la lumière de différentes fréquences sera émise avec la même énergie. Cette conclusion contredisait évidemment aux observations sur la lumière émise par les corps chauffés. En particulier, on sait que la lumière de très courte longueur d'ondes n'est pas émise sur une échelle très étendue par les corps chauds. A mesure que la température croît, des raies de fréquences de plus en plus hautes apparaissent, mais pourtant, à une température donnée, il n'y a pas de radiation perceptible au-dessus d'une certaine fréquence. En conséquence, il semblait que, de toutes façons, il dût être difficile d'émettre de la lumière de très hautes fréquences.

Puisque tous les arguments fondés sur la théorie mécanique de la matière et de l'électricité conduisaient à des résultats en conflit avec l'expérience, le physicien allemand Max Planck introduisit en 1900 une nouvelle façon de voir dans la théorie de l'émission de la lumière. Dès le début, elle apparut assez illogique, mais dans la suite, elle conduisit à des résultats d'un caractère révolutionnaire toujours croissant. Le tournant de la physique coïncidait exactement avec le tournant du siècle. J'esquisserai l'idée de Planck d'une façon quelque peu simplifiée et sans doute superficielle.

Selon la statistique de Boltzmann, l'énergie d'oscillation moyenne d'un électron dans un corps est égale à l'énergie cinétique moyenne des molécules. Les énergies réelles des atomes ou des molécules individuels peuvent bien entendu avoir des valeurs très différentes; la loi statistique donne simplement l'énergie *moyenne* en fonction de la température. Boltzmann cependant avait pu obtenir un second résultat qui déterminait la distribution de l'énergie des particules autour de la valeur moyenne. Il avait établi que le nombre de particules possédant une certaine énergie dépend du pourcentage dont cette énergie diffère de la valeur moyenne. Plus la déviation est grande, moins fréquente sera son apparition.

Comme le vit Planck, les résultats expérimentaux indiquaient que les électrons en oscillation dans un corps ne peuvent émettre une radiation d'une fréquence arbitraire. Le défaut de radiation de haute fréquence montrait que le mécanisme du rayonnement devait être tel qu'il y eût de toute façon difficulté à l'émission de la lumière de haute fréquence. Et comme aucune explication d'un tel mécanisme n'existait alors, Planck fut amené à faire l'hypothèse très nouvelle que, pour quelque raison encore inconnue, l'énergie d'oscillation des atomes ne peut avoir n'importe quelle valeur mais seulement des valeurs qui sont multiples entiers d'une certaine valeur minimum. Ainsi, en appelant ce minimum ε, l'énergie des oscillations ne peut alors prendre que les valeurs discrètes $0, \varepsilon, 2\varepsilon, \ldots$ ou $n\varepsilon$, n étant zéro ou un nombre entier. Par suite, la radiation doit être émise ou absorbée par morceaux de quantité ε, ou *quanta*. De plus petites quantités ne peuvent être rayonnées ou absorbées puisque l'oscillateur ne peut changer son énergie par morceaux inférieurs à un quantum. Planck montra alors que si on veut rendre compte du fait bien connu qu'un passage à des températures plus élevées signifie un passage à de plus hautes fréquences, on doit prendre pour ε des valeurs qui varient selon les différentes fréquences des oscillations, et qu'ainsi ε doit être proportionnel à la fréquence.

Il posa donc $\varepsilon = h\nu$ où ν est la fréquence et h la constante de proportionnalité. Cette dernière a reçu depuis le nom de constante de Planck, et s'est révélée l'une des constantes les plus fondamentales de la nature. Avec son hypothèse, Planck fut immédiatement capable d'obtenir en théorie du rayonnement des résultats conformes à l'observation, et d'écarter ainsi les difficultés où s'étaient heurtés les physiciens, dans ce domaine.

10. Théorie du photon.

Planck croyait qu'en formulant son hypothèse il n'avait fait que réajuster un peu les lois de la physique. Einstein vit au contraire qu'en développant logiquement l'idée de Planck, on serait conduit à une rupture si sérieuse du cadre de la physique antérieure qu'une reconstruction fondamentale deviendrait nécessaire. En effet, si l'électron ne peut osciller qu'avec certaines valeurs discontinues de l'énergie, cela contredit aux lois newtoniennes du mouvement, lois qui étaient les bases mêmes de toute la structure de la physique mécaniste.

L'hypothèse de Planck n'avait affaire qu'au mécanisme de l'émission ou de l'absorption de la lumière, et soutenait que ces processus ne peuvent avoir lieu que par quantités entières. Planck ne disait rien sur la nature de la lumière elle-même qui est propagée entre le point de l'émission et celui de l'absorption. Einstein commença par rechercher si l'énergie que transmet la lumière conserve ce caractère discontinu durant sa propagation ou non. Il a un jour exprimé ce dilemme par la comparaison suivante : « Même si la bière est toujours vendue en bouteilles d'une pinte, cela n'entraîne pas que la bière soit constituée de parties indivisibles d'une pinte chacune. »

Retenons cette analogie. Nous désirons savoir si la bière d'un baril est réellement constituée ou non de parties indivisibles. Dans l'affirmative, et si chaque partie est d'une pinte, de deux pintes, ou de dix, nous pouvons procéder de la façon suivante : nous prenons un certain nombre de récipients, dix par exemple, et nous versons la bière du baril au hasard dans ces récipients. Nous mesurons la quantité de chaque récipient, puis nous reversons la bière dans le baril. Répétons l'opération un certain nombre de fois. Si la bière ne sort pas en parts indivisibles, la valeur moyenne de la bière versée dans chaque récipient sera la même. Si elle consiste en parts d'une pinte chacune, il y aura des variations dans les valeurs moyennes. Pour deux pintes, les variations seront plus grandes, et plus encore pour dix. Alors, en observant la répartition de la bière dans les dix récipients, on peut dire si le baril était bien constitué de quantités de bière indivisibles, et quelle était la valeur de celles-ci. On peut aisément s'en rendre compte en imaginant le cas limite où la contenance totale du baril n'est que d'une seule part.

La situation est semblable lorsqu'il s'agit d'une radiation enfermée dans une enceinte. Nous pouvons imaginer cette enceinte divisée en un certain nombre de cellules d'égal volume et considérer la répartition de l'énergie rayonnante entre ces cellules. Si chaque quantum, chaque « morceau » de radiation est grand, les variations de l'énergie entre les cellules seront grandes; s'ils sont petits, ces variations seront petites. Il résulte de la loi empirique de répartition que les variations en lumière violette sont plus grandes que dans le rouge. Einstein en tira la conclusion que la lumière violette consiste en parts assez grandes, tandis que la lumière rouge est faite de parts beaucoup plus petites. Le calcul exact montra que la grandeur des parts doit être $h\nu$. Einstein pensa alors que ce n'est pas seulement l'émission et l'absorption du rayonnement qui ont lieu par quantités discontinues, mais que la lumière elle-même est faite de parts discontinues, de quanta. Le nom de « photon » a été donné depuis au quantum de radiation.

Parvenu à cette conclusion par la voie théorique, Einstein était en mesure de suggérer une vérification expérimentale. On savait déjà que lorsque la lumière frappe certains métaux, des électrons sont libérés. Les électrons sont des particules fondamentales de la physique, qui portent une charge électrique négative, et forment la partie extérieure de l'atome. En 1902, le physicien allemand Philippe Lenard découvrit un résultat très étonnant de cette émission d'électrons. Il trouva que l'intensité de la lumière incidente est sans effet sur l'énergie avec laquelle les électrons sont éjectés du métal, mais que cette énergie dépend seulement de la couleur, c'est-à-dire de la fréquence, de la lumière. Peu importe la distance à laquelle la source lumineuse s'éloigne du métal : les électrons sont encore arrachés à la même vitesse, bien que le nombre de ces électrons éjectés soit naturellement plus petit. Mais, si l'on opère en lumière violette au lieu du rouge, la vitesse des électrons est au contraire beaucoup plus grande.

Selon les vues d'Einstein, l'explication est tout à fait simple. Quelle que soit la distance à laquelle une lumière d'une couleur donnée se propage de la source, elle est toujours formée des mêmes quantités entières d'énergie; la seule différence étant que plus la lumière est éloignée de la source, plus clairsemés se répandront les « grains » individuels. L'éjection d'un électron se produit quand un quantum entier de radiation est absorbé par un électron individuel, qui s'arrache alors avec l'énergie du photon. Ainsi, la distance entre la source et le métal est sans aucun effet sur l'énergie de l'électron émis. En outre, la différence entre lumière violette et rouge consiste en ce que l'énergie du photon est d'un quantum différent.

Par suite, un électron qui absorbe un photon violet est arraché naturellement avec une vitesse plus grande qu'un électron absorbant un photon rouge.

Pour offrir une autre analogie, considérons le bombardement d'une fortification par des mitrailleuses et par l'artillerie lourde. Même si le poids total de projectiles est le même dans les deux cas, l'effet produit sera très différent. Les balles de mitrailleuses font un très grand nombre de petites entailles, alors que les obus de l'artillerie font quelques gros trous. De plus, l'intensité moyenne du tir a fort peu d'effet sur la grandeur des trous, mais seulement sur leur nombre.

Par son hypothèse sur la nature discontinue de la lumière, Einstein jeta le doute sur la conception tout entière d'un champ continu des forces. Si la lumière est composée de photons, les champs électrique et magnétique ne peuvent remplir continuement tout l'espace, et c'est toute la théorie électromagnétique de la lumière, fondée sur cette idée, qui doit être réexaminée. Toutefois, la structure discontinue de la lumière est apparemment contraire à certains phénomènes bien observés, singulièrement aux interférences et à la diffraction, que la théorie des ondes continues explique si bien. Einstein, très averti de ces difficultés, regardait ses propres vues comme une simple hypothèse provisoire, sans autre valeur définitive. Et c'est ainsi qu'il intitula le mémoire où il présentait sa découverte : « Sur un point de vue heuristique concernant la production et la transformation de la lumière. »

Il est à noter que la nouvelle théorie einsteinienne des quanta de lumière était fondée sur les recherches de deux physiciens allemands qui plus tard jouèrent un rôle important dans la vie d'Einstein. Max Planck fut le premier à prôner la valeur de la théorie de la relativité, et Philippe Lenard la combattit avec une grande violence, sur le terrain philosophique, politique et racial.

IV

EINSTEIN A PRAGUE

1. Einstein professeur a l'université de Zurich.

Les recherches dont Einstein publiait les résultats en 1905 à Berne étaient si exceptionnelles, qu'aux physiciens des universités suisses elles parurent incompatibles avec la tâche assignée à un obscur fonctionnaire de l'Office des Brevets. On essaya bientôt d'amener Einstein à enseigner à l'Université de Zurich. Le professeur Kleiner s'y trouvait alors la personnalité la plus en vue de la physique. C'était un homme qui voyait combien les publications d'Einstein révélaient un talent hors de pair, sans toutefois les vraiment comprendre. Il sentit que le devoir était d'agir au mieux de son université, et s'efforça d'y faire nommer Einstein.

D'après les règlements en vigueur à Zurich aussi bien que dans les universités allemandes, personne ne pouvait être nommé professeur dans une université, qui n'eût été précédemment *Privatdozent*. C'est là une situation sans analogue dans les universités de l'Europe occidentale ou de l'Amérique. Un jeune homme à la tête de travaux scientifiques peut solliciter la permission d'enseigner à l'Université. Il n'a pas d'obligations, il peut donner beaucoup ou peu de leçons à son gré, mais il ne reçoit pas d'autre rémunération que les très menus honoraires payés par les étudiants qui assistent à ses cours. Comme pour cette raison le nombre de *Privatdozenten* n'a pas à être réduit, le système a l'avantage que tout jeune scientifique trouve ainsi l'occasion de montrer ses aptitudes à l'enseignement, cependant que les universités possèdent un grand nombre de candidats parmi lesquels on peut choisir ceux qu'on nommera professeur. L'inconvénient, naturellement, est qu'en pratique ceux-là seuls qui disposent d'une fortune personnelle ou d'un second métier sont en mesure d'entrer dans la carrière. La position d'Einstein à l'Office des Brevets le rangeait dans la seconde catégorie.

Le professeur Kleiner lui conseilla de devenir *Privatdozent* à l'Université de Berne, de manière que sans trop attendre il pût être éligible à une chaire de Zurich. Bien que l'idée de donner des cours réguliers ne plût guère à Einstein, il suivit cet avis. Ses leçons n'étaient donc pas très bien préparées, et puisque les étudiants n'étaient pas obligés de les suivre, il y venait seulement quelques amis. D'ailleurs, Einstein se trouvait alors au milieu d'un véritable maëlstrom de découvertes nouvelles, et il éprouvait de la difficulté à ménager son savoir d'une manière appropriée aux capacités de l'étudiant moyen. Le professeur Kleiner, venu un jour à Berne pour entendre le cours d'Einstein, lui fit ensuite la remarque que son enseignement ne lui paraissait pas d'un niveau accessible aux étudiants. Einstein répondit : « Je ne demande pas qu'on me nomme professeur à Zurich. »

A ce moment, la chaire de physique théorique à l'Université de Zurich devint vacante; mais le Conseil d'éducation du Canton, qui avait la charge de l'Université, avait son idée personnelle au sujet de la chaire. La majorité du Conseil appartenait au parti social-démocrate, et un camarade zurichois lui semblait le candidat rêvé du point de vue politique et scientifique à la fois. Il s'agissait de Frédéric Adler, l'ancien condisciple d'Einstein au Polytechnicum, et qui était alors *Privatdozent* à l'Université de Zurich. Fils du leader social-démocrate d'Autriche, les membres du parti à Zurich le tenaient en haute estime. Frédéric Adler était imbu d'un amour fanatique de la vérité et s'intéressait à la physique surtout en raison de ses aspects philosophiques. A tous égards, il était homme à ne pas s'interdire de clamer ce qu'il regardait comme le vrai, même si cela était à son propre désavantage. Apprenant que l'Université avait la possibilité d'obtenir Einstein, il déclara au Conseil d'éducation : « S'il est possible d'avoir un homme comme Einstein pour notre Université, ce serait absurde de me nommer. Je dois dire en toute franchise que mon habileté de physicien ne saurait supporter la plus légère comparaison avec celle d'Einstein. Une pareille occasion d'avoir un homme qui peut tellement élever le niveau général de l'Université ne saurait être perdue à cause de vos sympathies politiques. »

Et c'est ainsi qu'en 1909, — malgré les tendances politiques du Conseil de l'éducation, et le professeur influent qui désapprouvait la pédagogie d'Einstein, — ce dernier fut nommé professeur « extraordinaire » à l'Université de Zurich.

Cette décision offrait pour la première fois à Einstein une situation accompagnée d'un certain prestige public. La plupart des *Privatdozenten* se sentaient devenir d'importants personnages lorsqu'ils arrivaient au rang professoral, car ils pouvaient ainsi régner sur les *Dozenten*, au lieu de se laisser manier comme des objets passifs par l'administration universitaire. Naturellement, il n'y avait là pour Einstein aucun motif particulier de satisfaction. Il n'avait jamais souffert en aucune manière d'être *Privatdozent*, et ne désirait pas le moins du monde dominer qui que ce fût. D'ailleurs, il n'avait jamais tellement soupiré après la position, qu'il éprouvât si grand plaisir de l'avoir obtenue.

Au point de vue pécuniaire, sa situation de professeur extraordinaire n'était pas très lucrative. Son revenu ne dépassait pas celui qu'il avait à l'Office des Brevets; or, il ne pouvait plus mener son existence souriante et peu coûteuse de bohème, maintenant qu'il avait acquis un certain rang social dans la cité. Bien qu'il continuât de réduire les dépenses au minimum, il avait tout de même à payer pour des choses dont il ne tirait aucun plaisir, mais qui étaient requises par sa situation sociale. Afin d'améliorer leurs finances, sa femme prit des étudiants en pension. Il disait un jour plaisamment : « Dans ma théorie de la relativité, je plaçais une horloge en chaque point de l'espace, mais en réalité j'ai bien du mal à en mettre une seule dans ma chambre. »

Einstein aimait cette ville de Zurich qui était devenue sa petite patrie. Sa femme aussi se sentait là chez elle plus que partout ailleurs. La collaboration avec étudiants ou collègues, désormais possible, le stimulait puissamment. Pourtant, les devoirs administratifs comme les cours réguliers l'attiraient peu et lui valaient même à certains égards beaucoup de difficultés. Et cela, non seulement parce qu'un esprit hautement créateur se sent diminué lorsqu'il est contraint de dépenser ses efforts à des tâches qui lui semblent sans importance, mais aussi parce que les relations paradoxales d'Einstein avec la société provenaient de sa personnalité propre.

L'impression immédiate qu'il fit dans ce nouveau milieu, c'est qu'il entrait en conflit avec lui. Einstein se comportait d'une manière égale avec tout le monde. Le ton sur lequel il parlait aux dirigeants officiels de l'Université était le même que s'il s'adressait à son épicier ou à la femme de ménage du laboratoire. De ses grandes découvertes scientifiques, il avait maintenant retiré un profond sentiment d'intime sécurité. Les contraintes qui souvent pesaient sur sa jeunesse avaient disparu. Il se voyait désormais au cœur même de l'œuvre à laquelle il était en train de consacrer sa vie, et il se savait à la hauteur de la tâche. Au prix de cette œuvre, les problèmes de la vie quotidienne n'avaient vraiment plus d'importance. En vérité, il trouvait bien difficile de les prendre au sérieux. Son attitude, dans ses rapports avec les autres, était par suite extrêmement insouciante. Il apercevait les faits journaliers sous un jour un peu comique, et quelque chose en passait dans tous ses propos : son humour était vite apparent. Si quelqu'un faisait une plaisanterie, intentionnelle ou non, la réponse d'Einstein était très vive. Le rire qui jaillissait du tréfonds de son être était l'une de ses caractéristiques, et attirait tout de suite l'attention. Ce rire était une source de joie, un vif stimulant, pour ceux qui l'entouraient. Pourtant on y devinait parfois un soupçon de critique qui déplaisait à certains. Les gens importants n'avaient aucun désir, souvent, d'appartenir à un monde dont les ridicules — mis à l'échelle des plus grands problèmes de la nature, — se reflétaient dans le rire d'Einstein. En revanche, aux gens d'un moindre rang, sa personnalité plaisait toujours.

Souvent, sa conversation mêlait si bien les plaisanteries inoffensives à la pénétration du ridicule, que certains ne savaient plus s'ils devaient rire ou s'estimer blessés. Fréquemment, la plaisanterie tenait en ceci qu'il faisait des rapprochements compliqués, tels que ceux qui peuvent venir à l'esprit d'un enfant intelligent. Une pareille attitude se présentait souvent comme une critique incisive, et quelquefois même donnait l'impression du cynisme. Ainsi, l'effet produit par Einstein sur son entourage oscillait entre deux pôles : bonne humeur enfantine ou cynisme. Et entre ces deux pôles, il offrait l'idée d'un homme rempli de vie et d'entrain, dont la compagnie laissait une sensation d'enrichissement. Une autre gamme d'impressions allait depuis celle d'un être qui sympathisait profondément et passionnément avec le sort de n'importe quel étranger, jusqu'à celle d'une personne qui, si le contact se faisait plus étroit, se retirait tout de suite dans sa coquille.

2. Nomination a Prague.

A la fin de 1910, la chaire de physique théorique à l'Université allemande de Prague devint vacante. Les nominations de ce genre étaient faites, sur présentation de la faculté, par l'empereur d'Autriche, qui déléguait son droit au ministre de l'Education. La décision pour le choix du candidat appartenait surtout au physicien Anton Lampa, homme de tendances très avancées dans tout ce qui touchait à l'éducation. Il avait lutté sa vie entière pour l'introduction des méthodes pédagogiques modernes, pour la liberté de l'enseignement contre les influences réactionnaires, et pour l'extension de l'éducation scientifique ou artistique au plus grand nombre possible d'individus. Il y avait un fossé considérable, toutefois, entre ses hautes aspirations et ses capacités scientifiques : il en résultait qu'une ambition l'animait, qu'il ne pouvait satisfaire. D'ailleurs, homme d'un idéal moral élevé, il cherchait consciencieusement à réduire cette ambition, laquelle n'en jouait alors qu'un rôle d'autant plus grand dans son subconscient. Sa *Weltanschauung* était en grande partie influencée par la philosophie positiviste de son ancien maître, le physicien Ernest Mach. La vie de Lampa avait pour but de propager les idées de Mach et d'y gagner des adhérents. Quand se posa la question de pourvoir la chaire de physique théorique, Lampa y vit l'occasion de nommer quelqu'un qui enseignerait la physique dans l'esprit de Mach. Ajoutons qu'il avait toujours rêvé d'entrer au royaume du génial et de l'extraordinaire : il désirait être un savant hors de pair, non point le professeur moyen. Mais, bien qu'il ne se sentît pas assez doué personnellement, il n'acceptait que de justesse la présence d'un homme exceptionnel.

Lampa songeait à deux physiciens qu'il croyait prêts à enseigner selon Mach, et d'ailleurs connus pour leurs capacités supérieures. Le premier était Gustave Jaumann, professeur à l'Institut technique de Brno; Einstein était le second. Jaumann suivait Mach en quelques particularités, dont la principale était sa répugnance à introduire les atomes et les molécules dans la physique. Même lorsque la constitution atomique de la matière eut été généralement reçue, parce qu'elle rendait compte mieux et plus simplement des phénomènes, Jaumann garda sa préférence aux idées de Mach et essaya de fonder sur elles une théorie de la matière à distribution continue.

Comme il possédait lui-même beaucoup de talent naturel et d'imagination, il se considérait comme un génie méconnu et nourrissait une vanité, une susceptibilité excessives. Einstein d'autre part subissait l'influence de Mach plus dans l'esprit que dans la lettre. Nous avons déjà vu que, dans ses travaux sur le mouvement brownien, il n'avait pas du tout suivi Mach qui, lui, rejetait l'idée d'atome.

Les règlements prévoyaient que les noms des candidats proposés fussent inscrits par ordre de valeur scientifique. Einstein, dont les écrits de 1905 à 1910 avaient fait une profonde impression sur le monde savant, fut placé premier et Jaumann second. Néanmoins, le ministre de l'Education offrit d'abord le poste à Jaumann. Le gouvernement autrichien n'aimait point à nommer des étrangers et préférait ses nationaux. Mais le ministre avait compté sans la vanité et l'impressionnabilité de Jaumann. Celui-ci répondit : « Si Einstein a été proposé le premier à votre choix, parce qu'on croit qu'il a une œuvre plus importante à son crédit, je n'ai alors rien à faire avec une université qui court après la modernité et n'apprécie pas le mérite vrai. » Sur le refus de Jaumann, le gouvernement surmonta son aversion pour les étrangers et offrit la place à Einstein. Lui-même avait quelque répugnance à aller dans un pays nouveau, et sa femme ne souhaitait pas de quitter Zurich; mais finalement il accepta. Le facteur décisif fut que pour la première fois dans sa vie il obtenait une chaire véritable et le salaire correspondant.

Toutefois, il y avait encore une difficulté singulière à surmonter, pour occuper la situation. L'empereur octogénaire François-Joseph était d'avis que seul un homme appartenant à une église reconnue pouvait être professeur d'université; il refusait de confirmer une nomination dont le bénéficiaire ne se fût point conformé à la règle. Les amis universitaires qui avaient proposé Einstein l'informèrent de cette circonstance. Depuis qu'il avait laissé le gymnase de Munich, Einstein n'avait appartenu à aucune communauté religieuse; mais pour tourner la difficulté, il indiqua qu'il était adhérent de la religion judaïque, à laquelle il avait appartenu enfant. Il n'en alla pas davantage à la moindre cérémonie, mais dans le questionnaire qu'il avait à remplir il écrivit simplement que sa religion était « mosaïque », ainsi qu'on appelait alors en Autriche la croyance juive.

Lorsque Einstein arriva à Prague il fit plus l'effet d'un virtuose italien que d'un professeur allemand, et il avait par-dessus le marché une épouse slave. Il déplaisait certainement à la moyenne professorale de l'université allemande. Mais il était précédé par la réputation d'un génie extraordinaire au lieu d'un physicien courant, et chacun fut curieux de le rencontrer.

L'habitude à Prague était que tout nouvel arrivant rendît visite à ses collègues de faculté. Avec son bon naturel, Einstein se montrait tout prêt à suivre le conseil de ses amis et à faire les visites nécessaires, dont le nombre s'élevait à une quarantaine. Il décida donc de saisir l'occasion pour voir les divers quartiers de la vieille ville romantique qu'était Prague, et c'est ainsi qu'il commença ses visites selon l'emplacement des habitations. Tous ceux qui firent personnellement sa connaissance goûtèrent dès l'abord son naturel, son rire cordial, le regard tout ensemble amical et rêveur de ses yeux. Mais Einstein trouva bientôt que les visites étaient plutôt un ennui. Il sentait qu'on y perdait beaucoup de temps à dire des banalités, et brusquement il les interrompit. Les professeurs chez lesquels il ne s'était pas encore rendu furent intrigués et offensés de cette négligence. Plusieurs personnes commençaient à le regarder comme fier ou capricieux : la vraie explication était que ces collègues vivaient dans des parties de la ville qui ne l'intéressaient pas, ou simplement que leurs noms étaient à la fin de l'annuaire.

Cet éloignement pour tout genre de formalités et de cérémonial forme un trait essentiel du caractère d'Einstein. Trait particulièrement marqué en ce qui concerne les cérémonies déprimantes, en quelque manière. C'est ainsi qu'il a horreur des services funèbres, et un jour, suivant un enterrement, il fit observer à son assistant qui marchait à côté de lui : « Les cérémonies funèbres, ce sont des choses qu'on fait pour plaire aux gens qui nous entourent. En soi, cela ne signifie rien. Cela ne me paraît pas différent de notre zèle à cirer nos chaussures tous les jours, simplement pour que personne ne dise que nous portons des souliers sales. » Il a toute sa vie gardé cette attitude de révolte contre les habitudes bourgeoises.

3. Collègues de Prague.

L'Université de Prague est la plus ancienne de l'Europe centrale. Durant la seconde moitié du XIXe siècle, on y trouvait des professeurs allemands et tchèques, qui faisaient leurs cours dans leurs langues respectives; mais comme les querelles politiques créaient de plus en plus de difficultés, le gouvernement autrichien décida en 1888 de diviser l'Université en deux, créant ainsi une Université allemande et une tchèque. Détail historique qu'il peut être intéressant de noter : le premier recteur de l'Université allemande, celle où fut nommé Einstein, avait été Ernest Mach.

Au moment où arrivait Einstein, les deux universités se trouvaient complètement séparées et il n'y avait aucune relation entre les professeurs des deux institutions. Ceux d'une même matière eux-mêmes n'avaient pas de contact personnel et il arrivait souvent que deux professeurs de chimie à Prague se rencontraient pour la première fois à un congrès international à Chicago. Il existait déjà parmi les Allemands un groupe qui propageait l'idée de la « race des maîtres » et ne frayait nullement avec « les races inférieures ». La majorité des professeurs allemands avaient trop peu de goût pour la politique, ou étaient trop timides, pour résister à la puissante volonté de ce groupe en prenant contact avec les Tchèques.

Néanmoins, l'attitude générale de supériorité et d'hostilité envers les Tchèques se manifestait tout à fait dans la conversation des professeurs allemands et de leurs familles. Des histoires comiques se racontaient sur les manières des Tchèques dans une société à laquelle, selon l'opinion germanique, ils n'étaient point assortis. Cette situation peut être évoquée par les anecdotes suivantes :

Au cours d'un recensement entrepris par le gouvernement, un professeur de science politique envoya une circulaire aux membres de l'Université pour les presser de mentionner tous leurs serviteurs comme allemands, même s'ils étaient tchèques. Il raisonnait ainsi : des serviteurs ne devraient parler qu'à leurs maîtres; or, ces derniers sont allemands, donc la langue de tous les serviteurs doit être l'allemand.

Un autre professeur, se promenant un jour avec un collègue, aperçut une maison qui semblait sur le point de tomber sur le trottoir. « Pas grande importance, dit-il, puisqu'il est extrêmement probable que si elle tombe ce sera sur un Tchèque. »

Un des aspects les plus notoires et comiques de cette hostilité, c'est qu'il n'y avait pas la moindre différence entre Allemands et Tchèques à Prague, pour tout ce qui concernait la race ou l'origine. La question de savoir à quelle nationalité on appartenait n'était souvent qu'une affaire de goût personnel et qui n'offrait d'intérêt que pour obtenir un logement.

Anton Lampa, le plus proche collègue d'Einstein, était le fils d'un concierge tchèque. Mais, comme il arrive fréquemment en ce peuple, le fils avait fait son chemin, poussé par son ambition comme par un vif désir de savoir et d'apprendre. Le père, bien qu'il fût Tchèque, était au service de propriétaires allemands, cependant que le jeune Lampa fréquentait les écoles allemandes. Il parlait tchèque ou allemand avec une égale facilité, et une fois diplômé au Gymnase, il eut à envisager le problème de décider s'il irait à l'Université allemande ou à la tchèque. Il choisit la première et devint plus tard élève de Mach. Pourtant, malgré son passé, Lampa montrait autant d'hostilité aux Tchèques, que les autres qui étaient Allemands. Il fut l'un de ceux qui, par exemple, refusaient d'acheter une carte postale si le mot « carte postale » était imprimé dans les deux langues, et réclamaient une carte portant seulement le mot en allemand. Si l'employé de la poste était Tchèque, il répondait très souvent que ces cartes là étaient toutes vendues. Le professeur objectait alors que le devoir de l'employé était de garder des cartes à texte purement allemand, et la querelle commençait.

Dans ces conjonctures, il était difficile à un Allemand, — même désapprouvant cette hostilité, — d'entrer en contact avec les Tchèques. Ces derniers se montraient extrêmement soupçonneux, sensibles, et se croyaient insultés par toute parole irréfléchie. Ils suspectaient tout le monde de vouloir les humilier ou les dénigrer, et il en résultait qu'il n'était pas facile à un Allemand bien intentionné de rester en relations amicales avec eux. Il n'est donc pas surprenant qu'Einstein eût de la peine à entrer en rapport avec eux. Il désapprouvait la façon de voir de ses collègues, il ne se mêlait pas à leurs anecdotes dénigrantes, mais il ne se lia intimement avec aucun Tchèque. Cependant, des étudiants de cette nationalité suivaient ses cours et se livraient à la recherche scientifique sous sa direction, fait rare à l'Université allemande.

Parmi ses plus proches collègues, le mathématicien Georges Pick l'attirait très fortement. Il avait une vingtaine d'années de plus qu'Einstein et c'était une personnalité extraordinaire, comme homme aussi bien que comme savant. Par-dessus tout, Pick était un esprit créateur en mathématiques. Dans des mémoires très concis, il formulait beaucoup d'idées précises, que d'autres développaient plus tard comme branches indépendantes des mathématiques. Néanmoins, il ne connut jamais beaucoup la renommée scientifique qu'il méritait, car il était d'origine juive, et plutôt intransigeant de nature. Il tenait fermement à ce qu'il considérait comme juste et ne fit jamais de concession d'aucune sorte. Après sa retraite, à plus de quatre-vingts ans, il mourut dans un camp d'extermination nazi.

Dans sa jeunesse, Pick avait été assistant d'Ernest Mach, lorsque celui-ci occupait la chaire de physique expérimentale à Prague. Einstein aimait à entendre Pick évoquer ses souvenirs, et Pick éprouvait un particulier plaisir à rappeler les propositions de Mach que l'on pouvait interpréter comme anticipations des théories d'Einstein. C'était de plus un bon violoniste, grâce à qui Einstein fit la connaissance d'un groupe d'amateurs. Ceux-ci lui demandèrent de participer à des séances de musique de chambre, après quoi il eut périodiquement ses soirées de quatuor.

Tous deux se rencontraient presque chaque jour et discutaient ensemble beaucoup de problèmes. Au cours de longues promenades, Einstein confia à Pick les difficultés mathématiques auxquelles il se heurtait en essayant de généraliser sa théorie de la relativité. Dès ce moment, Pick lui suggéra que l'instrument mathématique approprié à ce développement ultérieur était le calcul différentiel absolu des mathématiciens italiens Ricci et Levi-Civita.

Le premier assistant d'Einstein était alors un jeune homme appelé Nohel. C'était le fils d'un Juif, petit fermier dans un village de Bohême, et lui-même avait cheminé derrière la charrue, étant enfant. Il gardait le tranquille équilibre d'un paysan bien plutôt que le tempérament nerveux si courant parmi les Juifs. Il apprit beaucoup de choses à Einstein sur la condition des Juifs en Bohême, et ces entretiens commencèrent à éveiller l'intérêt d'Einstein au sujet des rapports que peuvent avoir les Juifs avec ceux qui les entourent. Nohel lui parla des paysans et des négociants israélites, qui dans leurs activités journalières usaient de la langue tchèque, mais qui, le jour du Sabbat, ne parlaient qu'allemand. Pour eux, ce langage si proche du yiddish était un substitut de l'hébreu, qu'ils avaient depuis longtemps abandonné dans la vie quotidienne.

Einstein devint tout à fait intime avec un autre collègue aussi, Moritz Winternitz, professeur de sanscrit. Il avait cinq enfants, auxquels Einstein se montra très dévoué, et il observait un jour : « Je suis curieux de voir comment un tel nombre d'articles provenant de la même fabrique se comportera. » Le professeur Winternitz avait une belle-sœur qui accompagnait très souvent au piano Einstein, lorsque celui-ci jouait du violon. C'était une vieille demoiselle dont l'existence s'était passée à donner des leçons de piano et qui y avait acquis des manières quelque peu dictatoriales. Elle avait coutume de parler à Einstein comme si elle s'adressait à un élève et il disait souvent : « Elle est très sévère avec moi », ou bien : « C'est un véritable adjudant. »

Au moment de quitter Prague, Einstein dut lui promettre qu'il recommanderait, pour sa succession à la chaire de physique théorique, quelqu'un seulement qui fût capable de le remplacer comme partenaire violoniste. A mon arrivée à Prague en remplacement d'Einstein, lorsque je lui fus présenté, elle insista tout de suite pour me faire tenir cette promesse en jouant du violon. A mon vif regret, j'eus à lui dire que je n'avais jamais touché un archet de ma vie. « Alors, répliqua-t-elle, Einstein m'a trompée. »

4. Les Juifs a Prague.

Sa nomination à Prague conduisit Einstein à devenir membre de la communauté religieuse juive et bien que ce lien fût simplement formel, que le contact fût vraiment très lâche à cette époque, c'était peut-être la première fois depuis son enfance qu'il prêtait attention aux problèmes de la communauté hébraïque.

La situation des Juifs à Prague était singulière à beaucoup d'égards. Plus de la moitié des habitants parlant allemand étaient des Juifs, si bien que leur nombre parmi les Allemands, qui ne comprenaient qu'environ 5 % de la population totale, était extraordinairement important. Comme la vie culturelle des Allemands était presque complètement à part de la majorité tchèque, avec des théâtres, des concerts, des cours, des bals, etc., séparés, purement germaniques, il n'était pas surprenant que toutes ces organisations ou affaires fussent placées sous le patronage des Juifs. En conséquence, pour la grande masse du peuple tchèque, Juif et Allemand c'était approximativement pareil. Au temps où Einstein vint à Prague, la première guerre mondiale couvait déjà et les Tchèques sentaient bien que le gouvernement les entraînait dans un conflit, contre leurs propres intérêts et pour les intérêts contraires des Allemands détestés. A leurs yeux, chaque Allemand, chaque Juif était le représentant d'une puissance hostile, qui l'avait établi dans leur cité comme observateur et informateur à l'encontre des Tchèques ennemis de l'Autriche. Sans doute y avait-il quelques Juifs qui, singeant les autres Allemands, s'adaptaient eux-mêmes d'une manière ou d'une autre à ce rôle de policiers et d'instruments d'oppression. Mais le noyau de la population israélite n'en éprouvait que dégoût.

D'autre part, les rapports des Juifs et des autres Allemands commençaient déjà à revêtir un caractère problématique. La minorité allemande à Prague avait d'abord sympathisé avec les Juifs, qui étaient des alliés contre les Tchèques luttant pour prendre le dessus; mais ces bonnes relations étaient rompues au moment où Einstein se trouvait à Prague. Alors que les théories ou tendances raciales, — si connues plus tard avec le dogme nazi, — étaient encore presque ignorées en Allemagne même, elles exerçaient déjà une grande influence parmi les Allemands des Sudètes. De sorte qu'une situation assez paradoxale existait pour les Allemands de Prague. Ils essayaient de vivre en bons termes avec les Juifs pour les avoir comme alliés contre les Tchèques, mais ils souhaitaient aussi d'être regardés comme des Allemands intégraux par les Sudètes, et c'est pourquoi ils témoignaient de l'hostilité aux Juifs. Cette situation particulière s'extériorisait par le fait que les Juifs et leurs pires ennemis se rencontraient dans les mêmes cafés et formaient le même milieu social.

A cette époque, on trouvait déjà à Prague un groupe israélite qui désirait promouvoir un mouvement intellectuel indépendant parmi les Juifs. Il lui déplaisait de voir les Juifs se mêler à la lutte entre nationalistes allemands et tchèques. Ce groupe subissait fortement l'influence des idées semi-mystiques du philosophe juif Martin Buber. Ils étaient sionistes, mais ils prêtaient alors peu d'attention à la politique pratique et se consacraient surtout à l'art, à la littérature ou à la philosophie. Einstein fut introduit dans ce groupe, y rencontra Franz Kafka, et se lia particulièrement avec Hugo Bergmann ainsi qu'avec Max Brod.

Hugo Bergmann était alors bibliothécaire à l'Université. C'était un jeune homme blond, à la personnalité intelligente, aimable et en même temps énergique. Il se trouvait au centre d'un groupe de jeunesse qui essayait de créer à Prague une vie culturelle juive non fondée sur le judaïsme orthodoxe, et qui approchait le monde non juif avec une intelligente sympathie, sans aversion ni aveugle imitation. Bergmann appuyait ses théories non seulement sur des auteurs israélites mais encore sur des philosophes allemands tels que Fichte, qui prêchait la culture de l'esprit national.

Toutefois, un sioniste intelligent et ardent comme Bergmann lui-même ne pouvait alors attirer Einstein au sionisme. Il était encore trop absorbé par des problèmes cosmiques, et les questions de nationalité ou les rapports des Juifs avec le reste du monde ne lui apparaissaient que comme sujets de piètre importance. Pour lui, ces passions n'étaient qu'expression de la stupidité humaine, attitude en somme naturelle à l'homme et qu'on ne peut extirper. Il ne devinait certes pas alors que ces troubles prendraient plus tard des dimensions également cosmiques.

A cette époque, Max Brod était un jeune écrivain de

goûts et de talents variés. Il s'intéressait beaucoup aussi aux problèmes philosophiques et historiques, ses romans décrivaient la vie des Tchèques et des autres habitants de Prague ou de la Bohême. Ses ouvrages se caractérisaient par des analyses lucides, plutôt rationalistes, des processus psychologiques.

Dans l'un de ses romans, *La Rédemption de Tycho Brahé*, il évoquait les dernières années, qui s'écoulèrent à Prague, du grand astronome danois Tycho Brahé. Le thème principal du livre est l'antithèse du caractère de Tycho et du jeune astronome Kepler. Tycho l'avait invité à travailler avec lui pour adjoindre à sa grande expérience et à sa puissance d'observation les idées créatrices sans préjugés d'un jeune collaborateur. On a souvent raconté à Prague qu'en portraiturant Kepler, Brod avait été grandement influencé par l'impression que la personnalité d'Einstein avait faite sur lui. Qu'il y ait eu intention ou non chez lui, il est certain que la figure de Kepler est dépeinte avec tant de vie que les lecteurs du livre connaissant Einstein le reconnurent fort bien dans Kepler. Lorsque le fameux chimiste allemand W. Nernst lut le roman, il lui dit : « Ce Kepler, c'est vous. »

5. La personnalité d'Einstein portraiturée dans un roman.

Il semble donc indiqué de citer plusieurs passages où Brod caractérise son Kepler, et dans lesquels on peut sans doute trouver certains aspects de la personnalité d'Einstein. Les mots du poète savent être plus expressifs que la description du savant.

Le calme de Kepler, sa tranquille nature éveillent parfois un sentiment de malaise dans l'âme passionnée de Tycho. Brod peint les sentiments de Tycho envers Kepler d'une manière qui est probablement vraie aussi de l'attitude qu'avaient les collègues scientifiques d'Einstein envers lui :

« Ainsi, la tempête soufflait dans l'esprit de Tycho. Il avait la plus grande peine à garder ses sentiments pour Kepler purs de tout mélange... Au fond, il n'enviait pas vraiment à Képler sa réussite. Tout au plus, la manière indiscutable, la façon digne et à tous égards convenable dont Kepler avait acquis sa renommée, excitait parfois en lui une émotion qui côtoyait l'envie. Mais en général Kepler lui inspirait alors un sentiment de crainte. La tranquillité avec laquelle il s'appliquait à ses travaux, en ignorant totalement le concert des louanges, semblait à Tycho presque surhumaine. Il y avait quelque chose d'incompréhensible dans cette absence d'émotion, comme un souffle venu d'un lointain pays des glaces... Il se rappelait cette ballade populaire, où un *Lansquenet* a vendu son cœur au diable et reçu en échange une cotte-de-mailles à l'épreuve des balles. C'est de cette sorte-là qu'était Kepler. Il n'avait pas de cœur et n'avait donc rien à craindre du monde. Il n'était point capable d'émotion ni d'amour. Et c'est bien pourquoi il était si naturellement à l'abri des aberrations du sentiment! Mais moi, je dois aimer et errer, gémissait Tycho. Je dois être ballotté çà et là dans cet enfer, en le regardant, lui, flotter au-dessus, heureux et pur, sur les nuages glacés d'un limpide azur. Un ange immaculé! Mais l'est-il vraiment? N'est-il pas plutôt atroce, dans son inaptitude radicale à la sympathie humaine? »

Cette apparence de bonheur serein, toutefois, qu'un observateur superficiel se voyait souvent enclin à trouver pareillement chez Einstein, n'est certainement qu'une illusion. Tycho, qui, comme l'on sait, avait inventé un système du monde représentant une sorte de compromis entre la conception ancienne de Ptolémée et les nouvelles idées coperniciennes, était très curieux d'entendre l'opinion de Kepler sur son système. Il avait toujours soupçonné qu'en son for intérieur Kepler était favorable à Copernic et à sa théorie radicalement neuve. Kepler, cependant, évitait d'exprimer un avis bien défini sur ce sujet devant Tycho. Il ne disputait avec lui que de problèmes astronomiques concrets, et non pas de théories générales. Tycho sentit que c'était une échappatoire et il le pressa de s'en exprimer. Finalement Kepler lui répondit :

« J'ai peu de choses à dire... Je suis encore indécis. Je ne puis arriver à me décider. Au reste, je ne pense pas que nos ressources techniques et notre expérience soient assez développées pour pouvoir fournir une réponse déterminée à cette question. »

Il y eut une pause, durant laquelle Kepler s'assit, entièrement absorbé en soi, avec un sourire de béatitude sur son visage. Mais Tycho s'irritait quelque peu déjà et l'interrompit :

« Et vous êtes satisfait, vous, Kepler, de cet état de choses? Je veux dire, cette incertitude touchant le point le plus essentiel de notre art. Est-ce que ce manque de décision ne vous coupe pas la respiration parfois? L'impatience ne vous privet-elle pas de tout votre bonheur?

« — Je ne suis pas heureux, répondit simplement Kepler. Je n'ai jamais été heureux.

« — Vous n'êtes pas heureux? Tycho bondit vers lui, les prunelles dilatées. Vous... n'êtes pas... mais qu'est-ce qui vous manque, alors? Que pouvez-vous souhaiter de plus? Qu'auriez-vous encore, qui ne vous ait, déjà, été accordé?... Oh! fi donc! combien vous devez être vaniteux si vous-même ne vous trouvez heureux, vous qui êtes le plus heureux des hommes! Oui, est-ce que je dois, alors, vous dire cela pour la première fois? Ne sentez-vous pas que — je peux tout dire d'un mot à présent, — que vous êtes dans la vraie voie, dans la seule vraie voie?... Non, je n'entends pas là le succès extérieur, les applaudissements qui vous entourent, qui vous ont été accordés. Mais intérieurement, intérieurement, mon cher Kepler, — puis-je vraiment vous dire cela? — intérieurement, au cœur de votre science, vous êtes dans le droit chemin, le chemin béni de Dieu; et c'est là le plus noble, le plus heureux destin qu'un mortel puisse rencontrer.

« — Non, je ne suis pas heureux et je n'ai jamais été heureux! répéta Kepler, avec une sombre obstination. Puis il ajouta avec beaucoup de gentillesse : Et je ne désire pas d'être heureux.

Tycho était à bout d'arguments... Mais, même s'il s'efforçait de se représenter Kepler comme un homme de ruse et de calcul, un intrigant, il sentait clairement que ceci ne s'accordait pas du tout à ce fait que Kepler était tout le contraire d'un intrigant : jamais il n'avait poursuivi de but déterminé et, pratiquement, il agissait comme dans une sorte de rêve pour tout ce qui se trouvait en dehors des limites de sa science. Voilà pourquoi il ne s'apercevait même pas qu'il était heureux. La confusion de son esprit allait si loin qu'il n'observait pas même cela... Il n'était pas responsable de quoi qu'il fît... Avec toute sa béatitude, que tout autre aurait dû acheter au prix d'interminables souffrances de conscience, Kepler restait pur et sans tache. Et cette absence de faute était le couronnement de son bonheur; et ce bonheur, — ainsi le cercle se fermait, — ne lui pesait pas un seul instant, il n'en avait même pas conscience... Il n'avait vraiment pas idée de sa bonne fortune. Il s'asseyait là, à la table en face de Tycho, et tandis que Tycho se voyait ballotté en tous sens par ses pensées, lui s'asseyait tout droit, le torse un peu rigide, dans l'attitude de qui a le regard fixé très loin, il s'asseyait avec un calme et un sang-froid parfaits, ne remarquant rien du trouble de Tycho, et... comme d'habitude, il poursuivait ses calculs. »

Dans une autre occasion, Kepler et Tycho discutent de nouveau les raisons pour ou contre le système de Copernic et celui de Tycho. Cette fois, ils prêtent plus d'attention qu'auparavant aux faits d'observation et aux conclusions logiques qu'on en pourrait tirer pour mettre les systèmes à l'épreuve. Et Brod décrit ainsi l'attitude des deux interlocuteurs :

« Tycho commençait à désespérer, ne trouvant d'indice décisif d'aucun côté. Kepler, lui, semblait au contraire boire à grands traits plaisir et force dans cette profonde incertitude. Plus cachée, plus difficile apparaissait la décision, plus il se sentait personnellement d'humeur à plaisanter, lui d'ordinaire si réservé. Quand il s'affrontait à la Nature, cette énigme du Sphinx, son être entier s'épanouissait, il s'emparait sans peine du problème, l'assiégeant avec joie de toutes parts, mais fortement enraciné lui-même dans l'énigme. Et sa voix descendit au grave, avec une importance joyeuse et insolite quand il s'écria, pour répondre à une remarque caustique de Tycho : « Eh bien! les lois de la nature ne sont peut-être « d'accord que par hasard! »

Une autre discussion s'élève entre Tycho et Kepler sur le point de savoir si les savants, dans le choix des hypothèses, doivent prendre en considération les créances ou les opinions des puissants et des riches.

« Tycho se leva, respirant avec peine. — Pour le moment au moins, le système de Copernic demeure sans preuve; comme il va à l'encontre de la Bible, et que je ne puis non plus, sans nécessité, attenter à la Majesté catholique de mon Empereur, je n'ai aucune raison de l'adopter.

« — C'est aller trop loin, observa Kepler, toujours souriant. Catholique ou non, l'hypothèse seule est à considérer ici, non pas la faveur de l'Empereur...

« Tycho répondit avec feu, sentant qu'un principe essentiel de son existence se trouvait attaqué : « — Mais sans la faveur des princes et des riches personnages, vous ne sauriez construire de coûteux appareils, et la vérité demeurerait inexplorée... Ainsi, les princes nous aident, nous et la vérité; nous devons donc à notre tour les respecter et déférer à leur bon plaisir.

« — Voilà précisément ce que je conteste! s'écria Kepler, irrité; nous devons déférer à la vérité seule et à nulle autre chose...

« — Pourquoi donc à nulle autre chose?... Je vous ai pourtant montré déjà qu'on ne peut servir la vérité qu'en servant les princes. Il est très exact qu'il est plus agréable et plus simple de suivre votre façon de faire, mon cher Kepler. Vous ne faites attention à rien, en allant votre sacro-saint chemin, sans jamais vous tourner à droite ni à gauche. Mais vous semble-t-il moins sacré de se calomnier soi-même pour l'amour de la vérité? Soyez rusé comme le serpent et innocent comme la colombe, ainsi notre Seigneur Jésus lui-même parlait à ses disciples. Vous n'êtes pas serpent, vous ne vous calomniez ni ne vous contraignez jamais vous-même. Mais ce que vous servez, au fond, ce n'est pas la vérité, c'est seulement vous-même; c'est-à-dire, votre propre pureté, votre propre inviolabilité. Or, moi, je ne me regarde pas seul, je vois aussi mes rapports avec ceux parmi qui je dois vivre, dans ma détermination de servir la vérité en usant d'adresse et en mêlant la ruse à tous mes desseins... Et je pense qu'on imite mieux le Christ à travailler au milieu des hommes, — dût-on se soumettre à la protection ou à la faveur des princes, — plutôt qu'à simplement rêver loin de sa propre vie dans l'extase, en oubliant de la sorte tout effort pénible et toute contrariété. »

6. Einstein professeur.

Einstein fut-il toujours bon professeur? Aimait-il à professer? On peut recueillir des opinions fort diverses à cet égard, en interrogeant ceux qui furent ses étudiants ou ses collègues.

Il possédait deux qualités maîtresses qui firent de lui un bon maître. La première était son désir de se montrer amicalement utile au plus grand nombre possible de ses semblables, particulièrement dans son entourage. La seconde était son sens artistique, qui le poussait non seulement à ordonner la marche de ses idées scientifiques avec clarté et logique, mais aussi à les formuler d'une manière qui lui donnât — et à chaque auditeur comme à lui-même — un plaisir esthétique. Ce qui laisse entendre qu'il aimait à communiquer ses idées à autrui.

D'autre part, ce fut toujours un trait frappant de sa nature que de chercher à masquer ces qualités. J'ai déjà mentionné sa répugnance à contracter des relations personnelles très intimes avec d'autres gens, trait de caractère qui a toujours fait d'Einstein un solitaire parmi ses étudiants, ses collègues, ses amis, comme dans sa famille. Ajoutons-y l'absence de l'habituelle vanité académique. Pour beaucoup de professeurs, le reflet de leur propre personnalité sur tant de jeunes gens, qui répètent tout ce que le maître dit, offre une manière de multiplier cette personnalité. Ce détail très humain, qui peut sembler une faiblesse, est aussi bien à l'actif de la profession enseignante. Souvent il en résulte de la part du pédagogue une dévotion à sa tâche professorale, qui lui paraît requérir le désintéressement et même le sacrifice. Bien qu'en dernière analyse il s'agisse du désir de s'exprimer soi-même, le professeur doit abandonner beaucoup de sa personnalité. Il doit dépenser une grande partie de sa vie propre au service de ses étudiants. Einstein n'avait ni vanité ni besoin de multiplier sa personnalité, et par conséquent, il n'était pas prêt à beaucoup de sacrifices en ce genre. Pour cette raison aussi, ses rapports avec ses élèves étaient pareillement ambivalents, mais d'une façon très particulière.

Ceci est très apparent dans sa manière de professer. Quand sa pensée avait scruté un problème, il estimait toujours nécessaire d'en présenter la matière sous le plus grand nombre possible de formes diverses, et de l'exposer de telle sorte qu'il devînt compréhensible à des esprits accoutumés à des modes de pensée différents, ou de formations différentes. Il aimait à formuler ses idées pour des mathématiciens, pour des physiciens expérimentateurs, pour des philosophes et même pour des gens sans grande préparation scientifique, pour peu qu'ils fussent tout prêts à penser sans préjugés. Il aimait aussi à parler de sujets de physique n'ayant pas directement trait à ses découvertes, s'il avait trouvé une méthode pour rendre ces questions accessibles.

Tout ceci peut laisser croire qu'Einstein était en passe de faire un excellent conférencier et professeur. Certes, il le fut souvent. Lorsqu'un sujet l'attirait pour des raisons scientifiques, historiques, ou méthodologiques, il pouvait fort bien captiver ses auditeurs. Le charme de ses cours était dû à son naturel peu commun, sa façon d'éviter tout effet de rhétorique, comme toute exagération, convention ou affectation. Il cherchait à ramener chaque sujet à sa forme logique la plus simple, puis à la présenter d'une manière si artistique et psychologique qu'elle perdît toute apparence de pédantisme; et enfin à rendre tout cela sensible au moyen d'images appropriées, saisissantes. Qualités auxquelles s'ajoutaient une pointe d'humour, quelques plaisanteries de bon vivant qui ne faisaient de mal à personne, enfin une certaine mine à la fois heureuse et étonnée, comme un enfant devant les cadeaux de Noël qu'il vient de recevoir.

Néanmoins, il éprouvait quelque ennui à donner des

cours réguliers. Il y faut en effet organiser et disposer si bien la matière de tout le programme, qu'elle puisse être exposée avec attrait durant toute l'année. Cela signifie que le professeur doit s'intéresser lui-même aussi fort à chaque problème particulier qu'Einstein le faisait pour ceux où il concentrait toute son énergie. Le professeur doit se donner entièrement au sujet à traiter, et par suite il lui est très difficile de trouver encore du temps pour ses propres recherches. Toute activité créatrice exige énormément de réflexion et de contemplation, ce qu'un observateur superficiel tiendrait pour inutile perte de temps.

Il y a des maîtres, singulièrement dans les universités allemandes, qui ont ménagé leur horaire si précisément qu'ils parviennent à travailler leurs leçons dans les moindres détails et trouvent encore du temps pour leurs recherches personnelles. En revanche, leur existence est si occupée qu'il n'y a plus place pour l'imprévu, pour une idée ne se reliant directement ni à la science ni à l'enseignement, pour la réflexion, ou pour une conversation avec quelque visiteur inattendu. Ils deviennent desséchés : toutes leurs qualités de création ou d'imagination passent dans la recherche scientifique ou dans leur enseignement. Dans les rapports journaliers, ils rappellent souvent quelque citron tout à fait pressé, et sont incapables de dire quoi que ce soit d'intéressant en société. De tels savants ne sont point rares, on en trouve même parmi les esprits exceptionnels, encore qu'ils soient peu fréquents parmi les véritables créateurs.

Einstein fut toujours l'exact opposé de ce type. Il n'aimait pas à débiter le savoir en mouture pour les étudiants; il préférait offrir généreusement ce qui l'intéressait et le concernait lui-même. Aussi s'attachait-il à ce qui était, dans le moment, son champ d'attraction. Et il avait également trop de tempérament artistique pour résoudre la difficulté de donner toute une série de leçons dans un large domaine, par la simpliste méthode de les fonder sur un seul bon livre. Il ne lui était pas moins impossible d'accumuler assez d'énergie intellectuelle pour les imprégner tout entières de son propre esprit. Le résultat, c'est qu'elles ont été finalement inégales. Il n'a pas été un brillant universitaire, capable de maintenir ses cours à un même niveau d'attrait et d'excellence, durant une année entière. Ses conférences isolées devant des sociétés scientifiques, des congrès et de plus larges auditoires, cependant, étaient toujours très vivantes et laissaient une impression durable à chacun.

7. Généralisation de la relativité restreinte.

A Zurich et Prague, Einstein travailla à résoudre certaines questions soulevées par sa théorie de la relativité. Selon le principe de relativité newtonien, la vitesse d'un laboratoire ne saurait être déterminée par des observations sur le mouvement des objets qui s'y trouvent. A Berne, en 1905, Einstein avait généralisé ce principe en l'étendant aux phénomènes optiques, de manière qu'aucune observation, ni sur des corps matériels ni sur des rayons lumineux, ne permettait de déterminer la vitesse d'un laboratoire quelconque. Toutefois, tout ceci n'est vrai que pour un mouvement rectiligne et uniforme. Mais on peut pousser le développement d'une façon tout à fait cohérente avec la théorie d'Einstein, jusqu'à dire qu'il est possible de faire des déterminations à partir d'expériences dans un laboratoire L, s'il se meut avec une vitesse variable par rapport à un système d'inertie F. On peut alors savoir quelque chose du mouvement du laboratoire considéré comme un tout, à partir d'expériences accomplies en L. Tandis que la vitesse elle-même ne saurait être déterminée, ses variations en grandeur et en direction (accélérations) peuvent être trouvées. Einstein considérait cette situation comme fort peu satisfaisante. Une idée de Mach suggérait d'y remédier en déclarant qu'on ne peut déterminer, à partir d'une observation dans L, l'accélération relative à un système d'inertie imaginaire, mais qu'on le peut au contraire par rapport aux étoiles fixes. Alors les événements dans L seraient influencés par les corps physiques réels, c'est-à-dire les étoiles fixes. Cependant, cette suggestion de Mach n'était qu'un programme. Elle n'avait jamais été développée en une théorie physique qui permît de calculer en détail quelles conséquences observables résultent de l'influence des étoiles fixes sur les événements observables dans L. Ce fut le but d'Einstein que de combler cette lacune.

Il prit son point de départ dans la question suivante : que prétend la physique newtonienne sur la possibilité de savoir, — à partir d'expériences exécutées dans un laboratoire L en mouvement, — si ce laboratoire pris dans son ensemble éprouve un changement de vitesse, par rapport à un système d'inertie? Nous avons vu déjà que si le système L est système d'inertie, les deux lois newtoniennes du mouvement, la loi d'inertie et la loi de force, sont valables par rapport à lui. En se fondant sur l'expérience quotidienne, on verrait de même et très facilement, que ces lois ne restent *plus* vraies pour L, s'il subit une accélération par rapport à un système d'inertie.

Supposons par exemple que L soit un wagon de chemin de fer en mouvement. Si la loi d'inertie est valable pour L, cela signifie que lorsque je suis debout dans le wagon, je peux demeurer debout durant n'importe quel intervalle de temps, au même endroit par rapport au wagon, sans exercer aucune force. Mais l'expérience nous apprend que ceci est vrai seulement aussi longtemps que le wagon demeure en mouvement rectiligne et uniforme. S'il s'arrête brusquement, je tomberai, à moins de faire un effort spécial pour rester debout. La même chose arrive si le wagon augmente brusquement sa vitesse, ou s'il décrit une courbe. Aussi longtemps que la variation de vitesse persiste, je dois faire effort pour rester droit. Si la vitesse est constante, je suis au contraire capable de me tenir debout sans effort. Ceci montre que la force à exercer pour me permettre de rester debout me laisse reconnaître si mon wagon L est ou non un système d'inertie. En outre, cette expérience même grossière me montre que, plus brusque est l'arrêt de la voiture, plus grande doit être la force. Plus généralement, plus grande est l'accélération, plus grande aussi la force requise.

De ces réflexions élémentaires, on peut aisément tirer une méthode pour déterminer l'accélération a d'un laboratoire L, en observant le mouvement des objets par rapport aux parois de L. Considérons par exemple un petit wagon posé sur le parquet de L et libre de se mouvoir dans toutes les directions. Tant que le laboratoire est en mouvement rectiligne et uniforme, le wagon restera au repos en L; mais si le laboratoire change soudainement sa vitesse, le wagon se déplacera par rapport aux parois de L, comme s'il avait reçu une secousse. L'accélération a_0 du wagon, due à ce recul dans L, sera telle que sa grandeur soit égale à celle de a, mais de direction contraire. Pour le wagon, envisagé par rapport au système d'inertie F (dans lequel L a l'accélération a) il s'agit d'un corps libre qui ne subit aucune force; par suite, et selon la loi d'inertie, son mouvement est rectiligne et uniforme. D'autre part, l'accélération du wagon, décrite par rapport à F, est aussi égale à la somme de l'accélération a_0 du wagon par rapport à L, et a du laboratoire L lui-même par rapport à F. Comme l'accélération résultante doit être nulle, nous avons $a_0 + a = 0$. D'où l'on tire $a_0 = -a$, comme nous l'avons énoncé plus haut. Donc l'observation de l'accélération a_0 du wagon dans L, produite par le mouvement de L, nous permet de calculer l'accélération a du laboratoire L, par rapport au système d'inertie F.

Dans l'exemple précédent, le wagon était initialement au repos dans le laboratoire, mais ceci n'est point nécessaire et il serait même plus simple, en fait, de le considérer comme étant initialement en mouvement rectiligne et uniforme dans L. Lorsque le recul survient, le wagon est en général dévié de sa ligne droite, et se meut sur une courbe. La forme de cette courbe pourra servir à déterminer l'accélération du laboratoire.

De plus, l'accélération du laboratoire n'a pas besoin d'être restreinte à une augmentation ou une diminution de sa vitesse. Le laboratoire peut être en rotation autour d'un axe. C'est le cas, bien familier, du manège de chevaux de bois, ou du wagon de chemin de fer décrivant une courbe. Tout comme un mouvement de recul dans la direction opposée à l'accélération de L se produisait dans le cas précédent, de même, dans ce dernier cas, une impulsion dirigée hors de l'axe de rotation apparaît dans L. Les physiciens appellent cette accélération « accélération centrifuge », et elle est tout à fait analogue au recul qui se produit lorsqu'un véhicule commence à se mouvoir ou s'arrête.

En mécanique élémentaire, cette situation s'énoncerait de la manière suivante : le mouvement d'un corps par rapport à un laboratoire en rotation ou en mouvement accéléré, ne peut pas être calculé simplement d'après l'effet de la gravitation ou des forces électriques agissant sur lui. Les accélérations dues aux forces de recul ou centrifuges opèrent aussi et doivent entrer en ligne de compte. On dit souvent que ces accélérations sont dues à l'apparition de « forces d'inertie » dans de telles circonstances. On les nomme ainsi parce qu'elles dérivent de l'inertie des masses par rapport à un système d'inertie. Avec la généralisation que fit Einstein, en étendant le principe de relativité newtonien aux phénomènes optiques, il devenait possible d'utiliser les rayons lumineux au lieu d'un objet matériel (tel qu'un véhicule) pour détecter l'accélération d'un laboratoire. Si un faisceau de lumière est disposé de façon que les rayons en soient parallèles au plancher du laboratoire tant que celui-ci ne subit point d'accélération, lorsqu'il vient à être accéléré les rayons ne seront plus dirigés le long d'une ligne droite parallèle au plancher, mais seront déviés. La grandeur de la déviation nous permettra de calculer l'accélération du laboratoire.

Ainsi, l'on voit que dans la mécanique du XIXe siècle, — et la théorie d'Einstein sur la lumière et le mouvement, édifiée en 1905, — l'accélération d'un laboratoire L, par rapport à un système d'inertie F, a une influence mesurable sur les événements physiques dans L, même s'il n'est pas possible d'établir sous quelles conditions observables un tel système F est un système d'inertie. Mais alors le rôle joué par le système d'inertie n'est autre que celui de « l'espace absolu » de Newton.

8. Influence de la gravitation sur la propagation de la lumière.

C'était le but d'Einstein que d'éliminer de la physique cet «espace absolu». La tâche ne semblait pas facile, si l'on songe que des phénomènes clairement perceptibles, comme le recul ou la force centrifuge, pour les wagons, ne pouvaient recevoir d'explications que grâce à l'espace absolu. Rien n'avait été fait dans cette direction par la relativité restreinte de 1905, où Einstein se bornait aux mouvements rectilignes et uniformes. Une nouvelle idée conduisant à des changements bien plus profonds allait être introduite dans la physique. Comme il arrive souvent, la difficulté fut résolue en reconnaissant qu'elle était liée à un autre problème antérieur, non résolu lui-même. Quand on observe le mouvement d'un véhicule ou la déviation d'un rayon lumineux dans un laboratoire, les accélérations réellement perçues peuvent être dues à une autre cause que l'accélération du laboratoire même. Elles peuvent être dues à des forces réelles qui agissent sur le véhicule ou le rayon de lumière et, en accord avec la loi de force newtonienne, leur impriment une accélération. Comment distingue-t-on les effets de ces deux causes entièrement différentes? Pour les forces directement communiquées par l'homme ou par quelque mécanisme, on peut faire ainsi la distinction : considérons deux véhicules de masses inégales, au lieu d'un. Si la même force agit sur les deux, puisque la loi newtonienne de la force établit que le changement de la quantité de mouvement (c'est-à-dire du produit de la masse par la vitesse) est égal à la force appliquée, le véhicule le plus léger subira une accélération plus grande que le plus lourd. D'autre part, si les accélérations sont dues à des forces d'inertie, elles seront toutes les deux les mêmes. Ainsi, il y a la différence suivante : les accélérations dues à des forces réelles (comme une poussée ou une traction) dépendent de la masse de l'objet en mouvement; au contraire les accélérations dues au recul ou à la force centrifuge sont indépendantes de la masse.

Cependant, Einstein remarqua qu'il y a un type de force « réelle » qui imprime la même accélération à tous les corps. C'est la force de gravitation. On sait depuis Galilée que, — la résistance de l'air mise à part, — tous les corps tombent à la même allure, quelle que soit leur masse. Newton ne trouvait point ici la moindre incohérence avec sa propre loi du mouvement. Il prétendit simplement dans sa loi de la gravitation universelle que la force de gravité agissant sur un corps est proportionnelle à sa masse. La force de gravité agissant sur un corps quelconque à la surface de la terre s'appelle, dans la terminologie usuelle, son poids. Si nous désignons celui-ci par le symbole P, la proposition de Newton s'exprimera mathématiquement par $P = Mg$, où M est la masse de l'objet et g une constante en chaque point de la terre. Mais la loi de force de Newton établit que cette force Mg est égale à la variation de la quantité de mouvement, qui est simplement la masse multipliée par l'accélération Ma. Donc, $Mg = Ma$, et en conséquence, la masse s'éliminant, on a simplement $a = g$. L'accélération due à la gravité est indépendante de la masse, elle possède la même valeur g pour tous les corps, ce qui est de nouveau le résultat de Galilée.

Einstein comprit que ce caractère spécial de la force de gravité fait qu'il est impossible de déterminer l'accélération avec laquelle un laboratoire est en mouvement par rapport à un système d'inertie. Quand on observe dans un laboratoire un véhicule en mouvement accéléré on n'a aucun moyen de décider si ce mouvement est dû à l'accélération du laboratoire en tant que système global, ou à une attraction gravitationnelle causée par des corps dont la présence peut nous être inconnue. C'est dans cette brèche qu'Einstein engagea sa pénétrante analyse logique et jeta les bases d'une reconstruction de la mécanique. Comme dans son mémoire de 1905, il rattacha de nouveau le mouvement des corps à la propagation de la lumière, et publia en 1911 un travail intitulé *Über den Einfluss der Schwerkraft auf die Ausbreitung des Lichtes (Influence de la gravitation sur la propagation de la lumière)*.

Einstein partit de la considération suivante. Dans un laboratoire L qui, tel qu'un ascenseur, peut monter et descendre verticalement, des expériences sont faites pour observer le mouvement des objets par rapport au laboratoire. Si ce dernier est soutenu par quelque moyen, — comme un câble, — de telle manière qu'il soit au repos par rapport à la terre, tout objet B y tombera avec l'accélération due à la gravité, quelle que soit sa masse ou sa composition matérielle. Pourtant, si le laboratoire lui-même peut tomber librement sous l'action de la gravité, aucun objet B ne prendra une accélération quelconque par rapport au laboratoire. Tout se passera comme s'il n'y avait point là de force de gravité. En observant les mouvements par rapport à L, on sera incapable de décider si L est un système d'inertie avec un champ de gravitation, ou bien s'il n'y a pas là de force gravitationnelle, mais que le laboratoire est en chute libre. Plus généralement : il n'est pas possible de distinguer par le moyen d'expériences mécaniques faites dans un laboratoire les accélérations provenant de forces d'inertie et celles qui proviennent de forces gravitationnelles.

Pour Einstein, cette conclusion était analogue au principe newtonien selon lequel on ne peut en aucun cas déterminer par des expériences mécaniques à l'intérieur d'un laboratoire la vitesse du mouvement rectiligne et uniforme du laboratoire par rapport à un système d'inertie. En 1905, Einstein avait étendu ce principe aux expériences optiques. Pareillement, il étendait les propriétés des mouvements accélérés pour les objets matériels aux phénomènes optiques. Il énonçait ainsi l'hypothèse qu'il est impossible, même par des observations sur les rayons de lumière, de déterminer si un laboratoire est un système accéléré, ou s'il est au repos, ou en mouvement uniforme et soumis à un champ de gravitation. Einstein appela cette hypothèse « principe de l'équivalence entre force gravitationnelle et force d'inertie » ou, en bref, *principe d'équivalence.*

Par ce principe, Einstein était en mesure de prévoir des phénomènes optiques nouveaux, observables, et qui apporteraient une confirmation expérimentale à sa théorie. Dans la physique classique, la gravitation n'a aucun effet sur la marche d'un rayon lumineux, mais selon le principe d'équivalence, les forces gravitationnelles peuvent être remplacées par un mouvement accéléré. Ce dernier cependant, — comme nous l'avons indiqué au paragraphe précédent, — a certainement un effet sur le faisceau de lumière. Un rayon parallèle au plancher d'un laboratoire non accéléré cesse d'être parallèle si le système est accéléré. Einstein en conclut que la marche du rayon lumineux est déviée dans un champ de gravitation. La valeur de la déviation est rendue extrêmement faible par l'énorme vitesse de la lumière et il n'y a pas d'expérience terrestre réalisable; mais Einstein suggéra que l'effet pourrait être observable avec la lumière qui nous arrive des étoiles fixes et passe près de la surface du soleil. En ce cas, la force de gravitation n'est pas uniforme en grandeur et en direction, mais elle émane du centre de l'astre avec une intensité qui décroît en grandeur lorsque croît la distance à la surface. La conclusion d'Einstein fut qu'on trouverait là une déviation de la direction, qui courberait le rayon lumineux vers le soleil. Mais, comme les étoiles ne sont pas visibles près du soleil dans les conditions ordinaires, à cause de son aveuglant éclat, Einstein remarquait dans son mémoire :

« Puisque les étoiles fixes, dans les régions du ciel proches du soleil, deviennent visibles au cours des éclipses totales, il est possible de contrôler par l'expérience cette conclusion théorique. »

En assurant que la force gravitationnelle a la valeur donnée par Newton, Einstein montra par un calcul très simple fondé sur son principe d'équivalence, qu'un rayon lumineux, provenant d'une étoile fixe et rasant juste le bord du soleil, sera dévié de 0,83 seconde d'arc, hors de sa trajectoire rectiligne. Par conséquence, si l'on photographie pendant une éclipse totale du soleil les étoiles fixes proches de l'astre, et que l'on compare leurs positions avec les positions lorsque le soleil n'est pas auprès d'elles, on doit attendre des différences entre les deux valeurs. Puisque les rayons sont courbés vers le soleil, les étoiles doivent apparaître écartées de lui, la grandeur de l'écart dépendant de la proximité des rayons par rapport au soleil, lorsqu'ils passent près de ce dernier. Einstein concluait son mémoire par ces mots :

« Il serait extrêmement désirable que les astronomes examinent le problème ici énoncé, même si la considération ci-dessus développée leur apparaît insuffisamment fondée, voire bizarre. »

Quoi qu'on pût penser de l'hypothèse d'Einstein, il mettait en avant une observation précise pour vérifier sa théorie. Comme les éclipses totales de soleil ne sont pas très fréquentes et qu'on ne les observe que dans une région très limitée du globe, les astronomes étaient conduits à entreprendre des expéditions attrayantes et aventureuses. Il fallut trois ans cependant, — jusqu'en 1914, — pour trouver les appuis et les fonds nécessaires à une expédition équipée en vue de cette observation. Mais, la première guerre mondiale éclata, exactement au moment où la première expédition partait d'Allemagne pour la Russie, ses membres devinrent prisonniers des Russes, et donc bien empêchés d'accomplir leur mission.

9. Départ de Prague.

Tandis qu'il professait à Prague, Einstein n'édifia pas seulement sa nouvelle théorie de la gravitation, mais encore développa plus amplement la théorie des quanta de lumière qu'il avait commencée à Berne. Son hypothèse qu'un quantum de lumière violette possède beaucoup plus d'énergie qu'un quantum de lumière rouge lui parut être en accord avec les résultats expérimentaux sur l'action chimique de la lumière. Tous les photographes sont familiarisés avec le fait que l'action de la lumière violette est beaucoup plus puissante que celle de la lumière rouge sur la plaque photographique. Einstein se mit en route en supposant simplement, ce qui se rattachait étroitement à sa théorie corpusculaire de la lumière, que la décomposition chimique d'une molécule a toujours lieu par absorption simplement d'un seul quantum. Dans son mémoire, paru en 1912 sous le titre *Über die thermodynamische Begründung des photochemischen Äquivalenzgesetzes (Sur les fondements thermodynamiques de la loi d'équivalence photochimique)*, il montrait que l'hypothèse est également en accord avec les principes généraux de la thermodynamique.

Pourtant, vers cette époque, il commençait à être très troublé par les paradoxes que faisait naître la double nature de la lumière : le caractère ondulatoire, illustré par les phénomènes d'interférences et de diffraction, et d'autre part l'aspect corpusculaire manifesté par les actions photoélectriques ou photochimiques. Son état d'esprit, touchant ces problèmes, peut être évoqué par cette anecdote :

Le bureau d'Einstein à l'Université donnait sur un parc, aux beaux jardins ombreux. Il avait noté que c'était seulement des femmes qui s'y promenaient dans la matinée, des hommes dans l'après-midi, que quelques-uns marchaient seuls, plongés dans une sombre méditation, alors que d'autres s'assemblaient en groupes et s'engageaient en de véhémentes discussions. S'étant enquis de cet étrange jardin, il apprit qu'il s'agissait d'un parc appartenant à l'asile d'aliénés de la province de Bohême. Les promeneurs étaient des pensionnaires de l'institution, inoffensifs patients qu'il n'y avait pas lieu d'enfermer. A mon arrivée à Prague, Einstein me montra ce spectacle, me l'expliqua, puis me dit plaisamment : « Ces fous-là sont ceux qui ne s'occupent pas de la théorie des quanta. »

Bientôt après son arrivée à Prague, Einstein avait reçu l'offre d'une chaire de physique théorique à l'Ecole Polytechnique de Zurich, dont il était diplômé. Le Polytechnicum appartient à la Confédération helvétique, c'est un établissement beaucoup plus important et plus grand que l'Université zurichoise, où Einstein avait d'abord enseigné, et qui est simplement cantonale. Einstein hésitait s'il retournerait ou non à Zurich, mais c'est sa femme qui trancha. Elle ne s'était jamais sentie à l'aise à Prague, et s'était attachée à Zurich, qui était devenue sa patrie idéale du temps qu'elle y était étudiante.

Einstein informa l'Université de Prague qu'il s'en irait à la fin du semestre d'été de 1912. Mais, dans son indifférence coutumière à toute formalité officielle, il n'envoya pas aux autorités administratives les documents que l'on devait remplir lorsque l'on résignait une fonction de l'Etat autrichien. Le ministère de l'Education à Vienne ne reçut point la demande requise en pareil cas. On imagine sans peine que le fonctionnaire intéressé fut affligé de ne pouvoir clore le dossier d'Einstein, conformément au règlement. Pendant bien des années, le dossier du « cas d'Einstein » demeura incomplet dans sa case. Plus tard, lorsqu'Einstein alla à Vienne pour une conférence, un ami lui raconta que le fonctionnaire du ministère n'était pas encore consolé de cette lacune dans ses dossiers. Einstein, dans son bon cœur, ne voulait certes pas que qui que ce soit fût malheureux. Il se rendit au ministère, fit ses excuses à l'employé et remplit la formalité en question. La case recouvrait son honneur.

Le brusque départ d'Einstein donna lieu à beaucoup

de bruits dans Prague. L'éditorial du plus grand journal allemand local affirma qu'en raison de sa renommée et de son génie Einstein était persécuté par ses collègues et contraint d'abandonner la ville. D'autres soutinrent qu'en raison de son origine juive les autorités administratives de Vienne ne l'avaient pas bien traité, et qu'ainsi il ne désirait pas rester à Prague plus longtemps. Einstein fut très étonné de tous ces racontars; en effet son séjour à Prague avait été fort agréable, et le caractère autrichien lui laissait une impression favorable. Comme il n'aimait pas—nous venons de le dire—à causer quelque déplaisir à qui que ce fût, il écrivit une lettre au chef de l'administration universitaire autrichienne à Vienne. Avant d'occuper ma place à Prague, je rendis visite à ce personnage. C'était un Polonais qui m'embrassa selon la coutume polonaise, comme si j'étais un ami intime. Au cours de l'entretien, il me parla de la lettre d'Einstein et dit avec un vif enthousiasme : « J'ai reçu une splendide épître de M. Einstein, telle qu'on n'est pas accoutumé d'en recevoir d'un professeur de nos universités. Je songe très souvent à cette lettre. Elle m'a fait un plaisir énorme, et plus encore depuis que tant d'attaques ont été dirigées contre notre gouvernement, à propos d'Einstein. »

Pour moi, le départ d'Einstein est lié à un épisode plutôt humoristique, que je veux rapporter parce qu'il se rattache à l'histoire générale de notre temps. Comme tout professeur autrichien, Einstein avait un uniforme. Ce costume ressemblait à un uniforme d'officier de marine : tricorne garni de plumes, habit et pantalon ornés de larges bandes dorées, manteau très chaud, en gros drap noir, et épée. Le professeur n'était tenu de porter l'uniforme que pour prêter le serment d'allégeance avant d'assumer ses fonctions, ou lorsque l'empereur d'Autriche lui accordait audience. Einstein ne l'avait porté qu'une seule fois, pour la première de ces deux occasions. Comme l'uniforme était assez coûteux, et que mon prédécesseur n'avait plus à s'en servir après son départ, je le lui achetai à moitié prix. Mais avant qu'Einstein me l'eût donné, son fils, qui pouvait avoir alors une huitaine d'années, lui dit : « Papa, avant d'abandonner l'uniforme, tu devrais le mettre et m'emmener faire un tour dans les rues de Zurich. » Einstein promit en répondant : « Pourquoi pas! les gens croiront que je suis au moins un amiral brésilien. »

Je l'ai porté moi-même une seule fois, en prêtant le serment d'allégeance, et je l'avais rangé dans une malle pour longtemps. Six ans plus tard, la monarchie autrichienne disparaissait et la république tchécoslovaque se fondait à Prague. Le serment d'allégeance à l'empereur était remplacé par celui d'allégeance à la république, et les professeurs n'avaient plus d'uniforme du tout. Le nôtre ne restait plus que comme un souvenir de François-Joseph et d'Einstein. Peu après la révolution russe, qui amena à Prague un grand nombre de réfugiés parmi lesquels se trouvaient beaucoup d'officiers, ma femme me dit : « Pourquoi un si bon manteau est-il enfermé sans rien faire, alors que tant de gens sont en train de geler? Je connais un ancien commandant en chef de l'armée cosaque qui ne peut pas s'acheter un manteau chaud pour l'hiver. Celui d'Einstein ressemble beaucoup au manteau d'un officier de cavalerie de haut grade. Cela ferait plaisir au général et lui tiendrait chaud. » Nous lui donnâmes le vêtement, dont le glorieux passé ne l'intéressa point. Le reste de l'uniforme, y compris l'épée, resta à l'université allemande. Quand les nazis envahirent la Tchécoslovaquie en 1939, l'Université devint un rempart du nazisme dans l'Est, et l'épée d'Einstein fit probablement partie du butin d'un soldat hitlérien, symbole de la défaite finale de la « science juive internationale », — jusqu'à 1945 où l'armée rouge entrait à Prague.

V

EINSTEIN A BERLIN

1. Le Congrès Solvay.

A la fin de 1912, Einstein prit ses fonctions de professeur au Polytechnicum de Zurich. Il était maintenant la gloire d'un institut dont naguère il avait manqué l'examen d'entrée, où il avait étudié, rencontré sa femme, où enfin, une fois diplômé, il n'était pas arrivé à obtenir la moindre position.

En 1910 déjà, lorsque Lampa entendait faire nommer Einstein à Prague et voulait avoir sur les mérites du candidat l'opinion d'un savant à l'autorité partout reconnue, Max Planck, le maître théoricien de la physique, avait écrit au Conseil de faculté à Prague : « Si, comme je l'attends, la théorie d'Einstein est confirmée, on le tiendra pour le Copernic du xxe siècle. » Une aura de légende commençait à entourer Einstein. Ses travaux marquaient un tournant de la physique comparable à la révolution copernicienne.

En 1911, quand une conférence d'un petit nombre de physiciens universellement réputés fut sur le point de se réunir à Bruxelles pour disputer de la crise où se trouvait la physique moderne, l'invitation d'Einstein ne faisait pas question. Le choix des conférenciers fut suggéré par Walther Nernst, qui était au premier rang des chercheurs, en physique et en chimie; parmi d'autres, il y eut sir Ernest Rutherford pour l'Angleterre, Henri Poincaré et Paul Langevin pour la France, Max Planck et Walther Nernst pour l'Allemagne, H. A. Lorentz pour la Hollande, et Mme Curie, qui travaillait à Paris, pour la Pologne. Einstein représenta l'Autriche, avec Franz Hasenöhrl, le Viennois, dont le nom, après sa mort tragique, devait être particulièrement lié à l'hostilité contre Einstein. Pour ce dernier, la réunion fut la première occasion de rencontrer ces savants dont les idées façonnaient la pensée physique d'alors.

Les frais du congrès, — y compris le déplacement, les dépenses courantes à Bruxelles, plus une rémunération de mille francs pour chaque conférencier, — étaient assurés par un riche Belge, Ernest Solvay. Cet homme avait fort bien réussi dans l'industrie chimique, mais son dada était sa théorie physique, du type mécaniste si démodé. Bien qu'elle conduisît à beaucoup de complications et non pas à la découverte de lois nouvelles, il cherchait vivement à attirer l'attention des physiciens sur elle et à connaître leur sentiment à cet égard. Le grand chimiste Walther Nernst, qui était en relations extra-scientifiques avec lui, pensa que le dada du riche personnage pouvait s'utiliser au profit de la science, tout en comblant les désirs de l'auteur. Il lui proposa de réunir les physiciens notoires pour disputer des présentes difficultés de leur science, et Solvay pourrait leur exposer ses idées à cette occasion. La réunion est désormais connue sous le nom de Congrès Solvay. Dans l'adresse d'ouverture, le mécène présenta sommairement ses vues, puis les membres de la réunion discutèrent les nouveaux développements de la physique. A la fin, dans le discours de clôture, Solvay remercia les orateurs pour leurs intéressants débats, insistant sur le vif plaisir qu'il en avait reçu. Tout ceci d'ailleurs n'avait nullement ébranlé sa foi dans ses propres théories. Tous les orateurs avaient évité d'en effleurer la critique, pour prévenir tout scrupule de conscience entre leurs sentiments de gratitude ou de courtoisie envers leur hôte, et leurs convictions scientifiques. Solvay était rempli d'un intérêt si sincère pour l'avancement de la science, qu'il réunit très souvent des conférences analogues et Einstein y joua toujours un rôle de leader. Un homme comme Nernst, ayant à cœur les intérêts de la science, et doué de sens pratique, peut ainsi se servir de telles occasions pour le plus grand bien du progrès scientifique.

Le monde s'émerveillait du grand nombre d'idées neuves et étonnantes qu'Einstein avait d'ores et déjà produites en 1912 après moins de dix ans comme physicien; et l'on s'émerveillait aussi de la perfection avec laquelle ces conceptions étaient développées, présentées et ordonnées en un vaste enchaînement. Mais Einstein en personne ne pensait qu'aux seuls défauts et lacunes de ses découvertes. Sa nouvelle théorie de la gravitation, qu'il avait rendue publique en 1911 à Prague, ne concernait qu'un cas très spécial des effets gravitationnels. Seul le cas où la force de gravité a même direction et même intensité à travers l'espace entier considéré était tout à fait clair, et la théorie, si loin qu'elle eût été menée, se trouvait incapable d'apporter une solution complète aux cas où la force de gravité a des directions différentes, aux différents points de l'espace.

Jusqu'alors, Einstein avait résolu ses problèmes avec les plus simples moyens mathématiques, et il soupçonnait toute exagération dans l'emploi des « très hautes mathématiques » comme due, non pas à quelque désir de clarté, mais bien plutôt à celui de confondre le lecteur. Maintenant, une nouvelle orientation apparaissait dans son œuvre. Nous avons vu qu'à Prague Einstein avait déjà senti que le développement d'une théorie encore plus générale exigeait des méthodes mathématiques plus compliquées que celles dont il avait la maîtrise. Il en avait disputé avec son collègue Pick, lequel, nous l'avons dit, avait appelé son attention sur les nouvelles théories mathématiques des Italiens Ricci et Levi-Civita. A Zurich, Einstein trouva parmi ses collègues son vieil ami Marcel Grossmann, avec qui il se mit à étudier ces méthodes mathématiques nouvelles. Avec sa collaboration, Einstein réussit à dresser un tableau préliminaire d'une théorie générale de la gravitation, où rentraient tous les cas possibles d'action de la gravité. Ce travail, publié en 1913, contenait encore beaucoup de défauts, cependant et qui subsistèrent jusqu'à la théorie complète finalement publiée durant la guerre mondiale. Nous la discuterons plus tard en détail.

2. Une visite a Vienne.

A la fin de 1913, au Congrès des Physiciens et Savants allemands à Vienne, Einstein fut invité à présenter un résumé de ses nouvelles idées sur la théorie de la gravitation. Il était encore tenu pour un « phénomène » peu commun parmi les physiciens, et le bruit circulait qu'il avait « sorti » une théorie générale de la relativité, qui était « beaucoup plus incompréhensible » que sa théorie restreinte de 1905, et bien plus éloignée encore de la physique expérimentale. Aussi, un vaste auditoire se pressait dans la salle où il devait parler. Mais Einstein prit pour point de départ les idées les plus évidentes, les plus faciles à comprendre, et s'efforça pas à pas d'éveiller chez ses auditeurs le sentiment qu'un changement radical était nécessaire pour peu qu'on tentât de voir clairement les défauts et les lacunes des précédentes théories.

Son explication était approximativement la suivante. Au début, les investigations sur la nature de l'électricité n'avaient trait qu'aux charges électriques. Les forces impliquées dans l'attraction et la répulsion mutuelles de ces charges étaient connues, et l'on savait aussi que, semblablement aux forces gravitationnelles de Newton, elles décroissaient avec le carré de la distance entre les charges. Plus tard, on découvrit les courants électriques, et l'on vit qu'ils pouvaient être engendrés par des aimants en mouvement, aussi bien que par des charges électriques en mouvement. Ceci conduisit aux applications industrielles de l'électricité. Enfin, on découvrit les ondes électromagnétiques et on les utilisa dans la télégraphie sans fil ou radio. Personne n'avait imaginé que tout ceci pût sortir de la simple attraction des charges électriques. En théorie de la gravitation, nous en sommes encore à cette première période où nos connaissances se bornent à la loi d'attraction entre les corps matériels. Nous devons créer une théorie de la gravitation qui s'écartera autant de la simple théorie des attractions newtoniennes, que la théorie des ondes électromagnétiques peut l'être des vues de Benjamin Franklin.

Dans sa conférence, Einstein signalait aussi, qu'antérieurement à son propre travail, un jeune physicien viennois avait déjà développé quelque chose des idées mathématiques dont il s'était servi dans sa théorie. Il demanda si l'auteur se trouvait dans l'auditoire, car il ne le connaissait pas personnellement. Effectivement, un jeune homme se leva et Einstein le pria de rester debout afin que tout le monde pût le voir. Ce jeune savant était Friedrich Kottler, qui entra plus tard à la Compagnie Eastman Kodak, à Rochester (New-York).

Einstein saisit l'occasion de ce séjour à Vienne pour rencontrer personnellement le physicien et philosophe Ernest Mach, qui avait eu une si profonde influence sur le développement de ses idées, comme nous l'avons vu au chapitre II. A l'Université de Vienne, Mach avait professé l'histoire et les théories des sciences « inductives », c'est-à-dire des sciences telles que la physique et la chimie qui procèdent des observations individuelles jusqu'aux lois générales. Mais, depuis plus de douze ans, Mach souffrait de paralysie sévère, et il avait pris sa retraite. Il vivait dans un appartement situé en un faubourg de Vienne, et ne s'occupait guère que de ses études ou de ses visiteurs occasionnels. En entrant chez lui, on voyait un homme à la barbe grise mal peignée, au visage mi-affable, mi-rusé, qui vous regardait comme un paysan slave et disait : « Parlez-moi fort, je vous prie. En plus de toutes mes autres caractéristiques désagréables, je suis sourd presque comme un pot. » Mach fut très vivement intéressé de rencontrer l'auteur de la nouvelle théorie de la relativité.

Bien qu'Einstein admirât grandement les idées de Mach sur la structure logique de la physique, il y trouvait bien des choses qu'il ne pouvait accepter. A ses yeux, Mach ne faisait pas assez crédit à l'esprit créateur du savant qui imagine des lois générales, au-delà d'une simple description *économique* des faits. L'opinion de Mach, pour qui les lois générales de la science ne sont qu'un moyen de retenir plus facilement les faits individuels, ne semblait pas satisfaisante à Einstein. Pour lui, l'expression « retenir plus facilement » ne pouvait en l'espèce avoir d'autre signification apparente que : « retenir avec le moindre effort ». L'*économie* de Mach lui semblait être *économie* au sens psychologique.

Donc, ayant conversé un moment avec Mach, Einstein posa la question suivante : « Supposons qu'en présumant l'existence d'atomes dans un gaz, nous puissions prédire une propriété observable de ce gaz qui ne pourrait être annoncée dans une théorie non-atomique. Accepteriez-vous alors une telle hypothèse, même si les calculs de ses conséquences exigeaient des formes mathématiques très compliquées, dont la compréhension présente une grande difficulté? Je veux dire, naturellement, que de notre hypothèse on peut inférer des rapports entre plusieurs propriétés observables qui demeureraient sans lien autrement. Est-il alors *économique* de présumer l'existence des atomes? »

Mach répondit : « Si grâce à l'hypothèse atomique on pouvait réellement assurer une connexion entre plusieurs propriétés observables, qui sans elle resteraient isolées, alors je dirais qu'il s'agit d'une hypothèse *économique:* en effet, par son aide, des relations entre observations diverses pourraient dériver d'une proposition unique. Et je n'y ai aucune objection, même si les calculs nécessaires sont compliqués et difficiles. »

Einstein fut extrêmement satisfait de ce résultat et répliqua : « Par *simple* et *économique*, vous entendez alors, non point une *économie psychologique* mais plutôt une *économie logique.* Les propriétés observables dériveraient d'aussi peu d'hypothèses que possible, bien que ces hypothèses pussent apparaître *arbitraires* et les calculs des résultats difficiles. »

Avec *économie* interprétée dans ce sens *logique*, il n'y avait plus désormais le moindre conflit entre le point de vue de Mach et celui d'Einstein, concernant le critère que doit observer une théorie physique. Mais, bien que Mach l'eût concédé dans la conversation, Einstein remarqua pourtant dans ses écrits la seule exigence de « l'économie psychologique ». Et bien qu'il eût été satisfait dans le moment, il n'en garda pas moins un certain éloignement pour « la philosophie de Mach ».

3. Invitation a Berlin.

La renommée d'Einstein avait tant grandi désormais, que beaucoup d'organismes scientifiques désiraient se l'assurer comme membre associé. Depuis plusieurs années on s'efforçait de rendre Berlin non seulement centre du pouvoir politique et économique, mais également de l'activité artistique et scientifique. L'empereur Guillaume II, qui aimait la société des Américains, en avait appris qu'aux Etats-Unis il y a, outre les universités, des instituts dédiés à la recherche pure, et auxquels de riches hommes d'affaires, comme Rockefeller, Carnegie et Guggenheim donnaient de grandes sommes d'argent. Le kaiser n'ignorait pas la nécessité, pour la puissance militaire et économique, de s'appuyer sur une organisation de la recherche scientifique, et il désirait user de son influence pour faire naître semblables institutions en Allemagne. Pour son dessein, les domaines de la physique, de la chimie et de leurs applications prenaient une particulière importance.

C'est dans ces vues que Guillaume II fonda la Kaiser Wilhelm Gesellschaft, où de riches industriels, commerçants et banquiers s'unirent pour aider à édifier des instituts de recherche. Les membres reçurent le titre pompeux de « sénateur », avec le droit de porter une belle robe, et ils étaient parfois invités à déjeuner avec l'empereur, invitation qui leur revenait toujours très cher. Pendant le repas, au cours de la conversation, l'empereur indiquait la somme nécessaire dans un secteur particulièrement important de la recherche.

L'érection de ces instituts avait l'avantage de surcroît que certains savants dont le gouvernement ne souhaitait pas la nomination comme professeurs d'universités, — pour des raisons pédagogiques, politiques, ou autres, — pouvaient être utilisés quand même d'une manière profitable à l'empire allemand. Des hommes suréminents étaient recherchés pour ces instituts, et le choix n'en était fondé que sur leur valeur scientifique.

Par le fait que le kaiser s'intéressait non seulement à la physique et à la chimie, mais aussi aux recherches bibliques modernes, le premier président de la Kaiser Wilhelm Gesellschaft fut le théologien protestant libéral Adolphe von Harnack. Max Planck et Walther Nernst le persuadèrent d'inviter à Berlin Albert Einstein, l'étoile ascendante de la physique.

Planck et Nernst, les leaders de la physique allemande à cette époque, devaient jouer un rôle important dans la vie d'Einstein. Ils représentaient deux types très différents du savant germanique. Max Planck appartenait à une famille prussienne d'officiers et de fonctionnaires gouvernementaux. Il était grand, mince, alpiniste enthousiaste, et amoureux de la musique classique. Fondamentalement, il acceptait la philosophie de sa classe sociale; il croyait que le kaiser avait mission de rendre le monde heureux par sa conception de la culture allemande, et sa propre classe le droit de fournir des chefs à l'Allemagne, en excluant de telles fonctions les gens d'origines différentes. D'autre part, c'était un chaleureux adhérent de la philosophie kantienne, sous cette forme diluée où elle était devenue la religion commune des cercles académiques et gouvernementaux de l'Allemagne. Il croyait avec Kant au devoir de faire tout ce qui a « qualité pour devenir règle universelle de la conduite humaine ». Il croyait encore à la mission internationale de la science et à une coopération des « non-Allemands » avec les Allemands dans la recherche scientifique. Mais, comme son réflexe émotionnel était de répondre selon la philosophie de la bureaucratie prussienne, il fallait faire appel à sa raison pour qu'il reconnût les droits d'autrui. Comme il était consciencieux et idéaliste, un tel appel était à l'ordinaire couronné de succès.

D'autre part, Walther Nernst, quoique grand savant et grand universitaire, montrait l'esprit caractéristique d'un membre de la classe mercantile. Il n'avait pas de préjugé national ou de classe, il était imprégné d'un type de libéralisme souvent particulier aux hommes d'affaires. Il était bref, actif, spirituel, et d'intelligence rapide. Il usait occasionnellement de son astuce dans la vie professionnelle, et ses étudiants l'avaient surnommé plaisamment le *Kommerzienrat* (le conseiller commercial), un titre que l'on conférait en Allemagne aux hommes d'affaires qui avaient pleinement réussi. On racontait sur lui une histoire, selon laquelle il était l'unique physicien qui eût jamais signé avec une firme industrielle un contrat où l'avantage n'eût pas été pour la firme. Ce contrat concernait son invention d'une ampoule électrique, naguère bien connue sous l'appellation de lampe Nernst. Il y gagna beaucoup d'argent, mais la lampe tomba bientôt en désuétude.

Planck et Nernst allèrent à Zurich personnellement, pour influer sur Einstein en faveur de leur plan. Leur projet était le suivant. Il n'y avait encore ni institut séparé pour la recherche physique, ni espoir d'en voir créer un dans le futur prochain. Néanmoins, Einstein devait devenir directeur de l'institut projeté, et, dans l'intervalle, aider de ses conseils la recherche physique qui s'exerçait dans les autres instituts. De plus, il serait membre de l'Académie royale des Sciences de Prusse.

Appartenir à cette compagnie était considéré comme un grand honneur, que beaucoup de professeurs très remarquables, à l'Université de Berlin, ne réussissaient jamais à obtenir. Bien que le titre académique fût simplement honorifique pour la plupart des membres, quelques-uns touchaient des fondations une rémunération assez importante. C'est une telle situation qu'on offrait à Einstein. A l'Académie aussi bien qu'à l'Institut Kaiser Wilhelm, sa principale occupation serait d'organiser la recherche. Il recevrait le titre de professeur à l'Université de Berlin, sans être encombré d'obligations ni de règles, hormis celle d'avoir à faire des cours, peu ou beaucoup à son gré. Il n'aurait rien à voir à l'administration de l'Université, non plus qu'aux examens, ni qu'à la nomination des nouveaux professeurs.

Cette invitation offrait de grands avantages. Outre les honneurs que l'Académie de Prusse lui octroyait, il pensait recevoir des honoraires beaucoup plus élevés qu'à Zurich. De plus, il serait en mesure de se donner entièrement à la recherche et aurait souvent l'occasion désirée d'entrer en contact avec beaucoup des maîtres physiciens, chimistes ou mathématiciens de Berlin. Malgré ses talents extraordinaires, il attendait beaucoup encore de la stimulation due aux idées nouvelles, car il est toujours très fructueux de recevoir les critiques d'aussi nombreux savants à la pensée indépendante et ayant travaillé dans des domaines très variés. Enfin, cela signifiait qu'il ne serait plus obligé à un enseignement régulier, ce qu'il considérait comme très ennuyeux.

D'autre part, il lui était difficile de décider son retour au centre de cette Allemagne dont il s'était enfui, étudiant. Même, il lui semblait qu'il y avait une espèce de trahison de ses convictions à devenir membre d'un groupe avec lequel, à tant d'égards, il ne se sentait pas en harmonie, et à le devenir simplement parce qu'on lui offrait une position qui lui serait personnellement agréable. Ce lui fut un combat entre sa personnalité de savant qui aurait profit à venir à Berlin, et son appartenance à un certain groupe social.

En outre, des facteurs personnels entrèrent dans sa décision. Einstein avait à Berlin un oncle, honorable et prospère homme d'affaires, dont la fille, Elsa, était veuve. Einstein se rappelait que cette cousine, alors jeune fille, était souvent venue à Munich et lui avait donné l'impression d'une personne aimable et entrain. La perspective de pouvoir jouir de cette agréable compagnie à Berlin lui fit penser à la capitale de la Prusse d'une façon quelque peu plus favorable. Et c'est ainsi qu'il décida finalement d'accepter l'offre; il abandonnait Zurich à la fin de 1913.

4. Place d'Einstein dans la vie académique de Berlin.

Peu après son arrivée à Berlin, Einstein se sépara de sa femme, Mileva, avec qui il n'était plus d'accord, à beaucoup de points de vue, et vécut désormais en célibataire. Lorsqu'il devint membre de l'Académie, il avait juste trente-quatre ans. Il faisait figure de jeune homme parmi ses confrères beaucoup plus âgés dans l'ensemble, hommes de passé notoire et de grande autorité, à l'œuvre considérable aussi, pour beaucoup d'entre eux. Pourtant, la sensation d'être un étranger, qu'il ressentit d'abord, n'était due que fort peu à cette différence d'âge. La plupart de ces hommes étaient pour ainsi dire, « des vétérans de la vie universitaire. » Tout ce qui arrivait dans de tels milieux leur semblait d'une extrême importance, et une élection académique formait le comble de leurs aspirations. Rien de cela ne pouvait faire grande impression sur Einstein, déjà sur la route de la renommée universelle, avant que d'être un grand homme dans l'étroitesse des cercles académiques.

Lorsqu'il était encore à Zurich, et bien avant l'invitation berlinoise, quelqu'un remarquait un jour en sa présence : « Il est vraiment dommage que personne n'entre jeune à l'Académie, à un moment où cela rendrait encore heureux. — Si tel est le cas, repartit Einstein, je pourrais y être élu tout de suite puisque, même maintenant, je n'en serais pas plus heureux. »

Dans une académie, il y a toujours beaucoup de comique. Einstein l'appréciait autant que la comédie des réunions de faculté, à l'Université de Prague. Au reste, les aspects comiques de tels corps sont difficiles à éviter. Cela tient au fait que les plus grands savants d'un pays eux-mêmes ont souvent affaire à des sujets d'une mince importance, mais qu'on doit discuter avec la même perfection et le même sérieux que des questions scientifiques du premier ordre. Par exemple, si un ouvrage que l'Académie va publier doit être en deux volumes ou trois, si le personnage A recevra cent marks pour son travail et B cent vingt, — ou *vice-versa*, — ou autres histoires semblables dont on dispute avec grande acuité et beaucoup d'humeur. Autre chose : par une vieille tradition, les notes à paraître dans les comptes rendus de l'Académie devaient être présentés aux séances, fût-ce sous une forme résumée. Naturellement, comme ces textes n'avaient trait qu'à des sujets vraiment fort spéciaux, ils étaient complètement incompréhensibles et inintéressants pour la plupart des membres. Une note décrivait une mousse exceptionnelle découverte dans un coin de la Finlande, une autre discutait la solution d'une équation compliquée, une troisième le déchiffrement d'une inscription babylonienne de lecture très difficile. Par politesse, on avait à marquer un certain intérêt; mais en vérité, les académiciens devaient faire effort pour ne pas choir dans le sommeil, durant les séances. C'était bien naturel, mais le contraste entre la dignité académique et ces petits traits ne pouvait pas n'être point comique. Einstein était parfaitement capable d'apprécier cela, et son sens de l'humour lui rendait plus légères bien des choses peu agréables.

Le professeur Ladenburg, — un physicien allemand

qui vécut et travailla longtemps à Berlin avec Einstein, et qui est maintenant à Princeton, — me disait un jour : « Il y avait deux espèces de physiciens à Berlin : d'un côté, il y avait Einstein, et puis de l'autre tout le reste. » Ce mot est vraiment très caractéristique de la place d'Einstein. Pour toutes les apparences extérieures, il était membre d'un groupe professionnel, mais il ne rentrait jamais dans le rang. Sa place à part fut toujours notoire, et la situation peut exactement se décrire dans l'expression populaire : « Il formait un groupe à lui tout seul. »

L'attitude d'Einstein opposée à la coopération et son côté « à part », — que nous avons déjà notés, — se sont très manifestement définis dans sa façon d'envisager l'état de professeur. Il émettait souvent l'opinion qu'un savant doit gagner sa vie avec « un métier de savetier ». Si on le paie pour découvrir de nouvelles théories, il doit constamment penser : « Les découvertes ne se font point par ordre, mais si je ne découvre rien, je décevrai ceux qui m'emploient et je recevrai mon salaire pour rien. » Au contraire, si son activité est d'un technicien ou d'un professeur, il accomplit toujours quelque chose d'utile et par suite il a bonne conscience. Sur des idées personnelles, on ne devrait travailler que par plaisir.

Sans doute y a-t-il là quelque exagération, puisqu'en fin de compte la science pure possède également une valeur sociale. Mais il est certain qu'Einstein eut une aversion déterminée pour la recherche pure en tant que profession. En réalité, son destin aura été, après sa venue à Berlin, de devenir continuellement ce qu'il désirait ne point être, un professionnel de la recherche pure. C'était là sa situation dans la capitale, et il devait en occuper une semblable plus tard à Princeton.

L'opposition d'Einstein dans ses rapports avec son entourage se manifestait aussi par sa répugnance à donner des cours réguliers sur l'ensemble de la physique, bien que peu de physiciens probablement soient plus que lui attirés par un si grand nombre de chapitres de cette science et qu'ils leur soient plus familiers. Etant des spécialistes en effet, pour la physique comme pour les autres sciences, beaucoup d'entre eux sont difficilement capables de comprendre quelque question compliquée ne rentrant pas dans leur domaine strict. La plupart sont enclins à grossir énormément l'importance de leur « matière ». Si l'on pense à quelque question étrangère, cela leur paraît une trahison scientifique, une concession à l'amateurisme. Einstein fut l'opposé exact de ce genre. On peut lui expliquer la théorie physique la plus ardue; il écoutera attentivement, et montrera tout de suite par ses questions qu'il a saisi l'essence du sujet. Presque toujours il en donnera un bon commentaire critique, ou fera une utile remarque. De même, si la construction de quelque appareil est en cours de discussion, il s'attache lui-même à chaque détail significatif et intervient de ses conseils.

Evidemment, Einstein n'est point un « professeur », si le mot doit être pris dans le sens où il est courant dans les milieux professionnels. D'autre part, et ceci est bien en accord avec sa manière complexe que nous avons déjà notée, il est plus attiré que l'ordinaire des professeurs par les questions sociales telles que la place de l'enseignement scientifique et de la recherche dans la vie sociale de l'homme. Il a toujours tenté d'éclaircir pour lui-même ou autrui les rapports réciproques entre la science d'une part, et la société, la religion et la coopération internationale d'autre part.

A Berlin, comme en beaucoup d'universités, on avait accoutumé de tenir chaque semaine un colloque de physique, où les recherches publiées récemment se trouvaient discutées. C'était une occasion pour les physiciens d'instituts différents d'échanger leurs opinions et leurs idées sur toute découverte ou théorie nouvelles. Durant le séjour d'Einstein, de 1913 à 1933, le séminaire de Berlin fut particulièrement intéressant et tel qu'on eût difficilement trouvé le semblable, de par le monde. Outre Einstein, Planck et Nernst, il y avait là Max von Laue, qui découvrit la diffraction des rayons X par les cristaux, Jacques Franck et Gustave Hertz, qui avaient trouvé que la lumière d'une couleur déterminée peut être produite par le choc d'électrons de grande vitesse, et Lise Meitner, une jeune fille de Vienne, qui avait fait de si grandes découvertes en radioactivité qu'Einstein aimait à l'appeler « notre madame Curie » et à dire parfois, dans l'intimité, qu'elle était un physicien de plus de talent que Mme Curie elle-même. Dans les dernières années, on y trouvait enfin Erwin Schrödinger, autre Autrichien, qui tira la théorie quantique de l'atome d'une théorie ondulatoire de la matière.

Avec de tels pionniers hors de pair, les débats offraient une réelle valeur, même pour un créateur de la force d'Einstein. A tout le moins était-il ainsi déchargé du soin de lire beaucoup, ce qui lui eût pris autrement de nombreuses heures. Il suivait très régulièrement le colloque et prenait part active aux discussions. Il aimait à bifurquer vers toutes sortes de problèmes, et ses remarques revigoraient l'assistance entière. Ses questions, à elles seules, exerçaient déjà une stimulante influence. En de telles occurrences, beaucoup de personnes ont toujours honte de poser des questions, parce qu'elles ne veulent pas sembler ignorantes, et d'ordinaire les timides sont précisément ceux qui ont le plus de mal à comprendre. Comme Einstein ne pouvait vraiment être taxé d'avoir l'esprit lent, il n'hésitait pas à poser des questions qui eussent, d'un autre, passées pour naïves. Pourtant, de telles « naïvetés » sont souvent fort excitantes, car elles se rapportent fréquemment aux problèmes fondamentaux que personne n'ose vraiment aborder. La plupart des spécialistes aimeraient à faire accroire qu'ils entendent les choses fondamentales et n'ont besoin de s'expliquer que les secondaires. Les demandes d'Einstein qui très souvent jetaient le doute sur quelque principe considéré comme allant de soi, donnaient au séminaire un singulier attrait. Après qu'il eut quitté Berlin, en 1933, le colloque offrit l'aspect d'une réunion dont l'invité qui lui conférait tout son lustre est parti.

5. Relations avec les collègues.

L'attitude d'Einstein à propos de la carrière professorale se rattachait aussi à ses relations concrètes avec ses collègues. Nul doute qu'il ne leur fît à l'abord l'impression d'un homme fort aimable. Il était naturellement affable et simple envers qui que ce fût, et quelles que fussent les situations individuelles. Il se montrait fort amical pour les personnages d'un haut rang; il possédait un tel sentiment de sûreté intime qu'il n'avait pas besoin de manifester son indépendance en étant cassant avec les gens. Jamais il ne se mêla à ces intrigues que l'on voit dans les corps constitués ou les professions, y compris les universités. Nul ne le regardait comme dangereux, car il ne cherchait jamais à frustrer personne d'une chose convoitée. Il était toujours prêt à s'entretenir sur un ton cordial, à propos de tout et de rien; il aimait à faire des bons mots, et à rire de ceux des autres. Il évitait toujours de se pousser au premier plan, comme d'imposer sa volonté. Ce qui d'ailleurs eût été facile, en usant de sa personnalité ou de son renom, mais ce qu'il ne fit que très rarement, tout au plus pour se défendre contre des exigences déraisonnables, et jamais d'une manière agressive.

Il s'arrangeait toujours pour garder un certain « espace libre » autour de lui, qui le protégeait de toute espèce de trouble, un espace assez large pour contenir le monde dressé par son imagination artistique et scientifique.

Dans les milieux où vivait Einstein à Berlin, on trouvait aussi certains traits — peu importe qu'on les appelle particularités nationales ou culturelles, — qui éveillaient chez lui la sensation d'être un étranger ou un isolé. Au XVIIIe siècle, sous Frédéric le Grand, des Français comme Voltaire ou d'Alembert faisaient la gloire de l'Académie de Berlin. Mais, avec l'ère bismarckienne et depuis que les intellectuels allemands tournaient au nationalisme, une atmosphère de soumission volontaire ou involontaire à la philosophie du nouveau Reich prévalait de plus en plus, au début sous l'influence de Bismarck, et sous celle de Guillaume II plus tard. Ce sentiment se liait aussi à un certain accent mis sur la supériorité de la nation ou de la race germanique, qui, bien qu'en ce temps il ne fût pas encore très manifeste, avait déjà l'éclat de l'évidence pour Einstein.

Mais ce qui déplut particulièrement à Einstein au début, ce fut la manière glaciale, quelque peu mécanique, des Prussiens ou de leurs imitateurs, — cela même qu'il avait redouté comme étudiant et qu'il avait fui. Parfois, il exprimait ainsi son sentiment : « Ces gens froids et blonds me rendent mal à l'aise; ils n'ont pas la compréhension psychologique des autres. Il faut toujours leur mettre les points sur les i pour tout. »

Pour un homme venu d'un horizon assez différent, et singulièrement pour un homme comme Einstein ayant une intuition si vive de l'importance des rapports humains, l'existence en un pareil milieu tournait souvent au conflit. Il éprouva cette sensation d'être un étranger jusque dans ses rapports avec un Max Planck, qui avait tant fait pour qu'on reconnût la valeur scientifique d'Einstein, qui avait soutenu et favorisé son élection académique, et qui avait une si haute opinion de lui en tant qu'homme. Einstein ne pouvait se défaire de l'idée que le cœur et l'esprit d'un être comme Planck s'opposaient réellement aux siens, et que seul le raisonnement pouvait contraindre Planck à dire ou faire quelque chose qui fût d'accord avec ses vues ou ses intentions à lui. Il sentait toujours l'existence d'une barrière derrière laquelle quelque chose d'hostile demeurait caché, et par conséquent derrière laquelle il préférait ne pas regarder; et la conviction que cette barrière existait faisait naître un sentiment de malaise qui, parfois à peine perceptible, n'était quand même jamais totalement absent.

Le degré jusqu'où cette réserve et cette pensée mécanisée du Prussien pesaient sur Einstein apparut tout à fait lorsque l'Autrichien Erwin Schrödinger vint à

Berlin pour succéder à Planck. Cette fois plus de barrières : une entente immédiate entre les deux hommes sans autre explication, un plein accord sur la manière dont ils agiraient l'un envers l'autre, sans avoir d'abord à mobiliser l'impératif catégorique de Kant.

La solitude d'Einstein dans les cercles académiques était due aussi au fait qu'il n'aimait pas à prendre parti dans les problèmes courants de la vie professionnelle; il était incapable de les prendre au sérieux. La vie quotidienne d'un universitaire prête souvent à discussion; on s'agite à propos de la fréquence avec laquelle les travaux doivent être publiés, au sujet des collègues qui ont ou n'ont pas publié quelque chose, ou encore du collègue qui cita très souvent, — ou très peu souvent, — tel autre collègue, et aussi qui a manqué, avec ou sans intention, à citer quelqu'un d'autre. Il y a les débats sur les mérites de certains professeurs, sur les honneurs qu'ils ont ou n'ont pas reçus de leur université ou d'autres universités, et sur les académies où ils ont été élus. La conversation peut en venir au nombre d'étudiants que les professeurs ont été capables de pourvoir d'une situation, aux étudiants et aux maîtres qu'ils ont été capables d'empêcher de trouver des situations; à la question de savoir s'ils ont quelque influence sur les supérieurs officiels, et s'ils sont susceptibles d'arracher de l'argent aux autorités, pour leur département.

Pris en bloc, tous ces problèmes dressaient un terrible total de soucis et d'efforts intellectuels, à quoi Einstein ne participait qu'avec peine. Il serait très injuste de prétendre que toutes ces disputes fussent sans valeur pour l'activité scientifique. Au contraire, elles trouvent leur justification dans la vie de société. Néanmoins, donner trop d'attention à ces détails peut détourner d'en accorder assez aux vrais problèmes de la science. C'est peut-être compatible avec la recherche dans un domaine très spécialisé, mais c'est sans aucun doute un empêchement considérable si l'on tient la science pour une religion et une philosophie qui commandent la vie entière, ainsi qu'Einstein l'a pensé durant toute son existence. Toutefois, il ne faudrait pas négliger le fait que, se tenant à l'écart des banalités quotidiennes de la plupart des professeurs, il s'interdit bien des occasions d'influence concrète. Tout groupe social est ainsi constitué que les petites choses y sont inextricablement imbriquées dans les grandes, et il en résulte qu'en manifestant son dégoût des petites, on perd aisément la possibilité d'agir sur les plus grandes. Pour un homme comme Einstein, il est vrai, pareils moyens d'influence étaient si désagréables qu'il pouvait très rarement se décider à en user.

Cette répugnance à dire des riens se trouvait plus que compensée par un empressement sans borne à discuter les problèmes scientifiques et les questions d'intérêt général avec ses collègues. Sans la moindre ostentation, il recourait à eux pour avoir leur avis, et même à de plus jeunes que lui s'ils étaient mieux au courant de certains problèmes. Tout cela d'ailleurs dans une simplicité parfaite.

Einstein était toujours très appliqué à ne réclamer aucune considération particulière. Une fois, il avait à présenter ses respects à un membre de l'Académie de Berlin. Ces visites de cérémonie ne lui plaisaient guère, mais il avait entendu dire que ce professeur Stumpf, psychologue bien connu, s'intéressait vivement au problème de la perception spatiale. Einstein pensa qu'il serait à même de disputer des questions les concernant tous deux puisqu'elles pouvaient avoir quelque lien avec la Relativité; il décida donc de faire cette visite. Pour avoir plus de chance de rencontrer le professeur chez lui, il s'y rendit à onze heures du matin. Lorsqu'il arriva, la servante lui dit que *Herr Geheimrat* (M. le conseiller privé) n'était pas là. Elle lui demanda s'il voulait laisser un message, mais Einstein répondit que ce n'était pas nécessaire. Il ne voulait déranger personne, et reviendrait plus tard dans la journée. « En attendant, ajouta-t-il, je vais aller faire un tour dans le parc. » A deux heures de l'après-midi, il revint. « Oh, s'écria la servante, depuis votre venue ici, *Herr Geheimrat* est rentré, il a déjeuné, et comme je ne lui ai pas dit que vous deviez revenir, il est en train de faire la sieste. — Cela ne fait rien, répondit Einstein, je reviendrai plus tard. » Il alla faire une autre promenade et reparut de nouveau à quatre heures. Cette fois, il pouvait enfin rencontrer le *Geheimrat.* « Vous voyez, dit Einstein à la servante, au bout du compte, patience et persévérance sont toujours récompensées. »

M. le conseiller privé et sa femme étaient heureux de voir le fameux Einstein et présumaient qu'il leur faisait sa visite officielle de présentation. Mais Einstein se mit immédiatement à parler de sa récente généralisation de la relativité, et expliqua en détail comment elle se rattachait au problème de l'espace. Le professeur Stumpf était un psychologue sans connaissances mathématiques étendues; il ne comprit presque rien de l'exposé et fut à peine capable de placer un mot en marge. Après avoir parlé trois quarts d'heure, Einstein se souvint qu'il était censé faire, en réalité, une première visite, et qu'elle avait déjà duré trop longtemps. Remarquant qu'il était très tard, il prit congé. Le professeur et sa femme étaient confondus, car ils n'avaient pas pu placer les questions coutumières : « Vous plaisez-vous à Berlin? Comment vont votre femme et vos enfants? » etc.

6. Relations avec les étudiants.

La principale activité d'Einstein à Berlin consistait à s'entretenir avec collègues ou étudiants au sujet de leurs travaux et à les conseiller dans leurs programmes de recherches. Il n'avait pas à donner des cours réguliers, il ne professait qu'occasionnellement, ou bien sur ses propres sujets d'étude, ou encore sur des questions d'intérêt général pour des auditoires non spécialisés.

Même chez les professeurs dont l'activité essentielle était au contraire l'enseignement régulier, guider des étudiants dans leurs recherches était considéré comme une part importante de la fonction. C'était l'orgueil des maîtres dans les universités allemandes d'avoir le plus grand nombre possible d'investigations scientifiques exécutées et publiées par des étudiants sous leur direction. Aussi, bien des étudiants, qui autrement n'auraient jamais produit de leur vie quelque travail personnel, publiaient-ils au moins une dissertation pour obtenir le doctorat. A ce propos, un professeur avait à pourvoir de sujets de recherches même des étudiants fort peu doués, dépourvus d'idées de leur cru, et qu'il devait pousser tout au long de leurs études jusqu'à achèvement. Dans beaucoup de cas, le maître aurait exécuté le travail bien mieux et bien plus rapidement s'il l'avait fait lui-même; de sorte qu'il fallait une certaine abnégation pour gaspiller tant d'efforts au sujet d'étudiants sans valeur.

D'autre part, beaucoup de professeurs eux-mêmes n'étaient pas très doués. Ils divisaient leur sujet d'étude en d'innombrables parties infimes, chacune étant laissée aux mains d'un étudiant. La tâche de l'étudiant était relativement facile dans ces circonstances, et elle était délayée à l'extrême pour donner une impression d'importance. De sorte que l'on faisait là ce qu'on appelait en Allemagne le *Betrieb* (le moulin), où selon toute apparence, aucune distinction n'est faite entre les idées qui comptent et les banalités. Toute production était une « contribution à la littérature », que devait citer chaque auteur ultérieur s'il voulait être « scientifique ». Une agréable sensation d'activité entourait à la fois maître et étudiants. Cette activité, et la diligence qu'ils y apportaient, les absorbaient si bien que le plus grand problème était souvent oublié, alors que ces études partielles étaient supposées l'élucider. Produire dissertations et articles devenait une fin en soi.

Einstein ne manifesta jamais le moindre intérêt pour ce genre d'activité. Par-dessus tout, il n'aimait pas à soulever des questions faciles et préférait avoir affaire aux seuls problèmes qui se posent tout naturellement si l'on recherche les bases essentielles des phénomènes. Il remarquait un jour à propos d'un physicien honorablement connu : « Il m'afflige comme quelqu'un qui cherche la plus minuscule tache sur une planche, et puis qui perce au travers le plus de trous possible. » Il estimait très haut ceux qui s'attaquent aux problèmes ardus, même s'ils ne peuvent avancer que de quelques pas dans le fourré, voire s'ils ne peuvent étendre nos connaissances dans un sens positif, mais parviennent du moins à rendre claire à tous la grandeur des obstacles soulevés. Avec une telle conception du travail scientifique, Einstein n'était pas homme à avoir beaucoup d'étudiants sous sa coupe. Quoi qu'il entreprît, la difficulté était telle qu'il était seul capable d'en venir à bout.

Il y avait aussi une grande différence entre Einstein et ses collègues dans leur attitude touchant les questions particulières, pseudo-scientifiques, que les dilettantes de science posent souvent par lettres aux professeurs d'universités. Einstein témoignait une étonnante patience à leur répondre, et à maint égard ce lui était plus facile qu'à la plupart des autres savants. Beaucoup de professeurs, même fort remarquables, sont à ce point plongés dans leurs idées propres qu'il leur est difficile d'en comprendre qui s'écartent de la tradition, ou simplement qui s'expriment d'une manière différente des livres scientifiques courants. Cette difficulté se manifeste fréquemment dans la haine ou le mépris des amateurs, car les universitaires se trouvent souvent bien incapables de réfuter les ingénieuses objections faites par des dilettantes aux théories scientifiques. Il en résulte qu'ils donnent de la « science officielle » une impression d'insuffisance et de fausseté. Einstein, d'ailleurs, ne trouvait pas une très grande différence entre le profane et le professionnel. Il lui plaisait de compter avec chaque objection et n'avait aucunement la répugnance qui rend la tâche si difficile à d'autres; or, ce fut particulièrement important dans son cas, puisque des profanes s'attachèrent souvent à la théorie de la relativité et en disputèrent.

Ces traits caractéristiques de sa psychologie et de la manière dont il pratiquait la recherche scientifique le mirent en contact plus étroit avec les étudiants, mais, — là encore, — non pas à la manière dont témoignaient les professeurs d'universités. Son attitude envers ses étudiants était surtout marquée par son affabilité et son empressement à les aider. Lorsque l'un d'entre eux tenait vraiment un problème auquel il s'intéressait profondément, — fût-ce un problème très simple — Einstein était prêt à lui accorder bien du temps et de la peine pour l'aider à le résoudre. Aussi, son incroyable aisance dans la réflexion scientifique, même difficile, et le talent presque aussi exceptionnel qu'il avait de saisir rapidement et entièrement ce qu'on lui disait, le dressaient en bonne place dans de tels entretiens. Au total, il disposait d'une appréciable quantité de temps qu'il mettait avec prodigalité à la disposition de ses étudiants.

Lorsque je vins à Prague pour lui succéder, des élèves d'Einstein furent heureux de me dire avec la plus grande admiration qu'à peine entré en fonctions il leur avait déclaré : « Je serai toujours prêt à vous recevoir. Si vous avez un problème, apportez-le moi en venant. Vous ne me dérangerez jamais, car je peux interrompre mon travail à tout moment, et le reprendre tout de suite après l'interruption. »

Il convient de juger cette attitude en la comparant à celle de nombreux professeurs, qui racontent à leurs étudiants que leurs recherches les accaparent toujours, et qu'ils n'aiment pas à être dérangés, parce que toute interruption peut mettre en péril les résultats de leurs profondes méditations.

Tout de même que tant de gens mettent leur fierté à n'avoir jamais de temps, celle d'Einstein était d'avoir toujours du temps. Je me rappelle une visite, au cours de laquelle nous décidâmes d'aller voir ensemble l'observatoire d'astrophysique de Potsdam. Nous étions convenus de nous y rencontrer sur un certain pont, mais comme je connaissais assez mal Berlin, je lui dis que je ne pouvais promettre d'être exact au rendez-vous. « Oh! répondit Einstein, c'est la même chose; j'attendrai sur le pont, voilà tout. » J'insinuai que cela lui ferait perdre beaucoup trop de temps. « Oh! non, répliqua-t-il, mon genre de travail peut se faire n'importe où. Pourquoi réfléchirais-je moins bien à mes problèmes sur le pont de Potsdam plutôt que chez moi? »

Et ceci semble très révélateur d'Einstein. Ses pensées coulent comme un fleuve régulier. Chaque conversation qui en interrompt le cours, est comme une petite pierre jetée dans une rivière puissante et bien incapable d'en troubler la marche.

Un autre facteur intervenait encore pour mettre Einstein en contact plus étroit avec ses élèves. C'était son besoin de s'éclaircir à soi-même ses idées, en les exprimant à haute voix et en les expliquant aux autres. Aussi s'entretenait-il souvent de questions scientifiques avec les étudiants et leur exposait-il ses conceptions nouvelles. D'ailleurs, il ne se souciait pas vraiment de savoir si l'auditeur comprenait réellement ou non ce qu'on était en train de lui expliquer; l'essentiel, c'était que l'auditeur ne parût point trop stupide ou trop inattentif. A un moment, il eut un assistant qui l'aidait dans sa tâche administrative, tout en achevant ses propres études de physique. Chaque jour Einstein lui exposait de nouvelles idées, et l'on disait généralement que si ce jeune homme avait été doué le moins du monde il serait devenu un très grand physicien, bien peu d'étudiants ayant jamais reçu une telle formation. Mais, — bien que cet étudiant fût intelligent, actif, et qu'il admirât ardemment Einstein, — il ne devint pas un grand physicien. L'influence du maître n'est point aussi grande que certaines personnes le croient.

7. La guerre mondiale éclate.

Avant même qu'Einstein n'eût passé à Berlin une année entière, la guerre mondiale éclatait en août 1914.

Un grand enthousiasme secoua l'Allemagne, qui pour une large part provenait du sentiment que l'individu allait pouvoir se perdre dans le grand tout — l'empire allemand — et cessait de vivre pour soi-même; sentiment qui pour beaucoup de gens prenait un sens profond de soulagement.

Cette joie pourtant ne pouvait point être ressentie par quiconque avait quelque connaissance de l'opinion publique dans le grand centre slave de l'Autriche. A Prague, Einstein avait assisté à l'évolution graduelle par laquelle la politique extérieure de l'Autriche était devenue un instrument pour parvenir aux buts allemands, et c'est pourquoi il ne pouvait partager l'enthousiasme des foules à Berlin. Il était placé dans une situation psychologique plutôt désagréable. Ses sentiments pouvaient se comparer à ceux d'une personne qui, au sein d'un groupe excité par le bon vin, n'a cependant rien bu elle-même. Il éprouvait ce malaise, parce qu'il représentait pour les autres une sorte de paisible reproche, qu'eux-mêmes ressentaient. Par bonheur, sa réserve se fondait sur une bonne raison. En arrivant à Berlin, il avait gardé sa nationalité suisse, et son manque d'enthousiasme, puisqu'il était neutre, n'était pas pris en trop mauvaise part.

Il me souvient encore très clairement de ma première visite à Einstein pendant la guerre. Comme j'allais le quitter, il me dit : « Vous n'avez pas idée combien c'est bon d'entendre une voix du monde extérieur, et de pouvoir enfin parler librement de tout. »

Dès l'explosion de la guerre, il s'éleva derrière le vrai front de combat un « front intellectuel », où les intellectuels des camps adverses s'attaquèrent l'un l'autre et se défendirent eux-mêmes, avec les « armes intellectuelles ». L'invasion de la Belgique neutre par les troupes germaniques avait heurté le sentiment universel qui croyait encore à la valeur des « chiffons de papier ». Au reste, les souffrances du peuple belge au cours des combats et de l'occupation furent utilisées avec un très sûr avantage par la propagande alliée. En Europe occidentale, on demandait avec étonnement : « Comment le peuple allemand, dont nous aimons la musique et dont nous admirons la science, peut-il être capable de telles violations et de telles atrocités! » C'est alors qu'on inventa, en partie pour des raisons de propagande, l'histoire des « deux Allemagnes », l'Allemagne de Gœthe et l'Allemagne de Bismarck.

L'invention de ce contraste déplaisait au gouvernement allemand qui demanda aux intellectuels de proclamer publiquement leur solidarité avec les armées allemandes et avec la conduite diplomatique de la guerre. Dans le fameux *Manifeste des quatre-vingt-douze intellectuels allemands*, quatre-vingt-douze des personnalités les plus représentatives de l'art et de la science germaniques rejetèrent la distinction entre culture allemande et militarisme allemand. Le point culminant du manifeste était dans cette affirmation : « La culture allemande et le militarisme allemand sont identiques. » Ce qui du côté allemand était regardé comme un rejet de toute désunion, dans ce combat à mort de la nation, était tenu pour le comble du cynisme par les alliés.

Ainsi qu'on pouvait l'imaginer, Einstein ne signa pas le manifeste. Mais ceci montre bien ce qu'on attendait en ce temps de tous les grands artistes et de tous les grands savants d'Allemagne. Quiconque, comme Einstein, refusait de participer, était considéré par la grande majorité de ses collègues tel qu'un renégat, qui a déserté son peuple dans les temps difficiles. Sa citoyenneté suisse seule sauva Einstein d'être regardé comme un traître, dans la lutte du peuple allemand pour son existence.

On comprendra sans peine combien il aurait été difficile à Einstein de se confondre lui-même publiquement avec ce militarisme intégral qu'il avait en extrême aversion depuis l'enfance.

8. La science allemande en guerre.

Avec les hostilités, tous les collègues d'Einstein mirent leur activité d'une manière ou d'une autre au service de la guerre. Les physiciens s'employèrent à la télégraphie sans fil, à la construction de détecteurs des sous-marins par le son, à la prévision du temps, et à divers autres projets scientifiques importants. Quelques-uns servaient parce qu'ils estimaient que c'était là leur devoir, d'autres parce qu'une telle tâche était moins désagréable que de servir au front. D'autre part, certains éprouvaient qu'ils devaient partager les dangers et les peines du soldat dans la tranchée, au lieu de travailler dans un laboratoire à l'abri.

Walther Nernst, dont nous avons plusieurs fois parlé déjà, rendit d'appréciables services dans la recherche des gaz toxiques. Fritz Haber, un ami intime d'Einstein parmi les savants, mit au point un procédé industriel pour la fabrication de l'ammoniaque, par utilisation de l'azote atmosphérique, procédé d'une grande importance, car l'ammoniaque est un corps nécessaire à la fabrication des engrais artificiels comme des explosifs, et parce que le blocus anglais interdisait à l'Allemagne l'importation des composés ammoniacaux naturels. Haber était d'origine juive, mais très fortement influencé par les idées prussiennes telles qu'une extrême considération pour le pouvoir militaire et la soumission des sentiments personnels à cette valeur suprême. En raison de leurs services, Nernst et Haber reçurent tous deux le grade de major dans l'armée allemande. Pour Nernst, le titre ne fut qu'une piètre satisfaction à sa vanité et il ne l'estima guère, mais pour Haber ce fut au contraire une source de grand contentement et de sincère fierté. Au Traité de Versailles, Nernst et Haber furent tous deux inscrits par les alliés sur la liste des « criminels de guerre », que l'Allemagne était censée livrer pour être traduits devant une cour internationale. Aucune demande sérieuse pour leur extradition ne fut jamais faite, cependant.

Tout ce travail que les savants accomplirent par effort de guerre n'était que naturel en temps de péril national, quelle que fût leur attitude à l'égard du pouvoir. Mais il y avait encore un autre moyen par où ils participaient à la guerre : ils y étaient activement engagés sur le « front intellectuel ». Alors commença une bataille de mots et de propagande qui portait aux nues l'œuvre des savants allemands tandis que celle des savants en pays ennemis était dépréciée. Un groupe de physiciens allemands envoya à tous les collègues une circulaire où on les pressait de ne point citer les travaux des physiciens anglais, ou de ne le faire que là où c'était « inévitable ». Ils prétendaient que dans l'ensemble les travaux anglais restaient d'un niveau beaucoup plus bas, et n'étaient fréquemment mentionnés que par une admiration exagérée pour les étrangers, attitude qu'il fallait désormais abandonner.

Du point de vue historique, ce n'est pas tellement ces essais trop humains pour exploiter l'esprit belliqueux à des avantages personnels qui offrent quelque intérêt, mais bien plutôt la tentative apparemment « scientifique » de prouver que la structure entière de la physique allemande différait de celle de la physique française ou anglaise. On arguait que, pour cette raison, il fallait en prendre le moins possible, car autrement l'on mettrait en péril l'unité, la pureté de la science allemande, et l'on jetterait la confusion dans l'esprit des étudiants. Par exemple, on affirmait souvent que la science allemande est singulièrement profonde et radicalement opposée au caractère superficiel de la science française ou anglo-saxonne. Ce caractère superficiel, pour les Français, était attribué à la « légèreté » rationaliste qui essaye de tout comprendre au moyen de la raison et ignore le mystère de la nature; pour les Anglo-Saxons, à la suréminence de l'expérience sensorielle, qui croit seulement aux faits et ignore les implications philosophiques.

En revanche, les scientifiques français, pour autant qu'ils participassent à la guerre des mots, proclamaient que la « profondeur » de la science allemande consiste dans une collection pédantesque de faits insignifiants, et son caractère « philosophique » dans la production d'un écran de fumée qui obscurcit les relations vraies entre les choses. Les savants anglo-saxons préféraient souligner que la science allemande grossit les principes « idéalistes » pour y trouver des excuses faciles aux actes particulièrement inhumains; alors, on peut commettre des atrocités pour appliquer de tels principes, les atrocités sont « idéalement » justifiées.

Bientôt, ces arguments firent leur apparition dans la controverse sur la relativité. Avec de tels procédés, les uns pouvaient attaquer la théorie comme particulièrement « allemande », et le camp opposé comme particulièrement « non-allemande ». Nous verrons que, sur cette voie, les théories d'Einstein, — à première vue si éloignées de toutes utilités politiques, — furent bientôt précipitées dans les luttes des nations et des partis.

9. Vie d'Einstein pendant la guerre.

Durant la guerre, les journaux berlinois étaient pleins des batailles et des victoires de l'armée allemande. Les gens se sentaient remplis de joie et très occupés eux-mêmes à discuter certaines questions : par exemple, l'Allemagne garderait-elle après la guerre les territoires conquis, la Pologne serait-elle vraiment libérée ou deviendrait-elle un protectorat allemand, et ainsi de suite? Ils dénombraient les navires marchands anglais coulés par leurs sous-marins, et beaucoup d'entre eux tenaient des listes du tonnage expédié par le fond. Ceux-là relevaient chaque jour les chiffres des journaux et consciencieusement faisaient le total, tel un homme d'affaires en train de dresser son inventaire annuel. A leur grand étonnement, ils trouvaient bientôt que le total excédait tout le tonnage qu'avait jamais possédé l'Angleterre, et commençaient à s'émerveiller qu'il pût y avoir encore quelques bateaux anglais sur les mers.

Dans la vie privée, cependant, l'intérêt primordial de chacun, c'était de trouver sa nourriture. Quiconque avait à tenir une maison devait se faire aussi astucieux et ingénieux que possible, pour avoir un peu du ravitaillement occasionnellement apparu au marché; puis, pour le préparer d'une manière à peu près appétissante, car il était souvent d'une nature bien spéciale.

La santé d'Einstein fut plus d'une fois médiocre durant la guerre, et il fut heureux de se rattacher à une famille où il pouvait prendre des repas faits à la maison, au lieu de dépendre de la cuisine des restaurants qui suivait, en ce temps, les instructions hygiéniques des autorités militaires. Précédemment, quelques parents « comme il faut » d'Einstein l'avaient regardé comme la brebis galeuse de la famille. Son escapade du Gymnase de Munich, sa dévotion à des études qui ne pouvaient lui valoir de beaux revenus, et son mariage avec une femme totalement étrangère à leur milieu n'avaient pas rencontré leur approbation. C'est donc avec une vive surprise qu'ils avaient appris sa grandissante renommée. Quand Einstein fut appelé à Berlin et élu à l'Académie royale de Prusse, ils furent très honorés de l'avoir chez eux et d'être mentionnés dans sa parenté. Einstein accepta tout cela avec bonne humeur.

Dans la maison de son oncle, Einstein rencontrait sa cousine Elsa, qui avait été, comme nous l'avons dit, son amie d'enfance à Munich. Veuve avec deux filles, c'était une femme d'un tempérament aimable et maternel, qui aimait la conversation amusante et s'appliquait à créer un intérieur agréable, comme à préparer les meilleurs mets possibles dans ce temps de guerre et de restrictions. Einstein venait souvent chez eux, il y trouva une nouvelle vie de famille. Frau Elsa ne pouvait étudier avec lui les travaux des grands physiciens, comme Mileva Maritsch l'avait fait à Zurich. Elle voyait la vie en rose et n'avait point l'austérité, le renoncement de l'étudiante slave. D'Einstein physicien, elle savait seulement qu'il était devenu un homme célèbre, que les plus grands savants de l'Académie de Prusse, de l'Université de Berlin ou de l'étranger tenaient leur égal et souvent leur supérieur. Avoir un tel homme comme parent et ami lui était une source de fierté et de joie; elle voulait le délivrer des soucis quotidiens. Lui-même, qui appréciait cette amitié, se rendit bien souvent utile auprès d'elle en pratiquant la « physique appliquée ».

Dans l'occasion que j'eus d'aller à Berlin pendant la guerre, Einstein m'invita à dîner chez son oncle. Je déclinai d'abord en disant : « Vraiment, aujourd'hui où tout est si rare, on n'aime guère à avoir un invité inattendu. » Là-dessus, Einstein répliqua dans sa manière sincère, qui tenait tout ensemble de la simplicité enfantine et de la critique aiguë : « N'ayez aucun scrupule. Au contraire, mon oncle a plus de ravitaillement que la moyenne de la population. Si vous mangez à sa table, vous servez donc la cause de la justice sociale. » Ainsi, je rencontrai sa cousine Elsa pour la première fois. Elle me dit, mi-plaisante, mi-sérieuse : « Je sais très bien quel admirable physicien est notre *Albertle.* A présent, nous sommes obligés d'acheter la nourriture dans toutes sortes de récipients qu'on ne sait jamais comment ouvrir. Souvent ils sont de fabrication étrangère, peu familière, ou bien rouillés, tordus, et sans la clé pour les ouvrir. Mais il n'y en a jamais eu un seul que notre *Albertle* n'ait pas été capable d'ouvrir. »

La guerre durait encore lorsque Einstein épousa sa cousine Elsa. Lui qui avait toujours vécu un peu en bohème commença à mener une existence bourgeoise. Ou, plus exactement, il commença à vivre dans un intérieur qui était typiquement celui d'une famille « comme il faut » de Berlin. Il habitait un spacieux appartement dans ce qu'on appelait le « quartier bavarois ». Ce secteur n'avait rien de bavarois sauf que les rues y étaient généralement dénommées d'après des villes de Bavière. Il vivait parmi de beaux meubles, de beaux tapis et de beaux tableaux; les repas étaient prêts et servis à l'heure. Il y avait des invités. Mais, lorsqu'on entrait dans cet intérieur, on trouvait qu'Einstein demeurait toujours un étranger dans un tel cadre, un bohème dans un home de la classe moyenne.

Elsa Einstein gardait beaucoup des traits de sa Souabe natale. Elle appréciait grandement ce que l'on entend en Allemagne et singulièrement en Souabe par *Gemütlichkeit.* Il n'est pas étonnant qu'elle ait été fort heureuse de l'estime et l'admiration qu'inspirait son mari et dont elle avait sa part d'épouse. Néanmoins, il y a toujours deux faces à la situation de femme d'un homme illustre. Les gens à son égard se montraient toujours enclins à la critiquer vivement et, — en revanche du respect qu'à contre-cœur ils décernaient à son mari, — à déverser sur elle tous les reproches qu'ils eussent aimé à dresser contre lui.

Quand Elsa Einstein était discutée dans les cercles professionnels de Berlin, on pouvait entendre toutes sortes de critiques en ce genre. La plus innocente était probablement l'assertion que ses capacités intellectuelles la destinaient difficilement à devenir la femme d'Einstein. Mais, si Einstein avait suivi cette critique, quelle femme aurait-il bien pu épouser? La question était plutôt de savoir si elle pouvait lui faire d'agréables conditions de vie, et propices à son œuvre. Or, dans une mesure considérable, elle le fit. Il n'y a pas de solution idéale au problème, et comme Einstein croyait moins que la plupart des hommes à la possibilité de la formule rêvée, il ne se sentait nullement froissé que sa femme ne représentât pas tout à fait l'idéal.

Quelques professeurs se plaignaient qu'à cause d'elle il fût difficile aux physiciens d'avoir accès auprès d'Einstein. Elle préférait, objectaient-ils, que son mari eût à rencontrer des écrivains, des artistes ou des politiciens, parce qu'elle comprenait mieux ces gens-là et leur accordait plus de prix. Pourtant, il n'était certes pas homme à se laisser facilement influencer dans le choix de ses relations. Personnellement il lui plaisait de se mêler à toutes sortes de gens et ne s'en tenait pas aux milieux professionnels. Il a pu arriver parfois qu'un visiteur qu'Einstein ne voulait pas voir en rejetât la faute sur sa femme : le fâcheux ne voulait pas admettre que sa compagnie ne fût pas aussi intéressante pour Einstein que lui-même pensait qu'elle fût.

D'autres se plaignaient que Mme Einstein accordât beaucoup trop de valeur aux signes extérieurs de la renommée et ne prisât pas réellement toute la secrète grandeur de son mari. Mais il est évident que la femme d'un grand homme saisit fort aisément l'effet qu'il produit sur l'opinion publique, et qu'en conséquence cela l'intéressera plus que tout le reste.

Toute femme dans la position d'Elsa aurait probablement agi plus ou moins comme elle. La seule différence est que le public s'attache rarement à la vie d'un savant autant qu'il le fit pour celle d'Einstein. A ce compte, sa femme fut blâmée pour diverses choses qui vraiment sont bien courantes. L'existence conjugale d'un grand homme a toujours été un problème difficile, quel que soit le caractère de sa femme ou le sien. Nietzsche a écrit un jour : « Un philosophe marié, c'est, pour le dire *grosso modo*, un personnage ridicule. »

Einstein se protégeait contre bien des difficultés par le fait qu'il réservait toujours un coin de son être intime à l'abri de tout contact avec autrui, et qu'il ne désirait partager entièrement avec personne sa vie intérieure. Il savait fort bien que tout bonheur a ses ombres, et il en acceptait le fait sans protester.

Lorsqu'en 1932 plusieurs associations féminines s'opposèrent à son entrée aux Etats-Unis parce qu'elles se figuraient qu'il propageait des doctrines subversives — par exemple le pacifisme — il remarqua plaisamment à un représentant de l'Associated Press : « Pourquoi ne pas admettre un homme à ce point ordinaire qu'il s'oppose à toute espèce de guerre, excepté l'inévitable guerre avec sa propre femme? »

Dans une autre occasion, il fit une remarque fondée sur bien des années d'expérience : « Quand les femmes sont chez elles, elles s'occupent tout le temps de leurs meubles. Elles tournent autour toute la journée et sont toujours à faire des histoires avec ça. Mais quand je suis en voyage avec une femme, je suis la seule pièce du mobilier qu'elle ait sous la main; alors elle ne peut s'empêcher de me tourner autour et de trouver quelque chose à arranger sur moi, toute la journée. »

Cette absence d'illusions sur la possibilité d'être heureux dans la vie sauva Einstein de l'erreur commise par tant de maris qui regardent tous les défauts inhérents à l'existence même comme défauts de leur femme et par suite jouent les juges sévères avec elle, au lieu de s'en rappeler les qualités et d'en accepter les imperfections comme une nécessité de nature.

Durant cette période, sa première femme et ses deux fils vécurent en Suisse. La circonstance causa à Einstein de grands ennuis financiers à cause de l'énorme difficulté qu'il y avait à transférer de l'argent d'Allemagne en Suisse, et aussi en raison du change de plus en plus défavorable à mesure que la guerre se prolongeait. Mais, depuis ses années d'étudiante, Mileva Maritsch demeurait si attachée à la Suisse qu'elle ne voulait à aucun prix vivre en Allemagne.

VI

LA RELATIVITÉ GÉNÉRALISÉE

1. Nouvelle théorie de la gravitation.

La guerre et les conditions psychologiques qu'elle imposait au monde de la science n'empêchèrent pas Einstein de s'adonner avec une ardeur extrême au développement de sa théorie de la gravitation. Travaillant dans la ligne d'idées qu'il avait tracée à Prague et Zurich, il réussit en 1916 à ériger une théorie de la gravitation complètement indépendante et logiquement unifiée. Sa conception diffère essentiellement de celle de Newton et l'intelligence réelle de sa théorie requiert une large connaissance des méthodes mathématiques. Sans user d'aucune formule, je tenterai ici d'en exposer les idées fondamentales, pour autant qu'elles sont nécessaires à notre vue de la personnalité d'Einstein comme de l'influence de sa théorie sur ses contemporains.

La grande difficulté soulevée par l'explication de la nouvelle doctrine, réside dans ce fait qu'elle ne résulte pas de quelque légère modification à la mécanique newtonienne. Elle fait éclater le cadre entier où Newton avait entrepris d'enserrer tous les phénomènes du mouvement. Les concepts familiers de « force », « d'accélération », « d'espace absolu », etc., n'ont pas de place dans la théorie d'Einstein. Or, au physicien habituel, les principes de la mécanique newtonienne semblent devoir être prouvés ou par l'expérience ou par le raisonnement, et il ne peut comprendre qu'avec peine quelque changement dans une structure qu'il en est venu à regarder comme immuable. Illusion qu'il faut détruire si l'on veut être en mesure d'entendre la théorie d'Einstein.

Selon la loi d'inertie de Newton, tout corps sur lequel n'agit aucune force se trouve en mouvement rectiligne et uniforme. Ceci est vrai, quelles que soient la masse ou les autres propriétés physiques du corps envisagé. On en peut déduire la possibilité de décrire son mouvement « géométriquement ». D'autre part, si quelque force agit sur le corps, il subit alors, selon la loi de force de Newton, une accélération inversement proportionnelle à sa masse. En conséquence, les particules de différentes masses parcourent des trajectoires différentes sous l'action de la même force. Le mouvement sous l'action d'une force ne peut être décrit qu'en faisant usage d'un terme non géométrique, la *masse*.

Nous avons vu à la section 8 du chapitre IV, cependant, que dans sa théorie gravitationnelle de 1911, Einstein avait reconnu à la force de gravité la singulière propriété que son influence sur les corps est indépendante de leur masse. Il en avait conséquemment conclu que la présence d'un champ de gravitation ne saurait être discernée de l'effet d'un mouvement accéléré du laboratoire. Ceci signifie que non seulement le mouvement indépendant d'une force, mais aussi le mouvement sous l'action de la force gravitationnelle seule, peut être décrit en géométrie pure, si ces forces sont parallèles et d'égale grandeur dans tout l'espace considéré.

Sur ces fondements, le problème qui maintenant se dressait devant Einstein était le suivant : quelle est la forme géométrique de la trajectoire qu'un corps placé dans un champ de gravitation décrit par rapport à un laboratoire quelconque ?

La solution einsteinienne du problème est fondée sur l'idée que les lois géométriques, pour un espace où existe un champ de gravitation, sont différentes des lois d'un espace qui est « libre de forces », au sens classique. Conception si nouvelle, que les physiciens et mathématiciens habitués à la physique du XIXe siècle en furent désorientés. Pour comprendre ce qu'Einstein voulait dire, il nous faut revenir à la conception positiviste de la science, et particulièrement aux idées d'Henri Poincaré que nous avons exposées au paragraphe 9 du chapitre II. Dans cette vue, la vérité des propositions mathématiques concernant le point, la droite, et ainsi de suite, ne peut être vérifiée dans notre monde expérimental que si ces notions mathématiques sont définies en termes d'opérations physiques. Nous devons conférer aux termes géométriques ce que P. W. Bridgman appelle des « définitions opérationnelles ». Par exemple, nous devons définir la « ligne droite » au moyen de certaines règles d'acier préparées selon une méthode particularisée, et si nous construisons un triangle avec de telles règles, nous pourrons vérifier par des mesures réelles opérées sur ce triangle si la somme de ses angles égale deux droits ou non.

Au moyen d'autres expériences, nous pouvons rechercher si ces règles possèdent réellement toutes les propriétés que la géométrie postule au sujet des « droites ». Ainsi, nous mesurerons si une telle règle est vraiment la ligne la plus courte reliant deux points. Bien entendu, pour être capables de cette mesure, nous devons aussi décrire une opération physique consistant à mesurer la longueur d'une ligne courbe. On peut alors trouver que si un triangle est tracé en joignant ces points par des lignes formant les plus courtes distances entre les points, la somme des angles du triangle *ne sera pas* égale à deux droits. Nous nous heurtons à un dilemme. Si nous disons que les lignes formant ce triangle sont des droites, nous conservons la propriété de la droite d'être la plus courte distance entre deux points quelconques, mais alors le théorème de la somme des angles n'est plus valable. D'autre part, si nous voulons garder la validité du théorème, c'est la propriété de plus courte distance qu'il nous faut rejeter. Nous sommes libres de décider quelle propriété nous retenons pour les lignes que nous appelons des « droites », mais nous ne pouvons avoir toutes les deux à la fois, comme en géométrie euclidienne.

L'assertion fondamentale d'Einstein peut dès lors être reprise sous cette forme : dans un espace où sont présentes des masses qui exercent des forces gravitationnelles, la géométrie euclidienne cesse d'être valable. Dans cette théorie, des courbes qui forment les plus courtes distances entre deux points quelconques ont une signification particulière, et les angles d'un triangle formé par de telles lignes ne s'égalent point à deux droits, s'il existe un champ de gravitation.

Cette distinction entre l'espace euclidien et l'espace « courbe » d'Einstein peut s'illustrer par la considération d'une distinction analogue entre une surface plane et une surface courbe. Pour tous les triangles d'une surface plane, tous les théorèmes d'Euclide demeurent vrais; mais qu'arrive-t-il pour des triangles sur une surface courbe? Prenons pour exemple la surface de la terre. Si nous nous restreignons à ces points seuls qui sont réellement placés sur la surface, et que nous ne puissions considérer aucun point situé au-dessus ou au-dessous de la croûte terrestre, il n'y a pas alors de « lignes droites », au sens usuel du terme. Mais, les courbes formant la plus courte distance entre deux points de la surface terrestre sont importantes en navigation et en géodésie; on les appelle des géodésiques. A la surface de la sphère, les géodésiques sont des arcs de grands cercles, et par suite tous les méridiens définissant la longitude ainsi que l'équateur sont des géodésiques. Si l'on considère un triangle formé par le pôle Nord et deux points sur l'équateur, il sera limité par des géodésiques. L'équateur coupe tous les méridiens perpendiculairement, de façon que les deux angles à la base du triangle sont tous les deux des angles droits; mais alors *la somme des angles est supérieure à deux droits*, exactement de la valeur de l'angle au pôle. La situation demeure analogue pour une surface courbe quelconque, et, réciproquement, si la somme des angles d'un triangle formé par des géodésiques sur une surface n'est point exactement égale à deux droits, c'est que la surface est courbe.

Cette notion de courbure d'une surface est étendue à tout l'espace. Les géodésiques seront définies comme courbes formant les plus courtes distances entre deux points quelconques de l'espace, et l'espace est appelé « courbe » si les angles d'un triangle formé par trois géodésiques ne sont pas, au total, égaux à deux droits. Dans la théorie d'Einstein, la présence de corps matériels engendre certaines courbures dans l'espace, et la trajectoire d'une particule se mouvant dans un champ de gravitation est déterminée par cette courbure de l'espace. Einstein trouva que de telles trajectoires peuvent se décrire fort simplement en considérant la géométrie de cet espace courbe, plutôt qu'en attribuant leur déviation par rapport à la ligne droite à l'existence de forces, comme le fit Newton. De plus, Einstein découvrit que ce sont non seulement les parcours des particules matérielles, mais aussi ceux des rayons lumineux dans un champ gravitationnel qui peuvent s'exprimer simplement selon les géodésiques de cet espace courbe; et, réciproquement on peut déduire la courbure de l'espace d'observations relatives aux parcours des corps en mouvement ou des rayons de lumière.

Nous verrons plus tard que bien des personnes, — voire certains physiciens, — ont considéré comme absurde de dire que quelque conclusion touchant la courbure de l'espace puisse être tirée de la forme des rayons lumineux. Certains mêmes ont tenu pour complètement dénué de sens de dire qu'un espace est « courbe ». Selon eux, une surface ou une ligne peuvent être *courbes dans l'espace*, mais dire que l'espace lui-même est « courbe » semble irrationnel et absurde. Cependant, une telle opinion est fondée sur l'ignorance des modes d'expression de la géométrie. Comme on vient de le voir, un « espace courbe » signifie simplement un espace où la somme des angles d'un triangle formé par des géodésiques n'est pas égale à deux droits; et l'on emploie cette terminologie en raison de la distinction analogue entre surface plane et surface courbe. Il est vain d'essayer d'évoquer à quoi un espace courbe « ressemble », si ce n'est en décrivant l'opération de mesure des triangles.

2. Role de l'espace a quatre dimensions.

Si nous voulons décrire complètement le mouvement d'une certaine particule, il ne suffit pas de donner la forme de sa trajectoire, il est nécessaire de dire en outre comment la position de la particule sur sa trajectoire varie avec le temps. Par exemple, il est incomplet de dire que le mouvement d'une particule non influencé par une force, au sens newtonien, est rectiligne; nous devons ajouter que ce mouvement est uniforme.

Le mouvement tout entier peut cependant être présenté sous une forme géométrique, en ajoutant une dimension au nombre nécessaire à la description de la trajectoire. Ainsi, au cas le plus simple d'un mouvement rectiligne, la trajectoire est une droite, et la position de la particule qui la suit peut être spécifiée en donnant la distance de la particule à un point déterminé sur la ligne droite. Maintenant, prenons une feuille de papier et relevons ces distances le long d'une certaine direction, en relevant ensuite pour chaque point, dans une direction perpendiculaire à la distance, le temps correspondant à chaque position. La courbe passant par ces points offre alors la représentation géométrique complète du mouvement. S'il s'agit d'un mouvement uniforme aussi bien que rectiligne, la courbe sera une droite. Ainsi, le mouvement le long d'une droite, ou mouvement uni-dimensionnel selon l'expression technique, peut être représenté *complètement* sur un plan, c'est-à-dire dans un espace à deux dimensions. Mais l'espace de notre expérience courante a trois dimensions; pour déterminer la position d'une balle dans une chambre, nous devons donner trois nombres, les distances aux deux murs et la hauteur de la balle au-dessus du parquet. Par suite, nous avons besoin de trois dimensions pour décrire la trajectoire d'un mouvement usuel, et de quatre dimensions pour donner une représentation *complète* du mouvement. Le mouvement d'une particule est complètement spécifié par une courbe dans un espace quadri-dimensionnel.

Cette notion d'espace quadri-dimensionnel, toute simple qu'elle est, donna lieu à un grand nombre de confusions et de méprises. Quelques auteurs ont soutenu que ces courbes dans l'espace à quatre dimensions ne sont « qu'artifices de représentation mathématique » et « en réalité n'existent pas ». Mais la formule « en réalité n'existent pas » est un pur truisme, puisque la formule « existant réellement » ne sert dans la vie courante qu'à décrire les objets directement observables dans notre espace à trois dimensions. Contrairement à ceci, beaucoup d'auteurs, — spécialement des philosophes et des physiciens teintés de philosophie, — ont adopté le point de vue que *seuls les événements dans l'espace quadri-dimensionnel sont réels*, et qu'une représentation dans l'espace tri-dimensionnel est seulement une peinture subjective de la réalité. On voit tout de suite qu'un tel point de vue se justifie également, sauf que le mot « réel » est pris dans un sens différent. Pour dissiper le désaccord, nous devons faire un peu de *sémantique.*

Dans la théorie de la relativité restreinte développée à Berne, Einstein avait montré que si des phénomènes mécaniques ou optiques sont décrits au moyen d'horloges et de règles graduées, la description dépend du mouvement que subit le laboratoire où sont utilisés ces instruments. Et il avait pu établir les relations mathématiques qui lient entre elles les diverses descriptions d'un même événement physique. En 1908, Hermann Minkowski, l'ancien professeur de mathématiques d'Einstein à Zurich, montra que ce type de relations entre descriptions différentes d'un même phénomène peut se représenter mathématiquement d'une manière très simple. Il fit ressortir que ces diverses descriptions d'un mouvement représenté par une courbe dans un espace à quatre dimensions, sont ce que l'on appelle en mathématiques « projections de cette courbe quadri-dimensionnelle sur des espaces tri-dimensionnels différents ». C'est pourquoi Minkowski adopta le point de vue que seule la courbe quadri-dimensionnelle existe « réellement » et que les différentes descriptions sont simplement différents tableaux de la même réalité. Ce concept est analogue à la déclaration qu'un objet situé dans l'espace à trois dimensions — disons une maison — « existe réellement », mais que des photographies de la maison prises dans diverses directions — c'est-à-dire des projections bi-dimensionnelles de la maison tri-dimensionnelle — ne représentent jamais la réalité même, mais seulement des descriptions de la réalité faites de différents points de vue.

Evidemment, le mot « réel » n'a pas ici le même sens que si nous disons : seul le corps tri-dimensionnel est « réel », et la représentation quadri-dimensionnelle est un simple artifice mathématique. Dans la façon de parler de Minkowski, « réel » veut dire « la plus simple représentation théorique de nos expériences »; alors que dans l'autre sens, le mot signifie « notre expérience exprimée aussi directement que possible dans l'ordinaire langage de tous les jours ».

La théorie de la gravitation d'Einstein partait de cette représentation du mouvement par une courbe de l'espace à quatre dimensions. Le mouvement, si la gravité ou aucune autre force n'agit, est représenté par la plus simple courbe, la ligne droite dans l'espace plan à quatre dimensions. Si la gravité seule entre en jeu indépendamment de toute autre force, Einstein suppose que l'espace devient courbe, mais le mouvement est encore représenté par la courbe la plus simple d'un tel espace. Puisqu'il n'y a pas de lignes droites dans l'espace courbe, il prend pour courbe la plus simple la courbe de plus courte longueur entre deux points, c'est-à-dire la géodésique. Donc, le mouvement d'une particule sous l'action de la gravitation est représenté par une géodésique de l'espace courbe à quatre dimensions, et cette courbure de l'espace est déterminée par la distribution de la matière qui crée le champ de gravitation.

La théorie de la relativité généralisée consiste alors en deux groupes de lois :

Premièrement : Les lois du champ qui établissent comment les masses présentes engendrent la courbure de l'espace;

Deuxièmement : Les lois du mouvement, à la fois pour les particules matérielles et pour les rayons de lumière, qui établissent comment les géodésiques peuvent être trouvées, pour un espace de courbure connue.

Cette nouvelle théorie d'Einstein accomplissait le programme d'Ernest Mach. Des corps matériels présents dans l'espace, on pouvait déduire par le calcul la courbure de l'espace, et de celle-ci le mouvement des corps. Pour Einstein, l'inertie des corps n'est pas due, comme Newton le supposait, à leurs efforts pour maintenir la direction de leur mouvement dans l'espace absolu, mais bien plutôt à l'influence sur eux des masses matérielles, c'est-à-dire des étoiles fixes, comme Mach l'avait suggéré.

3. Einstein propose des preuves expérimentales de sa théorie.

La nouvelle théorie d'Einstein qui altérait si hardiment et fondamentalement la théorie de Newton, si longtemps attestée et triomphante, était primitivement fondée sur des arguments de simplicité et de généralité logiques. La question s'éleva naturellement de savoir si des phénomènes nouveaux pouvaient être déduits de cette théorie, qui différassent de ceux qui découlaient de l'ancienne, et qui pussent servir d'expérience cruciale entre les deux théories. Autrement, celle d'Einstein demeurait simple construction mathématico-philosophique, susceptible d'exciter l'esprit comme de lui complaire, mais qui ne participait en rien de la réalité physique. Einstein lui-même n'adoptait jamais une nouvelle théorie que si elle découvrait un domaine nouveau du monde physique.

Il avait montré mathématiquement que, pour des champs gravitationnels « faibles », sa théorie prévoyait les mêmes résultats que celle de Newton. Dans ce cas, la courbure de notre espace tri-dimensionnel est négligeable, et la seule différence provient du traitement mathématique nouveau, par addition de la quatrième dimension. Le calcul du mouvement, — par exemple celui de la terre autour du soleil, — donne exactement le même résultat qu'avec la loi de force de Newton et sa théorie de la gravitation. C'est seulement lorsque la vitesse d'un corps devient comparable à celle de la lumière qu'une différence quelconque entre les deux théories peut être appréciée. Pour trouver des phénomènes où la courbure spatiale jouât vraisemblablement un rôle, Einstein rechercha, parmi les observations concernant les mouvements des corps célestes, celles qui étaient en désaccord avec les prévisions de la mécanique newtonienne. Il trouva un seul cas. On savait depuis longtemps que Mercure, planète proche du soleil et donc fortement exposée à son champ de gravitation, ne se meut pas exactement comme le prévoit la théorie de Newton. Dans la théorie ancienne, toutes les planètes accomplissent des orbites elliptiques, dont les positions dans l'espace sont fixes par rapport aux étoiles; mais on a observé que l'orbite elliptique de Mercure tourne autour du soleil à raison de 43,5 secondes d'arc par siècle, quantité très faible. Cette discordance n'avait jamais reçu d'explication satisfaisante. Quand Einstein calcula le mouvement de Mercure selon sa théorie, il trouva pour la rotation de l'orbite une valeur conforme à l'observation. Dès le début, ce résultat fut un argument puissant en sa faveur.

L'effet de la courbure de l'espace sur le trajet des rayons lumineux est plus sensible. Tandis qu'il était encore à Prague, Einstein avait mis en évidence la possibilité d'une courbure des rayons lumineux lorsqu'ils passent à proximité de la surface solaire. S'appuyant sur la loi de force de Newton et sur sa propre théorie de la gravitation de 1911, il avait calculé que la déviation doit être de 0,87 seconde d'arc. Avec sa nouvelle théorie de l'espace courbe, il trouva une déviation de 1,75 seconde, le double donc de son premier résultat.

La troisième prévision qu'il fit concernait le changement de longueur d'onde de la lumière émise par une étoile. Son calcul montra que la lumière en quittant l'étoile d'où elle est émise doit passer à travers le champ gravitationnel de l'astre, et que ce passage déplace la longueur d'onde vers le rouge. Pour le soleil même, l'effet est à peine observable; mais dans le cas d'une étoile ultra-dense comme le Compagnon de Sirius, la grandeur du phénomène semblait devoir le soumettre à l'observation.

Il est important de noter que, de ces trois phénomènes prévus par la théorie, un seul, le mouvement de Mercure, était alors connu, dans le temps ou Einstein édifiait sa théorie. Les deux autres étaient entièrement nouveaux, ils n'avaient jamais été observés ni même soupçonnés. Deux des prévisions reçurent une vérification totale quelques années plus tard, prouvant ainsi, de façon éclatante, la rigueur de la théorie. Il est très remarquable, et grandement à l'actif d'Einstein, qu'il ait été capable de dresser une théorie qui, partie de quelques principes fondamentaux et prenant pour critères la simplicité logique et la généralité, conduisait à d'étonnants résultats.

4. Problèmes cosmologiques.

Avant même que sa théorie récente n'eût été complètement comprise par la grande majorité des physiciens, Einstein voyait à l'évidence qu'elle ne pouvait offrir une représentation correcte de l'univers tout entier.

Au cours du XIXe siècle, la conception la plus commune de l'univers fut qu'on y trouve des groupements de corps matériels tels que notre voie lactée, et qu'en dehors de cette région c'est l'espace « vide » qui s'étend à l'infini.

Toutefois, cette vue souleva déjà des doutes parmi plusieurs savants, vers la fin du siècle. Dans le cas supposé, en effet, les étoiles devraient se comporter comme un nuage de vapeur et l'on ne trouvait rien qui pût les empêcher de se disperser dans l'espace vide environnant. Ainsi, à disposer d'un temps et d'un espace infinis, on aboutissait à un univers entier qui deviendrait complètement vide.

Dans la perspective einsteinienne, cette conception d'un univers matériel se trouvant comme une île à travers l'espace vide, présentait une difficulté de surcroît. Celle-ci était due au principe d'équivalence, qui identifie masse gravitationnelle et masse d'inertie. On peut rappeler qu'Ernest Mach le premier signala comme un défaut de la mécanique newtonienne qu'elle considère le mouvement d'inertie, — mouvement rectiligne dans l'espace vide, — comme un processus non-influencé par la présence des autres masses. Mach proposait au contraire d'admettre que l'effet d'inertie est dû au mouvement par rapport aux étoiles fixes. Einstein avait introduit cette idée dans sa théorie comme « postulat de Mach », lorsqu'il avait supposé que le champ de gravitation, et par conséquent les effets d'inertie, sont déterminés par la distribution de la matière. Si les corps matériels formaient une île dans l'espace vide, alors, selon Einstein, une partie finie de l'espace seule serait « courbe ». Cette région cependant serait entourée d'un espace « plan » s'étendant à l'infini dans toutes les directions. Dans cet espace plan, les corps ne subissant l'action d'aucune force seraient en mouvement rectiligne, en accord avec la loi d'inertie de Newton, et la force d'inertie ne serait point déterminée par la distribution de la matière. Pour cette raison, l'idée d'un espace courbe, se trouvant enclos dans un espace plan infini, serait en contradiction avec le postulat de Mach.

L'hypothèse tout indiquée était alors ceci : la matière ne forme point une île, mais au contraire tout l'espace, d'une façon plus ou moins dense, est rempli de matière.

Pourtant, si nous affirmons en outre que toutes ces masses agissent les unes sur les autres selon la loi de Newton, nous retombons dans les difficultés. Car la matière à grande distance exerce de faibles effets individuels, mais la quantité totale de matière à grande distance croît de telle façon qu'il y a une quantité infinie de matière à l'infini, et qu'elle exerce une force infiniment grande. L'observation montre que les étoiles ne sont point sujettes à de telles forces, car elles atteindraient alors de très grandes vitesses, tandis que les vitesses stellaires réellement observées sont faibles relativement à celle de la lumière.

Einstein dissipa la difficulté en montrant que, dans sa théorie de l'espace courbe, une distribution uniforme de la matière ne signifie pas nécessairement une quantité infinie de matière. Il y a la possibilité que, grâce à la courbure, l'espace ne s'étende point à l'infini. Ce qui ne veut pas dire, pourtant, qu'il y aurait des bornes à cet espace, au delà duquel rien n'existerait, même pas l'espace vide. Ceci peut sans doute s'illustrer du même exemple par lequel j'expliquais la courbure de l'espace. La surface de la terre est une surface courbe à deux dimensions, qui possède une aire finie, mais non pas des bornes. Certains objets, des villes par exemple, seront distribuées plus ou moins uniformément à la surface, mais le nombre total des villes est fini. De plus, si l'on voyage dans une direction donnée, le long d'une géodésique quelconque (c'est-à-dire un grand cercle dans notre cas), on reviendra au point de départ. De la même manière, l'espace de nos expériences sera courbe, de telle sorte qu'il se trouve à la fois fini, mais illimité. Il devient très sensé de se demander quelle est la quantité de matière contenue dans l'univers, quel est le « rayon de courbure » de notre espace, et par conséquent quelle est la densité moyenne de matière dans l'espace.

Cependant, il reste une autre possibilité. La matière peut emplir un espace « infini », avec une uniformité approximative, et l'univers entier peut n'être plus au repos, mais en expansion, de manière que la densité de matière aille en décroissant. A ce moment, il n'était pas encore possible de dire avec certitude laquelle était correcte des deux hypothèses concernant la distribution de matière. Dans la suite, Einstein envisagea aussi la possibilité d'un espace « courbe » mais sans la présence de masses, contrairement à l'assertion primitive de Mach.

En tout cas, l'idée que la matière *ne forme pas* une île au milieu de l'espace vide infini a reçu l'appui de l'astronomie moderne. Les recherches de Harlow Shapley et ses collaborateurs ont montré que l'espace, aussi loin que portent nos télescopes actuels, semble partout analogue à la région de notre voie lactée. Il reste ainsi plausible de supposer avec Einstein qu'en moyenne l'univers entier est uniformément rempli de matière. C'est ainsi qu'en dénombrant les étoiles et mesurant leurs distances par rapport à nous, Shapley a pu obtenir une valeur grossière de la densité moyenne de la matière dans l'univers. En outre, à partir d'observations sur la vitesse de récession de nébuleuses spirales éloignées et de la loi de mouvement einsteinienne, on a pu calculer des grandeurs telles que le rayon de courbure ou le volume de l'espace, ainsi que la quantité totale de matière qu'il renferme.

5. Expéditions pour vérifier la théorie d'Einstein.

Pour les mathématiciens, ces nouvelles idées sur la gravitation respiraient la beauté et la simplicité logique. Pour l'astronome d'observation, subsistait le doute inquiet que tout cela pût bien être fantaisie pure. La théorie de Newton les avait si bien servis, qu'il fallait quelque chose de plus que l'élégance mathématique pour changer leurs vues. Au gré des astronomes, une éclipse solaire était nécessaire pour trancher la question.

Les théories nouvelles — pour user d'une métaphore qu'Einstein aime à employer — sont comparables à ces jolies robes qui attirent tous les regards des femmes lorsqu'elles sont exposées chez le couturier. Une beauté célèbre commande cette robe-ci ; mais comment lui ira-t-elle? Ajoutera-t-elle ou enlèvera-t-elle à sa grâce? On ne saurait le dire tant qu'elle n'a pas été portée dans tout l'éclat de la lumière. La théorie d'Einstein était une espèce de robe non encore mise, et qu'on a seulement vue en vitrine. L'éclipse de soleil, c'était la première occasion où l'on devait la revêtir.

Au cours de la guerre déjà, les mémoires d'Einstein sur la relativité généralisée avaient fini par être connus en Angleterre. Une discussion si abstraite ne pouvait être suivie qu'avec difficulté, et les nouvelles conceptions sur le mouvement dans l'univers ne pouvaient encore être appréciées dans toutes leurs implications logiques. Mais on admirait déjà leur hardiesse. Pour la première fois, une doctrine bien fondée se trouvait mise en avant pour changer les lois de l'univers conçues par Isaac Newton, gloire de l'Angleterre.

Pour les Anglais, toujours enclins à la vérification expérimentale, une chose était claire. On signalait à l'observateur de la nature un certain nombre d'expériences définies et les résultats décideraient de la théorie. Parmi ces faits, il y avait au premier rang la prévision d'Einstein concernant le déplacement des images stellaires durant une éclipse totale du soleil : ceci vérifierait les deux théories, celle de Prague de 1911, comme celle de Berlin de 1916. Et déjà, dès mars 1917, l'Astronome royal [1] avait indiqué pour le 29 mars 1919 une éclipse solaire totale, qui offrirait des conditions exceptionnellement favorables au contrôle des théories d'Einstein; en effet, le soleil obscurci se trouverait au milieu d'étoiles particulièrement brillantes, les Hyades.

Bien qu'à ce moment-là personne ne sût s'il serait possible d'envoyer des missions dans les régions terrestres

1. *Astronomer Royal.* Traditionnellement, les Anglais nomment ainsi la plus haute autorité astronomique du royaume; pratiquement, le directeur de l'Observatoire de Greenwich. Mais il y en a un aussi pour l'Écosse... *(N.d.T.)*

où l'éclipse totale serait observable, la Société Royale et la Société Royale d'Astronomie de Londres nommèrent un comité pour préparer l'expédition. Dès la signature de l'armistice, le 11 novembre 1918, le comité se mit à l'ouvrage et publia des plans détaillés pour l'expédition du 27 mars 1919. Cet organisme avait à sa tête sir Arthur Eddington, l'un des rares astronomes qui fussent alors capables de pénétrer profondément dans les fondations théoriques des théories einsteiniennes. Eddington, de surcroît, était quaker, et il avait toujours attaché grande importance au maintien de l'amitié entre les nations « ennemies » : jamais, ni pendant la guerre ni après, il ne tomba dans la haine habituelle de l'adversaire. D'ailleurs, il regardait toutes les nouvelles théories concernant l'univers comme un moyen de renforcer le sentiment religieux et d'arracher l'attention des peuples aux égoïsmes individuels ou nationaux.

Quand le soleil est éclipsé par la lune, une certaine zone de la surface terrestre seule aperçoit tout entier l'obscurcissement du disque solaire. Comme on court le risque que le temps ne soit mauvais durant les quelques minutes de l'assombrissement et ne contrarie tous les plans d'observation, la Société Royale envoya deux expéditions, vers des points suffisamment éloignés dans la zone de l'éclipse totale. L'une se mit en route pour Sobral, dans le nord du Brésil, tandis que la seconde naviguait vers l'île du Prince, dans le Golfe de Guinée, en Afrique Occidentale. Eddington en personne était chargé de la seconde.

Lorsque l'expédition arriva au Brésil, la surprise n'y fut pas mince, ni faible la sensation. La guerre avec l'Allemagne se terminait à peine, la propagande comme la contre-propagande emplissait encore les journaux. Tout cela n'épargnait point l'activité scientifique, mais il s'agissait cette fois d'une coûteuse expédition venant d'Angleterre pour vérifier les théories d'un savant allemand. Un journal brésilien de Para écrivait : « Au lieu d'essayer d'affermir une théorie allemande, les membres de l'expédition, qui sont si bien avec le ciel, feraient beaucoup mieux d'obtenir la pluie pour le pays qui a tellement souffert d'une longue sécheresse. » En vérité, l'expédition fut heureuse, car il commençait à pleuvoir à Sobral quelques jours après son arrivée. Les savants justifiaient la confiance du public dans la science.

Je ne décrirai pas les observations faites au Brésil, mais simplement celles que fit le groupe de l'île du Prince. Les astronomes arrivèrent un mois avant la date de l'éclipse, afin d'installer leurs instruments et de faire les préparatifs nécessaires. Enfin survinrent les quelques minutes de l'éclipse totale, et la troublante incertitude : allait-on pouvoir photographier les étoiles au voisinage du soleil assombri, ou bien les nuages cacheraient-ils les étoiles, anéantissant des mois de préparation. Sir Arthur Eddington donna la description suivante de ces instants :

« Le jour de l'éclipse, le temps était défavorable. Quand la phase totale commença, le disque sombre de la lune, entouré de la couronne, fut visible à travers un nuage; c'était assez semblable à ces nuits sans étoiles où souvent la lune n'apparaît que voilée. Il n'y avait rien d'autre à faire que d'exécuter le programme prévu et d'espérer que tout irait au mieux. Un observateur devait changer les plaques de manière qu'elles se suivent rapidement, tandis qu'un autre assurait les durées de pose voulues, au moyen d'un écran placé en avant de l'objectif pour éviter toute secousse au télescope.

Dedans, dehors, dessus, autour, dessous,
Rien que scène magique d'ombres chinoises,
Jouée dans une boîte qui pour chandelle a le Soleil,
Et tout autour, personnages fantômes, nous allons et venons.

« Notre boîte d'ombres chinoises accapare toute notre attention. Là-haut, c'est un merveilleux spectacle et, comme les photographies le montrèrent plus tard, une magnifique flamme de protubérance se balance à une centaine de milliers de milles au-dessus de la surface solaire. Nous n'avons pas le temps d'y jeter un coup d'œil. Nous avons seulement conscience du demi-jour lugubre où baigne le paysage et du silence de la nature que rompent seuls les appels des observateurs ou les battements du métronome marquant les trois cent deux secondes de l'éclipse totale.

« Seize photographies furent obtenues, de deux à vingt secondes d'exposition. Les premiers clichés ne montraient pas d'étoiles... Mais le nuage s'éclaircit probablement un peu vers la fin de la phase totale et quelques étoiles apparurent sur les dernières plaques. Beaucoup de clichés ne purent servir, car l'une ou l'autre des plus importantes étoiles y étaient masquées par le nuage. Mais on put en avoir un où se voyait très nettement l'image de cinq étoiles qui convenaient bien à la détermination requise. »

L'esprit tendu et excité, Eddington et ses collaborateurs comparèrent leurs meilleurs clichés aux photographies prises des mêmes étoiles à Londres, où elles étaient très écartées du soleil et par suite non exposées à l'effet direct de la gravitation. Effectivement, l'on trouva un déplacement des images stellaires par rapport au soleil, correspondant pour les rayons lumineux à une déviation de grandeur approximativement égale à ce que faisait attendre la nouvelle théorie d'Einstein, celle de 1916.

Toutefois, quelques mois s'écoulèrent avant le retour des expéditions en Angleterre, et avant qu'on eût pu faire sur les plaques photographiques au laboratoire des mesures minutieuses, en examinant toutes les erreurs possibles. Ces erreurs, c'était un vrai tourment pour les experts. Autour d'elles se déroulaient les discussions des cercles astronomiques, tandis que le public profane se montrait intrigué — et ne pouvait être autre chose — par la question de savoir si les observations avaient démontré « la pesanteur de la lumière » et la « courbure de l'espace ». Ce dernier point était encore plus fascinant, puisque chacun pouvait difficilement imaginer quoi que ce soit de bien défini sous ces mots : courbure de l'espace.

6. Confirmation de la théorie.

Le 7 novembre 1919, Londres se préparait à commémorer le premier anniversaire de l'armistice. Les manchettes du *Times* portaient : « Une Mort glorieuse. —

Anniversaire de l'Armistice. — Arrêt de tous les Trains dans le Pays. » Cependant le *Times* du même jour avait aussi une autre manchette : « Une Révolution dans la Science. Les Idées de Newton ruinées. » Ceci se rapportait à la séance de la Société royale du 6 novembre, où les résultats de l'expédition pour observer l'éclipse furent officiellement publiés.

La Société royale et la Société royale d'Astronomie de Londres avaient formé une session commune le 6 novembre pour annoncer formellement le bilan de leurs expéditions au Brésil et en Afrique Occidentale. En conclusion de leurs travaux les savants déclaraient que les rayons lumineux sont déviés dans le champ gravitationnel du soleil, et déviés de l'exacte quantité prévue par Einstein dans sa nouvelle théorie de la gravitation. Ce remarquable accord entre une création de l'esprit et les observations astronomiques fit que la séance se déroula dans une merveilleuse et passionnante atmosphère. Nous avons le récit d'un témoin oculaire, l'un des plus considérables philosophes de notre temps, Alfred North Whitehead. Mathématicien, logicien, philosophe, doué d'un sens historique et d'un sens religieux très fins, Whitehead se trouvait beaucoup mieux à même que la plupart des scientifiques de ressentir tout ce que cette heure avait d'unique.

« J'eus la bonne fortune, dit-il, d'assister à la réunion de la Société Royale à Londres, lorsque l'Astronome Royal d'Angleterre annonça que les plaques photographiques de la fameuse éclipse, mesurées par ses collègues à Greenwich, vérifiaient les prévisions d'Einstein selon lesquelles les rayons de lumière sont courbés lorsqu'ils passent dans le voisinage du soleil. L'atmosphère entière d'intense attention fut exactement celle du drame grec. Nous formions le chœur qui commente les décrets du destin, tels qu'ils sont révélés par le cours de l'événement suprême. Il y avait une valeur de drame dans le très scénique, très traditionnel cérémonial, avec en arrière-plan le portrait de Newton pour nous rappeler que la plus grande des généralisations de la science venait, après plus de deux siècles, de recevoir sa première atteinte. Nul intérêt personnel ne se trouvait en jeu; c'est une grande aventure de la pensée qui venait enfin d'aborder heureusement au rivage.

L'essence du drame tragique n'est point dans le malheur. Elle réside dans l'œuvre fatale des choses... Cette fatalité sans pitié, voilà ce qui passe à travers la pensée scientifique. Les lois de la physique sont les décrets du destin. »

Le président de la Société Royale était alors sir J. J. Thomson, lui-même grand physicien créateur. Il avait ouvert la séance par une adresse où il célébrait la théorie d'Einstein comme « l'un des plus grands monuments qui soient dans l'histoire de la pensée humaine ». Et il poursuivait : « Ce n'est pas la découverte d'une île sporadique, mais bien celle d'un continent tout entier d'idées scientifiques nouvelles. C'est la plus grande découverte ayant trait à la gravitation, depuis que Newton énonça ses principes. »

Alors, l'Astronome Royal rapporta en quelques mots que les observations des deux expéditions donnaient la valeur 1,64 seconde d'arc pour la déviation de la lumière, en accord avec la valeur 1,75 seconde prévue par Einstein. « On doit conclure, — annonça-t-il brièvement et impartialement, — que le champ gravitationnel du soleil opère la déviation prévue par la théorie de la relativité généralisée d'Einstein. »

Sir Oliver Lodge, le célèbre physicien, — bien connu comme adepte de la perception extrasensorielle et autres phénomènes « métapsychiques », — demeurait convaincu de l'existence d'un « éther » emplissant l'espace, et par suite avait espéré que les observations décideraient contre Einstein. Il dit néanmoins après la séance : « Ce fut un dramatique triomphe. »

Dès lors, les savants de la Société Royale étaient prêts à reconnaître que l'observation directe de la nature corroborait la théorie de la « courbure de l'espace » et l'invalidité de la géométrie euclidienne dans un champ de gravitation. Néanmoins, il y avait des suites à craindre dans ce qu'avait dit le président de la Société Royale en personne, au cours de la précédente séance : « Je dois confesser que nul n'a encore réussi à mettre en langage clair ce qu'est en réalité la théorie d'Einstein. » Il persistait à affirmer que beaucoup de savants se trouvaient forcés d'admettre leur incapacité à exprimer en clair ce qu'est réellement la théorie d'Einstein. En vérité, cela signifiait qu'ils étaient incapables de saisir le sens de la théorie même; tout ce qu'ils en pouvaient comprendre, c'était ses conséquences dans leur propre domaine. Cette situation contribua fortement par la suite à la confusion du public profane au sujet de la dite théorie.

7. Attitude du public.

L'importance de la nouvelle théorie fut bientôt appréciée par des savants créateurs; mais beaucoup de gens soi-disant « cultivés » furent ennuyés de voir renverser le savoir traditionnel, si péniblement acquis dans les écoles. Comme ces personnes-là étaient bien convaincues de leur incapacité de comprendre l'astronomie, les mathématiques ou la physique, elles attaquaient la nouvelle théorie sur le terrain de la philosophie et de la politique où elles se sentaient plus qualifiées.

C'est ainsi que l'éditorialiste d'un journal américain réputé écrivait sur la séance de la Société Royale dont nous venons de parler : « Ces messieurs peuvent être de grands astronomes, mais ce sont de piètres logiciens. Des critiques profanes ont déjà fait l'objection que des savants qui proclament l'espace borné quelque part sont dans l'obligation de nous dire alors ce qu'il y a derrière. »

Rappelons que l'assertion : « L'espace est fini » n'a rien à voir avec une « fin » de l'espace. Cela signifie simplement que les rayons lumineux voyageant à travers l'univers reviennent à leur point de départ le long d'une courbe fermée. Les éditorialistes des quotidiens se plaisent à représenter le point de vue de « l'homme de la rue », qui est influencé le plus souvent par la tradition philosophique du moyen âge, plutôt que par le progrès de la science.

L'éditorial poursuivait :

« On manque à nous expliquer pourquoi nos astronomes semblent penser que la logique et l'ontologie dépendent des vues changeantes des astronomes. La pensée spéculative était hautement avancée bien avant l'astronomie. Le sens des proportions serait utile aux mathématiciens et physiciens, mais il est à craindre que les astronomes britanniques n'aient regardé leur propre domaine comme d'importance légèrement plus grande qu'il ne l'est en réalité. »

La même tendance à faire le jeu du sens commun — qui est, en l'espèce, le savoir acquis à l'école primaire, — contre le progrès scientifique, ressort pareillement d'un autre éditorial qui parut dans le même journal si répandu, et vers ce même moment :

« Ceci conduirait le président d'au moins deux sociétés royales à rendre plausible ou même pensable la déclaration selon laquelle l'espace a des limites comme la lumière a de la pesanteur. C'est précisément ce qu'il ne fait pas, par définition, et le tour est joué — pour le commun des mortels —, bien que cela puisse se passer de la sorte pour les grands mathématiciens. »

Puisque, selon l'homme de la rue, les deux Sociétés Royales étaient sous le coup d'illusions qui les rendaient incapables d'entendre des choses fort claires à quiconque est muni d'une instruction moyenne, l'homme de la rue commençait à se demander comment cela avait bien pu arriver. Une explication fut bientôt trouvée, qui lui sembla très lumineuse.

Une semaine après la fameuse réunion londonienne, un professeur de mécanique céleste à l'Université Columbia de New-York écrivait :

« Depuis quelques années, le monde entier se trouve dans un état de trouble mental aussi bien que physique. Peut-être la guerre, l'explosion bolchevique, sont-elles les marques visibles de quelque désordre mental profond. Ce trouble se manifeste par le désir d'écarter les méthodes éprouvées de gouvernement, en faveur d'expériences radicales et non encore essayées. Ce même esprit d'inquiétude a envahi la science. Il y a beaucoup de gens qui voudraient nous débarrasser des théories les mieux attestées, — sur quoi fut dressé l'édifice entier de la science et de la technique modernes, — en faveur de spéculations méthodologiques et de fantastiques rêveries à propos de l'univers. »

L'auteur faisait alors ressortir l'analogie entre cette situation et la période de la Révolution française, où des maladies mentales du même genre révolutionnaire engendrèrent des doutes sur la théorie de Newton, bien qu'on ait prouvé dans la suite l'inexactitude de ces objections.

Tandis que divers individus se trouvaient vexés par ces innovations, qui dérangeaient leur orgueil de gens instruits, d'autres les agréaient avec plus d'ouverture. Les prévisions d'Einstein sur les déplacements stellaires avaient montré, comme ces esprits le pensaient eux-mêmes, que les phénomènes physiques pouvaient être prédits grâce à la pensée pure, et à la pure spéculation mathématique sur la géométrie de l'espace universel. Les vues des matérialistes ou des empiristes « pervers », selon lesquelles toute la science repose sur l'expérience, — vues qui causèrent tant de conflits avec la religion et l'éthique, — se trouvaient maintenant balayées par la science elle-même. Dans un éditorial relatif à la session de la Société Royale, le *Times* déclarait : « Les sciences d'observation ont, en fait, amené un retour à l'idéalisme subjectif le plus pur. » Et « l'idéalisme », pour l'Anglais cultivé, qui a été formé par son école, son église, tout comme pour le *Times*, se trouvait diamétralement opposé au bolchevisme « matérialiste ».

La situation psychologique de l'Europe, à cette époque, accrut l'intérêt général pour la théorie d'Einstein. Les journaux anglais cherchaient à effacer toute espèce de liens entre l'Allemagne et l'homme qu'ils étaient en train de célébrer. Personnellement, Einstein était opposé à toute tactique de ce genre, non point qu'il accordât quelque valeur à être tenu pour le représentant de la science allemande, mais parce qu'il détestait les manifestations de l'étroitesse d'esprit nationaliste. Il croyait aussi qu'il pourrait avancer la cause de la réconciliation internationale s'il utilisait à cette fin sa propre renommée. Lorsque le *Times* lui demanda d'exposer au public londonien les résultats de sa théorie, il le fit le 28 novembre, en saisissant cette occasion d'exprimer son opinion sous une forme humoristique et familière. Il écrivit :

« La façon dont on a décrit dans le *Times* ce que je suis et ce qui me concerne témoigne d'une amusante flambée d'imagination de la part du rédacteur. Par application de la théorie de la relativité au goût du lecteur, on m'appelle aujourd'hui en Allemagne un homme de science allemand, tandis qu'en Angleterre je suis présenté comme un Juif suisse. Si je viens jamais à être tenu pour une *bête noire*, les termes seront renversés : je deviendrai un Juif suisse pour les Allemands et un Allemand pour les Anglais. »

A ce moment, Einstein était loin de prévoir combien vite cette boutade deviendrait exacte. L'éditorialiste du *Times* fut quelque peu gêné par la façon dont étaient ainsi traités les préjugés de la classe moyenne britannique, et il répondit sur la même note semi-humoristique : « Nous lui concédons sa petite boutade. Mais nous observons, qu'en accord avec la teneur générale de sa théorie, le Dr Einstein ne nous fournit aucune description absolue de lui-même. » Le *Times* montra aussi quelque malaise du fait qu'Einstein ne se sentait entièrement appartenir à aucune nation ni race déterminée.

En Allemagne même, la nouvelle des événements de Londres fut l'étincelle qui fait exploser l'émotion contenue. La satisfaction y fut double. L'œuvre d'un savant appartenant à la patrie défaite et humiliée avait été reconnue par la plus orgueilleuse des nations victorieuses.

De plus, la découverte d'Einstein n'était pas fondée sur quelque amas de recherches empiriques, mais bien plutôt surgissait-elle d'une imagination créatrice dont la puissance avait forcé le secret de l'univers, en sa réalité profonde; et l'exactitude de la solution dissipant l'énigme avait été confirmée par les précises observations astronomiques des flegmatiques Anglais.

La situation présentait encore une autre particularité : le découvreur appartenait au peuple juif, que la nation vaincue avait si souvent insulté et méprisé. Les membres de la communauté hébraïque s'étaient vus souvent contraints d'entendre ou de lire que si leur race possédait une certaine astuce dans les affaires, elle ne pouvait en science que répéter ou éclairer l'œuvre des autres, le vrai talent créateur lui ayant été refusé. Que ce peuple ancien, ce peuple unique, eût encore produit un pionnier dans l'ordre intellectuel, cela ne semblait pas seulement exaltant pour les Juifs eux-mêmes; c'était aussi une manière de consolation et d'encouragement pour tous les peuples vaincus et humiliés du monde.

Un observateur russe évoquait ainsi la curieuse situation psychologique de l'Allemagne abattue, à ce moment-là :

« Avec la misère sociale grandissante, il apparut alors chez les intellectuels des courants de pensées pessimistes, des idées sur le déclin de la culture occidentale, et, avec la violence d'un ouragan, des mouvements religieux. L'étendue de ces mouvements put sembler remarquable, même à qui croyait connaître la vie intellectuelle en Allemagne. Le nombre des groupes religieux indépendants y grandissait sans cesse. Invalides de guerre, commerçants, officiers, étudiants, artistes, tous étaient possédés du désir de créer une base métaphysique à leur conception du monde. »

Cette évasion de la réalité tragique vers le monde du rêve accrut aussi l'enthousiasme pour la théorie d'Einstein, laquelle occupait une place à part : il apparaissait au public qu'ici un peu de la réalité de l'univers avait été découvert par le rêve.

En Russie soviétique, le peuple était alors en train de construire un ordre social nouveau, sur des principes consciemment opposés aux idées pessimistes du « déclinant » Occident. On renonçait à toutes les rêveries idéalistes, ou du moins croyait-on y renoncer. On voulait se dissocier le plus possible des attitudes qui prévalaient aussi bien dans les pays victorieux que dans les pays vaincus. Partout, l'on recherchait des signes de « déclin ». On pensait que de tels symptômes se manifestent pareillement dans le cours des sciences physiques. Dès 1922, A. Maximov, l'un des maîtres de la philosophie politique en Russie soviétique, qui s'occupait particulièrement aussi de sciences physiques, écrivait dans le journal philosophique officiel, en analogie avec la description de la vie allemande que nous venons de donner :

« Cette atmosphère idéaliste a entouré et entoure encore la théorie de la relativité. Il est donc tout naturel que l'annonce d'une relativité généralisée par Einstein ait été reçue avec transport par *l'intelligentsia* bourgeoise. L'impossibilité, à l'intérieur de la société bourgeoise, pour les intellectuels, de se soustraire à ce genre d'influence, conduisit au fait que le principe de relativité servit exclusivement les tendances religieuses et métaphysiques. »

Là, nous enregistrons quelque chose du sentiment hostile à Einstein qui commençait à s'élever dans plusieurs groupes de l'Union soviétique.

A cet égard, on ne doit toutefois point oublier qu'au même moment, en Allemagne, des opinions s'exprimèrent qui taxaient la théorie d'Einstein de « Bolchevisme en physique », opinions en cela semblables à celles du savant américain déjà mentionné. Le rejet des idées einsteiniennes par certains interprètes éminents de la pensée soviétique ne changea rien à cette manière de voir. Et, comme Juifs et Bolcheviques étaient communément tenus pour un peu apparentés, on ne sera point surpris que la relativité eût été bientôt regardée comme « juive » et nuisible au peuple allemand. Cette attitude contraire à

Einstein émanait en Allemagne de ces cercles qui imputaient la perte de la guerre au « coup de poignard dans le dos », et non pas à la faute des classes dirigeantes. Pour Einstein en personne, pareille intrusion de la politique et du nationalisme dans le jugement de ses théories était tout à fait étonnante, voire à peine compréhensible. Pendant longtemps, il n'avait guère prêté attention à ces choses, ni même remarqué la plupart de ces attaques. Mais peu à peu il lui devint bien difficile de s'absorber complètement dans les harmonies de l'univers. De plus en plus, l'anarchie du monde des hommes passait au premier plan. Avec une force brutale, lentement mais sûrement, elle allait réclamer une part plus ou moins grande de son énergie intellectuelle.

VII

EINSTEIN FIGURE PUBLIQUE

1. Attitude politique d'Einstein.

La confirmation de la théorie avait éveillé un intense intérêt dans le public. Einstein cessait d'être un homme qui attire les savants seuls. Tout comme un homme d'État fameux, un général victorieux ou un acteur populaire, il devenait une figure publique. Il comprit que la grande renommée désormais acquise lui conférait aussi une grande responsabilité. Il considéra qu'il y aurait égoïsme et vanité à simplement accepter le fait d'être indiscuté et à poursuivre uniquement ses recherches. Il vit combien le monde est rempli de souffrances, et il pensa qu'il connaissait plusieurs de leurs causes. Il s'aperçut aussi que bien des gens désignaient ces causes, mais qu'on ne faisait point attention à eux parce que ce n'était pas de grands personnages. Il sentit qu'il était maintenant un homme partout écouté, et qu'alors son devoir était de prêter attention à ces douloureuses disgrâces, comme d'aider à les déraciner. Toutefois, il ne pensait point à dresser un programme défini, il ne se sentait pas la vocation d'un réformateur politique, social, ni religieux. Il n'en savait pas plus à cet égard que toute autre personne cultivée. Son avantage, c'est qu'il pouvait commander l'attention publique, et il n'était pas homme à avoir peur, s'il était nécessaire, de risquer sa grande réputation.

Il avait toujours vu clairement que quiconque s'aventure à exprimer son opinion sur des questions politiques ou sociales, doit sortir des temples sereins de la science pour entrer dans l'agitation de la foire sur la place, et s'attendre qu'on lui oppose toutes les armes habituelles à la foire sur la place. Einstein accepta cette situation comme allant de soi et inhérente à l'affaire. Pareillement comprit-il que beaucoup de ses adversaires politiques deviendraient par là même ses adversaires scientifiques.

Dans les années immédiatement consécutives à la guerre mondiale, le problème essentiel de tous les réformateurs politiques était tout naturellement de prévenir le retour d'une pareille catastrophe. Les moyens évidents d'atteindre ce but étaient le développement de la conciliation internationale, la lutte contre les nécessités économiques, le combat en faveur du désarmement et l'énergique refus de tout ce qui tendait à favoriser l'esprit militariste. La méthode la plus sûre et pratiquement infaillible d'obtenir la fin désirée, semblait être le refus individuel du service militaire, l'organisation des « objecteurs de conscience » sur une large échelle. Toutes ces idées apparurent aussi évidentes à Einstein qu'à beaucoup d'autres. Mais il avait plus de courage et plus d'occasions que les autres de plaider pour elles. Il ne montrait pas cette complaisance intime avec laquelle les universitaires, singulièrement en Allemagne, aimaient à se retirer dans la tour d'ivoire de la science. Mais les voies vers le but lui apparaissaient alors, comme à des milliers d'autres, beaucoup plus simples et plus sûres que la suite ne devait le prouver.

La position politique d'Einstein, comme celle de tous les intellectuels du monde, varia au cours des vingt années d'entre les deux guerres, mais il n'appartint jamais à aucun parti. Les partis se servirent de son autorité quand ils le purent, mais lui-même n'eut jamais d'activité dans aucun groupe. La raison fondamentale, c'est qu'Einstein ne s'intéressa jamais réellement à la politique.

Il fallait être un juge bien superficiel pour le voir sous

l'apparence du génie, enfoui dans ses recherches jusqu'à y puiser tout son bonheur, sans jamais ressentir l'influence du monde extérieur. Il y a beaucoup plus de contradictions non résolues dans le caractère d'Einstein qu'on ne le croirait au premier coup d'œil, et elles sont dues — je l'ai dit déjà — au contraste entre sa profonde conscience sociale d'une part, et d'autre part sa répugnance à entrer en contact trop intime avec ses semblables.

Ce trait se manifeste par-dessus tout dans son attitude envers les groupes politiques, avec qui il lui est parfois arrivé de collaborer parce que certains de leurs buts avaient ses sympathies. Mais alors il y eut sans cesse des moments où il lui fut extrêmement désagréable de se voir forcé à des actes ou des paroles qu'il n'approuvait pas, et l'instant survint toujours où il sentait naître l'antipathie pour les représentants de groupes avec lesquels il avait d'abord sympathisé. En outre, il n'aimait pas à réclamer quelque rôle spécial pour lui-même, et il participa quelquefois aussi à des choses qui vraiment n'étaient guère de son goût. Lorsque le cas s'en produisit, naturellement cela ne le porta pas à raffoler des gens qui l'obligeaient à agir de la sorte. Le résultat, c'est qu'il a donné à beaucoup de personnes l'impression d'un appui chancelant. Invariablement, il se dressait d'abord pour ce qui lui paraissait en valoir la peine, mais il n'était pas prêt à trop subir l'influence des clichés ou des slogans partisans. Telle fut son attitude dans sa collaboration avec les Sionistes, les pacifistes et les socialistes.

Einstein saisissait fort bien que toute chose a plusieurs aspects, et qu'en soutenant une bonne cause il arrive souvent qu'on aide la moins bonne. Beaucoup de gens, essentiellement hypocrites, se placent au-dessus de telles situations et refusent de participer à n'importe quelle cause juste, en raison de leurs « scrupules moraux ». Un tel comportement n'était pas du tout dans la manière d'Einstein. Si la cause fondamentale était bonne, il était prêt, d'aventure, à faire entrer dans l'affaire une tendance moins heureuse, secondaire. Il avait trop d'esprit réaliste et critique pour croire à la perfection d'un mouvement conduit par des êtres humains vers des buts humains.

C'est ainsi qu'il soutint le mouvement sioniste parce qu'il crut à l'importance de créer un sentiment de respect personnel parmi les Juifs en tant que groupe et de munir d'un refuge les Juifs sans patrie. Il savait bien cependant qu'il risquait de favoriser par là-même l'essor du nationalisme et de l'orthodoxie religieuse, deux choses qu'il n'aimait pas. Il voyait qu'on ne pouvait alors utiliser d'autre instrument qu'une sorte de nationalisme, pour susciter ce sentiment du respect de soi dans les rangs de la communauté hébraïque.

Mais il y eut des cas où la perspective de voir sa démarche faussement interprétée apparut si déplaisante à Einstein, qu'il n'admit point d'être placé dans des circonstances favorables à une telle situation. Il reçut des invitations répétées d'aller visiter la Russie soviétique et d'y faire des conférences, spécialement pendant les premières années du développement de ses théories; mais il déclina l'offre. Il sentait que toute remarque favorable qu'il pourrait faire serait interprétée à l'extérieur comme signe de communisme, et que toute critique serait prise par les communistes comme participation à la croisade capitaliste contre la Russie.

2. Antisémitisme dans l'Allemagne d'après-guerre.

Après la guerre, quand la défaite allemande causa l'effondrement de la classe des généraux et des junkers, habituellement regardée comme la source de tous les préjugés, beaucoup de gens pensèrent que la période de mise à l'écart des Juifs était désormais passée. Mais, en réalité, la perte du pouvoir fit naître un sentiment profond de rage dans de telles classes. Tout être humain est inconsolable d'une catastrophe aussi longtemps seulement qu'il en attribue la cause à sa propre infériorité. Par suite, il cherche à rejeter le blâme sur quelqu'un d'autre. Aussi, ceux qui défendaient les dirigeants évincés répandirent l'idée que la défaite était due, non pas à une faiblesse militaire, mais à une révolte de l'intérieur conduite par les Juifs. Cette propagande engendra contre eux une haine extrême en Allemagne. De tels sentiments furent très largement répandus, dans la classe cultivée même, et c'est pour les Juifs qu'ils offraient le plus de danger. En effet, comme ces sentiments étaient complètement irrationnels, les Juifs ne pouvaient les réfuter par quelque argument, ni échapper à l'inimitié par un changement quelconque de conduite.

Beaucoup d'Israélites d'Allemagne, cependant, ne comprirent pas la situation et s'efforcèrent de détourner d'eux l'attention, en surenchérissant de diverses façons. La plus innocente fut de chercher à écarter la honte de la défaite en la rejetant sur le manque de patriotisme des socialistes. Beaucoup allèrent même plus loin, assurant que les Juifs étaient divisés, et accusant les « mauvais ». Eux qui résidaient en Allemagne depuis longtemps chargeaient de tous les péchés d'Israël les immigrants de l'Est européen. On y comprenait, selon les préférences et les besoins du moment, les Juifs de Pologne, de Russie, de Roumanie, de Hongrie, parfois même d'Autriche. Lorsque Hitler, qui, chacun le sait, était autrichien d'origine, commença ses persécutions antisémites, un professeur israélite d'université allemande déclara : « On ne peut blâmer Hitler pour ses vues au sujet des Juifs. Il arrive d'Autriche et il a raison, pour autant qu'il s'agit des Juifs autrichiens. S'il avait bien connu ceux d'Allemagne, il n'aurait jamais contracté une opinion aussi fâcheuse de nous. » De telles assertions dépeignent d'une façon fort expressive le sentiment de quelques Juifs allemands. Et ceux de l'Est le ressentirent si amèrement que, lorsque Hitler commença de persécuter ceux d'Allemagne même, la réaction ne conduisit pas à un front commun israélite; souvent, tel groupe régional essaya de rejeter sur d'autres groupements juifs la faute d'Hitler seul.

Ce manque du respect de soi, dans la conduite de plusieurs Juifs allemands, humiliait Einstein. Jusqu'alors, il n'avait pris qu'un faible intérêt à la condition des Juifs et qu'à peine mesuré les graves problèmes posés par leur situation; désormais, au contraire, il éprouva une sympathie profonde pour leur sort. Bien qu'il eût une certaine répugnance pour l'orthodoxie israélite, il regarda la communauté juive comme un groupe porteur d'une tradition fort précieuse et qui accordait la plus haute considération aux valeurs de l'esprit. Aussi ne vit-il pas sans amertume une telle communauté non seulement attaquée par ses ennemis extérieurs, mais encore torpillée de l'intérieur. A ses yeux, les Juifs s'enfonçaient de plus en plus dans une situation psychologique tortueuse, qui ne pouvait engendrer qu'un état d'esprit perverti.

Cette sympathie profonde éveillait en lui une impression toujours croissante de responsabilité. A mesure que montait sa renommée, il prouvait à toute la communauté juive qu'elle était capable de produire un homme d'assez de puissance créatrice pour formuler une théorie de l'univers reconnue du monde entier comme l'un des plus grandioses monuments de notre temps. C'était la réfutation de l'opinion fort reçue, selon quoi la puissance créatrice de l'esprit serait réservée à la race nordique-aryenne.

3. Le mouvement sioniste.

Durant la guerre mondiale, lorsque le gouvernement britannique se déclara prêt à soutenir l'établissement d'un foyer national pour les Juifs en Palestine, le mouvement sioniste éprouva une puissante reviviscence dans tous les pays. Son but était de fonder un état israélite dans l'antique patrie d'origine des Juifs, pour offrir à ceux du monde entier un centre national et culturel.

Dans la promesse anglaise, ils virent le premier pas vers le but. On espérait que la coopération des Juifs du monde entier parviendrait à les délivrer de cette humiliante impression qu'ils étaient seuls de tous les peuples à n'avoir point de foyer national, et que partout on ne les tolérait qu'au titre d'invités.

Dès le début, Einstein éprouva divers doutes à l'égard des visées sionistes. Il n'avait aucune sympathie pour cet accent fortement nationaliste et ne voyait nul avantage à substituer un nationalisme juif à l'allemand. Il ressentait aussi les difficultés inhérentes au plan touchant la Palestine. Il estimait le pays trop petit pour recevoir toute l'immigration juive désireuse de s'établir dans une patrie personnelle, et il prévoyait le conflit entre nationalismes israélite et arabe. Souvent, les Sionistes avaient tenté de minimiser l'étendue de ces problèmes, mais Einstein considérait qu'ils devaient être envisagés sérieusement.

En dépit de tous ces doutes ou scrupules, il trouvait d'ailleurs beaucoup de raisons en faveur du Sionisme. Il y voyait le seul mouvement actif, parmi les Juifs, qui parût capable d'éveiller en eux le sens de la dignité dont il déplorait si fort l'absence. Il ne croyait pas beaucoup à ces procédés d'éducation qui prennent de l'efficacité par l'exagération du nationalisme; pourtant il sentait que l'âme juive, — et surtout celle des Juifs allemands, — se trouvait dans un tel état pathologique qu'il imposait tous les moyens éducatifs tendant à alléger ou guérir le mal.

Donc, il décida en 1921 d'accorder publiquement son appui au Sionisme. Il était bien persuadé qu'une telle action causerait une impression stupéfiante chez les Juifs allemands, puisque presque tous ceux d'entre eux qui avaient une activité publique comme universitaires et écrivains tenaient le mouvement sioniste pour l'ennemi mortel de leur espoir : la graduelle assimilation complète des Juifs au milieu de leurs concitoyens. Si un homme comme Einstein, — à coup sûr le plus grand savant juif de l'Allemagne, et d'ailleurs d'une réputation universelle, — s'avançait de cette manière et traversait leurs efforts, il était évident que son action serait regardée, par beaucoup de Juifs allemands, comme un « coup de poignard dans le dos ». Mais Einstein n'était pas homme à s'effrayer d'une réaction quelconque de ce genre. Il sentit même que cet antagonisme formait déjà le commencement du procédé éducatif qu'il avait en vue. Aussi bien, puisque Einstein avait pris sur lui de dire tant de choses que d'autres n'osaient point exprimer, il devenait plus facile de parler soi-même, et les inhibitions furent réduites.

Dès lors, Einstein devint, pour beaucoup de gens, la brebis galeuse parmi les universitaires allemands d'origine israélite. On tenta d'expliquer sa conduite en se fondant sur toutes sortes de causes, telles que sa mésintelligence du caractère allemand, sa femme, la propagande des journalistes astucieux ou même sa nature, prétendue, de « Russe réfractaire [1] ». On ne voyait pas qu'il était en train d'utiliser sa gloire scientifique à l'éducation de la communauté juive.

La participation d'Einstein au sionisme, cependant, s'expliquait non seulement par le but initial du mouvement, mais aussi bien par un plan secondaire qui touchait une corde sensible de son être intime. C'était le projet d'établir une université israélite à Jérusalem.

Il lui avait toujours été pénible de voir tant de jeunes Juifs, qui aspiraient à une haute culture, empêchés de l'acquérir à cause de la discrimination dont ils souffraient. La plupart des universités de l'Europe orientale s'opposaient à l'admission d'un grand nombre d'étudiants juifs. En Europe centrale, de même, cette attitude prévalut contre l'admission de ceux que rejetaient les universités orientales. Pour Einstein, c'était une forme particulière de brutalité, — voire de paradoxale brutalité, — que ce peuple, précisément, qui avait tou-

1. *Draft-dodger*, expression américaine pour désigner ceux qui cherchent à échapper au recrutement, c'est-à-dire les réfractaires. *(N. d. T.)*

jours nourri un respect et un amour singuliers pour les recherches de l'esprit, fût contrarié dans ses aspirations intellectuelles. Bien que les étudiants juifs fussent souvent parmi les plus ouverts et les plus laborieux, toute admission d'un Juif de l'Est, dans une université germanique, était regardée comme acte spécial de tolérance. Alors, les quelques élus eux-mêmes n'étaient pas considérés par les autres comme des camarades ou des amis, et jamais ils ne se sentaient vraiment à l'aise. La même prévention atteignait aussi un petit nombre de professeurs israélites. Pour ce motif, Einstein éprouva la nécessité de fonder une université qui appartînt aux Juifs, et dans laquelle étudiants comme professeurs fussent libérés de cette tension d'esprit due au contact perpétuel avec un entourage inamical.

C'est à propos de ce plan d'université qu'Einstein entra en rapport avec Chaim Weizmann, le leader incontesté du mouvement sioniste. Comme lui, Weizmann était un homme de science, mais plutôt attiré vers les applications techniques. Professeur de chimie à l'Université de Manchester, son activité scientifique de guerre avait rendu de grands services au gouvernement britannique, durant le conflit mondial. Aussi s'était-il lié avec les cercles anglais influents, et avait-il été en mesure de propager les idées sionistes. Einstein avait la ferme intention de coopérer avec le parti de Weizmann dans un dessein défini, et l'idée d'établir une université à Jérusalem rendit plus facile cette collaboration. Weizmann en personne caractérisa les buts de l'université dans des termes à longue portée, — ce qui plut beaucoup à Einstein, — en disant : « L'Université hébraïque, tout en servant de moyen propre d'expression, jouera un rôle d'interprète entre l'Orient et l'Occident. »

4. Einstein pacifiste.

Dès l'enfance, Einstein avait été profondément humilié à la vue de ces gens qu'on entraîne à devenir des automates, qu'il s'agît de soldats défilant à travers les rues ou d'élèves apprenant le latin au gymnase. L'aversion pour le dressage mécanique se combinait en lui avec une horreur extrême de toute violence, et il voyait dans la guerre le sommet de tout ce qui était odieux, la brutalité mécanisée.

Cette répugnance, Einstein la mettait au-dessus et en dehors de toute conviction politique. Un jour de 1920, s'adressant à un groupe d'Américains venus le visiter à Berlin, il déclarait :

« Mon pacifisme est un sentiment instinctif, un sentiment qui me possède parce que le meurtre de l'homme inspire le dégoût. Mon attitude ne dérive point de quelque théorie intellectuelle, mais se fonde sur ma très profonde antipathie pour toute espèce de cruauté ou de haine. Je pourrais me mettre à rationaliser cette réaction, mais ce serait, en réalité, penser *à posteriori.* »

L'attitude d'Einstein envers la guerre se fondant sur de larges assises humaines plutôt que politiques, il lui était très difficile de collaborer avec des institutions qui estimaient devoir travailler aussi à la paix universelle. En 1922, Einstein fut nommé à la « Commission pour la Coopération intellectuelle » de la Société des Nations. Cet organisme se proposait de familiariser les intellectuels avec les vues de la Société des Nations et de les induire à employer leur savoir et leurs talents à la réalisation de ces vues. La Commission ne passa point le stade de quelque vague commencement. Au début, cependant, Einstein ne crut pas qu'il dût refuser son concours, et dans sa lettre d'acceptation il écrivait ceci : « Bien qu'il me faille avouer que le caractère de l'ouvrage à faire par la Commission ne me soit nullement clair, je considère comme un devoir d'obéir à sa requête, car personne aujourd'hui ne doit refuser son aide aux efforts pour réaliser la coopération internationale. »

Mais, après une année, il reconnut que la Société des Nations n'interdisait pas l'usage de la force par les grandes puissances et cherchait simplement le moyen d'incliner les petites nations à subir sans résistance les demandes des grandes.

Il démissionna donc de la Commission, en donnant la raison suivante : « Je suis persuadé que la Société ne possède ni la force ni la bonne volonté nécessaire à l'accomplissement de sa tâche. Pacifiste convaincu, il ne me semble pas bien de garder désormais quelque relation avec la Société. »

Dans une lettre à un magazine pacifiste, il formula même sa décision d'une manière plus tranchante :

« J'ai agi ainsi parce que l'activité de la Société des Nations m'a convaincu qu'il n'y aurait aucun acte, aucune pratique si brutaux fussent-ils, de la part des groupes détenant aujourd'hui le pouvoir, à quoi la Société s'opposerait. Je me retire parce que la Société des Nations, dans son fonctionnement actuel, non seulement n'incarne pas l'idéal d'une organisation internationale, mais en vérité discrédite un tel idéal. »

L'exactitude de ce jugement apparut dès la fin de la même année 1923, lorsque à l'occasion du conflit entre la Grèce et l'Italie, la Société des Nations entreprit simplement de faire capituler la Grèce, la plus faible des deux parties. On ne voulait pas froisser les sentiments de l'Italie, laquelle était toute alors à sa lune de miel avec le fascisme.

Bientôt, pourtant, Einstein s'aperçut que la question présentait un autre aspect. Il observa que sa démission avait été accueillie avec transport par les nationalistes allemands. Après quoi, comme en tant d'autres occasions, il réfléchit que même si l'on voit beaucoup d'erreurs dans un mouvement, l'on n'a point raison pour autant de lui refuser son soutien, si le principe essentiel en est bon. Par suite, il rentra dans la Commission en 1924. Pour le dixième anniversaire de la Société des Nations (1930), il exprima l'essentiel de son opinion de la façon suivante : « Je suis rarement enthousiaste de ce que la Société a fait ou n'a pas fait, mais je lui suis toujours reconnaissant d'exister. » Toutefois, il ne cessa d'appuyer sur le fait que, sans la collaboration des Etats-Unis, la Société des Nations ne serait jamais un facteur de justice internationale.

Son idée constante était que les savants ont un rôle particulier à jouer pour avancer la cause de la compréhension internationale. La nature de leur travail ne s'enferme pas dans des frontières comme c'est le cas, par exemple, pour l'histoire ou l'économie politique, et leurs jugements de valeurs tendent à l'objectivité. Il est donc particulièrement facile aux savants de différents pays de trouver un terrain commun. Comme il l'exposait un jour :

« Les représentants des sciences de la nature sont enclins par le caractère universel de leurs études et par la nécessité d'une coopération internationale organisée, à un état d'esprit international aussi, les prédisposant en faveur des buts pacifiques... La tradition de la science en tant que force dans la formation culturelle doit ouvrir l'esprit à des vues beaucoup plus compréhensives, et posséder une puissante influence, — à cause de ses perspectives universelles, — pour arracher les hommes au court chemin du nationalisme insensé. Vous ne pouvez pas abolir le nationalisme, si vous ne mettez quelque chose à sa place. Et la science offre cette grande chose à quoi les hommes pourraient se raccrocher. »

Là aussi, Einstein voyait une tâche pour le peuple juif. Pendant des siècles, les Juifs avaient formé une si petite minorité parmi leurs voisins qu'ils n'avaient pas été capables de se défendre eux-mêmes par la force. Ils avaient montré comment, face à la violence, il est possible de survivre grâce à l'esprit. Dans une adresse à un meeting israélite à Berlin en 1929, Einstein disait :

« Le Judaïsme a prouvé que l'intelligence est la meilleure arme de l'histoire. Opprimé par la violence, le Judaïsme s'est moqué de ses ennemis en écartant la guerre, et dans le même temps il enseignait la paix... C'est notre devoir à nous, Juifs, de mettre à la disposition du monde notre pénible expérience plusieurs fois millénaire, et, fidèles à la tradition morale de nos ancêtres, de devenir les soldats du combat pour la paix, en union avec les plus nobles éléments de tout l'horizon culturel et religieux. »

L'attitude d'Einstein à l'égard du pacifisme doit toujours être présente à l'esprit si l'on veut comprendre sa position politique. Comme le problème de la nouvelle organisation sociale devenait de plus en plus complexe et qu'on ne voyait plus clairement quels groupes représentaient le progrès vers le but, Einstein refusa définitivement de lier la lutte contre la guerre à la cause du socialisme. Le leader socialiste américain Norman Thomas lui demandait un jour s'il ne considérait pas la réalisation de la société socialiste comme un préliminaire indispensable à la garantie de la paix générale. Einstein répliqua :

« Il est plus facile de gagner les peuples au pacifisme qu'au socialisme. Les problèmes économiques et sociaux sont aujourd'hui beaucoup plus difficiles, mais il est nécessaire que les hommes et les femmes parviennent au point où ils croient aux solutions pacifiques. Alors, on peut espérer qu'ils aborderont les problèmes politiques et économiques dans un esprit de coopération. Je dirais que nous devrions travailler d'abord, non pour le socialisme, mais pour le pacifisme. »

Einstein savait bien que les problèmes sociaux ne se résolvent point par une simple profession de foi socialiste, mais que des intérêts très complexes et souvent opposés doivent être conciliés; de même, il reconnaissait depuis longtemps qu'il y a un paradoxe dans l'idéal démocratique. Le peuple doit gouverner; pourtant la liberté ne se réalise jamais par une formule, il faut encore que le système soit dirigé par des hommes dignes de la confiance qu'on leur accorde. La démocratie mène nécessairement à la formation des partis; mais le gouvernement mécanique des partis mène souvent à son tour à la suppression des opposants. C'est ainsi qu'Einstein écrivait en 1930 :

« La démocratie est mon idéal politique... Pourtant, je sais fort bien que pour atteindre un but défini quelconque, il faut impérieusement qu'*une* personne pense et commande et prenne en charge presque toute la responsabilité. Seulement, ceux qui sont conduits ne devraient pas être contraints : il leur devrait être permis de choisir qui les conduit. Je trouve fausses les distinctions qui séparent les classes sociales; en dernière analyse, elles reposent sur la force. Je suis convaincu que la dégénérescence suit tout système autocratique de violence, car la violence attire inévitablement ceux qui moralement sont inférieurs. On voit au cours des âges qu'aux tyrans illustres succèdent les gredins. »

Einstein n'a jamais placé l'essence de la démocratie dans l'observance de certaines règles formelles. Elle se trouve plutôt dans l'absence de tout esprit de violence dirigé contre certaines parties de la nation. Avant même que l'Allemagne ne devînt une dictature, il avait déjà reconnu les ombres du système, aussi bien que celles de la démocratie formelle encore dominante. Il dit un jour :

« C'est pour cette raison que j'ai toujours été passionnément opposé aux régimes tels qu'il en existe aujourd'hui en Russie et en Italie. Ce qui a discrédité les formes européennes de démocratie, ce n'est pas la base théorique de la démocratie elle-même — que certains disent défectueuse — mais l'instabilité de notre direction politique, aussi bien que le caractère impersonnel des partis mis à l'alignement. »

Dès ce moment, Einstein regardait le système américain de gouvernement comme une forme de démocratie supérieure à la république allemande ou même à la république française. Il se fonde non pas tellement sur des délibérations parlementaires ou des votes que sur le gouvernement par un président élu. « Je crois, disait-il à un journal américain en 1930, que vous, aux Etats-Unis, vous êtes tombés sur l'idée juste. Vous choisissez un président pour un laps de temps raisonnable et vous lui donnez assez de pouvoir pour qu'il s'acquitte convenablement de sa charge. »

De même, au cours des discussions sur le troisième mandat de Roosevelt, il ne put se faire à l'idée que le nombre de périodes pour lesquelles un président est élu importe à la démocratie; il sentait bien en effet que l'esprit dans lequel le président exerce les pouvoirs de sa charge a beaucoup plus d'importance.

Mais, si la question de la démocratie ou du socialisme lui sembla toujours complexe et non susceptible d'être résolue par une formule, à cette époque encore le problème de la conduite à tenir à l'égard du service militaire et de la guerre lui paraissait fort simple parce que son opposition n'était pas fondée sur quelque conviction politique.

Il est même possible de trouver des paroles d'Einstein qui rendent un son « non-démocratique », et qui semblent presque suivre la doctrine de l'élite. Par exemple : « Ce qui est vraiment valable, dans la confusion de notre vie, ce n'est pas la nation, mais, dirais-je, l'individualité créatrice et sensible, la personnalité, ce qui produit le noble et le sublime, alors que le troupeau commun demeure stupide de pensée et insensible de sentiment. » Et il haïssait toutes les institutions militaires parce qu'elles cultivent et favorisent cet esprit si grégaire :

« Ce sujet m'amène à la séquelle la plus vile de l'esprit grégaire, — les odieuses milices. L'homme qui se réjouit de marcher enrégimenté aux accents de la musique tombe sous mon mépris : c'est par erreur qu'il a reçu son vaste cerveau, l'épine dorsale y suffisait amplement. Cet héroïsme de commande, cette violence insensée, cette précise enflure de patriotisme, ah! combien fort je méprise tout cela! »

Einstein n'était pas opposé à la dictature parce qu'elle reconnaît l'existence d'une élite, mais parce qu'elle cherche à donner un esprit grégaire à la majorité du peuple.

Le but d'Einstein — éviter le service militaire et la guerre — semblait si désirable qu'il croyait alors que les moyens les plus primitifs et les plus radicaux sont les plus effectifs, c'est-à-dire le refus individuel du service militaire comme le pratiquent certains groupes religieux tels que les Quakers ou les Témoins de Jéhovah. En 1929, comme on lui demandait ce qu'il ferait dans l'occurrence d'une nouvelle guerre, il répondit dans un magazine : « Je refuserais sans condition d'accomplir un service de guerre, direct ou indirect, et je m'efforcerais de persuader mes amis qu'ils prissent la même attitude : et ceci, quelque jugement qu'il y ait à porter sur la cause de la guerre. » En 1931, il mit sa renommée et son activité personnelle à la disposition de la Résistance Internationale à la guerre, lançant un appel où il s'exprimait ainsi :

« J'adresse cet appel à tous les hommes et à toutes les femmes, qu'ils soient éminents ou humbles, pour qu'ils proclament leur refus d'apporter une assistance quelconque à la guerre ou à la préparation de la guerre. Je leur demande de s'en exprimer à leur gouvernement par écrit et d'enregistrer cette décision en m'informant qu'ils ont agi de la sorte... J'ai autorisé la création du *Fonds Einstein de Résistance internationale à la guerre* ».

Lorsque je visitai la Maison des Amis à Londres, quartier général des Quakers, je vis les portraits de trois hommes, dans le bureau du secrétaire : Gandhi, Albert Schweitzer et Einstein. Un peu surpris de ce mélange, je demandai au secrétaire ce que ces trois personnages pouvaient bien avoir en commun? Étonné de mon ignorance, il m'apprit : « Tous trois sont pacifistes ».

5. Campagnes contre Einstein.

Lés intellectuels allemands, qui avaient aveuglément suivi la classe militaire dirigeante dans la première guerre mondiale, furent désorientés quand leur confiance s'effondra avec la défaite. Dans les années consécutives à l'armistice les professeurs se sentirent comme des moutons sans leur berger. Quand Einstein s'aventura dans cette confuse atmosphère, pour se mêler aux affaires publiques en soutenant le sionisme et le pacifisme, une forte opposition commença de s'organiser contre lui.

Pour les ardents nationalistes, Juifs et Pacifistes étaient

les boucs émissaires qui devaient supporter la honte de la défaite car ils étaient coupables du « coup de poignard dans le dos », et tous ceux qui soutenaient leurs mouvements se voyaient l'objet d'une haine violente. Ceux-là mêmes qui acceptaient les idées d'Einstein se choquaient de sa brusque manière de contredire aux sentiments adverses, et l'on commençait à le tenir pour une espèce d'*enfant terrible*. Lui-même n'était pas familier des machinations politiques et n'y avait aucun intérêt; aussi, ses affirmations étaient-elles considérées comme puériles ou cyniques. Après le succès de sa théorie, affirmé par l'expédition anglaise lors de l'éclipse solaire, avec l'essor de sa renommée, ses ennemis se mirent à déprécier sa réussite aussi fort que possible.

Subitement, il apparut une organisation dont le seul propos était de combattre Einstein et ses idées. Le leader en était un certain Paul Weyland, dont le passé, la formation et les occupations étaient inconnus. L'organisation disposait de grandes sommes d'argent, d'une origine non moins inconnue. Elle offrait des honoraires relativement élevés aux gens qui écrivaient contre Einstein ou s'opposaient à lui dans les meetings. Elle organisait des réunions annoncées par d'imposantes affiches, comme pour les plus grands virtuoses.

Ceux qui parlaient en faveur du mouvement et le représentaient peuvent se diviser en trois groupes. Le premier comprenait les agents politiques de la « révolution de la droite ». Ils ne savaient absolument rien d'Einstein, non plus que de ses théories, sauf qu'il était un Juif, un « pacifiste », que l'Angleterre le tenait en haute estime, et qu'il semblait aussi en train d'avoir prise sur le public allemand. Ces gens-là parlaient bruyamment et avec la plus grande assurance. Selon la coutume des propagandistes professionnels, c'est Einstein et ses partisans qu'ils accusaient de faire beaucoup trop de propagande. Ils n'entraient jamais dans aucun débat objectif, et ils insinuaient de façon plus ou moins voilée que l'essor de la théorie d'Einstein était dû à ces mêmes conspirateurs qu'on devait accuser de la débâcle allemande. Comme il est représentatif de l'esprit de ce groupe, je veux citer un article qui parut dans le magazine *Der Stürmer*, un périodique littéraire mensuel très apprécié des cercles nationalistes allemands. Sous le titre « Physique bolcheviste », la théorie d'Einstein y est directement rattachée à la situation politique. Selon une opinion répandue, la défaite était due à la circonstance que le président Woodrow Wilson ayant promis une juste paix aux Allemands, ces derniers avaient été amenés à conclure un armistice, alors qu'ils n'y étaient point contraints par la situation militaire. L'article poursuivait :

« A peine le peuple allemand horrifié venait-il de voir en toute clarté qu'il avait été froidement dupé par la noble politique du professeur Wilson et escroqué par la grâce de l'auréole professorale, qu'on proposait une nouvelle œuvre professorale aux naïfs Allemands, dans le plus grand enthousiasme et l'extase, comme le pinacle de la recherche scientifique. Et par malheur, des gens de haute culture même tombèrent dans le panneau, même et surtout ceux-là, puisque le professeur Einstein, ce prétendu nouveau Copernic, compte des professeurs de l'université parmi ses admirateurs. Or — pour ne pas mâcher les mots — nous sommes en présence ici d'un infâme scandale scientifique, bien en harmonie avec le tableau offert par la plus tragique des périodes politiques. En dernière analyse, on ne saurait blâmer les ouvriers de se laisser prendre par Marx, lorsque les professeurs allemands consentent eux-mêmes d'être égarés par Einstein. »

Un second groupe du mouvement hostile à Einstein comprenait des physiciens à qui leur précision d'expérimentateurs valait une certaine réputation dans les milieux professionnels, et qui s'étonnaient alors de voir quelqu'un parvenir à une renommé euniverselle par des constructions de pure imagination créatrice. Ils n'avaient pas des vues assez compréhensives pour saisir la nécessité de généralisations aussi vastes que celles d'Einstein; en somme, ils penchaient à constater simplement que d'honnêtes physiciens peinant dur se trouvaient dédaignés au profit d'un frivole inventeur d'hypothèses fantastiques. Il y avait quelque peu là, déjà, l'idée que l'aptitude à observer fidèlement la nature est la marque même de la race « nordique », et qu'Einstein, par suite, s'en trouvait dépourvu.

Le troisième groupe se composait de philosophes qui prônaient certains systèmes philosophiques incompatibles avec la théorie de la relativité. Ou, pour le dire plus précisément, ils ne pouvaient entendre le sens physique exact de la Relativité, en venant ainsi à lui conférer une interprétation métaphysique, dont elle était vraiment innocente. Ils dénonçaient donc cette philosophie, qu'en personne ils avaient inventée. Là encore, on trouvait un peu déjà cette idée selon quoi le philosophe nordique-aryen sonde la vraie profondeur de la nature même, tandis que les autres races se contentent de disputer des divers points de vue d'où on peut la décrire.

Mais, comme physiciens aussi bien que philosophes sont souvent très naïfs, ou, pour parler sans ambages, pensent fort peu en matière de psychologie individuelle ou politique, les deux derniers groupes, souvent, ne s'aperçurent même pas qu'ils étaient en train de servir une bien singulière propagande politique.

Lorsque Paul Weyland organisa son premier meeting à la Philarmonie de Berlin, il fit même de grands efforts pour s'assurer des orateurs d'origine juive, comme on s'abrite derrière un rideau de fumée. A cette séance, Weyland, dont le speech était plus politique que scientifique, fut suivi de E. Gehrcke, un bon physicien expérimentateur de Berlin, qui critiqua la théorie en homme capable à coup sûr d'éviter les erreurs expérimentales, mais à qui manque simplement l'acuité de l'intelligence et le vol de l'imagination pour passer des faits particuliers à la synthèse. De tels esprits sont communément prêts à accepter les vieilles hypothèses, parce qu'à travers leurs habitudes ils ont oublié qu'elles ne sont pas des faits, mais ils aiment à étiqueter les nouvelles théories comme « absurdes » et « opposées à l'esprit de la science expérimentale ». On avait invité jusqu'à un représentant de la philosophie qui devait démontrer que la théorie d'Einstein n'était pas la « vérité » mais seulement une « fiction ». Il était d'ascendance juive, et on l'avait prévu comme étant le clou du meeting. En dépit de son innocence politique et de télégrammes pressants, il déclina l'invite au dernier moment, quelques amis lui ayant expliqué le but de la réunion. Ainsi, la première attaque eut lieu sans les bénédictions de la philosophie.

Einstein assistait au meeting comme spectateur, et même applaudit les attaques avec bonne humeur. Il lui plut toujours de regarder les événements du monde extérieur comme s'il était un spectateur au théâtre. Les meetings de ce genre lui paraissaient exactement aussi amusants que les séances de la Faculté à Prague, ou de l'Académie prussienne des Sciences.

D'autres réunions analogues eurent lieu, et cette année-là le « cas Einstein » devint un sujet permanent de débats dans la presse. Il était assailli de demandes pour exprimer publiquement son opinion sur ces attaques. Mais il lui répugnait d'agir comme s'il pensait qu'il avait affaire à des discussions scientifiques. Il n'avait aucun désir de débattre en public de questions inintelligibles à la plupart des gens et qui n'avaient rien à voir dans ces meetings. Finalement, pour enterrer toute l'histoire, il écrivit dans un journal berlinois qu'il serait insensé de répondre sur le ton scientifique à des arguments qui n'avaient rien à voir avec la science. Le public serait incapable de décider qui avait raison. Aussi dit-il simplement : « Si j'étais un nationaliste allemand avec ou sans swastika au lieu d'être un Juif libéral et internationalisant, alors... » C'était encore plus compréhensible pour tout le monde que des arguments scientifiques. Du coup, les adversaires d'Einstein devinrent plus furieux que jamais et prétendirent qu'il transformait une discussion scientifique en un débat politique. Au fond, une fois encore il s'était montré *enfant terrible*, et avait seulement appelé les choses par leur nom. Beaucoup de ses amis mêmes auraient préféré qu'il eût agi comme s'il ne saisissait pas les motifs de ses contradicteurs.

A cette époque, il commença de se sentir peu à l'aise dans Berlin, et l'on répandit couramment le bruit qu'il allait quitter l'Allemagne. On lui offrait une chaire à l'Université hollandaise de Leyde. Comme on lui demandait s'il désirait vraiment quitter Berlin, il déclara : « Une telle décision serait-elle donc si étonnante? Ma situation est celle d'un homme qui est couché dans un lit somptueux, où il est torturé par des punaises. Néanmoins, attendons et voyons comment les choses tourneront. »

L'hostilité contre Einstein acquit une certaine respectabilité dès lors qu'un physicien, généralement regardé comme un membre remarquable de la profession, se mit à sa tête. J'ai eu déjà plusieurs fois l'occasion de parler de Philippe Lenard. En 1905, c'est sur des observations de Lenard qu'Einstein avait fondé sa nouvelle conception de la lumière. Pour ces travaux et d'autres expériences accomplies avec une extrême ingéniosité, Lenard avait reçu le Prix Nobel. En revanche, il était moins expert dans l'art de déduire des lois générales de ses observations. Quand il essayait de le faire, il s'embarquait dans des hypothèses si compliquées qu'elles ne contribuaient pas précisément à éclaircir les choses. C'est pourquoi il ne parvint jamais à se faire admettre comme théoricien.

C'était l'un des physiciens qui durant la grande guerre devinrent nationalistes à l'extrême, et ennemis particulièrement virulents de l'Angleterre. Il regarda la défaite, — qui le surprit tout à fait ainsi que les autres partisans de ces mêmes vues politiques, — comme l'œuvre de puissances internationales : avant tout, les socialistes et les pacifistes. Il était de ceux qui commençaient à accuser les Juifs de tirer en réalité les ficelles dans la coulisse. Bientôt, Lenard rejoignit les bandes d'Hitler et fut l'un des tout premiers membres du parti national-socialiste.

Il restait stupéfait du très grand succès d'Einstein

après la guerre. D'abord, cet homme n'était pas un expérimentateur; ensuite, il était l'inventeur d'une « absurde » théorie qui contredisait au sens commun, incarné dans la physique mécaniste; enfin, et par-dessus tout, il s'agissait d'un Juif et d'un pacifiste. Pour Lenard, c'était plus qu'il n'en pouvait supporter : il mit sa réputation et son prestige de physicien au service des adversaires d'Einstein. En lui confluaient les motifs des trois courants que nous avons vus s'opposer à Einstein : les agents de la révolution de la droite, les purs « empiristes », et les défenseurs d'une certaine philosophie.

Le fanatisme nationaliste de Lenard se décela dans maints incidents. Un jour, après la guerre, le physicien russe bien connu A. F. Joffe voyageait en Allemagne dans le dessein de reprendre contact avec ses collègues allemands. Il se rendit à Heidelberg et voulut aller voir Lenard pour discuter certaines questions scientifiques avec lui. A l'institut, il demanda au concierge de l'annoncer à Lenard. Le concierge revint et lui dit : « *Herr Geheimrat* Lenard me prie de répondre qu'il a quelque chose de plus important à faire que de parler aux ennemis de sa patrie. »

On sait que dans le monde entier l'unité d'intensité de courant électrique s'appelle l'ampère, d'après le physicien et mathématicien français André-Marie Ampère. Mais Lenard ordonna que dans son laboratoire l'unité électrique abandonnât son nom français et prît le nom d'un physicien allemand, Weber. Ce changement fut fait sur tous les instruments du laboratoire, à Heidelberg.

Chaque année, en septembre, se tenait une réunion des professeurs ou hommes de science d'Allemagne. Habituellement, plusieurs milliers de personnes s'y assemblaient. En 1920, la session eut lieu dans la ville d'eaux bien connue de Bad Nauheim. Plusieurs communications ayant trait à la relativité figuraient aussi au programme. Lenard décida de saisir l'occasion pour attaquer les théories d'Einstein devant les savants assemblés, et pour en démontrer l'absurdité.

Le détail fut généralement connu et on attendit la séance comme s'il s'agissait d'une réunion sensationnelle et décisive d'un parlement. C'est Max Planck qui présidait. Homme distingué autant que grand savant, il détestait toute espèce de « sensation ». Il entreprit d'arranger les assises de telle manière qu'il maintînt les débats sur le plan des habituelles discussions scientifiques et qu'il prévînt les points de vue non scientifiques d'y faire intrusion. Il s'arrangea pour que la plus grande part de l'horaire disponible fût remplie par les communications purement mathématiques ou techniques. Il ne restait guère de temps pour l'offensive de Lenard et le débat qui devait s'ensuivre. Tout fut disposé pour écarter les conséquences dramatiques.

Les questions de principe ne furent pas abordées dans les longs rapports, qui fourmillaient de formules mathématiques. Alors, Lenard se dressa pour une courte allocution où il attaqua la théorie d'Einstein, mais sans y introduire quelque touche d'émotion. Son argumentation n'était ni que la théorie fût contradictoire aux résultats de l'expérience, ni qu'elle renfermât des contradictions logiques, mais en vérité simplement qu'elle était incompatible avec la manière dont l'ordinaire « sens commun » concevait les choses. Au fond, c'était simplement la critique d'un langage qui n'était pas celui de la physique mécaniste.

Einstein répliqua très brièvement, puis deux autres orateurs parlèrent plus brièvement encore pour et contre Einstein. Après quoi la séance parvint à son terme. Planck pouvait enfin pousser un soupir de soulagement, car le meeting s'était déroulé sans incident majeur. Les policiers armés qui surveillaient l'immeuble purent s'en aller. Planck était de si bonne humeur qu'il clôtura la séance par l'un de ces mots populaires qui ont circulé chez les non-physiciens : « Comme la théorie de la relativité, malheureusement, n'a pas encore rendu possible d'élargir l'intervalle de temps absolu dont nous disposons pour la réunion, notre séance doit s'achever. »

Dans une certaine mesure, le fait que la signification

philosophique des idées einsteiniennes échappait à la plupart des physiciens professionnels empêcha le véritable débat, où il eût été possible d'exposer le contenu réel de la théorie à ses opposants de bonne foi. Et il en résulta au contraire l'impression que si la Relativité pouvait avoir un sens pour les mathématiciens, elle contenait en revanche diverses absurdités pour ceux qui pensaient plus philosophiquement.

Lenard lui-même éprouva le sentiment qu'on n'avait pas accordé assez d'attention à ses arguments, et la masse des physiciens ou mathématiciens n'eut pas l'occasion de prendre part à une discussion vraiment fondamentale et de quelque ampleur. Sur le moment, les physiciens probablement se sentirent soulagés que rien de pire ne fût arrivé; néanmoins on avait laissé passer l'occasion de ménager une explication réelle à l'usage d'un grand nombre de savants et de personnes cultivées.

L'opposition de Lenard et ses partisans à la théorie d'Einstein se trouvait gênée par un certain fait. On avait beau dire que les bases de la théorie étaient « absurdes » et « folles », il n'en était pas moins indéniable que, de cette théorie « absurde », des conséquences pouvaient être tirées dont n'importe quel savant devait admettre l'importance et l'utilité. Le plus vigoureux adversaire même, — s'il était physicien ou chimiste, — avait à compter avec la formule qui représentait la relation entre masse et énergie. Si une énergie E est libérée, ceci équivaut à une perte de masse $\frac{E}{c^2}$ où c est la vitesse de la lumière (nous l'avons vu au chapitre III). L'adhérent le plus zélé de la « révolution de la droite », en personne, devait se servir de la formule $E = mc^2$ s'il voulait explorer le noyau de l'atome. Conséquemment, Lenard et son groupe entreprirent d'isoler cette loi de tout lien avec la théorie d'Einstein, et de prouver qu'elle était connue avant lui, — un physicien, d'origine raciale et de sentiment par eux approuvés, l'ayant devancé.

Dans les écrits de ceux qui voulaient éviter à tout prix

le nom d'Einstein, la loi de transformation de la masse en énergie se trouve souvent présentée comme étant « le principe de Hasenöhrl ». Peut-être y a-t-il intérêt, pour comprendre dans tous ses replis le milieu où évoluait Einstein, à rappeler comment naquit ce propos délibéré de supprimer son nom.

On savait depuis longtemps que la lumière en tombant sur une surface y exerce une pression, comme si des particules se trouvaient lancées contre cette surface. De ce fait, le physicien autrichien Hasenöhrl avait conclu en 1904 que si la radiation lumineuse est enfermée dans un vase, elle doit exercer une pression sur les parois. Même si le vase ne possédait pas de masse matérielle, à cause de la pression exercée par la radiation dans l'enceinte il se comporterait encore sous l'effet de la force comme un corps doué de masse matérielle. Et cette masse « apparente » est proportionnelle à l'énergie enclose. Si le vase rayonne une énergie E, la masse « apparente » m décroîtra selon la formule $E = mc^2$.

D'évidence, ce principe est un cas particulier de la loi d'Einstein. Si la radiation est déjà contenue dans un corps, la masse de ce dernier va décroître lorsque la radiation sera émise. Mais la loi einsteinienne est beaucoup plus générale. Elle affirme que la masse d'un corps, quelle qu'en soit la matière, décroît si ce corps perd son énergie d'une façon quelconque.

Lenard et les siens cependant étaient à la recherche d'un substitut pour le nom d'Einstein. Plusieurs facteurs externes favorisèrent le choix de Hasenöhrl. Pendant la grande guerre, il avait combattu dans l'armée autrichienne c'est-à-dire du côté de l'Allemagne, et il était mort au champ d'honneur à quarante ans. Alors, c'était la figure idéale aux yeux des ennemis d'Einstein, le héros et le modèle qu'on devait proposer à la jeunesse allemande, car on y trouvait la véritable antithèse du spéculateur abstrait, du pacifiste international Einstein. Au vrai, Hasenöhrl était un savant honnête et compétent, d'ailleurs admirateur sincère d'Einstein.

La légende débuta par le livre de Lenard, *Grands Hommes de Science.* L'auteur présentait une série biographique de grands hommes tels que Galilée, Kepler, Newton, Faraday et d'autres, en terminant par Hasenöhrl. Pour le relier aux héros précédents, Lenard disait de lui : « Musicien, il aimait son violon comme Galilée son luth : il adorait sa famille et c'était un homme d'une extrême modestie, comme Kepler. » Plus loin, il déclarait à propos des conclusions d'Hasenöhrl : « L'application de cette idée a déjà conduit à de très grands progrès aujourd'hui, bien qu'on les place presque entièrement sous les noms d'autres personnes. » « D'autres personnes », cela désignait clairement Einstein.

VIII

VOYAGES A TRAVERS L'EUROPE, L'AMÉRIQUE ET L'ASIE

1. Hollande.

Les mauvaises attaques contre Einstein eurent pour résultat d'appeler l'attention sur ses théories dans tous les pays et toutes les classes sociales. Des conceptions qui n'avaient pas grande importance pour les masses et leur demeuraient presque incompréhensibles devinrent le centre de controverses politiques. Un moment, alors que les idéals politiques se trouvaient brisés par la guerre et qu'on était à la recherche de systèmes philosophiques ou politiques nouveaux, le public fut intrigué et mystérieusement attiré par les liens entre l'œuvre scientifique d'Einstein et la politique. Cet intérêt général s'accrut plus encore à l'apparition d'articles publiés par des philosophes dans les quotidiens et assurant que si les théories d'Einstein pouvaient bien être de quelque importance en physique, elles étaient certainement fausses philosophiquement.

Le public se demandait quelle sorte d'homme était cet Einstein; on désirait voir et entendre en personne ce savant fameux. De tous les pays, on commençait à lui envoyer des invitations pour qu'il vînt et donnât des conférences. Il était surpris, mais heureux de se soumettre au désir des gens. Il se réjouissait de quitter le cercle étroit de ses collègues et de prendre contact avec des milieux nouveaux. C'était donc un soulagement pour lui que de laisser Berlin et l'Allemagne, de sortir de cette atmosphère tourmentée et déchirante, de voir d'autres pays.

Ces déplacements et manifestations publics, cependant, ajoutaient une cause de surcroît aux attaques contre Einstein. Plusieurs savants allemands même en furent agacés, et l'un d'entre eux, qui peinait durement dans un laboratoire, écrivit une brochure intitulée *La suggestion des masses par la théorie de la Relativité.* Il y interprétait de son point de vue les voyages d'Einstein. Il écrivait : « A mesure que le caractère erroné de la Relativité devient évident dans les milieux scientifiques, Einstein se tourne de plus en plus vers les masses, en exhibant ses théories et lui-même aussi publiquement que possible. »

Le premier exemple de cette publicité « non-scientifique » fut une conférence d'Einstein à l'ancienne et glorieuse Université de Leyde, en Hollande. Devant quatorze cents étudiants de cet illustre centre de physique, il parla de « l'Ether et la théorie de la Relativité ». Cette conférence engendra bien des malentendus. Einstein, — qui avait précédemment suggéré que le terme d'éther devait être abandonné pour éviter toute idée de milieu matériel, — examina une autre proposition : à savoir, que le mot « éther » devait être employé pour « espace courbe », ou, ce qui revient au même, pour le champ de gravitation présent dans l'espace.

Cette nouveauté irrita certains physiciens et en réjouit d'autres. Un bien petit nombre se trouvait en mesure de voir une différence entre suggérer l'usage d'un mot dans un sens déterminé et affirmer un fait physique. Ils disaient : « Pendant longtemps, on s'est efforcé de nous convaincre du fait sensationnel qu'il fallait se débarrasser de l'éther, et voilà qu'Einstein lui-même le réintroduit; on ne peut pas prendre cet homme au sérieux, il se contredit constamment! »

Mais Einstein avait plaisir à se trouver dans la tranquille et agréable ville de Leyde, parmi de bons amis, et à s'éloigner des controverses berlinoises. Il aimait à discuter avec un physicien de la ville, Paul Ehrenfest, un Viennois de naissance qui avait épousé une physicienne russe. Mari et femme étaient toujours prêts à débattre infatigablement avec Einstein des plus subtiles questions concernant les relations logiques des propositions physiques.

Einstein fut aussi nommé professeur à Leyde, mais on ne lui demandait que quelques semaines de cours par an. Chaque année, c'était une agréable pensée que d'avoir devant soi cette période de repos. Cependant qu'à Berlin, on se demandait constamment si Einstein s'en irait définitivement en Hollande. Ses adversaires essayaient l'impossible pour lui rendre désagréable le séjour dans la capitale. Beaucoup d'Allemands estimaient qu'ils lui devaient de la reconnaissance, car sa grande popularité à l'étranger était en train de rendre au pays le prestige perdu avec la guerre. Pourtant, ses ennemis entamèrent une campagne contre lui, prétendant que s'il faisait de la propagande à l'étranger, c'était pour sa seule réputation personnelle, non point pour la patrie.

Hänisch, ministre prussien de l'Education et membre du parti social-démocrate, écrivit une lettre angoissée à Einstein, le suppliant de ne pas se laisser troubler par les attaques et de rester en Allemagne. Le gouvernement de la République allemande était fort bien averti de tout ce qu'il représentait pour la culture germanique et pour son prestige à travers le monde. Le gouvernement était même au regret que la remarquable et neuve théorie d'un savant allemand eût été étudiée et confirmée par des astronomes anglais, une large part de la renommée qui en résulta ayant ainsi été perdue pour le pays. Le ministre priait Einstein de recourir à l'aide d'observateurs allemands, en l'assurant de l'assistance gouvernementale.

Einstein, qui appréciait grandement la valeur de Berlin comme centre de science et de recherche, comprit très bien aussi qu'il était important, pour tous les esprits progressistes, de faire désormais l'impossible afin d'accroître le prestige de la République allemande. Il écrivit une lettre au ministre, où il disait : « Berlin est l'endroit où je me sens lié par les plus étroits des liens humains autant que scientifiques. » Il promit d'y rester dans la mesure du possible, et postula même la citoyenneté allemande qu'il n'eût jamais acceptée du gouvernement impérial. Il fut donc naturalisé allemand, circonstance qui ne devait lui amener que des ennuis dans la suite.

2. Tcheco-Slovaquie.

Dans Prague, maintenant capitale de la nouvelle république tchéco-slovaque, s'était fondée la société Uranie pour organiser des conférences à l'intention des habitants de langue allemande, notamment pour leur faire rencontrer les grandes personnalités de la nouvelle Allemagne républicaine. Le Dr O. Frankel, président d'Uranie, chercha ainsi à convaincre Einstein de venir parler à Prague. Einstein, tout heureux de rappeler ses agréables années de paisible travail dans cette ville, saisit l'occasion de revoir sa vieille université et ses amis. Il était attiré en outre par la possibilité de connaître le récent état démocratique qui avait surgi, sous la présidence de Masaryk, des ruines de la monarchie des Habsbourg. La psychologie de la minorité germanique à Prague ou plus généralement en Tchéco-Slovaquie se trouvait à peu près celle des ressortissants du Reich vaincu, en Europe. La visite d'Einstein accrut la propre estime des Allemands de Tchéco-Slovaquie, — ceux-là mêmes qu'on devait appeler plus tard « Allemands des Sudètes », — et qui jouèrent un rôle si fatal dans la crise d'où sortit la seconde guerre mondiale. Quand on annonça la visite d'Einstein, un des journaux de cette minorité écrivit : « Le monde entier voit à présent qu'une race qui a produit un homme comme Einstein, la race allemande des Sudètes, jamais ne disparaîtra. » C'était bien significatif de la façon de penser nationaliste. D'un côté, on déployait tous les efforts possibles pour préserver la race de tout mélange étranger; de l'autre côté, si besoin était, quelqu'un qui n'avait même pas vécu deux ans auprès de cette race était compté comme en étant membre.

Einstein revint à Prague au début de 1921, lorsque j'y enseignais dans la chaire où je lui avais succédé. Je ne l'avais plus vu depuis des années. Je me rappelais seulement le grand physicien, l'homme qui jetait un regard artiste et souvent railleur sur le monde extérieur, celui qui dès lors jouissait d'une grande réputation parmi les savants. Mais bien des années avaient passé depuis, sa célébrité était devenue internationale, c'était un personnage que chacun reconnaissait dans les photographies des journaux, dont tous les reporters quêtaient les opinions politiques ou artistiques, dont chaque collectionneur souhaitait un autographe : en bref, un homme à qui sa propre vie n'appartenait plus tout à fait. Comme il arrive souvent en pareil cas, il cessait à bien des égards d'être un individu, pour désormais devenir le symbole ou la bannière vers lesquels les foules tournent leur regard.

J'étais donc bien curieux de le revoir, mais en même temps quelque peu soucieux de savoir comment j'arriverais à lui ménager une vie à demi tranquille dans Prague, et à l'empêcher d'être submergé par les obligations de l'homme célèbre. Lorsque je le revis à la gare, il avait très peu changé : il avait toujours l'air d'un virtuose violoniste en tournée, avec ce mélange d'enfantillage et d'assurance qui lui attirait les gens mais qui parfois aussi les offusquait. J'étais marié depuis peu de temps, et durant cette période de l'immédiat après-guerre il était si difficile de trouver un appartement que je vivais avec ma femme dans mon bureau, au laboratoire de physique. C'était cette même pièce, aux immenses fenêtres donnant sur le jardin de l'hospice d'aliénés, qui avait été auparavant le bureau d'Einstein lui-même. Comme notre ami se fût exposé dans un hôtel aux investigations des curieux, je proposai qu'il passât la nuit dans cette pièce, sur un divan. C'était évidemment fort piètre pour un homme si illustre, mais cela convenait à son amour de la vie simple et des situations qui contreviennent aux conventions sociales. Nous ne soufflâmes mot à personne de cet arrangement, et aucun journaliste, ni qui que ce fût, ne sut où Einstein passait la nuit. Ma femme et moi nous couchâmes dans une autre chambre. Au matin, j'allai le voir et lui demander s'il avait bien dormi. Il répondit : « J'avais la sensation de me trouver dans une église. C'est un sentiment bien remarquable que de s'éveiller dans une chambre ainsi remplie de paix. » Nous nous rendîmes d'abord à la direction de la police où, comme c'était la coutume depuis la guerre, tout étranger devait se présenter. Puis nous visitâmes le laboratoire de physique de l'Université tchèque. Les professeurs y furent agréablement surpris en voyant Einstein, dont le portrait pendait au mur, apparaître en personne dans leur laboratoire. Par cette visite, il entendait manifester sa sympathie pour la jeune République tchéco-slovaque et pour la politique démocratique instaurée par Masaryk.

A Prague, comme dans toutes les cités ayant appartenu à la monarchie austro-hongroise, une grande partie de la vie de société se déroulait au café. Là, on lisait journaux et magazines, on rencontrait ses amis ou ses relations, on parlait d'affaires, ou bien l'on disputait des questions scientifiques, artistiques et politiques. Des partis nouveaux, des cercles littéraires, ou des firmes importantes furent fondés au café. Souvent aussi des gens s'y asseyaient seuls, travaillant dans des livres ou écrivant. Beaucoup d'étudiants préparaient là leurs examens, parce que leur chambre était trop froide, ou trop sombre, ou simplement trop solitaire. Einstein voulut voir de tels endroits et il me dit : « Nous devrions visiter plusieurs cafés et regarder à quoi ressemblent les différents lieux fréquentés par les diverses classes de la société. » Nous y fîmes donc quelques rapides visites; dans l'un, nous vîmes des nationalistes tchèques, dans un autre des nationalistes allemands; ici se trouvaient des Juifs, là des communistes, des acteurs, des professeurs d'université, et ainsi de suite.

En rentrant chez moi, Einstein me dit : « Maintenant, nous allons acheter quelque chose pour le déjeuner, afin que votre femme n'ait pas trop à se tracasser. » A cette époque, ma femme et moi nous faisions cuire nos plats sur un bec de gaz comme on en employait dans les laboratoires de chimie ou de physique et qu'on appelait bec Bunsen. Il se trouvait dans la même grande pièce où nous vivions et dans laquelle Einstein aussi venait de dormir. Nous arrivâmes en apportant du foie de veau que nous venions d'acheter. Tandis que ma femme se mettait à cuire le foie sur le bec de gaz, je m'asseyai avec Einstein en parlant de mille choses. Tout à coup, Einstein regarda anxieusement le plat et bondit vers ma femme : « Qu'est-ce que vous faites là? Vous faites bouillir le foie dans l'eau? Vous savez certainement que le point d'ébullition de l'eau est trop bas pour y faire frire du foie! Il faut prendre une substance à plus haut point d'ébullition, comme du beurre ou de la graisse. » Ma femme venait à peine de quitter le collège et savait fort peu de chose en art culinaire. Mais le conseil de notre ami sauva le déjeuner; et nous nous en amusâmes durant toute notre vie conjugale, car, chaque fois qu'on parlait de la «théorie d'Einstein», mon épouse rappelait sa théorie sur la friture du foie de veau.

Ce soir-là, il parlait à la Société Uranie. C'était la première fois que j'entendais de lui une conférence pour le grand public. Le hall était plein à craquer, parce que chacun voulait voir l'homme universellement fameux, qui avait bouleversé les lois de l'univers et démontré la « courbure » de l'espace. Le public ordinaire ne pouvait vraiment savoir s'il s'agissait d'une colossale charlatanerie ou d'un monument de science. Il était prêt dans les deux cas d'ailleurs à s'émerveiller. Comme nous nous rendions à la séance, un personnage d'importance, qui lui-même avait pris grande part à l'organisation de la soirée, se glissa à travers la foule et me demanda : « Dites-moi vite d'un mot, je vous prie, est-ce qu'il y a quelque chose de vrai chez cet Einstein, ou bien est-ce tout fumisterie? » Einstein parla aussi simplement et clairement que possible. Mais le public était beaucoup trop surexcité pour suivre le sens de la conférence. On avait moins le désir de comprendre que celui d'assister à un événement sensationnel.

Après la conférence, le président de l'Uranie rassembla quelques invités pour passer la soirée avec Einstein. Il y eut plusieurs speechs. Lorsque fut venu le moment d'y répondre, Einstein déclara : « Vous me trouverez peut-être plus agréable et plus facile à comprendre, si au lieu de vous faire un discours, je vous joue un morceau de violon? » Il lui était plus aisé d'exprimer ses sentiments par cette voie. Il joua une sonate de Mozart, d'une manière simple, précise, et par-là même deux fois émouvante. Son jeu traduisait un peu de ce qu'il éprouvait si fortement devant la complexité de l'univers, et en même temps de sa joie intellectuelle à exprimer cette complexité par des formules simples.

Il resta à Prague un soir encore pour participer à un débat sur ses théories qui eut lieu à l'Uranie devant un large auditoire. Son principal adversaire fut un philosophe de l'Université de Prague, Oscar Kraus, dont la pensée aiguë s'exerçait dans la philosophie du droit, mais qui, en matière de débat scientifique, avait plutôt les idées d'un magistrat au tribunal. Il ne chercha pas à scruter la vérité, mais bien au contraire voulut seulement réfuter son interlocuteur en trouvant des passages contradictoires dans les écrits en faveur d'Einstein. Il y remporta un vrai succès. Ceux qui veulent présenter d'une façon populaire un sujet compliqué y doivent introduire quelques simplifications. Mais chaque auteur les place à des endroits différents selon son goût personnel ou l'opinion qu'il a du goût de ses lecteurs. S'il faut alors prendre à la lettre chaque phrase d'un vulgarisateur, il en résulte nécessairement des contradictions. Mais ceci n'a rien à voir avec l'exactitude de la théorie d'Einstein.

Le professeur Kraus était un échantillon typique des gens selon qui on peut apprendre bien des choses, touchant le comportement géométrique et physique des corps, par le simple moyen de l'« intuition ». Tout ce qui contredisait à cette intuition, il le tenait pour absurde. Dans ces absurdités, il mettait l'affirmation d'Einstein que la géométrie euclidienne, apprise par nous tous à l'école, ne saurait être rigoureusement exacte. Comme dans l'opinion de Kraus les vérités de la géométrie ordinaire étaient évidentes à toute personne normale, ce lui était une énigme de savoir comment une personne telle qu'Einstein pouvait bien croire le contraire. Sa femme me recommanda de ne pas lui parler de la théorie d'Einstein. Elle me dit qu'il en parlait lui-même souvent en dormant et s'excitait beaucoup à l'idée qu'il y avait des gens pour « croire ce qui est absurde ». Cela le tourmentait de penser qu'une telle chose fût possible.

Ce philosophe était le principal orateur opposé à Einstein. Comme je présidais, je m'efforçais de diriger la discussion dans une voie pacifique. Bien des auditeurs désiraient saisir l'occasion qui ne se représenterait probablement plus jamais à eux. Les opinions qu'ils s'étaient formées en secret, ils allaient pouvoir les soumettre directement au fameux Einstein; il serait bien forcé de les écouter. Naturellement, des incidents comiques se produisirent. C'est ainsi qu'un professeur de mécanique appliquée à l'Institut de Technologie fit plusieurs remarques qui étaient fausses, mais semblaient assez raisonnables. Après la conférence, Einstein me dit : « Cet ouvrier s'exprime naïvement, mais d'une manière qui n'est pas tout à fait sotte. » Comme je lui répliquais que ce n'était pas un ouvrier mais un professeur de technique, il déclara : « En ce cas, c'est vraiment trop naïf. »

Le lendemain, Einstein allait partir, mais dès le début de la matinée la nouvelle s'était répandue qu'il se trouvait au laboratoire de physique et beaucoup de monde accourait pour lui parler. J'avais la plus grande difficulté à lui ménager un départ relativement discret. Entre autres, un jeune homme avait apporté un volumineux manuscrit. Partant de l'équation d'Einstein $E = mc^2$, il voulait utiliser l'énergie atomique à la production d'explosifs formidables et il avait inventé une espèce de machine qui, d'évidence, ne pouvait pas fonctionner. Il me raconta qu'il attendait cet instant depuis des années, et qu'en tout cas il voulait parler à Einstein lui-même. Finalement, je persuadai Einstein de le recevoir. Il ne restait que fort peu de temps, mais Einstein lui dit : « Rassurez-vous. Vous n'aurez pas perdu grand' chose si je ne peux pas discuter votre travail en détail avec vous. Sa sottise saute aux yeux. Vous n'en sauriez pas plus après une plus longue discussion. » Einstein avait déjà lu une centaine de pareilles « inventions ». Mais vingt-cinq ans plus tard, en 1945, la « vraie chose » explosait à Hiroshima.

3. Autriche.

De Prague, Einstein se rendit à Vienne où il devait également donner une conférence. La Vienne de l'après-guerre différait complètement de la ville qu'il avait visitée en 1913. A présent, ce n'était plus la capitale d'un grand empire, mais seulement celle d'une petite république.

Parmi les connaissances d'Einstein aussi, l'on pouvait noter bien des changements. Son ami Frédéric Adler était devenu une figure publique. Pendant la guerre, lorsque le gouvernement autrichien refusa de convoquer le parlement et de soumettre sa conduite au jugement des représentants du peuple, Frédéric Adler, empreint d'un fanatique désir de réaliser ce qu'il estimait juste, avait tué le chef du gouvernement au cours d'un dîner dans un hôtel à la mode.

Adler fut arrêté et condamné à mort, mais l'empereur commua sa sentence en un emprisonnement à vie, parce que le père d'Adler, bien que leader socialiste, était un homme hautement considéré dans les cercles gouvernementaux. L'hypothèse fut émise que Frédéric Adler n'avait pas sa tête lorsqu'il commit l'assassinat. Cette supposition rendit plus facile la commutation de sentence, mais l'examen de son état mental fut vraiment curieux. Dans sa prison, Adler écrivit un ouvrage sur la Relativité. Il croyait pouvoir dresser des arguments décisifs contre elle. La cour de justice envoya le manuscrit à des psychiâtres et des physiciens, pour expertise. Ils devaient décider si l'on en pouvait conclure que l'auteur avait l'esprit dérangé. C'est ainsi que je reçus une copie du manuscrit. Les experts, et surtout les physiciens, se trouvaient placés dans une situation très délicate. Le père d'Adler et sa famille souhaitaient que l'ouvrage pût fonder l'opinion selon laquelle Adler n'avait plus sa tête. Mais alors, c'était forcément insulter gravement à l'auteur, qui croyait avoir fait œuvre excellente de science. En outre, et objectivement, il n'y avait là absolument rien d'anormal, sinon des arguments détestables. J'imagine d'ailleurs qu'il dut la commutation de sa peine au prestige de son père et à la tendance qu'avait le gouvernement impérial aux compromis, bien plutôt qu'à l'insanité de ses arguments contre la théorie de la relativité.

A Vienne, Einstein logea chez Félix Ehrenhaft, le physicien bien connu, dont la façon de travailler tout entière était diamétralement opposée à celle d'Einstein, mais avec qui, — pour cette raison même, — ce dernier se sentait parfois des affinités. Einstein était toujours prêt à montrer tout ce qu'on arrive à déduire d'un petit nombre de principes fondamentaux. Plus on pouvait faire rentrer de phénomènes naturels dans un modèle simple, plus ces phénomènes l'intéressaient. Ehrenhaft, lui était l'homme de *l'expérience directe*. Il ne croyait que ce qu'il voyait, et trouvait constamment des phénomènes isolés qui ne cadraient point avec le modèle d'ensemble. Pour ce motif, on le dédaignait souvent, spécialement les personnes qui tenaient le modèle général pour article de foi. Un homme comme Einstein, qui avait lui-même conféré l'existence à de tels principes généraux, se sentait toujours attiré mystérieusement chaque fois qu'il entendait parler d'irrégularités. Et bien qu'il ne crût pas à leur existence, encore soupçonnait-il qu'on pouvait trouver en de telles observations les germes d'un nouveau savoir.

La femme d'Ehrenhaft était l'une des plus remarquables figures féminines de Vienne. Physicienne elle-même, c'était une extraordinaire organisatrice en matière d'éducation pour les jeunes filles en Autriche. Elle s'étonna de voir arriver Einstein avec un unique col blanc. Comme elle lui demandait : « Vous avez peut-être oublié quelque chose chez vous? », il répondit : « En aucune façon; voilà tout ce dont j'ai besoin. » En bonne maîtresse de maison, elle envoya à repasser chez un tailleur un des deux pantalons qu'il avait apportés. Mais elle remarqua, à sa grande consternation, qu'à la conférence il portait l'autre. Mme Ehrenhaft pensa aussi qu'il avait laissé chez lui ses pantoufles et lui en acheta des neuves. Lorsqu'elle le rencontra dans le hall avant le petit déjeuner, elle vit qu'il était nu-pieds. Elle lui demanda s'il n'avait pas aperçu les pantoufles dans sa chambre, mais il lui répliqua : « C'est un encombrement tout à fait inutile. » Il n'aimait pas du tout les chaussures, et quand il voulait vraiment se détendre, chez lui, il se mettait souvent en chaussettes, parfois même s'il avait des visiteurs, du moins pas trop formalistes.

Pendant son séjour, Einstein prit aussi contact avec les deux courants intellectuels de Vienne qui ont le plus fortement influencé l'intelligence dans notre temps : la psychanalyse de Sigmund Freud et la tradition positiviste d'Ernest Mach. Einstein invita Joseph Breuer, le médecin qui publia en collaboration avec Freud le premier article sur les causes psychologiques de la paralysie hystérique. Il invita également l'ingénieur et écrivain Popper-Lynkeus, le plus intime ami de Mach; ce dernier avait un jour fait remarquer que Popper-Lynkeus fut au début le seul à comprendre ses idées. Lors de la visite d'Einstein, Popper-Lynkeus était déjà octogénaire et confiné sur son canapé; mais intellectuellement c'était encore un homme fort alerte et toujours enclin à rencontrer de nouveaux personnages intéressants. Il avait établi un projet pour l'abolition de la misère en Allemagne, par l'introduction d'un service civil obligatoire. Plan qui fut mis en pratique plus tard, mais d'une tout autre manière, par Adolphe Hitler. Ce fut un grand événement pour Popper que cette rencontre avec Einstein, lequel était devenu le véritable héritier de Mach dans le champ des idées physiques.

La conférence d'Einstein, donnée dans une énorme salle de concert devant un auditoire de quelque trois mille personnes, fut probablement la première de ce genre dont il eût l'occasion. Plus encore qu'à Prague, le public se trouvait dans cet état de surexcitation notoire, ce genre de disposition mentale où ce que l'on comprend ou non n'a plus d'importance, tant l'on se trouve dans le voisinage immédiat de l'atmosphère où naissent les miracles.

4. Invitation aux Etats-Unis.

Rentré à Berlin, Einstein y fut plus que jamais l'objet de l'attention générale. Tout comme jadis le professeur allemand qui oublie son parapluie, le chasseur qui achète un lièvre à la boucherie, ou la vieille fille en quête d'un mari, avaient régulièrement les honneurs des journaux comiques, le nom d'Einstein était devenu le vocable générique de quiconque écrit quelque chose d'incompréhensible et qu'on admire à ce prix. Particulièrement, le mot « relatif » excitait les gens aux plaisanteries les plus triviales. On y montrait quelque malice, essayant parfois de rattacher les théories einsteiniennes aux efforts de la France victorieuse pour extorquer à l'Allemagne des réparations aussi larges que possible. Le gouvernement allemand cherchait toujours à montrer la ruine totale du pays, ce dont le gouvernement français doutait au contraire. Alors, un journal comique d'Allemagne représenta Einstein en conversation avec le président de la République Millerand, vigoureux partisan de la politique de « l'Allemagne paiera ». Millerand disait à Einstein : « Vous ne pourriez pas persuader le Boche simpliste que, même avec un déficit absolu de soixante sept millions de marks, il est toujours *relativement* à l'aise? »

Einstein, cependant, accordait aussi peu d'attention que possible à toutes ces vexations politiques ou personnelles et se mit plutôt à dissiper les malentendus scientifiques comme philosophiques concernant ses théories. Beaucoup d'esprits tenaient pour singulièrement absurdes les assertions de la Relativité selon lesquelles la géométrie euclidienne n'est pas valable dans un champ de gravitation ou encore que l'espace est courbe, peut-être même que l'espace est fini. Ceci, parce que chacun apprit à l'école que les postulats géométriques sont d'une exactitude absolue, puisqu'ils ne sont pas fondés sur l'expérience, laquelle est faillible, mais bien sur l'infaillible pensée pure ou sur l'encore plus infaillible « perception intuitive ».

Dans une conférence faite à l'Académie de Prusse en janvier 1921, Einstein élucida la relation entre « la géométrie et l'expérience ». Il y disait : « Pour autant que la géométrie est certaine, elle ne nous dit rien du monde réel; et pour autant qu'elle nous dit quelque chose touchant notre expérience, elle est incertaine. » Il fit une distinction frappante : d'une part, il y a la géométrie mathématique qui n'a trait qu'aux conclusions pouvant être tirées de certains axiomes sans qu'on discute la vérité de ces derniers; en elle, tout est certain. D'autre part, il y a une géométrie physique, celle qu'emploie Einstein dans sa théorie de la gravitation. Elle a affaire au résultat d'opérations de mesure faites sur les corps physiques, et c'est un chapitre de la physique, comme la mécanique. Semblablement, elle est tout juste aussi certaine ou incertaine que la mécanique même. Cette conférence, grâce à sa clarté d'exposition, apportait l'ordre dans un domaine où prévalait souvent la confusion, et où elle prévaut encore en quelque manière parmi les mathématiciens et les physiciens mêmes. Depuis lors, les formules d'Einstein furent souvent citées comme les plus claires et les meilleures, même par les philosophes.

Tandis qu'il préparait cet exposé, des pensées d'un tout autre genre traversaient aussi son cerveau. Peu de temps avant, il avait reçu une invitation de Weizmann, le leader du sionisme, pour qu'il l'accompagnât dans un tour aux Etats-Unis.

A une époque où bien peu de savants allemands et fort peu de Juifs d'Allemagne avaient quelque pressentiment de la montante révolution nazie, Einstein voyait déjà à l'évidence que des circonstances allaient grandir qui deviendraient fort désagréables pour lui. Il devinait la croissante activité souterraine de ce groupement qui allait plus tard accéder au pouvoir sous le nom de parti national-socialiste. En fait, Einstein fut l'un des premiers à sentir l'impulsion du mouvement. Lorsqu'il vint à Prague pour sa conférence, il me fit part de ses appréhensions. A ce moment, il estimait qu'il n'aimerait pas à rester en Allemagne plus d'une dizaine d'années. On était alors en 1921. Son estimation était juste à deux ans près.

Le propos de Weizmann, dans ce voyage aux Etats-Unis, était d'obtenir une aide américaine pour l'établissement d'un foyer national israélite en Palestine, et particulièrement pour l'Université hébraïque qu'on y devait fonder. Les Juifs d'Amérique étant considérés les plus riches du monde, ces buts ne pouvaient s'accomplir qu'avec leur assistance financière. Weizmann attribuait une grande valeur à ce travail d'équipe. Il espérait que la renommée scientifique d'Einstein encouragerait les Juifs américains à contribuer à la noble cause. Einstein était maintenant en mesure de mettre son prestige à la disposition du sionisme pour ces desseins, qu'il considérait comme d'une très grande importance éducative pour les Juifs. Après quelques jours seulement de réflexion, il accepta l'invitation.

Il fut déterminé surtout par le désir, non seulement d'agir en tant que savant pur, mais encore de contribuer en quelque manière à améliorer le sort des persécutés. Il était poussé en outre par l'envie de voir l'Amérique de ses propres yeux, et de connaître la vie du nouveau monde. Il sentait qu'il serait digne de lui de savoir quelque chose du grand pays d'outre-Atlantique, dont la tradition démocratique et tolérante avait toujours fait vibrer une corde sympathique en lui.

5. Accueil des Américains.

L'arrivée d'Einstein et de sa femme dans le port de New-York s'accompagna de démonstrations d'enthousiasme telles qu'il ne s'en était probablement jamais vu auparavant à l'arrivée d'un savant, et singulièrement d'un savant dont le domaine est la physique mathématique. Reporters et opérateurs de cinéma en grand nombre se ruèrent à bord pour le photographier ou lui poser les questions les plus variées.

Faire face aux caméras fut la plus légère de ces épreuves. Après quoi, Einstein déclara : « Je me sens l'égal d'une prima donna. » C'est avec cette même pointe d'humour qu'il répondit aux questions posées par les reporters. Inutile de dire qu'il avait l'habitude des interrogations étranges et qu'il possédait déjà une technique sûre pour répondre à des questions qui ne comportent pas de réponses rationnelles. En de telles occurrences, il avait accoutumé de dire quelque chose qui ne correspondait pas directement à l'interrogation mais qui était bien plus intéressant, et qui, une fois imprimé, offrait au lecteur une idée raisonnable, ou tout au moins quelque occasion de rire. Einstein n'était jamais un rabat-joie.

Les questionneurs se montrèrent particulièrement attirés par trois choses. La première était la plus difficile :

« Comment expliquer en quelques phrases le contenu de la Relativité? » Il était probablement impossible de répondre à cette question, mais on l'avait si souvent posée à Einstein qu'il avait préparé quelque chose d'avance. Il déclara : « A condition de ne pas prendre trop au sérieux la réponse et de n'y voir qu'une espèce de plaisanterie, je puis alors vous donner l'explication suivante. Auparavant, on croyait que si toutes les choses matérielles disparaissaient de l'univers, le temps et l'espace demeureraient quand même. Avec la théorie de la Relativité, au contraire, le temps et l'espace disparaissent aussi bien avec les choses. »

La seconde question était très « pressante » : « Est-il vrai que douze personnes seulement au monde comprennent la théorie de la Relativité? » Einstein nia d'avoir jamais tenu pareil propos. Il pensait que tout physicien, ayant étudié la théorie, est prêt à la comprendre, et que tous ses étudiants berlinois en effet la comprenaient. Néanmoins, cette dernière assertion témoignait à coup sûr d'un optimisme excessif.

D'autre part, la troisième interrogation était vraiment délicate : les reporters demandèrent à Einstein comment il expliquait un tel enthousiasme des masses pour une théorie abstraite si difficile à entendre. Il s'en tira par une plaisanterie. Il suggéra que c'était un problème pour les psychopathologistes de déterminer pourquoi des gens n'ayant en général aucune espèce d'intérêt aux questions scientifiques, se prenaient tout à coup d'un fol enthousiasme pour la théorie de la Relativité et voulaient le saluer à son arrivée. Un des journalistes lui demanda si ce n'était point dû à la circonstance que la théorie avait quelque chose à voir avec l'univers, et d'autre part l'univers avec la religion?Einstein répliqua que c'était tout à fait possible. Mais, ne tenant pas à autoriser quelque opinion excessive concernant la signification générale de sa théorie pour la grande majorité des gens, il dit : « Seulement, cela ne change en rien les idées de l'homme de la rue. » Il expliqua que la seule signification de la théorie, c'était qu'on y déduisait de principes simples certains phénomènes naturels, qu'on déduisait précédemment de principes compliqués. Ce qui naturellement importe beaucoup aux philosophes, mais fort peu à l'homme de la rue.

Après cette discussion plutôt abstraite, le désir d'interroger se calma quelque peu et Einstein put terminer sur ces mots : « Eh bien, messieurs, j'espère que j'ai passé mon examen? » Ensuite, pour donner une note plus familière, on pria Mme Einstein de dire si elle aussi comprenait la Relativité. « Oh non! répondit-elle aimablement mais avec quelque surprise, quoiqu'il me l'ait expliquée bien des fois; mais ce n'est pas nécessaire à mon bonheur. »

Enfin, M. et Mme Einstein purent débarquer. Einstein traversa l'énorme foule des curieux, sa pipe de ronce dans une main, l'étui à violon dans l'autre. A présent, il n'apparaissait plus à la multitude comme le mythique avant-coureur d'un nouveau système de l'univers, l'homme qui avait révolutionné l'espace et le temps, mais bien plutôt comme un musicien sympathique, qui venait pour un concert à New-York en fumant sa pipe.

L'enthousiasme manifesté par le grand public lors de l'arrivée d'Einstein à New-York est un événement dans l'histoire de la culture au XXe siècle. Les causes en étaient multiples. D'abord, l'intérêt très général suscité par la Relativité, qui en soi était quelque chose de surprenant. Un second facteur était la consécration reçue par Einstein en Angleterre deux ans avant, lorsque l'observation de l'éclipse solaire eut confirmé sa théorie. Enfin, il y avait un peu de romantisme autour de son voyage actuel. Il ne venait pas seulement en savant, mais aussi pour accomplir une mission politique, et cette mission n'appartenait pas à la politique banale : elle aussi s'entourait d'une auréole romantique. Cette visite à l'Amérique formait la contribution d'Einstein au mouvement qui se proposait de ramener le peuple d'Israël à son foyer d'origine, après qu'il eut erré de par le monde pendant deux mille ans. Pour les Juifs, qui plus ou moins se sentaient partout des étrangers, c'était là d'heureuses nouvelles; et pour tout le monde en Amérique, c'était l'évocation de la Terre Sainte, ou de la légende du Juif errant, créant ainsi une forte résonnance et éveillant une profonde sympathie au cœur de nombreux chrétiens.

Einstein prit tout cela avec beaucoup de calme. Toutefois, il était surpris que tant de gens pussent s'intéresser à des choses sur lesquelles il avait médité dans le silence et qu'il pensait devoir se restreindre toujours à un tout petit groupe. Ses ennemis prétendirent souvent qu'un tel enthousiasme avait été monté par la presse. Mais l'allégation est aussi erronée que répandue. Les journaux font constamment de la publicité à toutes sortes de choses. Ils réussissent à éveiller l'enthousiasme pour les joueurs de foot-ball et les étoiles de cinéma; mais il n'y a pas de publicité journalistique qui ait jamais rien produit de tel pour un physicien mathématicien, bien que toutes sortes de savants aient reçu la publicité de la presse. Les raisons du succès résident déjà dans la situation elle-même, dans la coïncidence unique de l'œuvre d'Einstein, de sa personnalité et des besoins intellectuels de son temps à ce moment même. Un jour où je lui demandais quelles émotions il avait ressenties à se voir célébré de la sorte, il répondit : « L'impression ne peut pas être d'un ordre bien élevé si je me rappelle qu'un boxeur victorieux est reçu avec encore plus d'enthousiasme. » Personnellement, il penchait toujours à voir les causes de l'événement dans les dispositions du public plus que dans sa propre personne. C'est ainsi qu'il remarquait plaisamment quelquefois : « Les dames de New-York veulent avoir un nouveau style chaque année; cette année, la mode c'est la Relativité. »

Mais, si l'on considère le cas d'une façon réaliste et sans passion, on peut se demander avec surprise: comment se fait-il qu'un physicien mathématicien devienne aussi populaire qu'un boxeur? Vu objectivement, le fait témoignait vraiment du goût populaire à New-York. Ce pouvait être simplement le désir du « sensationnel », mais alors pourquoi l'intérêt populaire se concentra-t-il sur Einstein?

Quelques personnes regardèrent la chose comme un signe du haut niveau culturel des Américains. C'était le point de vue du directeur du meilleur journal de vulgarisation en science : « Aucune population d'Europe n'eût accueilli un savant distingué avec pareil enthousiasme. L'Amérique ne se vante pas de posséder une classe oisive trouvant un intérêt conventionnel à la science et à la philosophie. Mais le nombre de lecteurs et les efforts de culture justifient la croyance qu'Einstein prenait à leur vraie valeur les honneurs qu'on lui décernait, comme la preuve d'un profond intérêt populaire dans un domaine où il a si peu d'égaux. »

Il pourra paraître étrange à certaines personnes, — mais c'est la vérité, — qu'Einstein ne se soit jamais beaucoup tracassé l'esprit sur les motifs de cet intérêt. Son attitude envers le monde qui l'entourait fut toujours un peu celle du spectateur devant une performance. Il avait l'habitude de trouver que bien des choses sont incompréhensibles, et le comportement humain n'était pas de celles qui l'intéressaient le plus. Tout normalement, tout naturellement, il était heureux qu'on le reçût avec amabilité et bienveillance, sans trop rechercher les raisons d'une telle attitude. Il n'inclinait jamais à une trop haute opinion de cette bienveillance publique, non plus qu'à concéder au public quoi que ce fût. Ses paroles n'étaient jamais calculées pour déchaîner les applaudissements au rabais. Depuis quelques années il s'apercevait bien que beaucoup de personnes prêtaient grande attention à tout ce qu'il disait, et qu'il importait d'utiliser un tel pouvoir sur les gens à des desseins éducatifs. C'est pourquoi, dans les interviews des journalistes, il disait souvent des choses qui n'étaient pas très agréables ni très compréhensibles pour les lecteurs de leurs journaux. Il avait dans l'idée que si une occasion se présente d'elle-même, la bonne semence doit être semée. Il en germera toujours un peu quelque part.

Einstein s'était mis personnellement à la disposition

des leaders sionistes, en pensant que sa présence aiderait leur propagande en faveur du Fonds National Juif, et spécialement la collecte des dons pour l'Université de Jérusalem. Aux réunions qu'on organisait dans ce dessein en beaucoup d'endroits des Etats-Unis, il s'asseyait auprès de Weizmann, gardant généralement le silence, disant parfois quelques mots pour l'appuyer. Il désirait sincèrement d'être un membre fidèle du mouvement pour la renaissance du peuple juif. A un meeting, il parla après Weizmann, absolument comme s'il était un soldat obscur qui souhaite de ne pas se mettre en avant mais veut seulement servir la cause. Il déclara : « Votre leader, le Dr Weizmann, a parlé et il a fort bien parlé pour nous tous. Suivez-le, vous ne sauriez mieux faire. C'est tout ce que j'ai à dire. » Cela sonne presque comme si l'on avait parlé selon le principe de l'autorité du chef. A quelques égards, c'était sans doute un soulagement pour Einstein, qui demeurait toujours seul, d'appartenir à un mouvement populaire enraciné dans de vastes masses. Pourtant, un tel sentiment n'était jamais que d'une courte durée. Inévitablement son aversion reparaissait bientôt envers tout ce qui l'attachait à un parti, même si, sur plusieurs points, il pouvait être en pleine harmonie avec lui.

Einstein et Weizmann furent regardés par toutes les personnalités officielles d'Amérique comme les représentants autorisés du peuple juif, et salués comme tels. Le président Harding écrivit dans une lettre à un meeting où Einstein et Weizmann prenaient la parole : « Chefs de file comme ils le sont dans deux royaumes différents, leur visite doit rappeler à tout le monde les grands services que la race d'Israël rendit à l'humanité. »

De même, le maire de New-York, Hylan, en leur souhaitant la bienvenue au City Hall, s'adressa à eux comme aux représentants de leur peuple, en disant : « Puis-je déclarer qu'à New-York nous signalons avec fierté le courage et la fidélité dont notre population juive a fait la preuve durant la guerre mondiale! » Les israélites d'Amérique eux-mêmes considérèrent la visite d'Einstein comme celle d'un chef spirituel, qui les remplissait d'orgueil et de joie. Ils sentaient que leur prestige parmi leurs concitoyens tenait au fait qu'un homme d'une grandeur intellectuelle universellement reconnue avouait publiquement son appartenance à la communauté hébraïque et faisait siens les intérêts de cette communauté. Lorsqu'il arriva avec Weizmann à Cleveland, tous les hommes d'affaires juifs fermèrent leurs établissements afin de pouvoir prendre part au cortège qui les accompagna de la gare à l'Hôtel de Ville. Et quand tous deux parlaient dans les meetings sionistes, il semblait un peu que la tête politique et la tête spirituelle du peuple d'Israël apparaissaient ensemble.

Ces manifestations au service de l'organisation qui représentait un peu de ses buts politiques et culturels s'accompagnaient de conférences sur ses théories scientifiques. Parfois, il survenait sous une forme aussi peu cérémonieuse que possible. C'est ainsi qu'il rendit visite à la classe du professeur Kasner, à Columbia University, au beau milieu d'une explication de la Relativité aux élèves. Einstein congratula Kasner sur la parfaite clarté de son exposé, puis il parla lui-même aux étudiants pendant une vingtaine de minutes.

Plus tard, il s'adressa aux étudiants et aux maîtres de l'Université elle-même, où il fut salué par le grand physicien Michael Pupin. Cet homme remarquable, Serbe d'origine et d'abord simple berger, était devenu l'un des premiers inventeurs et savants du monde, qui par son intelligence profonde des phénomènes électriques avait rendu possible la première liaison téléphonique transatlantique. Il considérait toutes les théories avec la sérénité du savant expérimentateur, mais, bien différent de tant d'autres, il salua Einstein, non pas comme quelqu'un qui a inventé des choses absurdes et sensationnelles, mais comme le « fondateur d'une théorie qui marque une évolution et non pas une révolution de la dynamique ».

A cette époque, Einstein parlait toujours en allemand, parce qu'il n'avait pas encore la pleine maîtrise de l'anglais. Le 9 mai, il fut reçu docteur *honoris causa* de Princeton. Le président de l'Université, M. Hibben, fit son éloge en allemand : « Nous saluons, dit-il, le nouveau Colomb de la science, voyageant à travers les mers étranges de la pensée solitaire. » Einstein donna ensuite plusieurs conférences à Princeton, où il présenta une vue d'ensemble de la Relativité.

Cependant, on ne le regardait pas seulement tel qu'un représentant du peuple juif. Comme il avait laissé ses travaux à l'Académie de Berlin pour venir en Amérique, et qu'il parlait toujours en allemand, on le tenait aussi pour le représentant de la science germanique. Et le fait que ceci se passait assez peu de temps après la guerre amena des réactions hostiles en plusieurs endroits.

Parfois, des circonstances à demi comiques se produisirent lorsque des attaques politiques étaient dirigées contre lui et qu'on ne savait pas si c'était le Juif ou l'Allemand qu'on attaquait en lui. C'est un épisode de ce genre qui eut lieu lorsque Fiorello H. La Guardia, alors président du Conseil municipal de New-York, proposa de reconnaître Einstein « Citoyen d'honneur de la Ville de New-York ». Tous les conseillers municipaux se montrèrent favorables à la résolution, sauf un qui déclara « que jusqu'à la veille il n'avait jamais entendu parler d'Einstein ». Il demanda à être éclairé, mais personne ne s'offrit pour lui expliquer la théorie de la Relativité. D'ailleurs, les Juifs et les Allemands ne crurent point à la naïveté de cet adversaire. On l'accusait d'être d'opinion moitié antisémite, moitié antigermanique. Il défendait son attitude sur le terrain du patriotisme : il voulait épargner à sa bien-aimée cité natale la possibilité de devenir un objet de risée au point de vue scientifique et national. Il dit en séance : « La clé de la ville a été par malchance donnée en 1909 au Dr Cook, qui prétendait avoir découvert le Pôle Nord. » Peut-être, insinuait-il, Einstein n'avait-il pas réellement découvert la théorie de la Relativité. En outre, il poursuivit : « On m'a affirmé que le professeur Einstein était né en Allemagne, qu'il était allé en Suisse, mais qu'il était revenu en Allemagne avant la guerre. Il est par conséquent citoyen allemand, il appartient à un pays ennemi et peut être regardé comme un étranger ennemi. »

Tout le monde était si bien attiré vers la théorie d'Einstein et sa signification que le député J. J. Kindred, de New-York, demanda au speaker de la Chambre des Représentants la permission de publier un exposé populaire de la Relativité dans le *Congressional Record (Comptes rendus du Congrès)*. Le représentant David Walsh, du Massachusetts, doutait qu'il fût permis de publier dans le *Record* quelque chose qui n'avait rien à voir avec les activités du Congrès et qui, de surcroît, semblait devoir être inintelligible.

« Mais, monsieur le speaker, dit le représentant Walsh, nous nous confinons à l'ordinaire dans des matières pouvant paraître au *Congressional Record* de telle manière que n'importe qui, d'intelligence moyenne, les comprenne. Notre honorable collègue de New-York s'attend-il à obtenir l'exposé en question sous une telle forme que nous puissions comprendre la théorie? » Kindred répondit : « Je me suis sérieusement occupé de cette théorie durant trois semaines et je commence à y voir un peu clair. » Mais le représentant Walsh lui demanda alors : « Sur quelle législation cela portera-t-il? » A quoi le représentant Kindred ne put que répondre : « Cela peut porter sur la législation de l'avenir en tant que relations générales avec le cosmos. »

Pendant le séjour d'Einstein aux Etats-Unis, une déclaration du grand inventeur Thomas Edison fit fureur à travers le pays. Il niait toute valeur éducative aux collèges et affirmait que l'éducation devait être orientée vers l'étude des applications pratiques. Il établit un questionnaire des interrogations qu'il estimait appropriées aux praticiens et suggéra de tenter une épreuve où, selon lui, la plupart des diplômés de collèges seraient incapables de répondre aux questions.

Etant à Boston, où il habitait à l'hôtel Copley Plaza,

Einstein reçut une copie du questionnaire d'Edison, pour voir s'il pourrait répondre aux interrogations. Dès qu'il eut vu la question : « Quelle est la vitesse du son? » il s'écria : « Je n'en sais rien. Je ne veux pas encombrer ma mémoire avec de tels détails que je peux trouver facilement dans n'importe quel manuel. » Il ne partageait pas non plus l'opinion d'Edison sur l'inutilité des collèges. Il fit cette remarque : « Il n'est pas tellement important pour quelqu'un d'apprendre des détails pratiques. Pour cela, on n'a vraiment pas besoin d'un collège. Cela peut s'apprendre dans les livres. La valeur éducative des collèges d'humanités n'est pas dans l'enseignement d'un grand nombre de faits, mais dans la formation de l'esprit à pouvoir penser des choses qui ne s'apprennent pas dans les livres. » C'est pourquoi, selon lui, il n'y avait pas de doute sur la valeur des établissements de culture générale, même dans notre temps.

On citait souvent le nom d'Einstein avec celui d'Edison, tous deux ayant l'honneur d'être les représentants hors de pair des sciences physiques. Edison était aux applications techniques de la physique ce qu'était Einstein pour ses fondements théoriques.

Einstein visita aussi les laboratoires de physique de Harvard, la plus ancienne université des Etats-Unis. Le professeur Théodore Lyman, célèbre pour ses recherches en optique, le mit au courant des travaux qu'il avait en train. Lyman pensait qu'Einstein après tant de réunions où l'on s'était servi de lui comme instrument de propagande politique, — et même à des fins qui avaient toutes ses sympathies, — respirerait maintenant plus librement en se retrouvant dans l'atmosphère du laboratoire et en pouvant se plonger dans les problèmes des phénomènes naturels. Beaucoup de visiteurs d'un laboratoire passent rapidement devant les dispositifs expérimentaux et n'écoutent que d'une oreille les explications des travailleurs. Mais Einstein ne se contenta pas d'un superficiel : « C'est très intéressant », ou de quelque analogue remarque de politesse; au contraire, il pria plusieurs étudiants de lui exposer en détail les questions qu'ils étaient en train de travailler. Il fit même davantage, en réfléchissant réellement à ces questions : plusieurs étudiants reçurent de lui des conseils qui les aidèrent dans leurs recherches. Une telle concentration d'esprit au cours d'un voyage épuisant n'est possible qu'à un homme possédant deux qualités d'une union bien rare : la première, une exceptionnelle habileté à se familiariser rapidement avec un problème qui ne nous est pas familier, et la seconde, l'aptitude à se réjouir d'aider ceux qui se livrent à la recherche scientifique.

Il n'y a aucun doute qu'Einstein accomplit sa première tournée d'Amérique, non seulement pour servir la science et pour aider la future université de Jérusalem, mais encore poussé par l'attrait particulier qu'il trouvait à connaître le genre de vie sur un continent nouveau pour lui. Ce premier séjour toutefois ne se montra pas très favorable à ce propos. Le voyage tout entier se fit à une allure de cyclone, ne lui laissant pas une minute de réflexion. Aussi, les impressions de cette première visite ne pouvaient-elles être que très superficielles, — celles qui frappent au premier coup d'œil. Dès l'abord, il fut frappé par la jeunesse américaine, par son énergique fraîcheur qui la presse à acquérir le savoir et à entreprendre des recherches. Il dit un jour : « Il y a beaucoup à attendre de la jeunesse d'Amérique : c'est une pipe qu'on n'a pas encore fumée, toute jeune et fraîche. » Ensuite, ce fut la sensation que tant de peuples établis en Amérique vivaient ensemble dans la paix, en dépit de leurs origines différentes, et sous un régime démocratique et tolérant. Il observa en particulier à propos de New-York : « J'aime les restaurants, ils ont tous leur couleur nationale particulière, leur atmosphère personnelle. C'est comme un jardin zoologique de nationalités, où vous pouvez aller de l'une à l'autre. » Le rôle des femmes dans la vie américaine également l'impressionna : il observa qu'il était beaucoup plus grand que celui des femmes dans la vie européenne.

On fit des efforts pour enrôler Einstein dans les croisades pour restreindre l'usage du tabac ou les amusements du dimanche. Mais en pareille matière il était défavorable à toute restriction excessive de la liberté individuelle. Il était beaucoup trop naturel pour ne pas avoir reconnu l'importance des plaisirs innocents de la vie quotidienne. Il n'avait aucune foi dans les programmes rigides dressés pour rendre le peuple heureux en lui dictant ce qu'il doit regarder comme travail et ce qu'il doit regarder comme jeu. Répondant à quelqu'un qui sollicitait son opinion sur la question du repos dominical, il déclara : « Les hommes doivent se reposer, oui. Mais qu'est-ce que le repos? Vous ne pouvez pas faire une loi pour dire aux gens ce qu'ils doivent être. Il y a des gens qui se reposent quand ils se couchent et vont dormir. D'autres prennent leur repos à être bien éveillés et excités. Quelques-uns doivent travailler ou écrire ou s'amuser pour trouver le repos. Si vous votez une loi pour montrer à tout le monde comment l'on doit se reposer, cela signifie que vous faites tout le monde pareil. Mais il n'y a pas deux personnes pareilles. »

Einstein, qui consacra toute sa vie à découvrir des lois physiques que l'on pût déduire de quelques principes généraux, n'était aucunement d'avis que l'existence pût se régler sur quelques principes abstraits. Il avait toujours beaucoup plus tendance à compter sur les instincts naturels. Fumeur passionné, il remarquait aussi à ce sujet : « Si vous emportez le tabac et tout le reste, qu'est-ce que vous laissez? Je me cramponne à ma pipe. »

Il avait fait l'expérience qu'il lui était souvent difficile de garder son égalité d'âme. Sa joie naïve en de petits plaisirs, comme celui de fumer, le secourut certainement en de telles occurrences. Les instincts ascétiques lui étaient étrangers.

6. Angleterre.

Le rapport des astronomes anglais à la Société royale de Londres en 1919 avait fondé la réputation d'Einstein dans le monde entier. Mais Einstein lui-même n'avait pas encore été à Londres. En 1919, dans cette période d'après-guerre où l'atmosphère restait hostile à l'Allemagne, il avait bien été possible de confirmer la théorie d'un Allemand, mais non pas d'honorer sa personne. Lord Haldane, qui avait toujours travaillé à l'amélioration des rapports anglo-germaniques, s'était rendu à Berlin peu de temps avant qu'Einstein n'y arrivât, mais il avait été reçu froidement par le kaiser. Pourtant, tout de suite après la guerre et la défaite allemande, Haldane se remit à instaurer de nouvelles relations culturelles avec l'Allemagne. Einstein lui parut être la personne qui pouvait servir, comme la pointe acérée d'un coin, à forcer la masse de l'hostilité et des préjugés. Beaucoup de facteurs favorables semblaient réunis : le grand enthousiasme qui avait suivi la prédiction par Einstein du résultat obtenu par l'expédition de l'éclipse solaire; l'occasion d'une grande œuvre qui avait été alors présentée à la science anglaise; et enfin cette circonstance heureuse qu'Einstein n'appartenait pas à l'espèce d'Allemand détestée; en fait, si l'on y tenait, on pouvait le regarder comme n'étant pas Allemand. C'était presque comme si Einstein avait été spécialement créé pour servir d'intermédiaire. Un très important facteur de surcroît jouait personnellement pour lord Haldane. C'était l'un de ces hommes d'Etat anglais qui ont pour marotte de mêler la science à la spéculation philosophique. Lui-même avait abordé le problème de savoir comment, malgré le scepticisme qui prévalait en religion, en morale, en politique et même en science après les désappointements de l'après-guerre, l'on pouvait encore garder une conception objective de la vérité. Dans son livre *Le Règne de la Relativité*, paru en 1921, il faisait ressortir que des vues tenues par les sceptiques comme différentes ne sont réellement qu'aspects différents d'une même vérité et qu'il y a donc une seule vérité objective. Ou, selon les propres mots de Haldane :

« L'épreuve de la vérité peut se faire sous une forme plus pleinement adéquate, une forme qui ne concerne pas seulement le résultat d'opérations de mesures par la balance ou la règle, mais qui concerne la valeur, quelque chose qu'on ne peut ainsi mesurer et qui dépend d'un autre ordre de pensée. Ce qui est vérité d'un certain point de vue peut n'être pas nécessairement tenu pour vrai d'un autre. La relativité, dépendant de l'étalon utilisé, peut s'introduire elle-même sous des formes variées... On peut donc avancer en général qu'une idée est vraie lorsqu'elle est adéquate, et seulement tout à fait adéquate lorsqu'elle est vraie de n'importe quel point de vue. Toute forme d'épreuve à appliquer doit être assurée selon l'idée d'adéquation parfaite; car autrement nous pouvons avoir seulement une vérité relative à des points de vue particuliers. »

Cette philosophie trouvait son application pratique en favorisant la tolérance envers tous nos semblables, et en combattant les exagérations des doctrines politiques. Dans la théorie d'Einstein, Haldane voyait un exemple particulier de sa propre philosophie. Il croyait que la physique relativiste allait revêtir son relativisme philosophique d'une plus grande certitude et d'un lustre accru. Par suite, Haldane voulut convaincre Einstein de s'arrêter quelques jours en Angleterre à son retour d'Amérique, de donner plusieurs conférences, et de rencontrer personnellement des savants et d'autres personnalités.

Non seulement il y avait des difficultés politiques à de telles rencontres, mais toute l'attitude mentale des physiciens anglais n'était pas telle qu'ils fussent très enthousiasmés par une théorie comme celle de la Relativité. La science anglaise a toujours été beaucoup plus orientée vers la relation directe qui existe entre théorie et expérience. Une relation consistant en un long enchaînement de pensées, comme dans la théorie d'Einstein, apparaissait souvent aux physiciens britanniques comme un phantasme philosophique, beaucoup trop de théorie pour si peu de faits. En Angleterre, philosophes, astronomes, mathématiciens, voire théologiens et politiciens s'intéressaient passionnément à la théorie, mais les physiciens eux-mêmes demeuraient plutôt froids au sujet de la Relativité comme concept fondamental.

Lord Haldane présida la conférence d'Einstein à King's College. Il ouvrit la séance en disant qu'il venait de vivre un moment extrêmement émouvant quand Einstein avait déposé une couronne sur le tombeau de Newton à l'Abbaye de Westminster. « Car, dit Haldane à l'auditoire, ce que Newton fut pour le XVIIIe siècle, Einstein l'est pour le XXe. »

Einstein habitait chez Haldane, où il rencontra beaucoup d'Anglais notoires, comme Lloyd George, Bernard Shaw et A. N. Whitehead, le mathématicien et philosophe qui avait si vivement éprouvé l'importance historique de la session de la Société royale où avait été annoncé le résultat de l'éclipse solaire. Whitehead eut de longues discussions avec Einstein; il chercha plusieurs fois à le persuader que sur le plan métaphysique il fallait essayer de progresser sans supposer une courbure de l'espace. Mais Einstein n'était pas porté à abandonner une théorie contre laquelle ne pouvaient être alléguées ni raisons logiques, ni raisons expérimentales, ni considérations de simplicité ou d'esthétique. La métaphysique de Whitehead ne lui sembla pas tout à fait plausible.

L'archevêque de Canterbury, le chef de l'Eglise anglicane, se montra spécialement désireux de rencontrer Einstein. Lord Haldane, qui partout attirait l'attention sur l'importance philosophique de la Relativité, avait dit au prélat que cette théorie était aussi d'une grande conséquence pour la théologie et que comme chef de l'Eglise anglicane il devait par devoir la connaître. Peu de temps après, à l'Athenaeum Club, un ami de l'archevêque rencontra le physicien J. J. Thomson, président de la Société royale, et lui demanda son aide dans une affaire très importante. « L'archevêque, qui est le plus consciencieux des hommes, s'est procuré plusieurs livres sur la Relativité, il a essayé de les lire, et ils l'ont mis dans un état qu'il n'est pas exagéré d'appeler un état de désespoir intellectuel. J'en ai lu plusieurs d'entre eux moi-même et j'en ai extrait un mémorandum qui, je pense, lui pourra être de quelque service. »

Thomson fut surpris de ces difficultés et dit qu'il n'estimait pas que la Relativité présentât des liens si étroits avec la religion que l'archevêque eût à en connaître quoi que ce fût. Néanmoins, le consciencieux chef de l'Eglise ne se tint pas satisfait et, quand Einstein vint à Londres et que Lord Haldane organisa un dîner, l'archevêque sollicita une invitation. On le plaça près d'Einstein et il put enfin savoir si Haldane avait raison d'affirmer l'importance de la Relativité pour la théologie, ou au contraire Thomson, qui en disputait. A table, l'archevêque demanda de but en blanc « quel effet la Relativité aurait sur la religion ». Einstein répliqua brièvement et nettement : « Aucun. La Relativité est une question purement scientifique et elle n'a rien à voir avec la religion. »

7. La Tour d'Einstein et le meurtre de Rathenau.

En juin 1921, après sa visite aux Etats-Unis et en Angleterre, Einstein revint à Berlin. Les honneurs qu'il venait de recevoir firent leur effet en Allemagne. Des personnes bien intentionnées, que la science n'attirait pas réellement, essayèrent par tous les moyens possibles d'apprendre quelque chose des théories d'Einstein, sans avoir à se fatiguer les méninges. Des gens profitèrent de cet engouement pour en convaincre d'autres qu'ils pouvaient leur enseigner la théorie de la Relativité. A cette époque, un film soi-disant sur Einstein fut passé dans les cinémas, qui était supposé inculquer la théorie sans peine. On voyait au début un étudiant en train d'écouter une conférence assommante d'un professeur stupide, et qui soupirait : « Combien de temps va bien durer ce discours? Encore un autre quart d'heure? » Puis on montrait le même étudiant assis dans un jardin sur un banc avec une charmante jeune fille, et se lamentant : « Je ne peux plus rester que quinze minutes! » Ceci était censé apprendre « la relativité du temps » au public. Nous l'avons vu, tout cela n'avait rien à faire avec la théorie d'Einstein. De telles vulgarisations, qui faussaient et rabaissaient ses idées, vexaient Einstein plus que les attaques subies par lui.

A Berlin, on s'amusait aussi d'anecdotes venues d'Angleterre. Par exemple, on rapportait une conversation imaginaire entre Einstein et Bernard Shaw, où le sceptique écrivain demandait : « Dites-moi, mon cher Einstein, est-ce que vous comprenez réellement ce que vous écrivez? » A quoi Einstein répliquait en souriant : « Autant que vous comprenez vos propres histoires, cher Bernard. »

A ce moment, le désir d'une présentation courte, aisément intelligible, de la Relativité conduisit un Américain habitant Paris, et qui avait été impressionné par les comptes rendus londoniens des expéditions pour l'éclipse solaire, à offrir un prix de cinq mille dollars au meilleur essai concernant la théorie d'Einstein, et ne dépassant pas trois mille mots. Attirés par la rémunération de cinq dollars pour trois mots, beaucoup d'auteurs entrèrent en lice, au point qu'il fut très difficile de trouver des juges car tous ceux qui connaissaient le sujet préféraient concourir. Einstein s'amusa à remarquer : « Je suis le seul et unique dans tout mon cercle d'amis à ne pas participer. Je ne crois pas que je sois capable d'accomplir la tâche. » Le 21 juin 1921, sur les trois cents essais soumis au jury, le prix fut accordé à un Irlandais de soixante et un ans, né à Dublin, qui avait été comme Einstein employé à un bureau de brevets (à Londres) pendant longtemps, et qui était physicien amateur. On ne peut guère dire que son essai valût mieux que les autres, ni qu'il ait eu quelque influence ultérieure dans la propagation ou l'intelligence de la Relativité. Le public n'en retint qu'une chose, c'est qu'il avait été possible de gagner cinq mille dollars par ce moyen, et conclut en conséquence que le sujet valait bien la peine d'être étudié.

A la fin de cette même année 1921, on fit un pas important dans la recherche d'une autre conclusion astronomique de la relativité généralisée. Le Dr Boch, directeur de l'I. G. Farben, la plus grande firme chimique d'Allemagne, qui était au premier rang dans la production des colorants synthétiques, des médicaments et des explosifs, fit un don très important pour l'érection à Potsdam d'un institut qui devait être rattaché à l'Observatoire d'Astrophysique, et dans lequel la couleur des raies du spectre solaire serait explorée avec une grande précision. Il faut rappeler que, dans sa théorie de la gravitation, Einstein avait prédit que la coloration de la lumière venant des étoiles dépendait de l'intensité du champ gravitationnel traversé par les rayons lumineux. Prédiction qui était à vérifier par des observations exactes.

L'astronome Erwin Finlay-Freundlich fut nommé directeur de l'institut. Le laboratoire fut bâti en forme de tour, et l'allure architecturale était dans la note du moderne style berlinois d'alors, si bien qu'on y trouvait un mélange du gratte-ciel new-yorkais et de la pyramide d'Egypte. La tour fut généralement connue sous le nom de *Tour Einstein*. Son aspect seul suffisait à exciter la colère des nationalistes qui préféraient un style rappelant mieux les modèles du moyen âge germanique, ou tout au moins l'antiquité classique.

Par un étrange enchaînement de circonstances, la Tour Einstein fut placée sous le contrôle de Friedrich Wilhelm Ludendorff, frère du fameux général qui collabora longtemps avec Adolf Hitler. A cette époque, l'astronome Ludendorff permettait encore les investigations de la lumière solaire en fonction de la théorie d'Einstein. Il satisfaisait à ses sentiments nationalistes en entreprenant de prouver que Copernic était un Allemand et non pas un Polonais, bien que son monument s'élevât à Varsovie.

Le 24 juin 1922, Walther Rathenau, ministre des Affaires étrangères, fut assassiné par quelques étudiants fanatiques. Le meurtre décelait les préparatifs pour la révolution de la droite, et même ceux qui, consciemment ou inconsciemment, ignorèrent l'arrière-plan du crime, furent amenés à considérer plus sérieusement la question. L'effet sur Einstein fut plus fort que sur les autres en général, parce qu'avec son instinct perspicace il lui était devenu évident que l'adhésion sincère à la République allemande était le fait d'un très petit groupe; au-dessous, c'était un béant abîme rempli de haine.

Einstein avait été en rapport avec Rathenau, et il avait aimé cet homme d'une largeur de vue si rare parmi les hommes politiques allemands. Descendant d'une riche famille juive de Berlin, Rathenau avait été la force motrice de l'économie planifiée dans l'Allemagne de la guerre. Après la proclamation de la République, il avait joué un rôle important comme conseiller économique du gouvernement, à la politique extérieure duquel sa réputation internationale lui permit de rendre des services variés. Il avait accepté le poste de ministre des Affaires étrangères dans le gouvernement du chancelier catholique Wirth, et en concluant le traité de Rapallo, il avait instauré des relations amicales avec la Russie soviétique. Ce traité servit à l'étiqueter « bolcheviste » et de plus, comme il était Juif, il était devenu extrêmement impopulaire parmi les monarchistes et les avocats de la « révolution de la droite ».

Le gouvernement républicain décréta jour de deuil la journée des obsèques de Rathenau et ordonna la clôture de toutes les écoles ainsi que des théâtres. Dans les universités, les cours furent supprimés, mais Philippe Lenard, le physicien d'Heidelberg dont j'ai déjà parlé comme adversaire d'Einstein, refusa d'obéir à l'ordre. Tandis que les ouvriers socialistes défilaient à travers la ville et organisaient des meetings de protestation contre les meurtriers et leurs appuis réactionnaires, Lenard fit avec ostentation son cours habituel. Un certain nombre d'étudiants qui sympathisaient avec les assassins l'écoutèrent dans l'enthousiasme. Un groupe d'ouvriers passant par là s'en aperçurent et, considérant qu'il y avait là une démonstration en faveur des meurtriers, ils envahirent l'établissement et emmenèrent Lenard au dehors avec eux. Comme ils traversaient le Neckar, quelques-uns d'entre eux cherchèrent à précipiter Lenard dans la rivière, mais les modérés les en empêchèrent et le livrèrent à la police, qui le relâcha immédiatement.

Aux yeux de l'Allemagne entière, ces événements liaient le combat contre la théorie d'Einstein à la lutte contre le régime républicain. Des bruits commencèrent à se répandre; dans les recherches ayant trait à l'assassinat de Rathenau, une liste aurait été trouvée qui contenait les noms d'autres personnes, victimes futures du même groupe, et qu'on supposait contenir le nom d'Einstein. La police nia ces rumeurs, mais un sentiment de malaise concernant la personne d'Einstein commença à se propager. Lui-même, dans sa croyance à la régularité de l'univers, n'avait aucun penchant pour les pressentiments superstitieux ou les craintes de ce genre, et il n'en fut pas affecté. Mais c'est bien l'opinion adverse qui domina à son sujet.

Chaque année, la réunion annuelle des savants et physiciens allemands se tenait en septembre. Cette fois, on projetait une célébration particulière car il s'agissait du centenaire. Les assises devaient se tenir à Leipzig. Ayant plus que tout autre, dans les années récentes, contribué à accroître le prestige de la science germanique à travers le monde, Einstein fut prié de prononcer le discours d'ouverture en y insistant sur le caractère particulier de la circonstance. Il eût aimé accepter l'offre, mais, dans l'atmosphère de trouble et de malaise qui dominait après l'assassinat de Rathenau, il ne voulut pas se prêter aux manifestations publiques et déclina l'invitation. Néanmoins, le comité exécutif de la société insista en présentant des conférences sur la théorie d'Einstein dues à d'autres savants, le physicien Max von Laue et le philosophe Moritz Schlick.

Dans cette atmosphère de violence croissante, et par suite aussi bien de sa propre aventure, Lenard se sentit appelé et encouragé à protester contre la réunion des savants allemands à Leipzig. Dans son opinion, en organisant des conférences sur l'œuvre d'Einstein, la société était en train de faire de la propagande contre les révolutionnaires de droite et pour le groupement auquel appartenait celui qu'on avait si « justement » assassiné, Rathenau. Lenard rassembla des gens qui élaborèrent une protestation contre la réunion des savants allemands, l'envoyèrent à tous les journaux et la distribuèrent à Leipzig, aux portes des salles de conférences.

Toutefois, Lenard ne réussit à obtenir la signature d'aucun grand physicien d'Allemagne. Une fois de plus, il ne pouvait s'agir que des trois mêmes catégories de personnages, qui avaient pris part aux meetings de la Philharmonie de Berlin.

8. France.

Les voyages d'Einstein avaient quelque peu contribué à améliorer les relations entre les savants de l'Allemagne et ceux de l'Amérique ou de l'Angleterre. Cela plaisait au gouvernement et aux savants, mais déplaisait fort à tous ceux qui cherchaient à perpétuer l'idée qu'en Europe occidentale on tenait l'Allemagne pour une nation inférieure et qu'on y souhaitait de détruire sa culture. L'effet de cette « propagande de l'atrocité » se trouvait troublé par les comptes rendus des réceptions amicales en faveur d'Einstein. On avait longtemps discuté s'il aurait maintenant la hardiesse de visiter Paris, capitale du « mortel ennemi » de l'Allemagne. Le bruit avait couru qu'en France des groupements scientifiques essayaient d'amener Einstein à faire cette visite, de manière à pouvoir discuter ses idées nouvelles, personnellement avec lui. On les admirait grandement en France aussi, mais bien des esprits les avaient trouvées très difficilement compréhensibles. C'est ainsi que le mathématicien français Paul Painlevé, — ministre de la Guerre pendant le conflit mondial, plus tard premier ministre puis président de la Chambre des députés, et qui avait donc joué un rôle de leader dans la politique française, — s'intéressait beaucoup à la relativité mais l'interprétait inexactement en bien des points, et l'attaquait en raison même de cette défectueuse compréhension. Plus tard, il devait retirer toutes ses objections. Le grand physicien français Paul Langevin qui, lui, avait saisi tout de suite la pensée d'Einstein, me fit un jour cette remarque : « Painlevé a étudié de très près l'œuvre d'Einstein, mais malheureusement après avoir écrit dessus. C'est peut-être la politique qui lui a donné l'habitude de suivre cet ordre-là. »

Langevin n'était pas seulement un physicien sagace, mais aussi un actif participant de toute entreprise tendant à avancer la conciliation internationale. Au Collège de France, — le plus haut établissement scientifique du pays, — il présenta une résolution pour inviter Einstein à Paris. Dans ce dessein, il proposa d'utiliser le revenu d'une dotation qui était destinée à faire venir au Collège de grands savants étrangers, pour y donner des conférences. La résolution fut chaleureusement appuyée par Painlevé. Cependant, elle rencontra quelque opposition. Les nationalistes ne voulaient pas que la réception d'un savant allemand pût donner l'impression que leur haine fût même en train de diminuer. Par toutes sortes d'intimidations, ils voulurent contraindre Langevin et ses amis à ne pas envoyer l'invitation, tout de même que les groupements analogues d'Allemagne voulaient forcer Einstein à la rejeter. Mais, à cette époque, aucun des deux groupements n'était encore assez fort pour parvenir à ses fins. Einstein agréa l'invitation lancée par le Collège de France et, vers la fin de mars 1922, il arrivait à Paris.

Langevin et l'astronome Charles Nordmann se rendirent à Jeumont, à la frontière belge, pour rencontrer Einstein et voyager avec lui jusqu'à la capitale. Durant le trajet, ils disputèrent des questions scientifiques et politiques ayant trait à la visite. Au cours de l'entretien, ils interrogèrent Einstein sur les buts et l'influence de la gauche dans la vie politique et culturelle de l'Allemagne. « Eh bien, répondit Einstein, ce qu'on appelle superficiellement la gauche est en réalité une structure à beaucoup de dimensions. » Einstein sentait déjà que les routes vers la droite ou vers la gauche peuvent occasionnellement conduire au même but.

Pendant tout le parcours, Langevin fut assez tourmenté. A son départ de Paris, le bruit courait que les « Jeunesses patriotes » et d'autres factions nationalistes se rassembleraient à la gare et réserveraient à Einstein une inamicale réception. Langevin et les officiels à la fois ne voulaient pas que quelque trouble de ce genre vînt gâter la visite d'Einstein. Sur la route, Langevin s'informa de la situation à Paris. Il reçut un télégramme de la police parisienne l'informant que des groupes de jeunes gens excités étaient en train de se rassembler à la gare du Nord, où arrivent les trains de Belgique. Comme on pensait bien qu'il s'agissait des « Jeunesses patriotes », Langevin fut avisé de laisser le train et de passer avec Einstein sur un quai où on ne l'attendait pas. Ainsi firent-ils, et Einstein fut tout heureux de pouvoir s'échapper du train par une sortie de côté sur la rue, sans être assommé par les reporters et les photographes, et de prendre le métro jusqu'à son hôtel sans être remarqué par qui que ce fût.

Cependant, à la gare du Nord, une foule d'étudiants conduits par le fils de Langevin pour ménager à Einstein une réception enthousiaste et prévenir éventuellement les démonstrations hostiles des adversaires attendaient en vain son arrivée. C'était ces admirateurs que la police avait pris pour une foule hostile, et c'était donc eux qu'Einstein avait fuis.

Le 31 mars, Einstein donna sa première leçon au Collège de France. Seules les personnes ayant des cartes furent admises, et les cartes n'avaient été données qu'à ceux qu'on connaissait comme s'intéressant vraiment au sujet et qui ne cherchaient pas simplement à organiser une manifestation hostile. Le président Painlevé se tenait à l'entrée tout le premier et veillait à contrôler que seuls les invités pussent passer.

Einstein parla dans la salle où de grands philosophes tels qu'Ernest Renan et Henri Bergson avaient professé devant de vastes auditoires. Ici, il lui était plus facile qu'en Angleterre ou en Amérique d'entrer en contact avec son public, car il parlait français couramment et avec confiance, avec une lenteur toutefois à quoi les Français n'étaient pas accoutumés, mais qui, jointe à son léger accent étranger, donnait à son discours du charme et de l'attrait, le charme de la rêverie allié à un peu de mystère. Cette trace fugitive de mystère contrastait avec l'effort évident de présenter toutes choses aussi logiquement et clairement que possible, en employant fort peu de termes techniques et beaucoup de métaphores. Un grand nombre d'intellectuels connus partout et de personnages mêlés à la vie publique assistaient à la conférence, parmi lesquels Mme Curie, qui découvrit le radium, le grand philosophe Henri Bergson, le prince Roland Bonaparte, et bien d'autres.

Outre cette conférence publique, il y eut des séances de la Société de Philosophie pour les spécialistes qui désiraient une discussion détaillée, où chacun pourrait interroger Einstein et soulever toutes sortes d'objections. Il répondit absolument à chaque question, et beaucoup de malentendus s'en trouvèrent dissipés.

Il fut vraiment étrange que la Société française de Physique ne prît aucune part officielle à ce programme, bien que beaucoup de ses membres, naturellement, rencontrassent Einstein. Cette attitude fut surtout déterminée par les tendances nationalistes de la Société qui, semble-t-il, étaient plus fortes parmi physiciens et techniciens que chez les mathématiciens, les astronomes, et les philosophes des sciences, c'est-à-dire ceux dont la pensée est plus abstraite.

Comme en Allemagne, une certaine résistance put également se faire jour chez les physiciens expérimentateurs « purs ». En France aussi l'on trouvait de « purs empiristes », genre de physiciens de qui Einstein observait souvent : « Tout ce qu'ils ont appris jusqu'à l'âge de dix-huit ans est tenu pour chose expérimentale. Tout ce dont ils entendent parler ensuite est théorie ou spéculation. »

L'Académie fameuse que l'on attaque et ridiculise depuis des années, dans la littérature française, comme le centre de toutes sortes de préjugés, maintint pareillement sa réputation pour la visite d'Einstein. On y discuta longuement si l'on devait ou pouvait l'inviter à donner une conférence. Plusieurs membres soutinrent que c'était impossible, parce que l'Allemagne n'appartenait pas à la Société des Nations. D'autres, en revanche, pensaient qu'une telle invitation soulèverait une difficile question d'étiquette. Comme Einstein n'était pas membre de la compagnie, il ne pourrait prendre place parmi ses membres et devrait s'asseoir dans le public. Une place si peu honorable, cependant, ne saurait être offerte à un homme aussi célèbre. Finalement, trente académiciens avancèrent brusquement et sans plus d'ambages que, si Einstein entrait dans la salle, eux-mêmes la quitteraient immédiatement. Pour épargner à ses amis français toute espèce de désagrément, Einstein en personne déclina de participer à une séance.

A cette occasion, un journal de Paris demanda ironiquement : « Si un Allemand venait à découvrir un remède contre le cancer ou la tuberculose, est-ce que les trente académiciens devraient attendre pour l'application du remède que l'Allemagne entrât à la Société des Nations? »

La réception d'Einstein à Paris montrait que le besoin de comprendre les façons de penser ou les méthodes de travail des différents peuples ou des divers individus existait parmi les savants de tous les pays, et pouvait être satisfait dès lors qu'il y avait quelques hommes courageux. Mais il devenait clair aussi que partout les forces ultra-nationalistes n'attendaient qu'une occasion favorable pour venir à la surface. Si l'on veut juger exactement ces événements, une circonstance doit n'être point oubliée. C'est précisément les mêmes groupes qui protestaient violemment contre la réception d'Einstein parce qu'il était Allemand, qui devinrent les plus zélés promoteurs de la politique de collaboration avec l'Allemagne, lorsque les nazis s'y furent emparés du pouvoir. Ces « patriotes » français préparèrent la défaite de 1940 et la domination allemande sur le continent.

En France, tout comme en Allemagne, il était évident que l'attitude des gens envers Einstein dépendait largement de leurs sympathies politiques, puisque la plupart ne cherchaient pas sérieusement à se faire une opinion sur ses théories. Un historien notoire de la Sorbonne mit cela sous la forme suivante : « Je ne comprends pas les équations d'Einstein. Tout ce que je sais c'est que les dreyfusards proclament qu'il est un génie, tandis que les anti-dreyfusards disent que c'est un âne. » Dreyfus était un capitaine de l'armée française que la propagande antisémite avait en 1894 accusé de trahison. L'affaire grossit en une lutte entre la République et ses ennemis, le pays tout entier se divisa en deux camps : défenseurs ou adversaires de Dreyfus. « Et la chose remarquable, ajoutait l'historien en question, c'est que, quoique l'affaire Dreyfus soit depuis longtemps oubliée, les mêmes groupes se dressent et s'affrontent à la plus légère provocation. »

En Allemagne, on attaquait le gouvernement républicain parce qu'il avait permis à Einstein d'aller à Paris et fait des « ouvertures » aux Français; et en France, mathématiciens et philosophes se voyaient attaqués parce qu'ils allaient écouter l'un de ceux « qui ont tué nos fils ». Lorsque Einstein rentra à Berlin et assista à la première séance ultérieure de l'Académie de Prusse, plusieurs sièges autour de lui demeurèrent vides.

9. Chine, Japon, Palestine et Espagne.

Après ces voyages en Angleterre et en France, où ses séjours se trouvaient toujours liés à la tension politique et où il lui était réellement impossible de jouir de ces expériences nouvelles, ce fut un soulagement pour Einstein que de parcourir les pays de l'Extrême Orient, d'en éprouver des impressions variées et, tel un enfant qui joue, de goûter la diversité du monde sans avoir à considérer constamment si oui ou non les susceptibilités nationales se trouvent atteintes, à l'intérieur ou à l'étranger.

Il arriva à Shanghaï le 15 novembre 1922 et à Kobé, au Japon, le 20. Il demeura au Japon jusqu'en février, où il s'embarqua pour l'Europe.

Il fut honoré partout, non seulement comme savant mais aussi comme représentant de l'Allemagne. A Shanghaï il fut salué sur la jetée par les professeurs et les élèves de l'Ecole allemande, qui chantèrent le *Deutschland über alles.* Au Japon, il fut reçu personnellement par l'empereur, qui s'entretint avec lui en français.

Un jour où je demandais à Einstein s'il n'avait pas eu des impressions bien étranges dans ses randonnées à travers des pays si pittoresques et exotiques, il répondit : « Je n'ai vu des choses étranges que dans ma patrie, par exemple aux séances de l'Académie prussienne des Sciences. »

Les Orientaux — Hindous, Chinois, Japonais, — enchantèrent Einstein par leur calme, leur attitude méditative, leur politesse. Leur amour de la modération et de la beauté lui fut une véritable détente, après les louanges exagérées et les animosités dont il avait été l'objet dans son propre pays et chez les voisins immédiats de son pays.

Ses préférences pour la musique de Mozart ou de Bach ou les vieux maîtres italiens lui firent trouver nécessairement très étrange la musique orientale. Il fut incapable d'y découvrir quoi que ce soit d'agréable. Mais il fut frappé par l'amour de l'art qui amène souvent les familles japonaises à passer une bonne partie de la journée au théâtre pour écouter de la musique, apportant leur repas et ne bougeant pas de leur place.

A certains égards, il y avait une attitude semblable chez les centaines de Japonais qui écoutaient patiemment les conférences d'Einstein, sans même comprendre la langue qu'il parlait, et moins encore le contenu. Une fois il observa que sa causerie, avec la traduction qu'on en donnait tout de suite en japonais, durait plus de quatre heures. Le fait l'offusqua, parce qu'il eut pitié de ces gens qui l'écoutaient si longtemps et patiemment, la plupart sans beaucoup comprendre ce qu'il disait. A la conférence suivante, il s'arrangea pour ne pas dépasser deux heures et demie. Dans le train pour la ville voisine, il remarqua que ses compagnons japonais murmuraient entre eux dans leur langue, regardaient de son côté, puis se remettaient à murmurer. Einstein commençait à se sentir mal à l'aise à cause du caractère tout à fait inaccoutumé d'une telle attitude, étant donnée la politesse des Japonais. A la fin, il demanda à l'un de ses compagnons : « Puis-je vous prier de me dire tout à fait franchement si j'ai commis quelque faute? » A quoi le Japonais poli répondit avec embarras : « Nous n'osions pas vous dire quoi que ce soit à ce sujet, mais les organisateurs de la seconde conférence ont été incriminés parce qu'elle n'a pas duré quatre heures comme la première. On a pris cela pour un signe de dédain. »

Sur le chemin du retour, Einstein visita la Palestine. Pour lui ce pays appartenait à un genre différent de la Chine ou du Japon. Ici, il était incapable de demeurer un simple observateur indifférent, regardant le spectacle varié comme une agréable détente à sa tâche. Ici, il devait éprouver des tensions d'esprit à la fois agréables et désagréables, parce qu'il avait lui-même fait de la propagande pour l'établissement d'une patrie juive en Palestine et qu'à un certain degré il se sentait responsable de cela. Mais naturellement bien des choses n'avaient pas été réalisées comme il l'eût souhaité, et, de surcroît, beaucoup de gens le tenaient responsable de choses que lui-même n'aimait pas. Sa collaboration au développement de la Palestine s'était toujours orientée vers la seule recherche du but principal, qu'il regardait comme désirable. Des détails concrets de ce développement, bien peu pouvaient être attribués à ses suggestions. Aussi était-il curieux de voir l'aspect réel de ce qui jusqu'alors n'avait été qu'un rêve plus ou moins vague.

On le reçut en Palestine comme l'un des plus éminents avocats de la colonisation israélite et comme l'une des plus extraordinaires personnalités du judaïsme universel, ou même, plus encore que dans les autres pays, comme un personnage officiel. Le gouverneur de Palestine l'invita à loger chez lui. C'était alors le vicomte Herbert Samuel, d'une réputation déjà acquise dans la politique intérieure anglaise. C'était lui-même un Juif, circonstance que le gouvernement britannique considérait apparemment comme une manifestation particulièrement appropriée de son attitude favorable au développement du foyer national israélite. En pratique cependant les choses n'en allaient pas aussi bien. La position d'un gouverneur juif était particulièrement difficile en face des grandissantes controverses entre Juifs et Arabes. Journellement, il avait à prouver l'impartialité absolue du gouvernement anglais dans ce conflit. Comme il était Juif, on lui attribuait tout naturellement un certain penchant en faveur des Juifs, si bien qu'en compensation il faisait machine arrière en faveur des Arabes, avec le résultat final qu'il agissait à l'encontre des Juifs. Il ne pouvait empêcher de se rendre généralement impopulaire.

Comme lord Haldane, le vicomte Herbert Samuel était un de ces hommes d'Etat anglais qui ont pour dada de s'occuper eux-mêmes de science, et singulièrement de philosophie des sciences. Comme Haldane, il éprouvait aussi un vif intérêt personnel pour la théorie de la Relativité. Au point de vue de l'interprétation philosophique, les idées d'Herbert Samuel s'opposaient à celles d'Einstein et se trouvaient davantage dans la ligne de la philosophie traditionnelle.

Dans le pays, que l'on considérait plus ou moins comme une colonie, le gouverneur britannique devait garder une attitude imposante, pour maintenir les « indigènes » — ce qui comprenait Juifs et Arabes à la fois — dans l'obéissance et le respect. Lorsqu'il quittait sa résidence palatiale, on tirait le canon, et s'il roulait à travers la ville, des troupes à cheval l'accompagnaient. A l'intérieur de la résidence dominait un cérémonial qui rappelait les pratiques de la cour d'Angleterre. Il était nécessaire d'éveiller chez les indigènes un sentiment de crainte respectueuse en présence du représentant direct du roi. Einstein n'accordait pas beaucoup d'attention à tout cela. Il restait aussi simple et naturel que partout ailleurs. Mme Einstein, en revanche, éprouvait quelque malaise. Elle devait dire plus tard : « Je suis une simple maîtresse de maison allemande; j'aime que les choses soient commodes et confortables, et je me sens malheureuse dans cette atmosphère de cérémonie. Pour mon mari, c'est tout autre chose; il est un homme célèbre. Quand il commet une faute d'étiquette, on dit qu'il le fait parce que c'est un homme de génie. Mais quand cela m'arrive, on l'attribue à un défaut d'éducation. » Quelquefois, pour éviter les difficultés d'étiquette ou de cérémonial, elle allait se coucher.

Einstein étudia avec le plus grand intérêt l'action des Juifs pour développer leur existence nationale indépendante. Il vit la nouvelle ville israélite de Tel-Aviv. En Europe, les Juifs n'appartenaient ordinairement qu'à une seule classe particulière de la nation; ils étaient souvent persécutés par les autres classes, qui représentaient le travail des Juifs comme spécialement facile ou particulièrement odieux. Mais Tel-Aviv était une ville où tous les travaux étaient accomplis par des Juifs. Là, ils ne pouvaient pas avoir aussi aisément le sentiment d'occuper une position anormale, en tant que groupe ethnique et économique.

Néanmoins, Einstein vit aussi les difficultés de leur situation, par-dessus tout leurs relations peu satisfaisantes avec les Arabes. Il n'était pas assez partisan, au point de vue national, pour faire ce que tant d'autres firent, c'est-à-dire jeter simplement le blâme sur l'ingratitude des Arabes, ou sur l'insuffisance de l'appui accordé par l'Angleterre aux Juifs. Il réclamait de la part des Juifs un effort pour comprendre la vie culturelle des Arabes et nouer amitié avec eux.

C'est pourquoi tous les groupes sionistes n'accueillirent pas favorablement Einstein. Les nationalistes extrêmes le regardèrent avec la même suspicion que les adhérents de l'orthodoxie judaïque. Ces derniers tenaient un peu pour une faute qu'il ne considérât pas comme importante l'observance des rites anciens et qu'occasionnellement il osât même en plaisanter.

En mars 1923, Einstein quitta par bateau la Palestine pour Marseille. Il voyagea alors en Espagne, dont les paysages et l'art lui furent toujours une source de joie. Tout comme il s'était entretenu avec l'empereur du Japon, il eut une conversation avec le roi Alphonse XIII. Il ne vit pas seulement alors des cités ou des contrées curieuses, mais reçut aussi l'impression personnelle d'une classe sociale qui généralement demeure inconnue des savants. Einstein, qui gardait toujours quelque chose de la curiosité d'un enfant intelligent, tirait, de toutes ces expériences, des forces nouvelles pour son œuvre créatrice. Tout lui paraissait une sorte de rêve, et il disait parfois à sa femme : « Jouissons de toutes choses, avant de nous réveiller. »

10. Le Prix Nobel. Un prétendu voyage en Russie.

Le 10 novembre 1922, comme Einstein allait partir pour l'Orient, le Comité de l'Académie suédoise des Sciences lui décerna le Prix Nobel de Physique. Bien qu'il eût été reconnu depuis longtemps pour l'un des plus grands physiciens de son époque, le comité avait quelque peu tardé à se décider. En fondant la dotation, Alfred Nobel avait stipulé que le Prix serait accordé pour une recherche récente en Physique, et de laquelle l'humanité dût tirer un grand usage. Personne n'était sûr que la théorie d'Einstein fût une telle « découverte ». Au début, elle ne faisait point apparaître de nouveaux phénomènes, mais constituait plutôt un principe d'où beaucoup de faits pouvaient être déduits plus simplement qu'auparavant. Au reste, que cette découverte fût d'une grande utilité pour l'humanité, c'était là naturellement affaire d'opinion personnelle. Quand la théorie d'Einstein fut devenue l'objet de si nombreuses attaques et eut même été rattachée à des controverses politiques, l'Académie de Suède pensa qu'il convenait d'être prudent et de ne point donner le Prix à Einstein pendant un certain temps. Après l'explosion de la bombe atomique en 1945, l'Académie reconnut apparemment la grande utilité pour le genre humain de la théorie einsteinienne de la Relativité, car elle s'empressa de décerner la récompense à Otto Hahn, qui avait découvert la fission de l'uranium.

Cependant, vers la fin de 1922, l'Académie eut l'idée d'un ingénieux expédient grâce auquel on pourrait couronner Einstein sans avoir à prendre position sur sa théorie. Le Prix lui fut conféré pour sa contribution à la « théorie des Quanta » (voir les chapitres III et IV). Cette partie de son œuvre n'avait pas été aussi ardemment discutée que la Relativité. D'autre part, « des faits y avaient été découverts », c'est-à-dire que des hypothèses y furent avancées à partir desquelles des phénomènes observables pouvaient être prédits au moyen de quelques déductions. Lorsqu'il s'agissait de la théorie de la Relativité cette suite de raisonnements était beaucoup plus longue. Et cette distinction subtile autorisait l'Académie à parler de « phénomène découvert », dans le cas de la loi photo-électrique et photo-chimique, alors qu'elle n'aurait pu le faire pour la Relativité. Par cet expédient, l'Académie réussit à éviter d'avoir à se prononcer sur la théorie controversée de la Relativité. La mention de la récompense était rédigée en termes très généraux : « Le Prix est accordé à Einstein pour la loi photo-électrique et pour son œuvre dans le domaine de la physique théorique. »

Dès que les ennemis d'Einstein eurent connaissance de ce détail, ils prétendirent avec plus de véhémence que jamais qu'il y avait quelque chose de bien particulier dans toute cette affaire. Einstein, disaient-ils, recevait le Prix pour une découverte dont l'importance ne justifiait pas une telle récompense. Au début de 1923, son vieil ennemi Lenard écrivit une lettre à l'Académie de Suède dans laquelle il stigmatisait la démarche entière comme un essai « de restaurer le prestige perdu d'Einstein sans que l'Académie se compromît ».

En juillet 1923, pour la remise du Prix, Einstein fit une conférence à une réunion des savants scandinaves à Göteborg, et le roi de Suède y assista.

***

Comme le public, en Allemagne surtout, suivait avec grand soin tous les agissements d'Einstein, certains avec enthousiasme, d'autres avec suspicion et haine, le compte rendu ci-dessous, qui parut le 15 septembre dans la *Deutsche Allgemeine Zeitung*, — journal des groupements nationalistes les plus cultivés et les plus riches, — devait susciter non seulement une grande agitation, mais chez quelques personnes même de la colère et de l'indignation :

« De Moscou, nous apprenons que le professeur Einstein est attendu à la fin de septembre. Il doit y parler de la théorie de la Relativité. Les savants russes attendent la conférence avec empressement et grand intérêt. En 1920, les écrits d'Einstein avaient été apportés en Russie par avion, immédiatement traduits, et publiés parmi les premiers ouvrages sortis des presses d'état bolcheviques. »

Il faut avoir présent à l'esprit qu'en Allemagne la théorie d'Einstein avait été étiquetée comme le « bolchevisme en physique », que beaucoup de gens croyaient à une conspiration juive où Einstein et Rathenau avaient trempé, et finalement que Rathenau avait conclu un traité d'amitié avec la Russie soviétique. A ce moment, l'alliance avec l'U. R. S. S. n'était pas encore regardée par les nationalistes allemands comme un coup particulièrement habile en politique étrangère, destiné à servir les intérêts nationaux de l'Allemagne, mais bien plutôt comme une trahison envers le peuple allemand. Il n'est donc pas surprenant que bien des personnes aient vu, dans le voyage dont on parlait, l'indication de la participation d'Einstein à une conspiration bolchevique contre l'Allemagne, et répandu toutes sortes de bruits à ce sujet.

Le 6 octobre, le journal démocrate *Berliner Tageblatt* rapportait : « Le professeur Einstein est parti pour Moscou... A Moscou, on fait des préparatifs pour réserver au fameux savant allemand un imposant accueil. »

Le 27 octobre, la nationaliste *Berliner Börsenzeitung* rapportait : « La presse soviétique annonce qu'Einstein arrivera à Pétersbourg le 28 octobre et parlera de la Relativité devant un groupe de travailleurs scientifiques. »

Le 2 novembre, la *Kieler Zeitung* rapportait : « Einstein s'arrête trois jours à Pétersbourg. »

Au milieu de novembre, lorsqu'on crut Einstein rentré de Russie, il reçut nombre de lettres où de fanatiques nationalistes menaçaient de « l'exécuter » comme Rathenau, s'il continuait de conspirer avec les bolchevistes. Le plus remarquable de tout ceci, cependant, c'est qu'Einstein n'a jamais été en Russie, ni à ce moment, ni à aucun autre de sa vie. Ses voyages en France et en Angleterre avaient souvent été pris en mauvaise part et lui avaient valu beaucoup de désagréments en Allemagne. Evidemment, il était bien inutile de renoncer à ces déplacements impopulaires, du moment que de toutes manières d'odieux agitateurs vous prenaient pour cible.

Pour Einstein, la fin de 1923 fut aussi la fin de cette période où il voyagea à travers le monde en messager de l'entente internationale et comme un symbole de l'intérêt que suscitent partout les questions les plus générales concernant la nature de l'univers. En 1925, il se rendit en Amérique du Sud, mais, en fait il passa toutes les années suivantes à Berlin.

IX

DÉVELOPPEMENT DE LA PHYSIQUE ATOMIQUE

1. Einstein professeur a Berlin.

En 1924, après ses multiples voyages, Einstein se fixait de nouveau à Berlin. Après ces conférences en différents pays et en langues différentes à des publics de formation intellectuelle variée, revenir à l'enseignement habituel de la physique n'était vraiment pas chose facile. Comme il n'était pas tenu à donner des cours réguliers, il préféra faire des leçons de deux genres extrêmement divergents. D'une part, il aimait à parler devant un auditoire de profanes éclairés, à qui il pouvait expliquer les principes généraux de la science aussi simplement et clairement que possible; il cherchait alors à offrir à ses auditeurs une vivante peinture des directions générales prises par la pensée scientifique dans son essor. D'autre part, il aimait aussi à donner des leçons hautement techniques sur les problèmes qui l'occupaient dans le moment, devant un auditoire d'étudiants déjà très avancés.

De plus, sa renommée universelle attirait alors de nombreux étrangers visitant Berlin. Leur liste des curiosités qu'il fallait avoir vues comprenait tout ensemble la Porte de Brandebourg avec ses déesses sculptées, l'Allée de la Victoire et ses statues des princes de Prusse, les productions théâtrales de Reinhardt, et le fameux Einstein. Beaucoup de gens qui ne savaient même pas s'il était physicien, mathématicien, philosophe ou rêveur, venaient écouter ses conférences. Lorsque ces curieux se faisaient exceptionnellement nombreux, Einstein disait : « A présent, je dois m'arrêter quelques minutes pour que tous ceux qui n'ont pas d'autre intérêt à être ici puissent s'en aller. » D'habitude, huit ou dix étudiants seulement restaient, et Einstein était alors heureux de pouvoir parler des choses qui lui tenaient le plus à cœur, sans être troublé par la vue de visages dénués de toute espèce de compréhension.

Pareilles leçons n'étaient pas faciles à suivre, fût-ce par des étudiants qui se destinaient à la physique. Les plus brillants eux-mêmes s'attendaient généralement qu'Einstein leur tambourinât dans la tête, sous une forme adaptée à des élèves, les découvertes fameuses qu'il avait exposées dans ses écrits et dont n'importe qui parlait. Or, Einstein n'était plus très attiré par des recherches qu'il avait achevées et publiées. Il était sans cesse en quête de solutions à de nouveaux problèmes, et les étudiants qui avaient la volonté comme la possibilité de réfléchir à ces difficiles questions d'une manière personnelle se trouvaient peu nombreux et espacés, même dans un aussi grand centre d'enseignement que Berlin.

Comme je l'ai déjà dit, Einstein se montra d'abord sceptique sur l'utilité des mathématiques très poussées, dans le développement des théories physiques. Lorsqu'en 1908 Minkowski signala que la Relativité restreinte pouvait être formulée très simplement dans le langage de la géométrie quadri-dimensionnelle, Einstein avait vu là l'introduction d'un formalisme compliqué, et qui rendait encore plus difficile l'intelligence du réel contenu physique de la théorie. Lorsque Max von Laue, dans le premier livre où un auteur ait vraiment saisi la théorie de la Relativité, l'exposa dans une forme mathématique très élégante, Einstein déclara alors en riant : « Moi-même, je peux à peine comprendre le livre de Laue. »

Le centre de l'enseignement et de la recherche mathématique dans l'Allemagne d'alors était l'Université de

Gœttingue. C'est là qu'enseignait Minkowski, là qu'avait commencé la formulation mathématique de la Relativité. Einstein remarquait un jour plaisamment : « Les gens de Gœttingue m'étonnent parfois, non point comme s'ils voulaient aider quelqu'un à exprimer clairement quelque chose, mais au contraire comme s'ils voulaient uniquement nous montrer, à nous autres physiciens, combien ils sont plus brillants que nous. » Néanmoins, le plus grand mathématicien de Gœttingue, David Hilbert, s'aperçut fort bien que si Einstein ne se souciait pas de difficultés formelles superflues en mathématiques, il n'en savait pas moins se servir des mathématiques là où c'était indiqué. Hilbert déclara un jour : « Dans les rues de notre Gœttingue mathématique, le premier garçon venu comprend mieux la géométrie à quatre dimensions qu'Einstein. Et pourtant, malgré cela, c'est Einstein qui a fait l'ouvrage et non pas les mathématiciens. » Et il demanda une fois à une réunion de mathématiciens : « Savez-vous pourquoi, dans toute votre génération, c'est Einstein qui a dit les choses les plus originales et les plus profondes sur l'espace et le temps? Parce qu'il n'a rien appris de toute la philosophie et les mathématiques concernant le temps et l'espace. »

Dans sa théorie de la Relativité généralisée, cependant, Einstein dut recourir à une branche des mathématiques modernes appelée « analyse tensorielle », afin de donner une description adéquate des phénomènes dans l'espace non-euclidien à quatre dimensions. Avec les complications de calcul que cela entraînait, il commença à éprouver le besoin d'un assistant bien rompu aux mathématiques. Pour ce dessein, Einstein préférait un jeune homme ayant une culture et une ambition scientifiques, mais qui, à cause de circonstances extérieures, n'était pas en mesure d'obtenir un poste dans une institution publique. L'un de ses premiers assistants à Berlin fut ainsi un Juif russe qui souffrait d'agrandissement pathologique des os (léontiasis) et qui par suite exerçait une telle répulsion que personne ne voulait le prendre comme assistant, et moins encore comme professeur. Avec le temps, le jeune homme voulut naturellement parvenir à une situation indépendante. Il espérait qu'Einstein lui obtiendrait une place de professeur, bien qu'évidemment son apparence disgraciée lui interdît une école quelconque. Néanmoins, il blâma Einstein de n'avoir pas fait assez d'efforts, et finalement se brouilla avec lui.

Il n'était pas facile à Einstein de trouver un assistant convenable. Cela peut paraître étrange, mais il y avait à cela des raisons. Les étudiants désireux d'approfondir la physique ne pouvaient souhaiter meilleure occasion que d'observer et d'aider un homme comme Einstein dans son travail créateur; en y ajoutant le plaisir d'être en contact avec une personnalité du plus haut intérêt, d'ailleurs extrêmement aimable et experte dans l'art de la conversation. Mais dans une large mesure l'embarras d'Einstein tenait au fait qu'il n'exerçait aucun enseignement régulier à Berlin. Les étudiants de l'Université, qui travaillaient en vue du doctorat ou pour passer les examens de professeur de physique, avaient bien assez de besogne pour tenter de satisfaire à toutes les demandes qu'on leur présentait. Ils étudiaient avec les professeurs de l'Université qui étaient examinateurs, et ils recevaient d'eux leurs sujets de thèses. Il était rare que l'un d'eux entrât en contact personnel avec Einstein. Aussi, ce dernier avait en général pour assistants des étudiants du dehors. Ces étrangers ne venaient pas à Berlin pour passer des examens ou trouver des positions, mais pour y recevoir les leçons des grands savants. Ils allaient tout de suite à des hommes comme Planck, Nernst ou Einstein. De la sorte, Einstein eut comme collaborateurs, d'abord le Russe dont nous venons de parler puis, plus tard, le Hongrois Cornelius Lanczos et l'Autrichien Walther Mayer. Les deux derniers furent d'un grand secours à Einstein et publièrent des contributions de valeur à la théorie de la Relativité généralisée. Tous deux enseignent aujourd'hui dans des instituts d'Amérique.

2. Structure de l'atome.

On pensait dans le monde que la théorie de la Relativité d'Einstein apportait le changement le plus hardi et le plus radical qui fût survenu dans la physique depuis longtemps. En réalité, de nouvelles conceptions de la matière, beaucoup plus déconcertantes et d'une portée plus lointaine dans leurs effets, allaient être simultanément développées.

En 1905, tandis qu'il était encore à Berne, Einstein avait fourni une contribution exceptionnelle à la structure de la lumière, comme nous l'avons dit dans la section 10 du chapitre III. Depuis lors, il avait tourné son attention vers ses théories de la Relativité et de la Gravitation, qui ont trait surtout à de grands objets comme les étoiles et les planètes et non pas au corps le plus simple de la nature, l'atome. Il considérait les propriétés des rayons lumineux dans les champs de gravitation, mais ne faisait alors aucune différence entre la lumière simple phénomène ondulatoire et la lumière consistant en un flux de photons.

Lui-même avait bien compris en 1905, lorsqu'il proposait l'idée de quanta de lumière (photons), qu'il s'agissait simplement d'une hypothèse provisoire. De nombreuses difficultés restaient irrésolues. Par exemple, la théorie du photon avait eu un éclatant succès pour expliquer les propriétés de la chaleur rayonnante et de l'effet photoélectrique, mais elle n'avait pu expliquer tout l'ensemble des phénomènes ayant trait aux interférences et à la diffraction de la lumière. D'autre part, la théorie des ondes, qui pouvait tenir tête à ces derniers phénomènes, était inutile pour ceux où réussissait la théorie du photon.

Dans la conversation, Einstein exprimait cette dualité de caractères, pour la lumière, de la façon suivante : « Quelque part à l'intérieur des ondes lumineuses continues, il y a certains *pois*, les quanta de lumière. » L'amplitude des ondes détermine combien de « pois » se trouvent présents à chaque endroit, mais seulement en moyenne, d'une manière statistique. On ne peut jamais savoir si tel « pois » sera présent dans un point particulier de l'espace et à un instant déterminé du temps. Dès le début, Einstein pensa que cela ne pouvait être le dernier mot de la vérité. « Je ne croirai jamais, dit-il un jour, que Dieu joue aux dés avec le monde. » Néanmoins, le « jeu de dés divin » pénétra à l'intérieur de la physique en plusieurs points. Par exemple, dans la désintégration des substances radio-actives un certain pourcentage des atomes présents se désintègre chaque seconde, mais il n'y a aucun moyen de dire quel atome particulier se désintégrera dans la prochaine seconde.

Mais de bonne heure la suggestion d'Einstein concernant les « photons ou quanta de lumière dans chaque rayon lumineux » tomba sur un sol fertile. Le « point de vue heuristique » parvint à susciter réellement des théories nouvelles. En 1913, le physicien danois Niels Bohr réussit à rattacher la *structure des atomes* à la lumière qu'ils émettent. En Angleterre, Rutherford avait montré dès 1911 que l'atome consiste en un noyau central à charge positive, et en un certain nombre d'électrons chargés négativement tournant autour de lui. On savait aussi depuis longtemps que les atomes libres, — en cela différents des corps solides incandescents qui émettent de la lumière selon une distribution continue de couleurs diverses, — n'émettent de lumière que sous certaines fréquences déterminées, qui sont caractéristiques de chaque atome. En cherchant à expliquer ce caractère unique de la lumière émise par les atomes libres, Bohr trouva que c'était complètement impossible en supposant que les électrons circulent autour du noyau selon les lois newtoniennes du mouvement, de la même manière que les planètes dans leur révolution autour du soleil. Il fut donc conduit à dresser une hypothèse spéciale, par laquelle il modifiait les lois de Newton sensiblement de la même manière que Planck l'avait fait pour expliquer les propriétés de la chaleur rayonnante. Bohr supposa que certaines séries distinctes d'orbites circulaires *(orbites privilégiées)* étaient seules permises aux électrons tournant autour du noyau. Les électrons sur les différentes orbites ont des énergies différentes, et si un électron saute d'une orbite d'énergie supérieure à une orbite d'énergie inférieure, la différence d'énergie est émise sous forme d'un quantum de lumière (photon). Ce concept de l'émission de photons peut être regardé comme une sorte d'inversion de la loi photoélectrique d'Einstein, selon laquelle un photon est absorbé et un électron libéré. Mais ici encore, — comme dans l'exemple des atomes radioactifs, — c'est seul le comportement moyen des atomes, et nullement un cas individuel, qui peut être prédit. A l'origine, ce défaut ne fut guère gênant. On pensait que la conduite des atomes n'était pas si différente des statistiques de mortalité dans les assurances sur la vie, d'après lesquelles la vie moyenne probable d'un homme peut être prédite exactement, mais non pas celle des individus. Car chaque mort particulière possède sa cause. Les physiciens croyaient alors que des causes semblables existent pour le comportement des atomes individuels, mais qu'elles sont encore inconnues.

3. Mécanique de l'atome.

Le sentiment que Dieu ne joue pas aux dés le destin du monde commençait à être ébranlé vers le temps où Einstein se fixait à Berlin, après ses voyages. En 1924, un licencié ès sciences de Paris, le prince Louis de Broglie, soumettait au professeur Langevin une thèse de doctorat où il proposait des changements plus grands encore à la mécanique de Newton qu'Einstein n'en avait accomplis dans sa théorie de la Relativité. Langevin, bien connu pour son radicalisme en politique, fut déconcerté par la hardiesse de ces vues nouvelles. Le travail de Louis de Broglie lui paraissait franchement absurde, mais considérant que la notion d'orbites « privilégiées » de Bohr était aussi très déconcertante, il pensa qu'il pouvait bien y avoir quelque chose dans la thèse de son élève.

Broglie avait remarqué que le « point de vue heuristique » d'Einstein en optique s'était montré utile en attribuant à la lumière des propriétés qui sont à l'ordinaire conférées aux particules matérielles; à savoir, l'énergie et l'impulsion des photons. Broglie saisit cette suggestion d'Einstein et introduisit dans la mécanique un analogue « point de vue heuristique ». Pour résoudre les difficultés dans la description du mouvement des *particules subatomiques* (particules à l'intérieur de l'atome), il suggéra d'attribuer à ces particules certaines propriétés des ondes. Il supposa que, tout comme le mouvement des photons dans un rayon lumineux est déterminé par le champ électromagnétique qui constitue l'onde lumineuse, de même le mouvement des particules est guidé ou « piloté » par un nouveau type d'ondes, appelées « ondes matérielles » par Louis de Broglie et « ondes de Broglie » par les autres physiciens. Dans cette vue, les orbites privilégiées de Bohr sont les orbites le long desquelles les ondes de Broglie sont renforcées par interférences, tandis que sur toutes les autres orbites les ondes sont annihilées par interférences. Ce phénomène est l'analogue exact des figures d'interférences de la lumière passant à travers une très petite ouverture, où il y a des régions claires ou sombres selon que la lumière incidente y arrivant de différentes directions se renforce ou se détruit par interférences. Toutefois, les ondes de Broglie ont des longueurs d'ondes inversement proportionnelles à la quantité de mouvement des particules, et ne se manifestent que dans le cas des masses très petites, en particulier dans le cas des particules subatomiques. Pour un corps ordinaire quelconque, tel qu'une bille de billard, la longueur d'onde est si petite qu'il n'y a aucune propriété ondulatoire observable.

Deux ans plus tard un Autrichien, Erwin Schrödinger, développa sur la base des idées brogliennes une nouvelle mécanique de l'atome selon laquelle le mouvement des particules atomiques pouvait être calculé pour un champ de force quelconque. Dans la théorie atomique de Bohr, les lois newtoniennes et des hypothèses arbitraires (orbites privilégiées) se mêlent pour donner d'heureux résultats. Mais Schrödinger obtenait les mêmes résultats au moyen d'une théorie cohérente.

Au début, Louis de Broglie et Schrödinger supposèrent que le lien entre les particules et les ondes « pilotes » par lesquelles le mouvement de ces particules se trouve dirigé, était un lien strictement « causal ». Mais en 1926, les physiciens allemands Max Born et Pascual Jordan interprétèrent l'intensité des ondes de Broglie comme le nombre moyen de particules situées dans une unité de volume de l'espace. La relation entre l'intensité des ondes matérielles et le nombre de particules est alors exactement la même qu'entre l'intensité de la lumière et le nombre de photons d'Einstein.

Cette théorie, développée par Broglie, Schrödinger et Born, dans laquelle ce n'est pas la position elle-même mais seulement la position moyenne des particules atomiques qui pouvait être calculée, commença à être connue sous le nom de *Mécanique ondulatoire*, expression appropriée, puisqu'elle insiste sur les propriétés ondulatoires des particules matérielles. Par cette théorie, les futurs événements observables ne peuvent plus être prédits d'une façon rigoureuse, mais seulement statistique. Ainsi, nous ne pouvons prévoir le point exact où une particule, un photon, frappera un écran, mais seulement quel pourcentage de particules ou de photons incidents atteindra une région donnée de l'écran. Si la science ne progressait plus au delà de ce stade, alors, comme dit Einstein, « Dieu jouerait effectivement aux dés ».

L'idée d'ondes associées aux particules matérielles reçut une saisissante confirmation expérimentale. En 1927, deux Américains, Clinton J. Davisson et L. H. Germer, montrèrent qu'un faisceau d'électrons est diffracté par un cristal métallique, exactement de la même manière que la lumière l'est par un réseau, ou les rayons X par des cristaux. Cette confirmation est tout ce qu'il y a de plus étonnant, puisque la diffraction est un phénomène purement caractéristique des ondes, et personne n'avait jamais même imaginé qu'elle pouvait être causée par des particules matérielles comme l'électron, jusqu'à ce que Louis de Broglie l'eût suggéré et Davisson et Germer réellement observé. De plus, la longueur d'onde de l'onde associée à l'électron, qui pouvait être calculée d'après la grandeur du diagramme de diffraction, concordait exactement avec la valeur prévue par L. de Broglie.

Vers la même époque, Werner Heisenberg, un jeune Allemand, attaquait par ailleurs le problème de l'interaction entre particules subatomiques et rayonnement. Il rompait complètement avec la notion, fondamentale en mécanique newtonienne, selon laquelle une particule modifie sa position de façon continue et peut ainsi être suivie.

Dans sa théorie de la Relativité généralisée, Einstein partait du « postulat de Mach » d'après lequel une théorie physique doit finalement conduire à des relations entre des quantités pouvant être réellement mesurées. Aussi, « mouvement absolu » était remplacé par « mouvement relatif à des corps matériels ». Heisenberg procéda d'une manière semblable. Il abandonna la conception de mouvements rigoureusement déterminés des électrons dans un atome. Les lois de la nature sont telles qu'il est impossible de déterminer la trajectoire des électrons par une opération de mesure quelconque. Les seules propriétés atomiques qui soient accessibles à des opérations de mesure réelles sont l'intensité et la fréquence du rayonnement émis. C'est pourquoi Heisenberg proposa de formuler les lois fondamentales régissant les phénomènes subatomiques en termes d'intensité et de fréquence du rayonnement. Cette suggestion impliquait une rupture radicale avec la physique mécaniste, qui emploie « la position et la vitesse des particules » comme les concepts de base que l'on trouve dans les lois fondamentales de la nature.

Si nous acceptons la suggestion de Heisenberg, les particules subatomiques (comme les électrons ou les photons) ne sont plus désormais des « particules munies de toutes leurs propriétés [1] » au sens où l'entendait Newton, car leur comportement ne peut pas être décrit à la manière de Newton. Mais ce sont des objets physiques qui possèdent quelques-unes des propriétés des particules.

Cet essai de théorie de l'atome est maintenant connu sous le nom de *mécanique quantique*. Il reçut une forme logique plus satisfaisante quand Heisenberg vint à Copenhague et collabora avec Niels Bohr.

4. Principe de complémentarité de Bohr.

Selon Bohr, il n'était pas prudent d'écarter complètement le mouvement des particules comme base de description pour les phénomènes subatomiques. La représentation en termes d'intensité et de fréquence observables des radiations, comme le suggéra d'abord Heisenberg, devait être remplacée par un emploi restreint ou approprié de la « particule en mouvement », comme moyen principal de description. Heisenberg avait certainement prouvé le fait que le mouvement des particules atomiques ne peut pas être décrit à la manière newtonienne. Pour Newton, une fois données les forces qui agissent sur la particule, — sa position initiale et son impulsion, — la position subséquente et l'impulsion à tout instant peuvent se calculer avec toute la précision désirable. Heisenberg découvrit que ceci n'est pas vrai des particules subatomiques. Il n'y a pas de lois qui relient la position et l'impulsion d'une telle particule à un certain instant, avec les valeurs de ces quantités à un instant futur. Les lois ont en ce domaine un caractère différent. Si la position initiale et l'impulsion d'une particule de très faible

1. *Full-fledged*, littéralement : avec toutes leurs plumes. Si l'on voulait garder à tout prix une image, on pourrait traduire, par exemple : « munies de tous les sacrements ». *(N. d. T.)*

masse (particule subatomique) sont connues avec une certaine marge d'erreur, la position à l'instant à venir peut être calculée avec une certaine marge aussi. Mais, en faisant la marge initiale suffisamment étroite, cependant, nous ne pouvons plus obtenir, comme en mécanique de Newton, une marge finale aussi étroite que nous le voulons. En d'autres termes, si nous voulons atteindre un point déterminé d'un objectif, nous ne pouvons être sûrs de parvenir au résultat désiré même si nous visons en toute rigueur. Si nous voulons du moins frapper notre point objectif avec une marge d'erreur raisonnable, nous devons considérer que selon Heisenberg il y a une relation définie entre la marge initiale d'erreur sur la position et la marge sur la quantité de mouvement : le produit de ces deux marges est égal à une quantité déterminée, qui est approximativement la constante de Planck h. Cette relation est devenue fameuse sous le nom de « relation d'incertitude de Heisenberg ».

Un peu plus tard, Bohr donna une interprétation plus satisfaisante de cet étrange comportement des particules atomiques. Il montra que « position » et « impulsion » sont deux aspects différents d'une seule petite masse (par exemple, un électron) sensiblement de la même manière que propriétés particulaires et propriétés ondulatoires sont deux aspects du photon. Dire qu'une particule est localisée dans une certaine région limitée de l'espace est exactement analogue à cette proposition : l'énergie lumineuse est concentrée en un photon; et définir l'impulsion d'une particule est analogue à insister sur l'aspect ondulatoire de la lumière. Les particules matérielles aussi bien que la lumière possèdent cette dualité de caractères — ondes et particules à la fois — mais leur comportement n'est ni contradictoire, ni fortuit. Bohr mit de nouveau en relief le « postulat de Mach » selon lequel nous ne devrions faire de propositions que pouvant être vérifiées par des expériences physiques définies. Pour lui, il dépend seulement de la disposition particulière de l'appareil employé de savoir si l'émission de la lumière ou des électrons doit être décrite comme une onde ou comme un faisceau de particules en mouvement. Dans cette vue, les deux types de propriétés en question sont des aspects « complémentaires » du même objet physique. Ce que nous observons dépend de ce que nous cherchons à vérifier comme sorte de réaction observable de nos phénomènes subatomiques. Cette conception a été appelée *théorie de complémentarité de Bohr.*

C'est pourquoi le point de vue de Bohr est encore plus différent de la mécanique newtonienne que la théorie de la Relativité d'Einstein. Selon les idées de Bohr, nous ne pouvons pas décrire ce qui survient « réellement » dans l'espace-temps lorsque nous disons par exemple : la lumière est émise par le soleil avant qu'elle ne rencontre la terre. Nous pouvons décrire seulement ce que nous observons lorsqu'un appareil de mesure est frappé par la lumière. Nous pouvons, de la sorte, décrire si la lumière du soleil frappe ou ne frappe pas un certain endroit sur un écran. Ou, pour le dire plus précisément : nous ne pouvons pas décrire « la réalité physique » en décrivant la trajectoire d'une particule à travers l'espace, mais nous pouvons et devons décrire seulement les observations faites sur divers instruments physiques disposés en différents points de l'espace et différents moments du temps. Les lois physiques raccordent ensemble ces observations, mais non pas les positions ou les trajectoires des particules matérielles ou des photons. Ce point de vue a été interprété comme étant en harmonie avec la philosophie *positive* qui prétend que la science ne peut découvrir ce qui arrive réellement dans le monde, mais peut seulement décrire et combiner les résultats des différentes observations.

Depuis le début du xxe siècle, l'accent a été mis de plus en plus sur le conflit entre cette vue-ci, que la science peut seulement décrire et systématiser les résultats des observations, et la vue selon laquelle elle peut et doit explorer le *monde réel.* Cette controverse a pris toute son acuité parmi les physiciens de l'Europe centrale. Max Planck fut l'avocat de cette dernière façon de voir, qu'il a appelée la vue « métaphysique », et il a dirigé ses plus vives polémiques contre ceux qui lui semblaient les plus radicaux représentants du parti opposé. Il attaqua singulièrement la position de Mach, la conception positiviste de la science, qui s'accorde avec les idées de Bohr.

Vers cette époque, une formulation nouvelle du positivisme vit le jour à Vienne et Prague. Le nouveau mouvement se rattachait étroitement au « postulat de Mach ». Le centre en était le *Wiener Kreis* (Cercle de Vienne) avec Moritz Schlick, R. Carnap, O. Neurath, et d'autres [1]. Dans ce pays, il prit la forme d'un *positivisme logique* et établit des contacts avec les tendances déjà formées, — dont nous avons parlé, — telles que le *pragmatisme* ou l'*opérationnisme.* En Angleterre, un mouvement semblable est dirigé par Bertrand Russell.

5. Philosophie scientifique d'Einstein.

Comme la conception positiviste de la physique avait été fortement stimulée par le travail de pionnier d'Einstein, dans la Relativité et l'atomisme, beaucoup de personnes le regardaient comme une manière de saint patron du positivisme. Aux positivistes, il semblait apporter la bénédiction de la science; pour leurs adversaires, il était l'esprit du mal. En vérité, son attitude envers le positivisme et la métaphysique n'était aucunement si simple. Les contradictions de sa personnalité, — que nous avons observées dans sa conduite comme professeur et dans son attitude à l'égard des questions politiques, — se manifestèrent aussi dans sa philosophie.

Einstein reconnut de tout cœur le grand succès de la théorie de Bohr dans l'explication de nombreux phénomènes en physique atomique, mais, d'un point de vue plus philosophique, il n'était pas prêt à admettre que l'on dût abandonner le but d'une description de la réalité

1. Parmi lesquels il convient de placer au premier rang l'auteur lui-même, Philippe Frank. *(N. d. T.)*

physique et se contenter seulement d'assembler les observations. Il savait qu'il n'était pas possible de prédire, comme l'avait pensé Newton, tous les mouvements futurs de toutes les particules, à partir des conditions initiales et des lois du mouvement. Mais peut-être, estimait Einstein, les événements physiques pourraient-ils être décrits grâce à une nouvelle théorie encore inconnue. Elle pourrait consister en un système d'équations du champ si générales qu'elles contiendraient les lois du mouvement des particules matérielles et des photons comme cas particuliers.

Je dois reconnaître que, durant longtemps, j'ai cru moi-même qu'Einstein adhérait à l'interprétation positiviste de la théorie de Bohr. En 1929, à un congrès de physiciens allemands à Prague, je prononçai un discours où j'attaquai la position métaphysique des physiciens allemands et défendai les idées positivistes de Mach. Après mon discours, un physicien allemand très connu, dont j'ignorais les vues philosophiques, se leva et dit : « Je me range aux vues de l'homme qui pour moi est non seulement le plus grand physicien mais aussi le plus grand philosophe de notre temps : j'ai nommé Albert Einstein. » Là-dessus j'éprouvai un soulagement et espérai que l'interlocuteur me soutiendrait contre mes adversaires, mais je m'étais mépris. Il déclara qu'Einstein rejetait les théories positivistes de Mach et ses partisans, et qu'il tenait les lois physiques pour plus que des combinaisons d'observations. Il ajouta qu'Einstein partageait entièrement l'idée de Planck, selon laquelle les lois physiques décrivent une réalité dans l'espace et le temps qui est indépendante de nous-mêmes.

À ce moment, cet exposé des vues d'Einstein me surprit vraiment beaucoup. Il était à coup sûr d'une trop grande simplification, mais j'ai compris bientôt que l'antagonisme partiel d'Einstein envers la position positiviste se rattachait à son attitude envers la conception que Bohr se faisait de la physique atomique. Un peu plus tard, je vis un article de Lanczos, — l'un des plus proches collaborateurs d'Einstein, nous l'avons dit — où il opposait la théorie de la Relativité à la théorie de Bohr de la manière suivante : la Relativité généralisée d'Einstein est la physique correspondant à la conception métaphysique de la science; la théorie de Bohr, d'autre part, s'accorde à la conception positiviste radicale. Je fus tout à fait étonné de voir la théorie de la Relativité caractérisée de la sorte, car j'avais l'habitude de la regarder comme la réalisation du programme de Mach.

Peu de temps après, — c'était je crois en 1932 — je rendais visite à Einstein, à Berlin. Il y avait longtemps que nous ne nous étions entretenus personnellement et, par suite, je connaissais peu sa position sur des questions où il n'avait rien publié. Nous discutâmes la nouvelle physique de Bohr et son école, et Einstein me dit, plaisantant à demi, quelque chose comme cela : « Une nouvelle mode a désormais vu le jour en physique. Par des essais théoriques ingénieusement formulés, on prouve que certaines grandeurs physiques ne peuvent pas être mesurées, ou plus précisément, que selon les lois naturelles reconnues, les corps étudiés se comportent de telle manière qu'ils déjouent toute tentative de mesure. On en conclut qu'il est complètement dénué de sens de garder ces grandeurs dans le langage de la physique. Si on en parle, c'est métaphysique pure. » En rapportant cela, parmi d'autres choses, il se référait apparemment à des grandeurs comme la « position » et la « quantité de mouvement » d'une particule atomique.

En entendant Einstein parler ainsi, il me souvenait de beaucoup d'autres discussions qu'avait fait naître sa théorie de la Relativité. A plusieurs reprises, l'objection suivante avait été faite : Si les grandeurs, comme « l'intervalle de temps absolu entre deux événements », ne peuvent être mesurées, on n'en doit pas tirer la conséquence qu'il soit complètement dénué de sens de parler de cet intervalle, ni que « la simultanéité absolue » soit simplement un ensemble de mots qui ne signifie rien. La réplique d'Einstein à cet argument fut toujours que la physique peut seulement parler des grandeurs susceptibles d'être mesurées par des méthodes expérimentales. Au reste, le professeur P. W. Bridgman regardait la théorie einsteinienne de la simultanéité comme la meilleure illustration de la fécondité de son postulat « positiviste », d'après lequel les seules grandeurs possédant une « définition opérationnelle » devraient être introduites dans la physique. C'est pourquoi je dis à Einstein : « Mais la mode dont vous parlez, c'est vous qui l'avez inventée en 1905? » Il me répondit d'abord avec humour : « Une bonne plaisanterie ne doit pas être répétée trop souvent. » Puis, plus sérieusement, il m'expliqua qu'il ne voyait aucune description d'une réalité métaphysique dans la théorie de la Relativité, mais qu'il considérait un champ électromagnétique ou gravitationnel comme une réalité physique, dans le même sens où l'on considérait aussi la matière auparavant. La Relativité nous enseigne le lien entre des descriptions différentes d'une seule et même réalité.

Au fond, Einstein fut un positiviste et un empiriste, puisqu'il n'a jamais voulu accepter aucun cadre immuable pour la physique. Au nom du progrès de cette science, il revendiquait le droit de créer quelque système de formulations et de lois qui fût en accord avec de nouvelles observations. Pour le positivisme antérieur, les lois générales de la physique étaient des résumés d'observations individuelles. Pour Einstein, les lois théoriques fondamentales sont une libre création de l'imagination, le produit de l'activité d'un inventeur dont les spéculations sont limitées par deux principes : l'un empirique, d'après lequel les conclusions tirées de la théorie doivent être confirmées par l'expérience, et un principe mi-logique, mi-esthétique, selon lequel les lois fondamentales doivent être en aussi petit nombre que possible, et logiquement compatibles. Conception à peine différente de celle du « positivisme logique », pour qui les lois générales sont des propositions d'où nous pouvons déduire logiquement nos observations.

Au xxe siècle, lorsque Einstein créa sa théorie de la Relativité restreinte et plus encore lorsqu'il édifia la Relativité généralisée, il devint évident que les théories physiques — et ceci à un degré toujours croissant — n'étaient plus de simples résumés des résultats d'observations, et que la route entre les principes essentiels de la théorie physique et les conséquences de l'observation se trouvait plus embrouillée qu'on ne l'avait jadis pensé. Le développement de la physique depuis le XVIIIe siècle jusqu'à Einstein fut accompagné d'un développement correspondant de la philosophie. La conception des lois générales comme *sommaires* des observations donna cours de plus en plus à la conception que les lois sont des créations de l'imagination, qui doivent être *éprouvées* par l'observation. Le *positivisme de Mach* fut remplacé par le *positivisme logique.*

Dans la Conférence Herbert Spencer qu'il donna à Oxford dans l'été de 1933, peu avant qu'il ne quittât l'Europe pour toujours, Einstein offrit l'exposé le plus élégant de ses vues sur la nature de la théorie physique. Il parla d'abord de la physique du XVIIIe et du XIXe siècles, c'est-à-dire la période de la physique mécaniste :

« Les savants de ce temps étaient pour la plupart convaincus que les lois ou les concepts fondamentaux de la physique n'étaient pas, au point de vue de la logique, de libres inventions de l'esprit humain, mais qu'ils étaient plutôt déduits de l'expérience par abstraction — c'est-à-dire par un processus logique. Ce fut la théorie de la Relativité généralisée qui montra d'une manière convaincante l'inexactitude de cette vue. »

Après avoir mis en évidence que les concepts fondamentaux de la physique sont des produits de l'invention ou des fictions, il continuait :

« La conception esquissée ici du caractère purement imaginaire des principes sur lesquels se fonde la théorie physique n'était pas du tout celle qui prévalait au XVIIIe et au XIXe siècle. Mais elle continue à gagner de plus en plus de terrain, à cause du fossé toujours plus large qui existe entre concepts et lois fondamentaux d'une part, et conséquences à rattacher à notre expérience d'autre part; un fossé qui s'élargit progressivement à mesure que se développe l'unification de l'édifice logique, c'est-à-dire à mesure que se réduit le nombre des éléments conceptuels logiquement indépendants, requis pour les fondations du système tout entier. »

Ainsi, comme en de si nombreux aspects de sa vie et de sa pensée, nous observons un certain conflit interne dans l'attitude d'Einstein touchant la conception positiviste de la science. D'un côté, il éprouvait le besoin de parvenir en physique à une clarté logique telle qu'elle n'avait jamais encore été atteinte, un besoin de pousser les conséquences d'une hypothèse d'une manière extrêmement radicale, enfin il n'acceptait pas volontiers des lois qui ne pouvaient être vérifiées par l'observation. D'un autre côté, pourtant, il sentait que le *positivisme logique* même n'accordait pas un crédit suffisant au rôle de l'imagination dans la science et n'expliquait pas le sentiment que la « théorie définitive » se trouve cachée quelque part, et que tout ce que l'on a à faire c'est de la chercher avec assez d'ardeur. Par suite, la philosophie scientifique d'Einstein donna souvent une impression « métaphysique » aux personnes qui ne connaissent pas son postulat positiviste selon lequel la seule « confirmation » d'une théorie réside dans son accord avec les faits observables.

6. Théorie du champ unitaire.

Dans la Relativité généralisée, Einstein traitait la force de gravité comme étant due à un champ gravitationnel. La matière donnait naissance à un champ de gravitation, qui à son tour agit sur d'autres corps matériels pour produire des forces qui agiront elles-mêmes. Einstein avait tenu compte de cette force gravifique par le moyen de la courbure de l'espace. Une situation semblable existait pour les particules électriquement chargées. Des forces agissent entre elles et on peut en tenir compte si l'on considère que les charges électriques donnent naissance à un champ électromagnétique, lequel à son tour engendre des forces sur d'autres particules chargées. Donc matière et champ de gravitation étaient exactement analogues à charge électrique et champ électromagnétique. Par conséquence, Einstein s'efforça de construire une théorie de « champ unitaire », qui serait la généralisation de sa théorie de la gravitation et comprendrait tous les phénomènes électromagnétiques. Il pensait également qu'il pourrait ainsi obtenir une plus satisfaisante théorie des quanta de lumière (photons) que Bohr, et déduire des lois concernant « la réalité physique », au lieu de lois ne concernant que des résultats d'observations.

Le grand succès de la méthode géométrique dans la Relativité généralisée lui suggéra tout naturellement l'idée de développer sa théorie nouvelle dans le cadre de l'espace à quatre dimensions. En ce cas, elle devait posséder d'autres caractéristiques encore, outre la courbure qui tient compte des effets gravitationnels.

La nouvelle qu'Einstein était en train de travailler à une théorie du champ unitaire se répandit particulièrement en 1929, pour son cinquantième anniversaire. Pour le grand public, c'était une idée singulièrement attrayante qu'au moment exact où il atteignait sa cinquantième année un homme pouvait aussi découvrir la formule magique par laquelle toutes les énigmes de la nature allaient être enfin résolues. Il reçut des télégrammes de journaux et d'éditeurs de toutes les parties du monde, lui réclamant de faire connaître en quelques mots le contenu de sa nouvelle théorie. Des centaines de reporters assiégèrent sa maison. Lorsque certains d'entre eux parvinrent enfin à le saisir, Einstein leur dit dans l'étonnement : « Je n'ai vraiment besoin d'aucune publicité. » Mais chacun attendait quelque sensation neuve qui surpassât l'émerveillement produit par ses précédentes théories. On apprit qu'une communication ayant trait à ses idées nouvelles serait publiée dans les comptes rendus de l'Académie prussienne des Sciences, et les journaux s'efforcèrent, sans succès d'ailleurs, d'arracher des épreuves à l'imprimeur. Il n'y avait rien à faire que d'attendre la publication de l'article, et craignant le moindre retard, un journal américain s'arrangea pour qu'on le lui envoyât immédiatement par téléphotographie.

L'article n'avait que quelques pages, et il consistait presque tout entier en formules mathématiques entièrement inintelligibles au public. L'émotion du profane devant cet article peut se comparer à celle qu'on éprouve en voyant une inscription assyrienne en caractères cunéiformes. Pour comprendre le texte, il fallait une aptitude considérable à penser par abstraction géométrique. A ceux qui possédaient cette qualité, il révélait que les lois générales d'un champ unitaire pouvaient être déduites d'une certaine hypothèse concernant la structure de l'espace à quatre dimensions. Il pouvait aussi montrer que ces lois comprennent les lois connues du champ électromagnétique aussi bien que la loi einsteinienne de la gravitation comme cas particuliers. Néanmoins, on ne pouvait pas encore en tirer de résultat capable d'une vérification expérimentale. Ainsi, pour le grand public, la nouvelle théorie était encore plus incompréhensible que les précédentes. Pour les habiles, c'était un couronnement d'une grande perfection logique et esthétique.

X

AGITATION POLITIQUE EN ALLEMAGNE

1. Le cinquantième anniversaire d'Einstein.

En 1929, comme approchait le mois de mars, Einstein et sa famille commencèrent à craindre un si vif appétit de « sensations » chez les journalistes, que son cinquantième anniversaire ne devînt uniquement une source de désagréments pour lui. Beaucoup de journaux cherchèrent à s'assurer quelques remarques personnelles du grand savant sur des sujets plus ou moins intimes, et à les publier. En outre, les visites ou les compliments de ses véritables admirateurs et amis menaçaient de prendre des proportions telles qu'il décida de tout éviter et de quitter son appartement pour quelques jours. Immédiatement toutes sortes de bruits se répandirent : Einstein était parti pour la France, pour la Hollande, pour l'Angleterre, voire pour l'Amérique. Tout cela se trouvait fortement exagéré. Il passa son anniversaire bien tranquillement, tout près de Berlin, dans la maison de campagne d'un fabricant de pâtes à chaussures, qui mettait quelquefois à la disposition d'Einstein un pavillon dans son jardin, situé tout près d'un beau lac. Là, il pouvait jouer de l'orgue ou se promener en bateau sur le lac.

De leur appartement berlinois, Mme Einstein avait amené tout le repas qui avait été préparé. Il y avait là les proches d'Einstein, c'est-à-dire sa femme et ses deux belles-filles avec leurs maris. Lui-même s'était mis à l'aise et sans la moindre cérémonie dans le costume qu'il portait d'habitude à la campagne, ou même en ville lorsqu'il n'y avait pas d'étranger. Cela voulait dire un vieux pantalon et un chandail, pas de veste, et bien souvent aussi ni souliers ni chaussettes. De leur appartement citadin, Mme Einstein apportait en outre plusieurs des lettres de félicitations et des cadeaux qui étaient parvenus en grand nombre.

Comme Einstein avait affaire à beaucoup d'activités diverses, il reçut des lettres et des dons de toutes sortes de gens; naturellement, de physiciens et de philosophes, mais aussi de pacifistes et de sionistes. Il y en avait même quelques-uns de gens très simples, admirateurs des grandes découvertes et désireux d'exprimer cette admiration. Dans cette catégorie, le cadeau d'un homme sans emploi : un tout petit paquet de tabac pour la pipe. On savait un peu partout qu'on trouvait rarement Einstein sans sa pipe. Par allusion à la théorie de la Relativité et à celle du champ unitaire, le brave homme écrivait : « Il y a relativement peu de tabac, mais il vient d'un bon champ. »

Plusieurs de ses amis s'étaient entendus pour lui offrir un bateau à voile tout neuf et vraiment moderne. Einstein aimait à naviguer sur les beaux lacs et les rivières autour de Berlin, et à rêver tandis que le bateau file sous le vent. La manœuvre des voiles était une occupation agréable. Cela formait une très simple application des principes de la mécanique et il éprouvait beaucoup de plaisir à appliquer les lois physiques qui sont toutes proches de l'expérience directe, au lieu de celles qui sont très abstraites. Il écrivit ainsi un article de vulgarisation où il expliquait au grand public les lois physiques qui permettent d'aller dans une direction déterminée en disposant les voiles d'une certaine manière et d'atteindre un but fixé, par un mouvement en zigzag, c'est-à-dire par bordées successives.

Un groupe de Sionistes américains acheta un coin de terre en Palestine et le planta d'arbres pour son anniversaire. On stipulait à perpétuité que le bois qui grandirait dans cet endroit s'appellerait le Bosquet d'Einstein.

Mais le cadeau le plus beau et le plus intéressant devait venir de la municipalité de la capitale; Einstein y vivait depuis 1913, et pour ne mentionner qu'une question très banale, il avait contribué à en faire un centre d'attraction pour tous les étrangers. Comme on savait en général qu'Einstein raffolait de naviguer sur la Havel et sur les nombreux lacs où cette curieuse rivière se répand, le Conseil municipal de Berlin décida de lui offrir une petite maison de campagne sur les bords de la Havel, tout près du point où elle entre dans le Wannsee. La maison se trouvait sur un terrain appartenant à la ville. La résolution du Conseil municipal fut bien accueillie de la population entière, dont le sentiment était fait à la fois d'amour de la science, de respect pour un concitoyen illustre et de goût pour les sports aquatiques et la navigation à voile. Dans tous les magazines illustrés parurent des vues de l'idyllique « maison d'Einstein ».

Lorsque Mme Einstein voulut voir l'habitation, elle remarqua à sa grande surprise que des gens y demeuraient. Ces derniers, réciproquement, s'étonnèrent que quelqu'un désirât prendre possession de leur home, ce quelqu'un fût-il l'illustre Einstein. Il apparut que si la ville de Berlin avait effectivement acquis cette propriété, elle avait garanti aux locataires de la maison le droit de la garder leur vie durant. Le Conseil municipal semblait avoir oublié ceci en faisant à Einstein son cadeau d'anniversaire. Comment expliquer un tel incident à Berlin, la capitale de la Prusse, réputée pour son ordre parfait?

A l'abord, cela semblait indiquer une extrême confusion dans les registres de la propriété foncière. Quand les chefs de la municipalité eurent vent de l'erreur, ils voulurent y remédier aussi tôt que possible. Le parc où se trouvait l'illusoire « maison d'Einstein », était vaste, rempli de beaux arbres, et avait assez de place pour plusieurs maisons. Le Conseil choisit alors un autre endroit du parc, tout près de l'eau, et l'offrit à Einstein en présent d'anniversaire. Seulement, il devait bâtir la maison à ses frais. Le savant et sa femme en furent heureux et agréèrent l'arrangement. Or, à plus ample informé, on découvrit que cela aussi était impossible. Quand l'occupant de la « maison Einstein » avait reçu le droit de l'habiter, on lui avait en outre garanti qu'aucune autre maison ne serait jamais bâtie dans le parc, qui pût en quelque manière troubler sa jouissance de la nature et sa vue sur le lac.

Finalement, toute l'affaire commençait à devenir désagréable aussi bien pour Einstein que pour le Conseil municipal. Un don qui en arrive là ne pouvait guère causer de plaisir à personne. Ainsi, il y avait de plus en plus un mystère en train de se produire dans la fameuse cité modèle de Berlin.

Et pourtant, l'affaire ne touchait pas à sa fin. Après mûres réflexions, le Conseil municipal tomba sur une troisième pièce de terrain près de l'eau. Elle n'était pas si bien située, et ne se trouvait pas réellement près de l'eau. Toutefois, les voisins permettaient au moins le passage depuis la pièce de terrain en question jusqu'à l'eau. Le présent devenait de plus en plus humble. Quand on découvrit pour finir que la ville n'avait pas le droit de disposer de ce troisième morceau de terre, tout Berlin éclata de rire. Les rieurs avaient raison de viser l'administration municipale, mais Einstein était impliqué dans l'affaire bien qu'il n'y eût aucune faute de sa part.

Le Conseil s'aperçut en fin de compte qu'il n'y avait pas du tout de terrain à sa disposition, le long de l'eau. Mais comme le geste magnifique d'offrir un don au savant berlinois était déjà de notoriété publique, les membres du Conseil s'effrayèrent de voir toute l'histoire tourner au fiasco. Un délégué se rendit chez Einstein et lui dit : « Pour être bien sûr que le terrain dont nous voulons vous faire don nous appartient réellement, nous vous prions de choisir un endroit qui vous convienne et qui se trouve à vendre. Nous l'achèterons. » Einstein donna son accord. Mais, comme il n'entendait pas se mettre lui-même à choisir une pièce de terre, il envoya sa femme à la recherche. Enfin, elle trouva un bel endroit, dans le village de Caputh, près de Potsdam. Le Conseil adopta le choix et à la session suivante une motion d'achat fut présentée. Là-dessus, l'affaire tout entière commença de tourner à la dispute politique. Un représentant du parti nationaliste se mit à discuter si Einstein méritait vraiment un tel don. Le débat fut reporté à la session d'après.

Alors Einstein finit par perdre patience. Le cadeau de sa cité d'adoption, offert au nom de tous les citoyens, était devenu l'objet d'un conflit politique et, dans les circonstances les plus favorables, il proviendrait d'un marchandage politique. Einstein écrivit une lettre au maire de Berlin (qui occupa plus tard une place éminente aux yeux du public lorsqu'on apprit qu'il avait accepté un manteau de fourrure pour sa femme, de personnes avec qui il avait passé des contrats municipaux). Einstein écrivit à peu près ce qui suit : « Cher monsieur le Maire, la vie humaine est très courte, tandis que les autorités officielles travaillent très lentement. Je sens donc que ma vie est trop courte pour que je puisse m'adapter à vos méthodes. Je vous remercie de vos amicales intentions. Mais à présent mon anniversaire est déjà passé et je décline le cadeau. »

Il résulta de toute l'affaire qu'Einstein non seulement construisit la maison à ses frais, mais de plus qu'il eut à acquérir le terrain de ses propres deniers. Quelques temps après ces événements, je me trouvai à Berlin et Mme Einstein me dit : « De cette manière, sans l'avoir voulu, nous avons acheté avec notre argent une belle maison, située dans les bois proches de l'eau. Mais nous avons aussi dépensé presque toutes nos économies. A présent, nous n'avons plus d'argent, mais nous avons une propriété à nous. Ceci nous donne une bien plus grande impression de sécurité. »

Ce sentiment devait se révéler faux, puisque à peine trois ans plus tard Einstein et sa femme devaient quitter le pays et leur belle villa, avec son ameublement neuf. Ceci, toutefois, n'est qu'un détail d'ordre privé. Beaucoup plus intéressante est la question de savoir comment toute cette comédie des erreurs avait été possible dans la ville si bien ordonnée de Berlin. Répondre à cette question, c'est répondre au problème tout entier de la République allemande. La ville de Berlin était apparemment dirigée par des hommes qui représentaient l'élite, et qui désiraient le prouver en rendant honneur à Einstein. Mais le pouvoir réel était aux mains de personnes qui sabotaient l'ouvrage des dirigeants apparents. Les fonctionnaires de la ville exécutaient les ordres du Conseil municipal de manière à les faire échouer et à rendre ridicule l'administration républicaine.

La situation était analogue à travers toute la République allemande. Le chancelier et le gouvernement témoignaient de leur admiration pour l'art et la science; mais, dès cette époque, le pouvoir réel se trouvait aux mains des sous-ordres.

2. Professeur « en visite » a Pasadena.

Pendant l'année suivante, 1930, Einstein fut invité à passer l'hiver à Pasadena (Californie) comme « visiting » professeur au California Institute of Technology. Il s'embarqua donc en décembre pour l'Amérique. A ce moment, tout son intérêt politique était concentré sur le pacifisme, et il sentait que c'était aussi la grande mission des Etats-Unis. Etant encore à bord, il envoya à l'Amérique un message par radio dans lequel il disait :

« Salut à l'Amérique. Ce matin, après une absence de dix ans, alors que je suis une fois de plus tout près de mettre le pied sur le sol des États-Unis, la pensée qui domine en mon esprit est celle-ci : ce pays, par un dur labeur, atteint à une prééminence indisputée parmi les nations du monde... C'est dans votre pays, mes amis, que les forces latentes qui finiront par tuer tout risque monstrueux de militarisme professionnel, pourront se faire sentir plus clairement et plus exactement. Votre condition politique et économique est aujourd'hui telle que vous parviendrez à détruire entièrement l'horrible tradition de la violence militaire... C'est dans la perspective de cette entreprise que réside votre mission, au moment présent... »

Einstein ne partageait pourtant point l'opinion que les Etats-Unis pussent accomplir cette mission par une politique isolationniste. Le 29 mars 1931, il écrivait : « En ce pays, la conviction doit grandir que les citoyens portent une grande responsabilité dans le domaine de la politique internationale. Le rôle de spectateur passif n'est pas digne de ce pays. » Au reste, il avait toujours regardé l'intervention de l'Amérique dans la politique mondiale comme une intervention en faveur de la paix. Il citait Benjamin Franklin, lequel avait dit : « Il n'y a jamais eu une paix mauvaise ni une bonne guerre. »

Cette fois Einstein n'eut pas à faire une tournée aussi agitée et fatigante à travers tout le territoire. On l'invitait au contraire à prendre part aux recherches scientifiques en cours au California Institute of Technology et à l'Observatoire du mont Wilson. Les deux établissements se trouvent près de Pasadena, paisible faubourg de Los Angeles. Grâce aux efforts de R. A. Millikan, le California Institute était devenu un grand centre de recherches en physique. Millikan, lauréat du Prix Nobel, avait d'abord été élève de Michelson, et se trouvait par suite au courant de tous les travaux d'Einstein, du point de vue expérimental. C'était un homme habile, non seulement en sciences, mais même comme administrateur, et il s'était constamment montré un réaliste. L'enthousiasme d'Einstein pour le pacifisme lui apparut toujours comme quelque chose qui ne convenait pas à notre monde, et cette opinion ne se révéla que trop vite exacte. Millikan s'accordait avec Einstein sur un point, cependant : aucun des deux ne niait le rôle important des confessions religieuses dans le progrès de la coopération humaine. Mais ni Millikan ni Einstein n'admettaient un contrôle quelconque des dogmes religieux sur la science.

Au printemps de 1931, Einstein retourna à Berlin et, à la fin de l'année, il revint à Pasadena pour y séjourner durant un autre hiver. Quand il rentra à Berlin au printemps de 1932, il arriva juste à temps pour assister à l'acte principal dans la tragédie de la République allemande à l'agonie.

L'élection présidentielle devait avoir lieu en mars 1932. Le feld-maréchal de l'ancien empire, l'octogénaire Hindenbourg, était le candidat des démocrates et des socialistes; son principal adversaire était Adolf Hitler, le leader du radicalisme révolutionnaire de droite. Grâce à la propagande du chancelier Brüning, Hindenbourg fut élu. Les républicains et les démocrates furent dans la jubilation, mais la vérité était que désormais le pouvoir passait aux mains d'un adepte de l'ancienne monarchie allemande. Sous l'influence de son entourage immédiat, il se servit du pouvoir pour renverser la république.

Le premier acte de Hindenbourg après sa réélection fut, au mois de mai, de forcer Brüning, — son plus fidèle champion et l'homme qui avait assuré son élection, — à se démettre des fonctions de chancelier. Il nomma à sa place Papen, qui était résolu à gouverner par la force des baïonnettes et à extirper toutes traces de républicanisme comme de démocratie. Il annonça au Reichstag l'aurore « d'un régime fondamentalement nouveau », maintenant que la période de « matérialisme » se trouvait à sa fin. Avec l'aide de la Reichswehr, il déposa le gouvernement prussien.

Beaucoup de savants se réjouirent de ces événements. Ils croyaient que les rênes se trouvaient désormais aux mains des militaires. Depuis l'époque de Bismarck, ils avaient été accoutumés à croire que, pour l'État et le peuple allemand, le gouvernement par les « professeurs » ne pouvait être que nuisible. La chute des « intellectuels et des démocrates » allait assurer la grandeur de l'Allemagne.

Je me rappelle fort bien encore une conversation que j'eus avec Einstein à l'été de 1932. Nous étions dans sa maison de campagne de Caputh. C'était une construction en bois, bâtie de poutres robustes, et nous regardions à travers d'immenses baies le paysage idyllique de la forêt. Quand un professeur qui se trouvait là exprima l'espoir qu'un régime militaire pourrait brider les nazis, Einstein remarqua : « Je suis convaincu qu'un régime militaire n'empêchera pas l'imminente révolution nationale-socialiste. La dictature militaire supprimera la volonté populaire, et le peuple cherchera une protection contre le gouvernement des junkers et des officiers dans une révolution d'extrême-droite ».

Quelqu'un demanda à Einstein son opinion sur Schleicher, le « général social » qui peut-être saisirait bientôt le pouvoir. « Il donnera le même résultat que la présente dictature militaire », répondit Einstein.

Pendant l'été, Abraham Flexner, le célèbre universitaire américain, vint à Caputh pour attirer Einstein dans son nouvel institut de recherche à Princeton. « Pour le moment, lui dit Einstein, je suis encore dans l'obligation de passer l'hiver prochain à Pasadena. Mais plus tard je serai prêt à travailler avec vous. » Quand les Einstein partirent pour la Californie, à la fin de 1932, et comme ils quittaient leur belle villa de l'idyllique Caputh, Albert dit à sa femme : « Cette fois, avant de laisser notre villa, regarde-la bien.

— Pourquoi? demanda-t-elle.

— Tu ne la reverras jamais », répondit tranquillement Einstein. Sa femme pensa qu'il devenait un peu fou.

En décembre, Schleicher fut chancelier. Il voulut former un nouveau gouvernement appuyé sur la classe ouvrière, mais le pouvoir du président Hindenbourg s'exerça contre lui. Schleicher ne fut qu'une phase transitoire. A la fin de janvier 1933, tandis qu'Einstein se trouvait encore dans la Californie ensoleillée, en train de discuter avec les astronomes du mont Wilson la distribution spatiale de la matière et autres problèmes de l'univers, Schleicher démissionna et le président Hindenbourg appela Adolf Hitler, son adversaire de la dernière élection présidentielle, à la chancellerie du Reich.

3. Épuration raciale des universités allemandes.

Jadis, nul aspect du marxisme n'avait autant répugné aux professeurs allemands que l'idée selon laquelle l'évolution de la connaissance scientifique subit l'influence du pouvoir politique. Leur idéal suprême était toujours l'indépendance complète de la science par rapport à la politique et une séparation tranchée entre les deux. Mais maintenant le pouvoir tombait aux mains du chancelier Hitler et de son parti, qui avait pour principe essentiel la primauté du politique sur tous les domaines de la vie humaine; sur la science tout autant que sur l'économique, l'art ou la religion.

Le point de vue du nouveau gouvernement se comprend si l'on se rappelle que l'État nouveau, non seulement se manifestait comme une nouvelle organisation politique, mais encore prétendait à représenter une nouvelle philosophie et une orientation neuve dans tous les domaines de l'existence. L'orientation nouvelle, c'était que tout effort doit être dirigé vers cette fin : servir le peuple allemand et la race allemande. C'était là le but ultime de la science tout autant que de toute autre activité.

Cette conviction qu'une *Weltanschauung* entièrement neuve devait être enseignée dans les universités conduisit le gouvernement à faire pression sur leurs professeurs. Mais, comme la liberté de la science était un des slogans le plus en faveur dans le monde professoral, le nouveau gouvernement chercha à atteindre son but par contrainte, tandis qu'il gardait le plus possible l'ancien mode d'expression. Le mot bien sonnant de « liberté » continua d'être utilisé, mais il reçut une autre signification. L'emploi équivoque de ce terme dans la philosophie allemande antérieure avait déjà préparé le terrain pour l'usage national-socialiste. Dans un essai sur « la liberté allemande », écrit sous l'influence de la première guerre mondiale, le philosophe américain George Santayana avait dit déjà :

« Liberté, dans la bouche des philosophes allemands, a un sens très spécial. Il ne se rapporte à aucune possibilité de choix, ni à aucune initiative personnelle. La liberté allemande est comme la liberté des anges au ciel, qui voient la face de Dieu et ne peuvent pécher. Elle consiste en un si profond accord avec tout ce qui est présentement établi, que vous ne l'auriez pas autrement; vous vous appropriez et vous bénissez tout cela et sentez bien que c'est la providentielle expression de votre propre esprit. Vous vous fondez par sympathie dans votre œuvre, votre pays et l'univers, jusqu'à n'être plus conscient de la moindre distinction entre le Créateur, l'État et vous-même. Votre service obligatoire devient alors liberté parfaite. »

Un maître de la pédagogie allemande d'alors, E. Krieck, a clairement présenté l'application pratique de cette profonde théorie métaphysique :

« Ce n'est pas la science qui doit être réprimée, ce sont les chercheurs et les professeurs. Seuls les hommes doués scientifiquement qui ont uni leur personnalité tout entière à la nation, à la conception raciale du monde, et à la mission de l'Allemagne, enseigneront et feront des recherches dans les universités allemandes. »

On avait donc préparé une assise philosophique pour le « nettoyage » des Facultés. La première application des nouvelles théories fut d'extirper des institutions d'enseignement supérieur tous les professeurs qui en raison de leur origine raciale n'étaient pas considérés comme aptes à former la jeunesse dans l'esprit de la philosophie nouvelle. En cette catégorie entraient tous ceux qui n'appartenaient point à la race germanique ou nordique ou, comme on l'appelait souvent, aryenne. Ce groupement en « non-germains » ou « non-aryens » avait une signification particulière à l'égard des Juifs, puisqu'on croyait qu'à cause de leur histoire et de leur culture ils formaient une catégorie tendant à empêcher la formation de la jeunesse selon l'esprit des nouveaux maîtres. Le terme de « Juifs » ne comprenait pas seulement ceux qui professaient la religion judaïque. Le nouveau gouvernement adoptait un point de vue de neutralité, touchant la religion en tant que telle. Ce que visaient les nationaux socialistes, c'était les Juifs en tant que race; mais alors il n'y avait pas de critère assez clair pour déterminer un Juif racial. Comme une pareille définition était difficile et en quelque degré arbitraire, les professeurs consciencieux et parfaitement allemands crurent qu'un « nettoyage » racial ne pourrait avoir lieu. A défaut d'une définition claire et nette, le gouvernement allemand serait incapable de faire quoi que ce soit.

Mais ils ne connaissaient pas encore l'esprit « pragmatique » de la nouvelle philosophie. Les définitions dont on avait besoin étaient produites avec la plus grande célérité, même si elles ne satisfaisaient pas les exigences des professeurs allemands par rapport à l'exactitude anthropologique, ethnologique ou philologique, ou simplement par rapport à la logique. Dès la première heure, il fut évident qu'il ne pouvait y avoir de définition scientifique de l' « Aryen », excepté pour une personne parlant un langage relevant de la « famille linguistique aryenne ». Seulement, pareille définition était impossible; autrement, n'importe qui parlant le yiddish, — qui est essentiellement un dialecte germanique, — serait un aryen. Aussi, dès le début, ce ne fut pas « l'Aryen », mais plutôt le « non-Aryen » que l'on définit. La définition du non-Aryen englobait tous ceux qui avaient au moins un grand-parent non-Aryen. Or, les grands-parents étaient définis comme non-Aryens s'ils professaient la religion judaïque; c'est-à-dire qu'on les définissait selon un critère qui n'avait rien à voir avec la race au sens ethnologique. On pensait tout simplement que, deux générations plus tôt, il n'y avait personne d'origine juive qui professât la religion chrétienne.

Cette astucieuse combinaison de définitions sur le plan de l'origine et de la religion atteignit le but politique fixé : à savoir, exclure tout un ensemble de gens dont on craignait qu'ils n'exerçassent sur les étudiants une dangereuse influence politique ou idéologique. Toutefois, la définition ne se caractérisait pas par la clarté et la précision scientifiques que réclamaient les professeurs. Un très petit nombre aurait été prêt à prendre part à une épuration politique des universités, mais à condition que ce fût d'une manière scientifiquement inattaquable.

La tentative d'exclure partout les Juifs, mais en parlant seulement de non-Aryens, fit naître beaucoup de difficultés. Selon le sens accoutumé et l'usage du mot « Aryen » avant l'avènement des nazis, il y avait d'autres non-Aryens que les Juifs. Au début, l'on fut plutôt désagréablement surpris à l'idée que des peuples comme les Hongrois et les Finnois, très populaires parmi les nationaux-socialistes, devaient être stigmatisés comme non-Aryens. D'autre part, on ne pouvait vraiment guère appeler un Hongrois un Aryen. En conséquence, on décida que le statut non-Aryen est déterminé au moyen de la définition officielle concernant la religion des grands-parents. Néanmoins, même si quelqu'un — un Hongrois par exemple — peut prouver qu'il n'est pas un non-Aryen, il ne s'ensuit pas qu'il soit un Aryen. On renversait donc une des règles fondamentales de la logique ordinaire : le principe du tiers exclu, qui dit qu'une chose a ou n'a pas un certain caractère, sans qu'il y ait aucune autre possibilité. Mais, avec le nouveau mode officiel d'expression, un Hongrois n'était ni un non-Aryen ni un Aryen.

Comme le nouveau régime obtenait des succès politiques, le nombre de gens qui n'étaient ni Aryens ni non-Aryens devint toujours plus grand. Les Japonais furent bientôt les membres remarquables de ce groupe. Et finalement, lorsque leur politique anti-britannique conduisit les nazis à rechercher l'amitié des « Sémites » Arabes, ces derniers rentrèrent aussi dans les « non-Aryens ». Précédemment, on s'était opposé aux Juifs parce que, disait-on, ils appartenaient à la race « sémitique ». Maintenant, cependant, puisque l'on comprenait cette race parmi les races nobles, on prétendit que les Juifs n'appartenaient à aucune race du tout, mais formaient au contraire une « anti-race » métisse.

Or, comme on attendait toujours un critère de la race qui ne fût pas fondé sur la confession religieuse, on décida finalement de considérer comme rattachée à la race germanique toute autre race qui vivait en « établissement dense » et non point, — à la manière des Juifs, — dispersée en villes séparées ou en centres commerciaux. La définition si impatiemment attendue était donc heureuse, et les universités furent entièrement épurées selon ce modèle. Au début, on y apporta encore plusieurs exceptions. On maintint tous les professeurs qui avaient été nommés par le gouvernement impérial et non point par la République, car l'on prétendait que celle-ci avait favorisé les Juifs. En outre, on permit de rester à tous ceux qui avaient combattu pour l'Allemagne ou ses Alliés pendant la guerre de 1914-1918.

Mais, avec le temps, toutes ces exceptions furent rejetées et l'épuration se fit plus rigoureuse. Un pas en avant fut bientôt accompli, et tous les professeurs furent renvoyés dont les femmes étaient non-Aryennes, selon la définition officielle.

L'épuration « raciale » s'accompagna simultanément d'une épuration politique. Mais les principes de base furent beaucoup moins distincts. Les professeurs chassés comprenaient tous ceux qui avaient pris une part active au travail des partis social-démocrate et communiste, qui avaient appartenu à la franc-maçonnerie ou encore à une organisation pacifiste. Tous les autres principes demeurèrent vagues. Cette épuration-là était encore plus déconcertante que la purge raciale. D'abord, en ce dernier cas, le sort de l'individu se trouvait prédestiné et il ne pouvait pas grand'chose pour le rendre meilleur. D'autre part, grâce à une louable attitude, chacun pouvait espérer effacer tous ses péchés politiques antérieurs. Aussi, bien des professeurs antérieurement connus comme démocrates se mirent-ils à exprimer d'une manière outrageuse leur sympathie pour l'épuration raciale et autres slogans du parti au pouvoir. Ou bien l'on vit de semblables démocrates fautifs occupés à étudier l'application de la théorie des races à des domaines tels que les mathématiques, la chimie, etc. Enfin, beaucoup d'anciens partisans du nationalisme d'autrefois ou de la monarchie adoptèrent une attitude de réserve envers les nouveaux maîtres. Au vrai, plusieurs de ceux qui avaient été victimes de la première épuration politique furent plus tard réintégrés après qu'ils eurent donné des signes « d'amélioration ».

Afin de rendre le changement encore plus complet, on saisit l'occasion pour mettre à la retraite, en raison de leur âge, beaucoup de vieux professeurs qui n'étaient suspects ni sur le plan racial, ni sur le plan politique. On croyait qu'ils seraient incapables de s'adapter au nouveau régime. Il résulta de toutes ces mesures que l'on put nommer beaucoup de professeurs nouveaux, sur qui le gouvernement considérait qu'il pouvait compter et dont on croyait qu'ils enseigneraient à la lumière de la philosophie nouvelle.

4. Hostilité envers Einstein

Par bonheur, quand l'épuration commença, Einstein ne se trouvait point en Allemagne. Cependant, on vit immédiatement que l'hostilité des nouveaux maîtres envers certains groupes scientifiques était concentrée, à un degré étonnant et même effrayant, sur Einstein. Tout comme l'enthousiasme général pour sa théorie est un phénomène surprenant dans l'histoire des sciences, de même la persécution d'un homme qui promouvait de si abstraites théories reste très énigmatique.

Ses adversaires pouvaient dire : « C'est un Juif et il a acquis une réputation universelle comme créateur d'idées neuves. Cela ne s'accorde pas avec les vues des nouveaux gouvernants sur la stérilité intellectuelle de la race juive. C'est un pacifiste aussi et il sympathise avec les efforts de coopération internationale. » Néanmoins, ceci ne suffit point à expliquer l'intensité de l'antagonisme envers lui. Ici, comme dans l'essor de sa renommée, un processus de cristallisation entra en jeu. La haine s'ajoute à la haine, et la renommée à la renommée, tout de même que les nouveaux cristaux naissent, par formation autour de cristaux déjà existants.

Cette progression atteignit enfin au point que les nationaux-socialistes crurent Einstein chef d'un mouvement clandestin, tantôt présenté comme « communiste », tantôt comme « judaïque international », et qui était en train de travailler contre le nouveau gouvernement.

En réalité, Einstein avait toujours marché indépendant de toute véritable politique. Or, les nazis, non seulement se mirent à attaquer des remarques purement théoriques d'Einstein sur la politique, — elles étaient en général d'ordre académique, — mais ils cherchèrent aussi à montrer qu'il y avait quelque chose de « bolchevique » et de « juif », dans ses théories.

Comme nous l'avons vu, les modestes débuts de ces attaques étaient clairs dès la fin de la guerre, en 1918. Mais, à présent, les leaders de la campagne contre Einstein sentaient leur heure venue. Maintenant, ils pouvaient donner libre cours à leurs opinions sincères puisqu'il n'était plus permis aux défenseurs d'Einstein de leur répondre. C'est ainsi qu'en mai 1933 Lenard, son vieil ennemi, publia un article dans le *Völkische Beobachter*, organe principal du national-socialisme. Ici, Lenard pouvait enfin parler sans avoir à se contenir d'aucune façon :

« Le plus important exemple de la dangereuse influence des cercles juifs sur l'étude de la nature a été offert par M. Einstein, avec ses théories à gros ravaudages mathématiques, faites de quelques connaissances anciennes et d'un peu d'additions arbitraires. A présent cette théorie tombe graduellement en morceaux, comme c'est le sort de toutes les productions qui sont éloignées de la nature. Même des savants qui firent d'ailleurs œuvre solide ne peuvent échapper au reproche d'avoir laissé la Relativité prendre pied en Allemagne, parce qu'ils n'ont pas vu, ou pas voulu voir, combien il est faux, — hors du champ de la science, également, — de regarder ce Juif comme un bon Allemand. »

Deux ans plus tard, le même Lenard faisait un discours d'ouverture à l'inauguration d'un nouvel institut de physique, et il y disait :

« J'espère que l'institut se dressera tel un pavillon de combat contre l'esprit asiatique en science. Notre führer a éliminé ce même esprit de la politique et de l'économie nationale, où il s'appelle le marxisme. Dans les sciences de la nature, cependant, avec la surenchère einsteinienne, il garde encore son pouvoir. Nous devons reconnaître qu'il est indigne d'un Allemand d'être le suiveur intellectuel d'un Juif. Les sciences de la nature proprement dites sont entièrement d'origine aryenne et les Allemands doivent aujourd'hui encore découvrir leur propre chemin à travers l'inconnu. *Heil Hitler!* »

La preuve que les recherches d'Einstein étaient spécifiquement « juives » fut obtenue en produisant une définition de la « physique juive » qui contenait tous les traits caractéristiques de la physique einsteinienne. Ainsi, on regarda comme particulièrement « juif » le fait pour une théorie d'être très « abstraite »; c'est-à-dire, de n'être rattachée aux observations sensorielles immédiates que par un long enchaînement de pensée, et de ne point conduire à d'immédiates applications techniques. Tout ceci était à présent considéré comme « juif ». Pourtant, — mais on l'oubliait totalement, — d'innombrables partisans de la doctrine nordique avaient prouvé que l'esprit aryen plane au ciel de la spéculation, tandis que le « non-aryen » se trouve chez lui dans le monde matériel, le seul qu'il comprenne avec son « intelligence inférieure ».

Exiger de la science qu'elle s'occupe des nécessités pratiques immédiates, n'est pas insolite dans un régime nouveau, qui doit développer les ressources d'un pays le plus rapidement possible, que ce soit pour une politique de conquête ou de reconstruction. Nous trouvons des traits semblables au début du régime soviétique en Russie.

En 1934, Hermann Gœring, — le second dans la hiérarchie nazie, — déclarait ceci :

« Nous honorons et nous respectons la science; mais elle ne doit pas devenir une fin en soi, ni dégénérer en arrogance intellectuelle. Aujourd'hui, justement, nos savants ont un champ fertile. Ils devraient découvrir comment telles ou telles matières premières que nous devons importer de l'étranger peuvent aussi bien être remplacées chez nous. »

Et le ministre de l'Education Bernard Rust disait, aussi brièvement que succinctement : « Le national-socialisme n'est pas l'ennemi de la science, mais seulement des théories. »

A ce compte, ce n'était plus simplement Einstein lui-même, mais en vérité toute une science, la physique théorique, qui se trouvait condamnée. Vers le même temps, un représentant notoire de cette science en Allemagne, que l'épuration avait épargné, me faisait plaisamment remarquer : « Vous devez savoir qu'Einstein a compromis notre science tout entière! »

Quelques années seulement auparavant, le physicien allemand Wilhelm Wien, plutôt sympathique au nationalisme germanique, disait dans une conversation avec le grand physicien anglais, Ernest Rutherford : « La théorie de la Relativité est une chose que vous, Anglo-saxons, ne comprendrez jamais parce qu'elle exige une sensibilité authentiquement germanique à la spéculation abstraite ». Et le physicien français Bouasse, un nationaliste, disait : « L'esprit français, avec ses exigences de lucidité latine, ne comprendra jamais la théorie de la Relativité. C'est un produit des tendances teutones à la spéculation mystique ».

Comme je l'ai rapporté, Einstein se trouvait encore en Amérique lorsque la grande épuration commença. En apprenant les événements de son pays, il se rendit à New-York et s'entretint avec le consul d'Allemagne.

Par devoir officiel, ce dernier lui dit qu'il n'avait rien à craindre de son retour en Allemagne. Un gouvernement « national » y était maintenant au pouvoir, qui rendrait justice à tous. S'il était innocent, rien ne pouvait lui arriver. Cependant, Einstein avait décidé de ne pas rentrer aussi longtemps que le régime existant resterait au pouvoir; et il vint le dire fort ouvertement au consulat. Quand l'entretien officiel eut cessé, le représentant du consul lui dit en particulier : « M. le Professeur, à présent que nous pouvons parler d'homme à homme, je peux seulement vous dire que vous faites la seule chose à faire ».

De nombreux reporters voulaient entendre l'opinion d'Einstein sur les récents événements d'Allemagne. Mais il répéta ce qu'il avait toujours dit : il n'avait nul désir de vivre dans un état où la liberté d'expression n'existait pas et dans lequel l'intolérance raciale ou religieuse l'emportait. Toutefois, il n'entra dans aucune discussion de détail.

Il s'embarqua pour l'Europe, et au printemps de 1933 il choisit pour résidence la station maritime belge du Coq, non loin d'Ostende. Depuis le début, il savait que ses attaches avec l'Académie de Prusse devaient se rompre. La seule question était s'il devait démissionner spontanément ou attendre que l'Académie l'expulsât. La personnalité dominante de la compagnie était alors Max Planck, l'homme qui avait le premier « découvert » Einstein, qui l'avait proclamé le Copernic du XXe siècle et qui, malgré toutes les attaques, l'avait soutenu durant tout son séjour à Berlin. On peut bien imaginer qu'un tel homme ne voulait point exclure Einstein de l'Académie. Et en retour, Einstein désirait lui épargner cette désagréable démarche. Il écrivit brièvement et se borna à dire que, sous le présent gouvernement, il ne pouvait plus servir l'État prussien et, en conséquence, résignait ses fonctions.

Au début, l'Académie louvoya autour du cas épineux, et il y eut de grandes discussions sur ce qui devrait être fait. D'une part, il y avait le désir de maintenir la réputation de la compagnie en tant que corps scientifique impartial, de l'autre le désir d'affirmer les principes du gouvernement national. Nernst, qui avait toujours été quelque peu libéral, dit à une séance : « Pourquoi demander à un membre de l'Académie, qui est un grand mathématicien, qu'il soit aussi un Allemand d'esprit national? D'Alembert, Maupertuis et Voltaire n'étaient-ils pas des membres de notre Académie, et de qui nous sommes fiers encore aujourd'hui? Et ces hommes, pourtant, étaient des Français. » Il ne cessait de répéter, lorsqu'il rencontrait un académicien : « Comment la postérité jugera-t-elle notre Académie? Ne serons-nous pas regardés comme des lâches qui cédèrent à la force? »

Mais comme les journaux du parti au pouvoir étaient déjà remplis d'attaques contre Einstein et l'accusaient de faire à l'étranger de l'agitation contre son propre pays, l'Académie décida de publier une déclaration empreinte d'une certaine gêne, où elle niait d'avoir un lien quelconque avec lui. « Nous n'avons aucune raison de regretter la démission d'Einstein, disait-on. L'Académie est horrifiée de son agitation à l'extérieur. Les membres de l'Académie ont toujours ressenti une profonde loyauté envers l'État prussien. Bien qu'ils se soient tenus à l'écart de tous les partis politiques, ils n'en ont pas moins proclamé toujours leur attachement à l'idée nationale. »

Einstein, qui ne soupçonnait point d'avoir été activement engagé dans l'agitation politique à l'étranger, répondit à l'Académie par lettre du 5 avril :

« Je ne sache pas avoir fait de la propagande à l'étranger pour les prétendues « atrocités allemandes ». Et même, pour être franc, je n'ai jamais observé que quelque « récit d'atrocités » eût été mis en circulation. Ce que j'ai remarqué, c'est que les déclarations faites par les membres du nouveau gouvernement allemand étaient répétées et commentées — spécialement le plan d'extermination des Juifs allemands... J'espère que l'Académie transmettra cette lettre à ses membres, et, pour sa part aussi, la répandra dans le public en Allemagne; car j'ai été calomnié dans la presse, et l'Académie, par ses communiqués aux journaux, s'est associée à ces calomnies. »

Puisque l'Académie ne pouvait plus affirmer qu'Einstein avait inventé des « histoires d'atrocités » et les avait répandues au dehors, elle se rabattit sur l'assertion que, si Einstein n'avait pas inventé quelque histoire, il n'avait rien fait pour s'opposer énergiquement à celles qui circulaient, ni pour défendre sa patrie.

Le 7 avril, l'Académie lui écrivait à peu près ce qui suit :

« Nous avons attendu avec confiance qu'un homme comme vous, si longtemps membre de notre Académie, se rangeât du côté de notre nation, et, sans considérer ses sympathies politiques, qu'il s'opposât à la marée de mensonges déchaînée contre nous. Dans ces jours où l'ordure est lancée à la face de la nation allemande, d'une façon ou vulgaire ou ridicule, un mot favorable à l'Allemagne sorti de la bouche d'un homme aussi illustre que vous eût été d'un grand effet à l'étranger.

« Au lieu de cela, vos remarques ne furent qu'une arme de plus, pour les ennemis, non seulement du gouvernement actuel de l'Allemagne, mais encore du peuple allemand tout entier. Ce fut un amer désappointement pour nous. Ceci nous eût conduits à nous séparer de vous en toutes circonstances, même si nous n'avions pas reçu votre démission. »

Einstein voyait maintenant qu'une poursuite de la correspondance n'aurait plus d'objet. Il écrivit le 12 avril une lettre d'adieux à l'Académie, à qui tant de travaux communs le rattachaient. Dans cette lettre, il disait :

« Vous m'écrivez qu'un mot de ma part en faveur du peuple allemand aurait eu un grand effet au dehors. A quoi je dois répliquer qu'un pareil « mot favorable » aurait été la négation de toutes les idées de justice et de liberté pour lesquelles j'ai combattu, ma vie entière. Un tel témoignage n'eût point été, comme vous l'avancez, un mot en faveur du peuple allemand. Au contraire, pareille déclaration n'eût servi qu'à miner les idées et les principes grâce auxquels le peuple allemand s'était acquis une place honorable dans le monde civilisé. Par un tel témoignage j'aurais contribué, fût-ce indirectement, à une régression de la morale vers la barbarie et à la destruction des valeurs culturelles.

Votre lettre me montre seulement combien j'ai eu raison de démissionner de l'Académie. »

Einstein avait démissionné volontairement pour épargner à un homme tel que Max Planck la peine et la honte d'expulser de l'Académie, sur ordre d'un parti politique, un membre que lui-même considérait comme l'un des plus importants. Max Planck était de ces professeurs allemands qui plusieurs fois affirmèrent combien les nouveaux maîtres poursuivaient un but grand et noble. Nous savants, qui ne comprenons rien à la politique, — disaient-ils, — ne devons point chercher à créer des difficultés. Notre tâche est de voir à ce que le plus grand nombre possible d'hommes de science souffre aussi peu que possible de l'oppression et par-dessus tout nous devrions faire tout ce qui est en notre pouvoir pour maintenir le niveau de la science allemande. Du moins, que des étrangers envieux n'aient pas à remarquer un abaissement quelconque de ce niveau dans notre pays.

L'idée que les nombreuses brutalités exercées sur des individus ou des institutions étaient un simple accompagnement temporaire de la « révolution de la droite » se trouvait largement répandue parmi les hommes du type de Planck. L'un des savants les plus éminents de l'Université de Berlin le rencontra un jour et lui dit qu'il désirait quitter Berlin immédiatement, qu'il était à la recherche d'un endroit où travailler à l'étranger. Il sentait qu'un jour il serait victime d'une purge ultérieure. A quoi Planck répondit : « Mais, mon cher collègue, quelles étranges idées vous avez! Si vous ne trouvez pas l'atmosphère actuelle des universités agréable, pourquoi ne prendriez-vous pas un congé d'un an? Faites un voyage qui vous plaise à l'étranger et entreprenez quelque étude. Quand vous serez de retour, tous les aspects déplaisants de notre gouvernement actuel auront disparu. »

Au Kaiser Wilhelm Institut, dont il était président, Planck entreprit également de maintenir les savants non-aryens dans leurs places. Il croyait par ce moyen épargner à ces collègues qu'il estimait les ennuis de l'oppression. Par là, il espérait aussi que l'activité de l'Institut et la renommée de la science allemande resteraient inébranlées.

Il fut aidé par le fait que les non-Aryens furent tolérés un peu plus longtemps dans la recherche que dans l'enseignement. Planck réussit donc à garder plusieurs de ces chercheurs, même après la purge générale de Berlin. Mais, lorsque finalement l'épuration les frappa, ils se trouvèrent dans une situation particulièrement lamentable. Il leur fut plus difficile de quitter l'Allemagne et de trouver des places à l'étranger.

Planck essaya une fois d'intervenir personnellement auprès d'Adolf Hitler pour le convaincre que l'application mécanique de sa « définition du non-Aryen » à l'organisation de l'éducation et de la recherche aurait un effet défavorable. La rencontre de Planck et d'Hitler fut alors le sujet de nombreuses discussions dans les cercles universitaires de Berlin. Planck ne put guère présenter ses arguments. Le Führer lui parla d'une manière offensive comme s'il était en train de développer sa propagande révolutionnaire dans un meeting de masse, et non pas comme quelqu'un qui s'entretient avec un visiteur en particulier, dans un cabinet de travail. Entre autres choses, Hitler déclara qu'il permettrait aux Juifs de travailler s'ils n'étaient pas tous bolchevistes. Planck objectant timidement que ceci ne s'appliquait certainement pas à un homme comme Haber, Hitler lui dit : « Croyez-moi. Ceux qui ne sont pas ouvertement bolchevistes le sont en secret. » Puis il ajouta décisivement : « Ne pensez pas que j'aie les nerfs assez faibles pour me laisser détourner de mon but grandiose par d'aussi mesquines considérations. Tout sera exécuté jusqu'au bout. »

Comme nous l'avons vu, Einstein avait épargné à l'Académie de Prusse l'embarras d'avoir à le rejeter, mais il reçut une lettre officielle de l'Académie bavaroise des sciences l'informant qu'elle l'expulsait de ses rangs.

Sa villa de Caputh fut visitée par la police. On croyait que le parti communiste y cachait un dépôt d'armes. Semblables accusations résultaient des idées fantastiques qu'on se faisait sur le rôle d'Einstein comme leader ou conspirateur politique.

Tout ce qu'il possédait fut confisqué par l'État, sa villa aussi bien que son compte en banque. Dans l'avertissement qu'il en reçut de la police politique, la raison alléguée fut celle-ci : « Ces biens étaient *évidemment* destinés à financer un mouvement communiste. » Le « cadeau » de la ville de Berlin l'avait conduit à mettre la plus grande partie de son avoir dans la construction de la villa, qu'on lui confisquait maintenant, et il ne lui restait presque plus rien de tout ce qu'il possédait. Il était évident aussi qu'en adoptant la citoyenneté allemande, en témoignage de sympathie pour la république de Weimar, il avait agi contre son propre avantage, puisque, resté étranger (Suisse), il aurait été protégé contre la confiscation de ses biens.

Les écrits d'Einstein sur la théorie de la Relativité furent brûlés publiquement dans le square devant l'Opéra d'Etat à Berlin, en même temps que d'autres livres, certains tenus pour obscènes, d'autres pour bolcheviques. Au même moment, il y eut en outre un règlement d'après quoi tous les ouvrages écrits par des Juifs devaient porter la marque : « Traduits de l'Hébreu. » On entendait exprimer par là qu'ils n'étaient qu'en apparence écrits en allemand. Il y avait encore à cette époque un professeur occasionnel de physique en Allemagne qui, faisant un cours sur la Relativité, se permit cette plaisanterie : « C'est une erreur de croire que le mémoire original d'Einstein était traduit de l'Hébreu. »

Comme on pouvait l'attendre, plusieurs adversaires scientifiques d'Einstein prirent avantage de l'hostilité du nouveau régime à son égard pour empêcher le plus possible l'enseignement de ses théories dans les universités allemandes. Parmi ces opposants, outre Lenard déjà mentionné, se trouvait un autre physicien bien connu, Johannes Stark. On lui devait plusieurs découvertes expérimentales du premier ordre, pour lesquelles, tout comme Lenard, il avait reçu le prix Nobel. Mais, tout de même que Lenard aussi, il était incapable de comprendre une théorie à structure un peu complexe. Comme Lenard, il soutenait le point de vue qu'il y a quelque chose de « non-Allemand » dans la prédominance de la théorie sur l'observation, et qu'on doit donc l'extirper de l'enseignement dans les écoles allemandes. Stark découvrit aussi une explication au fait que tant de physiciens allemands acceptassent la Relativité, quelque répugnance qu'elle pût inspirer à l'esprit germanique. C'était dû, expliquait-il, à la circonstance que beaucoup de physiciens avaient épousé des Juives.

Cette façon qu'eut le pouvoir politique d'imposer un point de vue dans le domaine de la science causa de grands ennuis aux physiciens allemands. L'un de leurs chefs de file me disait à cette époque : « Il est heureux pour nous que Lenard et Stark ne soient plus jeunes. S'ils étaient encore dans *l'élan* de la jeunesse, ils nous commanderaient ce qui doit être enseigné en physique. »

Néanmoins, on n'exécuta rien d'aussi radical que l'eussent voulu les adversaires d'Einstein. Le parti national-socialiste adopta même une résolution établissant qu'aucune théorie physique ne pouvait se réclamer d'être « purement nationale-socialiste ». La théorie d'Einstein n'était donc pas tout à fait extirpée des universités allemandes. Cela dépendait du courage de chaque professeur individuellement. Quelques-uns enseignèrent la théorie sans mentionner le nom d'Einstein, d'autres abandonnèrent le nom de théorie de la Relativité. Certains allèrent plus loin encore : ils enseignèrent les faits particuliers qui découlaient de cette théorie comme des faits d'expérience, mais ils omettaient complètement la connexion logique assurée par la théorie entre les phénomènes. Aucun physicien ne pouvait écarter des faits aussi importants que la relation entre masse et énergie ou entre masse et vitesse.

La plupart des physiciens allemands y perdaient leur latin cherchant le moyen de se protéger eux-mêmes des continuelles interventions, dans leur domaine scientifique, de physiciens politiciens comme Lenard, et certains d'entre eux en venaient à penser, qu'en dépit du sérieux de la situation, elle offrait quelque chose de comique. Ils pensèrent qu'il n'y avait qu'une façon d'ébranler le prestige de Lenard auprès des autorités nouvelles, c'était de prouver qu'il était un non-Aryen. Cela ne semblait pas impossible, le père de Lenard ayant dirigé une affaire bancaire à Presbourg (Bratislava), la capitale de la Slovaquie moderne. Comme beaucoup d'habitants de la ville étaient Juifs et que le commerce de la banque était regardé comme une occupation juive, il y avait là quelque espoir que ce pût être vrai. Étant alors professeur en Tchéco-Slovaquie, pays auquel appartenait Presbourg à cette époque, je reçus plusieurs fois des demandes directes, de quelques-uns des plus grands physiciens allemands, d'avoir à faire des recherches à Presbourg concernant les quatre grands-parents de Lenard. Je dus avouer que mes goûts ne me portaient pas vers les recherches généalogiques. J'orientai les investigations vers un ami de Presbourg, mais qui ne se montra pas très zélé. L'exploration ne dépassa pas les parents de Lenard. Il fut possible d'établir qu'ils ne professaient pas la religion judaïque.

Toutefois, l'ardeur avec laquelle les physiciens allemands eurent à poursuivre de tels problèmes dans l'intérêt de leur science est bien le signe de cette très particulière période.

5. Dernières semaines en Europe.

Einstein passa ses dernières semaines européennes dans une villa cachée parmi les grandes dunes de sable du

Coq-sur-Mer, la jolie station balnéaire belge. Tout autour, les enfants bâtissaient de beaux châteaux de sable, et les femmes se promenaient dans de séduisants costumes de bain à la mode de Paris. Einstein se trouvait dans une situation singulière. Il n'était pas rentré en Allemagne, et ses amis s'attendaient qu'il y fût certainement arrêté ou peut-être même assassiné s'il reparaissait dans le pays.

Le Coq, cependant, n'en était guère éloigné. Beaucoup craignaient que des fanatiques ne fussent capables de se glisser à travers la frontière et de le « liquider ». S'ils s'enfuyaient en Allemagne, le meurtre une fois accompli, ils n'auraient nul châtiment à redouter puisque le crime aurait été commis « avec la meilleure des intentions ». Il y avait plusieurs précédents pour de tels actes. On murmurait même que la tête d'Einstein était mise à haut prix; mais il est manifestement difficile de vérifier l'exactitude d'un pareil bruit.

Einstein avait de bons amis en Belgique. Un prêtre catholique, l'abbé Lemaître, avait trouvé que les équations einsteiniennes du champ de gravitation dans l'espace étaient compatibles aussi avec une distribution de matière dans l'univers qui ne restât pas toujours la même, en moyenne. L'abbé put donc supposer que les diverses galaxies s'éloignaient de plus en plus les unes des autres. Il fonda alors la théorie de l'*Univers en expansion*, qui avait été esquissée en liaison avec les théories d'Einstein par Friedmann, un mathématicien soviétique, plus de dix ans auparavant. On commença d'y porter attention grâce à Lemaître et plus encore grâce à Eddington, et la théorie reçut l'appui de l'observation astronomique. Comme l'abbé Lemaître était une gloire de la science belge, la reine Elisabeth en vint également à s'intéresser aux théories d'Einstein, et prit plaisir à s'entretenir avec lui, dans de diverses occasions.

En Belgique, la famille royale et le gouvernement demeuraient fort soucieux des rumeurs selon lesquelles des assassins pourraient venir dans le pays et menacer Einstein. Il fut donc prescrit que deux gardes du corps veilleraient sur Einstein jour et nuit. Naturellement, ceci n'allait pas sans ennuis pour lui. D'abord, pour quelqu'un d'une aussi cordiale gentillesse, il était désagréable de donner tant d'occupations à ses deux ombres, et deuxièmement, pour un tel bohème, il était très ennuyeux d'être constamment « supervisé par la police ». Mais le gouvernement belge n'avait nul désir d'être responsable d'un accident quelconque.

A l'été de 1933, passant par Ostende en revenant de Londres sur le continent, je me souvins qu'Einstein habitait tout près et je décidai de chercher à le découvrir. Je ne savais pas son adresse, mais je courus la chance et me rendis au Coq où je m'informai auprès des habitants s'ils connaissaient son logis. Comme je l'appris plus tard, les autorités avaient donné des ordres stricts aux habitants pour qu'ils ne fournissent à personne aucune information touchant la résidence d'Einstein. Ne sachant rien de toutes ces précautions, je demandai très naïvement et reçus en même temps avec une naïveté égale toutes les indications que je désirais.

Finalement, j'arrivai à une villa au milieu des dunes et je vis Mme Einstein assise sur la véranda, ce qui me prouvait que j'avais atteint mon but. De loin, j'aperçus deux hommes plutôt robustes en conversation très animée avec Mme Einstein. Ces visiteurs me surprirent un peu, car on était accoutumé à voir seulement des savants, des écrivains ou des artistes avec les Einstein. J'approchai plus près de la villa. Dès que les deux hommes me virent, ils se précipitèrent sur moi et m'arrêtèrent. Mme Einstein bondit, le visage blanc de frayeur. Enfin elle me reconnut et s'écria : « Ils vous suspectent d'être l'assassin annoncé. » Elle rassura les détectives et me fit entrer.

Un moment après, Einstein lui-même descendit. Entre temps, Mme Einstein m'avait demandé comment j'avais pu trouver la maison. Je répondis que des gens dans le voisinage me l'avaient indiquée. Mais c'était sévèrement interdit! dit-elle. Einstein en personne rit de bon cœur, à l'échec des mesures prises pour sa protection par la police.

A cette époque, il avait l'esprit encore très occupé par sa correspondance avec l'Académie de Berlin. Il me montra toutes les lettres et commenta le rôle joué par les diverses personnes intéressées dans l'affaire. Il s'étendit un peu sur la personnalité de Max Planck. « Et en fin de compte, dit-il, pour me débarrasser de mes ennuis j'ai composé quelques vers humoristiques. J'ai mis toutes les lettres dans un carton, avec mes vers au-dessus. Ils commencent par ces lignes :

Merci pour votre écrit si rempli de douceur
Typiquement allemand comme l'envoyeur.

Il y avait quelque chose de vraiment artistique dans la nature d'Einstein. Cela rappelait à l'esprit ce passage de l'autobiographie de Gœthe où il rapporte qu'il se libérait de toute contrariété mentale en la transposant artistiquement. Einstein en pareil cas jouait sur son violon une composition courte mais vigoureuse, ou bien il composait quelques vers humoristiques. Et, pour ne point atteindre au classicisme du *Faust* de Gœthe, ils n'en remplissaient pas moins la même fonction psychologique.

A cette occasion, Einstein insista plusieurs fois sur le fait qu'en se débarrassant de son entourage berlinois, il éprouvait aussi, d'une certaine manière, une libération psychologique. Mme Einstein, qui assistait à la conversation, ne se montrait pas très sympathique à de telles déclarations. Affectivement, elle ressentait beaucoup d'attachement pour l'Allemagne. Elle dit : « Mais tu ne devrais pas être si injuste. Tu as eu aussi beaucoup d'heures heureuses à Berlin. Par exemple, tu m'as souvent dit, en rentrant de la réunion de physique, qu'un tel assemblage de physiciens extraordinaires ne se trouverait nulle part ailleurs, aujourd'hui, dans le monde.

— Oui, répondit Einstein, du point de vue purement scientifique, la vie à Berlin fut en vérité souvent très agréable. Néanmoins, il m'a toujours semblé que quelque chose pesait sur moi, et j'ai toujours pressenti que la fin ne serait pas bonne. »

Nous parlâmes alors de la prédiction qu'il m'avait faite à Prague, quelque onze ans plus tôt, avant son premier voyage en Amérique. La catastrophe s'était vraiment produite en Allemagne au moment approximatif qu'il avait annoncé.

« Savez-vous, poursuivit-il, que je viens de connaître une très remarquable expérience. Vous vous rappelez probablement mon collègue et ami Fritz Haber, le célèbre chimiste. » Le lecteur se souvient qu'il faisait partie du cercle intime d'Einstein à Berlin. Il avait toujours pressé Einstein de se plier à la pensée des nationalistes allemands, et lui-même était allé plutôt loin dans cette direction. « J'ai récemment reçu une lettre de Fritz Haber, me raconta Einstein, dans laquelle il m'apprend son intention de solliciter une place à l'Université hébraïque de Jérusalem. Vous pouvez le dire, le monde entier est sens dessus dessous. »

Il fut beaucoup question dans notre conversation de cette Université, qu'Einstein avait tant contribué à fonder. Maintenant qu'il était disponible, l'Université de Jérusalem déployait tous ses efforts pour obtenir son concours. Mais il n'était pas beaucoup enclin à accepter. L'idée ne lui plaisait point que, dans une période si critique pour le peuple juif, l'Université entreprît surtout de faire venir certains professeurs déjà illustres, dans le dessein d'accroître son prestige. Dans un temps où l'avenir de si nombreux jeunes étudiants juifs se trouvait menacé, il estimait que cette Université devait plutôt distinguer les plus capables de ces jeunes hommes et leur permettre d'enseigner comme d'accomplir des recherches. C'est pourquoi il avisa aussi le fameux Haber de ne point aller à Jérusalem.

Nous discutâmes les fantastiques idées qui faisaient d'Einstein un politicien; ces bruits couraient dans les milieux dirigeants d'Allemagne. Mme Einstein relata un incident récent. Ils avaient reçu d'Outre-Rhin une lettre où un inconnu demandait de façon urgente à Einstein d'être reçu par lui. Puisque, redoutant un assassinat, on interdisait à tout inconnu de l'approcher, Mme Einstein refusa. On insista de façon répétée sur l'importance de l'affaire, et Mme Einstein déclara enfin qu'elle était prête à voir elle-même l'inconnu, en l'absence de son mari. L'individu vint effectivement et rapporta qu'il avait appartenu aux troupes de choc nazies S. A. Il avait rompu avec le parti, dont il était maintenant l'adversaire. Il en savait tous les secrets, qu'il voulait vendre aux opposants pour cinquante mille francs. Il désirait savoir si Einstein mettrait ce prix à l'information. « Pourquoi supposez-vous, demanda Mme Einstein, que le professeur Einstein s'intéresse aux secrets de votre ancien parti? — Oh! répliqua l'ex-S. A., nous savons tous fort bien que le professeur Einstein est le leader de l'opposition à travers le monde entier, et qu'une telle acquisition lui serait donc de grande importance. » Mme Einstein expliqua au personnage qu'il était dans l'erreur et qu'Einstein ne s'intéressait nullement à ces secrets, qu'ils fussent authentiques ou faux.

Néanmoins, l'incident laissa une véritable sensation d'angoisse. On savait décidément que le parti national-socialiste, qui était dès lors l'un des plus puissants moteurs du monde, considérait Einstein comme le chef de ses adversaires. Toutes sortes de surprises désagréables étaient à prévoir.

6. Vues d'Einstein sur le service militaire.

La révolution allemande de la droite prouvait clairement aux petits états voisins que le temps était venu où l'Allemagne romprait les liens du traité de Versailles, au besoin par la force. Toute personne de quelque intelligence, au courant des leçons de l'histoire, comprenait parfaitement que l'Allemagne ne s'en tiendrait pas à la suppression de « l'injustice de Versailles », mais saisirait l'occasion d'obtenir quelque chose de plus pour elle-même, afin de réaliser son vieux rêve de « l'espace vital ». La guerre de 1914-1918 avait montré comme un fait d'évidence aux Belges que les politiciens allemands englobaient la Belgique dans cet espace vital. Dès 1933, vers le moment où Einstein vint en Belgique, cette certitude éveillait un sentiment d'insécurité chez beaucoup de personnes.

D'autre part, en Belgique comme ailleurs à cette époque, singulièrement dans la jeunesse, l'idée se trouvait fortement enracinée que toutes les guerres sont organisées par la classe capitaliste pour supprimer les travailleurs. Ainsi, tout être jeune, d'esprit social et progressiste, se défendait de soutenir la guerre d'une manière quelconque. Mais, même alors, il demeurait clair à de nombreux belges qu'une opposition absolue à n'importe quelle guerre ferait du pays une proie facile pour ses voisins, qui prêchaient que la guerre est le plus grand instrument de la politique. C'est pourquoi la jeunesse d'esprit radical se trouvait devant ce problème : la propagande contre le service militaire et contre la préparation militaire devait-elle se poursuivre, rendant ainsi plus aisée une invasion des belliqueux voisins; ou bien devait-on prendre part à la défense de la patrie et par là suivre un slogan qu'on avait précédemment regardé comme le prétexte des exploiteurs, dans leur lutte contre les travailleurs de leur propre pays? Un groupe de représentants de la Jeunesse pacifiste belge demanda à Einstein son opinion dans ce cas de conscience, puisqu'il était notoirement connu pour le champion radical du mouvement opposé à la guerre et au service militaire. Au printemps de 1931 encore, il avait salué avec joie et approbation un manifeste des pasteurs américains, où ils annonçaient leur refus de prendre part à n'importe quelle guerre future, même si leur propre gouvernement proclamait qu'elle avait pour cause la défense du pays. Se référant à cette déclaration, Einstein avait écrit ce qui suit :

« C'est une bienfaisante révélation du caractère du clergé américain, que cinquante-quatre pour cent des réponses au questionnaire aient indiqué l'intention de ne participer à aucune guerre future. Seule une position aussi radicale peut rendre l'espérance au monde, car le gouvernement de chaque nation se croit toujours tenu de présenter la guerre comme une guerre de défense. »

Mais, quand les jeunes Belges posèrent à Einstein la question de savoir s'ils devaient refuser de prendre part à une guerre où la Belgique serait entraînée contre ses puissants voisins, il ne se laissa pas déconcerter un seul instant. Tout de suite, il sentit qu'il fallait répondre dans le sens qu'il estimait le plus sûr, étant données les circonstances. Il ne permit pas que vînt le troubler la vanité de se proclamer celui qui maintient ses principes envers et contre tout. Un tel personnage s'entêterait dans ses idées même lorsqu'elles conduisent à des actes et des résultats que lui-même désapprouve. Einstein savait que le rôle des principes dans la vie publique ou privée est seulement d'encourager aux actions donnant les résultats qu'on peut approuver. Mais les principes ne doivent pas être tenus pour des fins en soi. Il répondit brièvement et avec concision : dans le cas envisagé, chacun devrait combattre de son mieux pour la liberté de sa patrie, la Belgique.

La réponse fit sensation, à l'époque. Bien des gens doutèrent même de son authenticité. Beaucoup dirent : « A coup sûr, un principe ne devient pas faux pour la raison que, dans un cas singulier, il conduit à des conséquences à quoi l'on répugne, c'est-à-dire, en l'espèce, au triomphe du national-socialisme. »

Les gens qui attendaient qu'Einstein s'en tînt à ses principes sans aucune considération des conséquences, ne comprenaient pas le caractère essentiellement positiviste, pragmatique, de sa pensée. Le fondement de ses idées en politique était exactement le même qu'en physique. Quand il en arrivait réellement à attaquer un problème concret, les bases positivistes de sa pensée devenaient évidentes. Il ne croyait pas que les principes aient un sens indépendamment de leurs conséquences, que notre expérience nous permet de vérifier. Occasionnellement, il aimait à réfléchir aux effets émotionnels dus aux déclarations de principes. Aussi, son langage en physique, tout de même qu'en politique, prenait-il en certains cas une allure métaphysique. Mais ce n'était là qu'une manière plus ou moins poétique de parler, qui offrait un point de contact avec le monde des sentiments.

Sa position essentielle fut toujours claire : il ne soutenait jamais des préceptes sous le prétexte qu'ils sonnent bien, s'ils conduisaient à des conséquences qu'il ne pouvait point admettre.

Pour cette raison, les attaques de ceux qui s'opposaient à la guerre par principe furent du même genre que les attaques de ses adversaires physiciens. Ces derniers lui reprochaient d'avoir promu d'abord le principe de l'invariance de la vitesse de la lumière, — dans la théorie de la relativité restreinte en 1905, — et de l'avoir ensuite abandonné dans sa théorie de la gravitation, puisque, selon cette dernière, la vitesse de propagation de la lumière dépend de l'intensité du champ gravitationnel. Certains de ses adversaires l'accusèrent de se contredire, et d'essayer de masquer la contradiction. Conception, toutefois, quelque peu trompeuse. La constance de la vitesse de la lumière est vraie seulement sous des conditions très particularisées, à savoir, en l'absence de puissants champs gravitationnels. Enumérer les restrictions sous lesquelles un certain principe est valable, ce n'est pas se contredire, c'est seulement accroître notre connaissance du monde.

Il en est de même pour l'attitude d'Einstein dans le problème du service militaire. Je n'eus point alors l'occasion d'en disputer personnellement avec lui, mais, peu après son arrivée en Amérique, la question y prit de l'acuité. Le jeune mouvement radical, représenté par le Congrès de la Jeunesse américaine, voulut d'abord soutenir la thèse de l'opposition absolue à la guerre, même dans le cas d'une guerre des démocraties contre le fascisme, parce qu'une telle guerre, pour eux, était en principe une guerre impérialiste. Einstein, pourtant, ne se laissa pas impressionner par de tels arguments, et vit qu'ici comme en Belgique ceux qui s'opposaient à la guerre travaillaient seulement pour la victoire de la plus grande puissance militaire. Par conséquent, ils aboutiraient exactement à l'opposé de ce qu'ils croyaient faire. Einstein pensait que le précepte absolu de non-participation à la guerre n'a de sens que si une victoire des diverses puissances n'entraîne pas des conséquences très différentes pour les peuples. En Europe, après 1918, on aurait pu dire : il n'y a pas de grande différence à être gouverné par la République française ou la République allemande, les Etats-Unis ou la Grande-Bretagne. Pareille différence ne justifie pas une guerre. Mais ce point de vue ne saurait plus être maintenu lorsqu'il s'agit d'États dont les principes de gouvernement divergent aussi radicalement les uns des autres que ceux des nazis et ceux des États qui les entourent. Dans ces conditions, nul ne peut rester indifférent à la question de savoir quel sera le vainqueur. Tout de même que le principe de l'invariance de la vitesse de la lumière garde seulement sa validité s'il n'existe pas de grandes différences du potentiel de gravitation — et donc en l'absence de forces importantes, — le principe également du refus absolu d'accomplir le service militaire n'est valable que s'il n'y a pas d'extrêmes diversités entre les principes gouvernementaux des États qui s'affrontent.

Aux Etats-Unis, les adversaires du service militaire, comme Bertrand Russell et Archibald Mac Leish, tirèrent les mêmes conséquences de la situation. Divers auteurs qui pensaient métaphysiquement traitèrent ces hommes « d'incohérents » et s'étonnèrent que des logiciens comme Russell pussent se montrer si illogiques. Le cas d'Einstein, pourtant, aurait déjà dû leur prouver que la cohérence, au sens métaphysique — c'est-à-dire s'en tenir étroitement à la lettre d'un principe — n'est point la cohérence au sens scientifique, qui signifie s'en tenir étroitement aux conséquences désirables d'un principe. Ainsi, par la droiture et l'honnêteté de sa pensée, Einstein une fois encore devenait un objet d'attaques, avant même qu'il n'eût effectivement quitté l'Europe, et, cette fois, les attaques venaient du côté « progressiste » et « radical ».

A cette époque, il était plus immédiatement préoccupé des centaines et bientôt des milliers d'intellectuels ou de savants, jeunes ou vieux, que l'épuration allemande avait chassés de leurs places. Les savants anglais essayèrent d'offrir aux réfugiés l'occasion de poursuivre leurs travaux, sous de plus favorables auspices. Le grand physicien anglais Rutherford se mit à la tête du mouvement et organisa le Comité académique d'Assistance, à Londres. A la première réunion, Einstein devait être présenté au public comme un symbole des victimes, et, avec tout son prestige, devait lancer un appel pour la cause. On imagine fort combien c'était peu de son goût. Il n'aimait pas à paraître publiquement dans une affaire où il se trouvait personnellement intéressé. Mais la gravité de la situation et l'importance des mesures de secours l'induisirent à se rendre à Londres et à donner un message sur le sujet « Science et Liberté ». A la séance, il s'assit à côté de lord Rutherford qui présidait. Tout de suite après ses paroles d'introduction, Rutherford montra son voisin d'un geste énergique et le présenta fièrement : « Mesdames et Messieurs, mon vieil ami et collègue le professeur Einstein. »

Einstein parla avec grande réserve. Il chercha à mettre en relief la nécessité des mesures de secours, tout en évitant les attaques politiques. Les paroles violentes étaient superflues, la cause parlait d'elle-même. Il déclara : « Ce ne peut être mon rôle d'agir pour juger la conduite d'une nation qui, durant de nombreuses années, m'a regardé comme son fils. Peut-être est-ce un rôle paresseux que de faire le juge, dans un temps où c'est l'action qui compte. »

Peu après cette réunion, qui avait lieu au début d'octobre 1933, Einstein attendait à Southampton un paquebot de moyen tonnage, qui devait venir d'Anvers et allait le transporter à New-York.

Mais, avant de raconter la nouvelle vie d'Einstein en Amérique, il nous faut rester quelque temps encore en Europe pour voir la manière remarquable dont certains groupements politiques ou religieux utilisèrent à leur profit les abstraites théories einsteiniennes.

XI

UTILISATION POLITIQUE DES THÉORIES D'EINSTEIN

1. Théories scientifiques et idéologies politiques.

Au physicien ou au mathématicien qui comprend vraiment, ou qui croit comprendre, les théories d'Einstein, il peut sembler étrange et vain que des gens dont la compétence, en la matière, est beaucoup plus limitée, disputent si la théorie est une conséquence de la bolchevisation de l'Europe ou une étape dans l'évolution de l'Europe du libéralisme au fascisme; si elle soutient la religion dans sa lutte contre le matérialisme, ou si elle favorise l'incrédulité pour tout ce que la religion traditionnelle enseigne de l'univers. Le physicien professionnel ne trouve aucune trace de telles idées dans les théories d'Einstein. Il croit que leur validité dépend seulement de l'exactitude de certains calculs, et du fait que certaines expériences délicates sont exécutées avec le soin nécessaire. Conséquemment, il a l'impression que ces discussions sur Einstein ont été simplement le résultat de l'ignorance ou de l'insanité.

Mais quiconque scrute le destin des autres théories radicalement neuves concernant l'univers, — par exemple le sort du système de Copernic, de la théorie de Newton, des lois de l'énergie, — trouvera que toutes ces théories conduisirent à des discussions qui, du point de vue du physicien ou du mathématicien, apparaissent comme superflues ou même folles.

La transition de la science à l'idéologie politique se fait par la philosophie. Les généralisations de la science s'expriment en langage philosophique, où les termes tels que « idéalisme », « matérialisme », « force », « énergie », et autres, jouent un rôle. Les mêmes mots apparaissent aussi dans les doctrines philosophiques qui disent aux hommes comment ils doivent agir dans la vie privée, aussi bien que dans la vie politique. De la sorte, les généralisations de la science se trouvent graduellement transformées en principes de philosophie morale et politique.

Sur ce point, un homme familier de la science, de la philosophie et de la politique, et qui de surcroît fut en relations avec Einstein de bien des façons, le vicomte Samuel, s'est exprimé comme il suit :

« C'est la philosophie, sous diverses formes, qui meut les nations. Chaque pays retentit du pas des armées, derrière les armées sont les dictateurs et les parlements, derrière eux, les croyances politiques — communisme, national-socialisme, fascisme, démocratie — et derrière les croyances, il y a les philosophes : Marx, Engels, Hegel, Nietzsche, Sorel, Mill, et les autres. »

Les systèmes philosophiques se plaisent à faire usage des dernières théories scientifiques, afin d'avoir des fondements « exacts ». Mais l'aide qu'en tire la philosophie ne mène pas à des résultats sans ambiguïté. Une même théorie scientifique peut être mise au service de croyances politiques diverses. Bertrand Russell a fort bien signalé cette ambiguïté :

« Chaque philosophe a eu tendance, ce qui n'est pas rare à l'occasion d'une théorie scientifique nouvelle, à interpréter l'œuvre d'Einstein en accord avec son propre système métaphysique et à suggérer qu'il en résulte un grand renforcement des idées que le philosophe en question a jusqu'alors soutenues. »

L'ambiguïté provient du fait que ce n'est pas le contenu physique d'une théorie qui est responsable de ses interprétations philosophiques. Fréquemment, c'est bien plutôt le langage dans lequel la théorie est formulée, ses images et ses analogies qui font l'objet de l'interprétation.

L'interprétation de la Relativité d'Einstein est ordinairement liée à deux caractéristiques du langage dans lequel lui-même et ses émules ont drapé la théorie. La première, c'est l'abandon des analogies mécaniques. On n'y trouve aucune mention de quelque mécanisme au sens où le mot est d'usage courant; par exemple, il n'y a pas de mécanisme pour la contraction d'un corps en mouvement rapide. A la place, c'est un mode d'expression *logico-empirique* qui est employé; c'est-à-dire, un système de formules mathématiques est donné, et les opérations sont décrites par lesquelles les grandeurs figurant dans ces formules peuvent être empiriquement mesurées. La seconde caractéristique est l'usage de l'expression « relatif à un certain corps ». L'emploi de ce mode d'expression donne lieu à comparaison avec le langage du soi-disant « relativisme »; par exemple, le *relativisme éthique*, qui avance que toute action humaine ne peut être appelée bonne ou mauvaise que « relativement à un certain groupe ethnique et à une certaine période historique », et ainsi de suite.

En abandonnant l'analogie mécanique, la théorie d'Einstein s'accordait jusqu'à un certain point avec tous les courants de pensée qui s'opposent à la conception mécaniste du monde et à la philosophie matérialiste qui s'y rattache. Le second trait caractéristique de son mode d'expression le rapprochait étroitement de ceux qu'on appelait les sceptiques en éthique, et qu'on rattachait souvent à une philosophie matérialiste.

Ainsi, les théories d'Einstein pouvaient être également bien utilisées à la propagande du matérialisme ou à la propagande contraire. Et comme les mots tels que « matérialisme », « idéalisme », « relativisme », et ainsi de suite, servent fréquemment d'enseignes aux idéologies politiques, on comprend que les théories d'Einstein aient été très souvent utilisées comme des armes dans la lutte des partis politiques.

2. Interprétation pro-fasciste.

Les groupements fascistes ont toujours prétendu que la philosophie communiste est matérialiste, tandis que la leur est anti-matérialiste, ou idéaliste. Par suite, les théories d'Einstein pouvaient servir d'armes au fascisme, si on les interprétait comme des arguments contre le matérialisme et pour l'idéalisme.

Dès 1927, — c'est-à-dire avant la prise du pouvoir par les nazis, — Joseph Gœbbels avait montré comment le langage de la philosophie idéaliste allemande pouvait être mis au service de son parti. Avant tout, il proposait une interprétation de l'expression kantienne « chose en soi » *(Ding an sich)*, le concept caractéristique de l'idéalisme allemand. Gœbbels disait : « Le peuple est le constituant de l'humanité. L'humanité n'est pas une chose en soi, l'individu n'est pas non plus une chose en soi. Le peuple est la chose en soi... »

« Le matérialiste, poursuivait Gœbbels, regarde le peuple comme un simple instrument et ne veut pas concéder qu'il est une réalité objective, indépendante. Pour lui, le peuple est quelque chose d'intermédiaire entre l'homme et l'humanité, et le genre humain est pour lui la chose suprême... Aussi, le matérialiste est nécessairement démocrate. L'idéaliste ne voit dans le mot humanité qu'un concept. L'humanité, ce n'est que quelque chose d'imaginé, ce n'est pas un fait... »

En accentuant son aspect anti-mécaniste, il devenait pratiquement possible d'employer la Relativité comme arme dans le combat contre la démocratie « matérialiste ». Les physiciens allemands qui considéraient désirable d'enseigner les théories d'Einstein, même dans l'Allemagne nazie, firent un usage occasionnel de cette possibilité. Pascual Jordan, par exemple, dans son livre *La Physique du XXe siècle*, recommandait la théorie de la Relativité d'Einstein aux nationaux-socialistes, comme arme dans leur lutte contre la philosophie matérialiste. Jordan disait que la suppression de cette philosophie est « un aspect intégral du nouveau monde ouvert par le XXe siècle, qui a déjà commencé en Italie et en Allemagne, particulièrement ». Le « nouveau monde », c'est celui du fascisme et du national-socialisme.

Comme beaucoup d'adversaires d'Einstein voulaient utiliser le pouvoir politique des nazis à combattre Einstein, ils furent très contrecarrés par des efforts tels que ceux de Jordan. C'est ainsi qu'entre autres Hugo Dingler, qui s'était déjà agité contre Einstein sans grand succès bien avant le national-socialisme, remarquait avec indignation à propos du livre de Jordan : « Suspendre cette destructrice philosophie einsteinienne aux basques des mouvements nationaux en Allemagne et en Italie, c'est vraiment un peu trop fort! »

Par l'adjectif « destructrice », Dingler touchait directement à l'autre trait de langage de la Relativité, l'emploi de l'expression « relatif ». Il reliait les théories d'Einstein à la philosophie anglaise des lumières, — celle de David Hume, — qui, selon la conception vulgaire, est une simple variante du matérialisme, et à laquelle le parti nazi se sentait contraint de s'opposer.

Si la théorie de la Relativité avait été représentée par quelqu'un d'autre qu'Einstein, il est tout à fait possible qu'elle eût pu n'être point unanimement condamnée par les nationaux-socialistes. La Relativité eût fort bien pu demeurer un objet permanent de controverse, en de tels milieux, tout comme bien d'autres philosophies. Les antécédents judaïques d'Einstein, toutefois, et son attitude politique de pacifiste rendirent la condamnation de sa théorie inévitable.

3. Les théories d'Einstein attaquées comme expressions de l'esprit juif.

En général, les écrivains nazis considéraient deux groupes de caractéristiques comme typiques de la pensée juive. En premier lieu, disait-on, le Juif préfère la pure spéculation à l'observation expérimentale de la nature. On avançait en second lieu que le Juif ne reconnaît pas les concepts purement intellectuels, et croit seulement aux vérités qu'on peut découvrir par l'expérience sensorielle des choses matérielles. Evidemment il n'est pas difficile de trouver un de ces traits chez n'importe quel physicien.

Parmi ceux qui attaquaient Einstein en prétextant que ses théories étaient purement spéculatives, le plus ardent était Philippe Lenard, dont nous avons mainte fois parlé déjà. Dans son ouvrage *Physiciens allemands*, il disait :

« On peut parfaitement et fort justement caractériser la physique juive en rappelant l'activité de celui qui est probablement son plus éminent représentant, le Juif pur sang Albert Einstein. Sa théorie de la Relativité devait transformer et dominer toute la physique; mais, face à la réalité, elle n'a plus eu de jambes pour tenir debout. Et on ne l'a plus prétendue vraie. En contraste avec le souci de la vérité aussi intransigeant qu'attentif du savant aryen, le Juif manque à un effarant degré de toute espèce d'intelligence de la vérité, à savoir de quelque chose de plus qu'un apparent accord avec une réalité qui existe indépendamment de la pensée humaine. »

Dans une conférence donnée à Munich en 1937, devant l'Association des maîtres et étudiants de province *(Gaudozentenbund und Gaustudentenbund)*, l'origine et le développement de cette façon « juive » de considérer la nature étaient rattachés aux conditions politiques consécutives à la première guerre mondiale. On y disait :

« Tout le développement des sciences de la nature est l'effort commun des savants aryens, entre lesquels les Allemands dominent par le nombre. La période d'Henri Hertz coïncide avec le développement graduel d'une science juive de la nature, qui prit avantage des obscurités dans la physique de l'éther pour se détacher du cours de la physique aryenne. En faisant occuper systématiquement par les Juifs les places universitaires et en assumant une grandissante attitude dictatoriale, cette science juive de la nature tenta de priver la physique aryenne de ses bases, de dogmatiser et d'opprimer toute pensée concernant la nature. Au bout du compte, elle a remplacé les fondations antérieures par une décevante structure imaginaire connue sous le nom de théorie de la Relativité, sur quoi l'on inscrivit en même temps le tabou typiquement juif, c'est-à-dire : à ne pas toucher! Cet essor coïncida temporellement et logiquement avec la victoire de la juiverie dans les autres domaines, pendant la période d'après-guerre. »

En 1938, la *Zeitschrift für die gesamte Naturwissenschaft (Journal de science générale)* fut fondée dans le dessein particulier de propager les conceptions nazies en science. Dans un article, « Dépendances raciales des mathématiques et de la physique », on lit ce qui suit :

« L'influence des Juifs sur le cours des sciences de la nature est due avant tout à leur attitude spéciale touchant les relations fondamentales qui existent entre expérience et théorie, attitude en faveur de cette dernière. Des théories furent construites sans égards pour les formes de la pensée et de la perception, comme sans aucune rigueur méthodologique dans le raisonnement... La théorie de la Relativité d'Einstein nous offre le plus clair exemple d'un type dogmatique juif de théorie. Elle est dominée par un dogme, le principe de l'invariance de la vitesse de la lumière. Dans le vide, la vitesse de la lumière est supposée avoir une grandeur constante, indépendamment de l'état de mouvement de la source lumineuse et de l'observateur. On a faussement avancé que ceci soit un fait d'expérience. »

Au vrai, le principe einsteinien de l'invariance de la vitesse de la lumière n'est ni plus ni moins un fait d'expérience ou un dogme que toute autre hypothèse fondamentale d'une théorie physique. Des exposés erronés ou défectueux de la théorie d'Einstein seuls ont pu faire croire à beaucoup de personnes que la relation entre théorie et expérience peut y être différente de ce qu'elle était dans les précédentes théories.

Cette soi-disant préférence des Juifs pour les discussions théoriques fut opposée aux efforts des Allemands aryens pour l'action pratique. Le même contraste se voyait en politique : l'éternelle pondération ou indécision des démocraties, et l'énergique action de l'Allemagne nationale-socialiste.

Mais les porte-paroles ordinaires de la philosophie nazie stigmatisaient les théories d'Einstein comme matérialistes, donc rattachées au marxisme. En 1936, il était dit dans une conférence au camp du groupe des scientifiques professionnels de l'Association des Etudiants nationaux-socialistes :

« Les théories d'Einstein ne pouvaient qu'être saluées avec joie par une génération déjà née et formée dans des modes matérialistes de pensée. Aussi n'auraient-elles jamais pu fleurir de la sorte ailleurs que sur le sol du marxisme, dont elles sont l'expression scientifique, tout comme le cubisme pour les arts plastiques, et la stérilité mélodique ou rythmique de la musique, dans les années récentes. »

L'orateur résumait ses vues dans cette déclaration : « La formulation de la Relativité généralisée en tant que principe de la nature ne peut être autre chose que la manifestation d'une attitude mentale et spirituelle entièrement matérialiste. »

On peut certainement faire des comparaisons entre les expressions d'une même période dans des domaines différents. Mais que les théories d'Einstein se soient développées sur la base du marxisme, c'est ce que les marxistes, eux, ne trouvèrent certainement pas évident, nous le verrons bientôt.

Le même orateur commentait plus tard (1937) ses remarques, en disant :

« Sous l'influence de la philosophie des lumières, le XIXe siècle fut une période qui s'attacha excessivement à la surface des choses, et apprécia au delà de toute mesure les choses matérielles. Aussi la majorité des savants fut-elle incapable de saisir et de développer le concept de l'éther, qui, par sa vraie nature, obéit à d'autres lois que celles de la matière. Seul un petit nombre, parmi lesquels Philippe Lenard, eut le souffle d'âme et d'esprit nécessaire à une telle démarche. Les autres tombèrent sous la main du Juif, qui instinctivement saisit et exploita la situation. »

Pour apprécier ces arguments, on doit se rappeler que l'éther avait été introduit en physique simplement pour expliquer les phénomènes par analogie avec la mécanique. Einstein fut le premier à reconnaître l'impossibilité d'une explication mécanique des phénomènes optiques, et par conséquent il se débarrassa de l'éther. C'était l'acte logique d'un homme qui reconnaît que la conception mécaniste de la nature est insoutenable. Les savants partisans du national-socialisme ne voulaient point franchir ce pas. Ils ne voulaient pas abandonner la conception mécaniste de la physique, parce qu'elle cadrait assez avec leur philosophie d'une recherche non falsifiée de la nature. Mais comme ils étaient en même temps opposés au matérialisme, leur position devenait plutôt difficile. Ils introduisaient un éther qui n'était pas matériel, et qui ne possédait alors aucune des propriétés pour lesquelles on l'avait introduit.

En dernier lieu, Lenard proposa donc une solution de compromis. Depuis la prise du pouvoir par les nazis, il attaquait Einstein sous un nouvel angle. Précédemment, il s'opposait à Einstein parce que celui-ci avait renoncé aux explications mécaniques en physique; à présent, il accusait Einstein d'être matérialiste et de ne pas réussir à admettre un éther immatériel. Pourtant, Einstein n'introduisait aucune espèce de bases mécaniques pour les phénomènes optiques, et se trouvait beaucoup plus éloigné encore que Lenard du matérialisme dans ce sens mécaniste.

Une autre raison de l'hostilité à Einstein provenait de la circonstance que le mot « force » est un terme particulièrement en faveur chez les nazis. Ils considéraient comme un grand malheur que ce mot pût disparaître de la physique. La bataille pour ce mot révèle très clairement la manière dont physique et politique sont liées.

L'Autrichien Ernest Mach et l'Allemand Gustave Kirchhoff furent les premiers d'entre les physiciens à construire un système de mécanique où le mot « force » ne figurât pas dans les lois du mouvement. Ce terme n'était introduit que comme concept auxiliaire, pour abréger le mode d'expression. Comme les nationaux-socialistes traitaient de « Juif » tout ce qu'ils n'aimaient pas, ils regardèrent l'élimination du mot « force » comme l'œuvre des Juifs, bien que ,— nous l'avons vu, — elle eût indubitablement été d'abord accomplie par des physiciens allemands. Dans sa *Mécanique*, Henri Hertz, le découvreur des ondes électriques, suivit Mach et Kirchhoff en cherchant un nouveau moyen d'éliminer le mot « force » des lois fondamentales du mouvement. Les auteurs nazis imputèrent cette tentative au sang juif de Hertz. L'un d'entre eux écrivit : « Si nous nous rappelons que le physicien juif Einstein voulait aussi écarter le concept de force de la physique, nous devons poser la question de savoir si une parenté intime, racialement déterminée, n'apparaît pas ici ». Dans la théorie einsteinienne de la gravitation le concept de force n'apparaît pas comme un concept essentiel. Les corps se meuvent sur des trajectoires qui sont représentées par les plus « courtes » possibles des courbes.

Cette élimination de la force en tant que concept fondamental est tenue pour caractéristique du type juif de pensée. Dans un article de la *Zeitschrift für die gesamte Naturwissenschaft*, nous lisons :

« Le concept de force, qui fut introduit par les savants aryens pour l'interprétation causale des variations de vitesse, sort évidemment de l'expérience personnelle du labeur de l'homme, de la production manuelle, qui a été et demeure le contenu essentiel de la vie de l'Aryen. Le tableau du monde qui se dresse alors possède en tous ses détails la qualité de clarté visuelle, d'où s'élève l'heureuse impression qu'il produit sur des esprits apparentés. Tout ceci a changé radicalement quand le Juif prit les rênes dans les sciences de la nature et toujours davantage... Le Juif ne serait pas lui-même si le trait caractéristique de son attitude, en science comme partout ailleurs, n'était pas la désintégration et la destruction de l'édifice aryen. »

L'auteur raccorde « la physique juive » à un objectif favori des nazis, le *Talmud :*

« Le mode de pensée qui trouve son expression dans la théorie d'Einstein est connu, quand il s'applique à d'autres objets ordinaires, sous le nom de « manière talmudique de penser ». Le but du Talmud est d'observer les préceptes de la Tora, la loi biblique, tout en les tournant. On y parvient au moyen de définitions convenables des concepts figurant dans la loi et par une façon purement formaliste de les interpréter comme de les appliquer. Voyez le Juif selon le Talmud, qui place son panier à provisions sous son siège dans le wagon, transformant ainsi pour la forme le wagon en domicile personnel et observant formellement de cette manière la loi qui interdit de voyager à plus d'un mille de son domicile, le jour du Sabbat. C'est cette observance purement formelle qui importe pour les Juifs.

« La même façon de penser formaliste et talmudique se manifeste pareillement dans la physique judaïque. Pour la théorie de la Relativité, le principe d'invariance de la vitesse de la lumière et le principe d'une relativité générale des phénomènes naturels représentent la « Tora », qui doit être observée en toutes circonstances. Un appareil mathématique considérable est nécessaire à cette observance; et, comme tout à l'heure les concepts de domicile et de voyage étaient dévitalisés et donnaient lieu à une définition plus expédiente, de même dans la théorie juive de la Relativité, les concepts d'espace et de temps se voient privés de tout contenu spirituel et définis d'une manière expédiente, purement intellectuelle. »

Le fait de caractériser les définitions einsteiniennes de « longueur », « durée temporelle », etc., comme étant « dévitalisées », en opposition aux définitions de la physique traditionnelle, n'a pas d'autre justification que la suivante. A chaque stade du développement des sciences, on introduit des concepts au moyen de définitions correspondant à ce stade particulier; autrement dit, des définitions aussi pratiques que possible pour l'exposition des connaissances utilisables. Lorsqu'un tel stade a duré un certain temps, les mots de l'usage scientifique sont devenus graduellement les mots de la vie quotidienne; ils acquièrent une résonnance affective et se remplissent de vie. Toute introduction de définitions nouvelles nous apparaît alors engendrer des concepts « dévitalisés ».

Un jour, je rencontrai dans le train un diplomate japonais qui revenait alors du festival Wagner à Bayreuth. Je lui demandai s'il aimait la musique wagnérienne. Il répondit : « Elle est d'un grand raffinement et d'une haute ingéniosité techniques. Mais, comparée à la musique japonaise, elle manque d'âme. » Pour qui a grandi avec les sons de la musique japonaise dans ses oreilles, la musique de Wagner résonne d'une façon « dévitalisée » et « intellectualiste », exactement comme les définitions de la théorie d'Einstein le font pour qui fut accoutumé toute sa vie à la mécanique de Newton.

4. Attitude de la philosophie des Soviets envers Einstein.

Le gouvernement des Soviets publie une *Grande Encyclopédie soviétique* qui présente la somme des connaissances de notre temps, du point de vue doctrinal des Soviets. L'article « Einstein » commence par ces mots : « Einstein est le plus grand physicien de notre temps. » Parmi les philosophes soviétiques, il est regardé comme un grand physicien que les circonstances économiques dans lesquelles il a vécu ont empêché de tirer de sa théorie des conclusions philosophiques correctes. Touchant les idées philosophiques d'Einstein, on lit dans l'*Encyclopédie* : « La position philosophique d'Einstein n'est pas cohérente. Des éléments matérialistes et dialectiques interfèrent avec des assertions dans le genre de Mach, qui prédominent dans presque toutes les remarques d'Einstein. »

Pour comprendre ces commentaires, on doit se rappeler que le *matérialisme dialectique* a été la philosophie officielle de la Russie Soviétique, et que l'enseignement d'Ernest Mach a été le principal objectif de ses attaques. Si l'on consulte l'article « Ether » dans la même *Encyclopédie*, on y trouve :

« En physique, on rencontre souvent un contraste totalement erroné entre éther et matière. Les physiciens ne regardant que la gravité et l'inertie comme critères de la matérialité furent enclins à nier la matérialité de l'éther. Nous avons ici la même confusion des concepts physiques et philosophiques de la matière qu'analysa Lénine dans ses considérations sur la crise des sciences de la nature au commencement du xxe siècle... L'éther est une forme de la matière et possède la même réalité objective que les autres formes... L'antithèse entre éther et matière est dépourvue de sens et mène aux arguments agnostiques ou idéalistes... La théorie de la Relativité a recouru à une description mathématique, elle dédaigne de répondre à la question concernant la nature objective des phénomènes physiques; c'est-à-dire, que dans le problème de l'éther, elle adopte la position de Mach. »

Si l'on étudie les événements de Russie depuis que Lénine s'empara du pouvoir, on peut constater qu'aucune tentative ne fut jamais faite pour étendre les influences politiques aux théories physiques proprement dites, et si des tentatives individuelles ont eu lieu, elles n'ont pas reçu l'approbation des autorités. D'autre part, l'interprétation philosophique des théories a été une affaire politique; l'intervention du parti et de ses organes, — par exemple l'Académie communiste des Sciences, à Moscou, — a été regardée comme allant de soi. Bien entendu, la frontière entre théorie physique et interprétation philosophique ne saurait toujours être tracée si distinctement, et en de multiples occasions, des dépassements de frontières ont eu lieu. Lénine avait déjà dit un jour : « Il ne faut pas croire un seul professeur, — parmi ceux qui peuvent apporter les plus valables contributions aux domaines particuliers de la chimie, de l'histoire ou de la physique, — et même s'il s'agit d'un seul mot, quand il se rapporte à la philosophie. »

La conception officielle des relations réciproques entre physique, philosophie et politique se trouve très clairement dégagée dans un message adressé par A. F. Joffe, l'un des maîtres physiciens de l'Union soviétique, à une séance commémorative de l'Institut philosophique du Parti communiste, en 1934. Cette séance fut tenue pour commémorer la publication, vingt-cinq ans auparavant, du principal ouvrage philosophique de Lénine, *Matérialisme et Empirio-criticisme*, qui renferme les vues de Lénine sur les mauvaises interprétations de la physique moderne et ses attaques contre les idées de Mach. Dans son message, Joffe déclarait :

« Lorsque des physiciens tels que Bohr, Schrödinger, ou Heisenberg, expriment leurs opinions dans des ouvrages de vulgarisation, concernant les généralisations philosophiques de leur œuvre en physique, leur philosophie est parfois le produit des conditions sociales dans lesquelles ils vivent et des tâches sociales qu'ils ont entreprises, plus ou moins consciemment. Ainsi, la théorie physique de Heisenberg est une théorie matérialiste; c'est dire qu'elle est l'approximation la plus étroite de la réalité, actuellement possible. Lénine aussi critiqua, non pas les recherches scientifiques de Mach, mais seulement sa philosophie. »

Déjà, les philosophes de l'Eglise romaine faisaient une nette distinction entre les théories astronomiques de Copernic et l'interprétation philosophique de ces théories par Galilée.

En 1938, A. Maximov, l'un des plus connus parmi les

ecrivains soviétiques de philosophie de la physique, disait dans un article sur la signification du livre de Lénine ci-dessus mentionné :

« Aucune théorie physique n'a produit un courant de fantaisies idéalistes comparable à ce que fit la théorie de la Relativité d'Einstein. Mystiques, cléricaux, idéalistes de toutes nuances, — parmi lesquels d'ailleurs nombre de savants sérieux, — happèrent les conséquences philosophiques de la théorie de la Relativité. Les idéalistes tournèrent tous leurs efforts à la réfutation du matérialisme. D'une façon ou d'une autre, cela prouva la relativité philosophique de l'espace et du temps. Vint alors la Relativité généralisée, amenant sa théorie de la courbure et du caractère fini de l'espace. »

Par l'expression « réfutation du matérialisme » on entend ici la preuve qu'il faut abandonner la mécanique newtonienne et la théorie de l'éther lumineux. Maximov se référait explicitement alors aux causes politiques des tendances idéalistes manifestées par les savants. Il disait :

« Dans notre temps, la bourgeoisie a abandonné en de nombreux pays les formes voilées de la dictature capitaliste pour la dictature ouverte de la hache et du gourdin. En conséquence des persécutions de la *Weltanschauung* scientifique en pays capitaliste, qui se rattache à cette évolution, beaucoup de savants ont rejoint le camp de la réaction. Ce changement d'obédience se manifeste chez les savants par des déclarations idéalistes et métaphysiques. Durant les dix ou quinze dernières années une tendance rétrograde se fit jour dans tous les domaines des sciences de la nature, en pays capitalistes. L'opposition au darwinisme et aux théories physiques de Kant et Laplace, aussi bien que les attaques à la loi de la conservation ou de la transformation de l'énergie, sont devenues à la mode. »

Il est certainement vrai que les « interprétations » idéalistes de la Relativité ont fréquemment servi à revigorer la philosophie fasciste.

Bientôt après que la Relativité généralisée fut parvenue à une réputation universelle, en 1928, le même Maximov la décrivit comme une plante qui a poussé sur le sol en pente mystique de l'après-guerre. Ayant décrit ces années d'après-guerre en Allemagne, il déclarait :

« Cette atmosphère idéaliste environnait la théorie de la Relativité et l'environne encore aujourd'hui. Il est donc tout naturel que l'annonce de la Relativité généralisée d'Einstein ait été reçue avec délices par la bourgeoisie intellectuelle. L'inaptitude des universitaires à s'arracher à cette influence, dans la société bourgeoise, conduisit à ce résultat que le principe de Relativité servit exclusivement les sentiments religieux et métaphysiques.

« Quelles devaient être nos relations avec la théorie de la Relativité? Nous devions accepter toute la matière empirique aussi bien que toutes les conclusions ou généralisations qui s'ensuivaient logiquement... Mais, au lieu de la présentation idéaliste de la Relativité, chère à la bourgeoisie, nous devions développer une présentation dialectique de la théorie. Nous avons besoin de jeunes savants compétents, entièrement imprégnés de l'idéologie prolétarienne. »

Pour entendre correctement l'attitude des Soviets envers la Relativité, il nous faut distinguer deux périodes. Durant les premières années du régime soviétique, l'opinion prévalut chez les philosophes officiels que la Relativité était contraire au matérialisme, parce qu'elle ne regarde pas les phénomènes optiques comme des phénomènes de mouvement affectant un corps matériel. Cette idée fut soutenue par le physicien moscovite A. K. Timiryasev, qui jugeait tous les physiciens sur le critère de leur accord ou désaccord avec la science mécaniste de Newton.

On doit se souvenir que Lenard, leader de la physique nazie en Allemagne, avait également rejeté la théorie d'Einstein parce qu'elle ne pouvait offrir un modèle mécanique des faits optiques. Bientôt après sa publication en 1922, l'ouvrage de Lenard fut traduit en russe et publié avec une introduction de Timiryasev. La même année, Maximov donnait un compte rendu de l'ouvrage d' Lenard au journal philosophique le plus notoire de l'U. R. S. S., *Sous la bannière du marxisme*, où il s'exprimait ainsi :

« Tandis qu'Einstein, idéaliste, attribue une valeur absolue aux créations de l'esprit, et place l'univers des événements sur un pied d'égalité avec l'univers des expériences, Lenard prend une position diamétralement opposée. Du point de vue du sens commun, plus enclin à s'attacher aux expériences du monde matériel qu'à éprouver un besoin de philosophie, Lenard préfère maintenir le tableau mécaniste du monde. Partant d'une base en général purement matérialiste, Lenard reconnaît clairement la contradiction où mène la théorie de la Relativité. »

D'autre part, on a vu combien les porte-parole de la philosophie nazie affirmaient souvent que la théorie d'Einstein avait pu fleurir sur le sol du matérialisme seul et qu'elle était apparue avec le marxisme. Nous savons à présent comment les interprètes autorisés du marxisme ne furent apparemment point de cet avis. Nous voyons aussi que la description d'une théorie physique comme « matérialiste » ou « idéaliste » dépend uniquement de son interprétation philosophique.

Les attaques des premiers philosophes soviétiques contre Mach et Einstein coïncidaient à beaucoup de points de vue avec celles des auteurs nationaux-socialistes. Il nous faut seulement considérer les critiques selon lesquelles les théories einsteiniennes ne sont qu'une description de la nature mais non pas une explication, rejettent tout ce qui ne peut pas être objet d'expérience sensorielle, conduisent à un scepticisme général et à la destruction de toute connaissance objective de la nature, etc.

Plus tard, la confusion du matérialisme avec « la physique mécaniste » fut dénoncée par l'Institut soviétique de Philosophie, comme une doctrine « réactionnaire », incompatible avec la science moderne. Par « matérialisme » il ne fallait pas entendre que tous les phénomènes pussent être réduits à des mouvements obéissant à la loi de Newton. Ce « matérialisme mécaniste », en fait, avait déjà été dénoncé par Marx et Engels. Mais il se plut à revenir quand plusieurs physiciens en usèrent comme d'une arme contre Einstein, ainsi que les physiciens nazis, du genre de Lenard, le firent en Allemagne. En accentuant le *matérialisme dialectique* dans le sens de Marx, Engels et Lénine, « matérialisme » signifie que la science porte sur des faits objectifs indépendants de la conscience humaine; mais ces faits n'ont pas besoin d'être restreints aux seuls mouvements des particules matérielles.

Dans la seconde période de la philosophie soviétique, après l'abandon du matérialisme « mécaniste », un des plus notoires physiciens russes, Vavilov, démontra le parfait accord de la théorie de la Relativité et du matérialisme, si l'on prend ce mot dans le sens de Marx, Engels et Lénine. Dans un article paru en 1939, Vavilov disait clairement :

« L'espace objectif réel dépourvu de propriétés matérielles, le mouvement séparé de la matière, sont des fantômes métaphysiques qui tôt ou tard doivent être chassés d'un tableau du monde physique... Le service historique rendu par Einstein fut la critique des vieilles conceptions métaphysiques d'espace et de temps... Dans la théorie d'Einstein, l'espace-temps est une propriété inséparable de la matière elle-même. C'est là l'idée fondamentale de la théorie einsteinienne de la relativité généralisée. La conception idéaliste de l'espace-temps comme catégorie de pensée est balayée au loin... Nous sommes en présence de la première esquisse, encore loin de la perfection, d'une intelligence matérialiste-dialectique de l'espace et du temps. Une fois de plus, le matérialisme dialectique a triomphé. »

Plus récemment, le danger d'une « philosophie pure » séparée de la science a de plus en plus été reconnu dans l'Union Soviétique. Une coopération étroite entre savants et philosophes a été de plus en plus exigée comme base unique de la pensée progressive. Les discussions entre physiciens et philosophes dissipèrent les plus nuisibles malentendus, et en 1942, après « vingt-cinq ans de philosophie en U. R. S. S., » le chef de file de la philosophie soviétique, l'académicien M. Mitine, donnait une adresse à l'Académie russe des Sciences, pour le vingt-cinquième anniversaire des Soviets, où il célébrait comme une œuvre importante de cette période philosophique, le fait que les attaques contre la théorie d'Einstein eussent cessé et que sa compatibilité avec une saine vue du matérialisme eût été établie.

« A la suite, disait Mitine, du formidable ouvrage que nos philosophes et physiciens ont accompli; à la suite de nombreuses discussions passionnées... on peut maintenant dire que nos conclusions philosophiques touchant cette théorie ont été fermement établies. La théorie de la relativité ne nie point que temps et espace, matière et mouvement, sont absolus, dans le sens de leur existence objective, extérieure à la conscience humaine... La théorie de la relativité établit seulement la relativité des résultats de mesures du temps et de l'espace par des observateurs en mouvement relatif l'un par rapport à l'autre. »

Et Mitine se mettait alors à caractériser la théorie presque dans les mêmes termes qu'Einstein en personne, lorsqu'il en résuma l'essence, dans une phrase aux journalistes venus l'interviewer à sa première arrivée à New-York.

Mitine déclare :

« Le temps et l'espace sont indivisibles des corps en mouvement et doivent être regardés comme relatifs à ce mouvement. A cet égard, temps et espace sont relatifs... Au lieu de la vieille conception métaphysique de temps pur et d'espace pur ayant seulement des qualités géométriques, nous obtenons une nouvelle théorie de l'espace et du temps inséparables, reliés aux corps comme au mouvement. »

5. Les théories d'Einstein comme arguments religieux.

Nous avons vu comment les théories d'Einstein furent rattachées à des expressions telles que « matérialisme » ou « idéalisme » d'une manière parfaitement ambiguë, et utilisées de la sorte à étayer les credos politiques. Il n'est donc point surprenant qu'elles aient semblablement servi dans les luttes d'idées religieuses.

On se rappelle combien l'archevêque de Cantorbery avait apporté de souci à étudier la Relativité, et comment il s'était senti rassuré par l'affirmation d'Einstein que cette théorie n'avait rien à voir avec la religion (ci-dessus, chap. VIII, 6). Néanmoins, un homme comme sir Arthur Eddington, — qui n'était pas seulement un astronome remarquable et connaissant parfaitement la théorie de la Relativité, mais qui avait acquis une grande réputation de surcroît en philosophie des sciences, — ne fut aucunement d'accord avec cette remarque d'Einstein. Dans son livre *La Philosophie de la Science physique*, paru en 1939, il déclare que la réponse d'Einstein à l'Archevêque n'était pas vraiment décisive.

Par suite, je veux mentionner plusieurs tentatives faites pour établir un lien entre les théories d'Einstein et la religion. Une fois de plus, le passage se fit par le biais de la philosophie et, ici encore, le point de départ était dans la question : la théorie d'Einstein est-elle idéaliste ou matérialiste?

Il y a plusieurs années, le cardinal O'Connell, archevêque de Boston, disait dans un message aux étudiants catholiques :

« Me rappelant la terrible agitation autour de la théorie de Darwin sur l'évolution, durant mon enfance, et la fureur causée il y a moins de dix ans par la théorie de la Relativité d'Einstein, je vous dis que ces théories sont passées de mode parce qu'elles étaient purement matérialistes, et donc incapables de soutenir l'épreuve du temps. »

Néanmoins, des philosophes catholiques mêmes n'admirent point que la théorie d'Einstein fût réellement matérialiste. Le philosophe irlandais A. O'Rahilly, — lui aussi parfaitement au courant de la physique théorique, —

n'approuve point la théorie de la Relativité, mais parce qu'elle est fondée sur « l'idéalisme subjectif ».

La philosophie thomiste, — généralement tenue aujourd'hui pour le fondement scientifique de la théologie catholique, — rejette à la fois l'idéalisme et le matérialisme. En conséquence, le catholique dont la position de base est prise dans la scolastique trouvera que l'interprétation philosophique de la Relativité peut dans les deux cas servir d'arme contre lui. Si, pourtant, les fondations scolastiques de la religion ne sont pas prises en considération et que l'on consulte simplement son propre sentiment, une personne religieuse regardera alors comme étayant sa foi toute théorie pouvant être interprétée comme un argument pour l'idéalisme. A l'occasion de la visite d'Einstein à Londres, le journal conservateur le *Times* déclarait triomphalement dans un éditorial : « La science expérimentale, en fait, ramène au plus pur idéalisme subjectif. »

Ce que le journaliste déclarait avec une brève concision, pour le grand public, était bientôt démontré doctoralement par le philosophe anglais Wildon Carr, dans un ouvrage destiné aux philosophes et aux théologiens. Il y disait :

« L'adoption du principe de relativité signifie que le facteur subjectif, — inséparable de la connaissance dans la véritable conception de celle-ci, — doit entrer positivement à l'intérieur de la science physique... Jusqu'ici le problème scientifique a été de trouver une place pour l'esprit dans le système objectif de la nature, et le problème philosophique de valider l'objectivité obstinée de la nature... Or, quand la réalité est prise dans le concret, comme le principe général de relativité nous contraint de le faire, on ne sépare pas l'observateur de ce qu'il observe, l'esprit de son objet, et donc on ne dispute plus de la primauté de l'un sur l'autre. »

Selon ceci, l'action de la théorie de la Relativité sur la religion est simplement de pourvoir à placer l'esprit dans la nature, laquelle, pendant la période de la physique mécaniste, avait été regardée comme entièrement « matérielle et sans esprit ».

Si le lecteur veut bien se rappeler les théories physiques d'Einstein, il verra aisément que cette interprétation se relie plus étroitement au langage qu'au contenu des théories einsteiniennes. C'est plus évident encore avec les auteurs qui usent de la représentation quadri-dimensionnelle de la Relativité, comme d'un argument en faveur de la religion traditionnelle. Pour exemple typique, je citerai volontiers un article écrit par le directeur du département de théologie d'un collège anglais à l'étranger, article paru dans le *Hibbert Journal*, en 1939. Il y disait :

« Si l'idée de temps comme quatrième dimension est valable, alors la différence entre cette vie mortelle et « l'autre vie » n'est pas une différence dans le temps ni dans la qualité de la vie. C'est seulement une différence dans notre conception de celle-ci, — notre aptitude à la voir tout entière. Quand nous sommes limités à notre compréhension tri-dimensionnelle, c'est la vie mortelle. Là où nous l'apercevons dans les quatre dimensions, c'est la vie éternelle. »

C'est évidemment une interprétation des mots utilisés par la théorie de la Relativité, et qui a difficilement quoi que ce soit à voir avec son contenu effectif. L'attitude propre d'Einstein envers la religion, d'ailleurs, n'a jamais été déterminée par ses théories physiques particulières, mais bien plutôt par ses jugements généraux sur le rôle de la science et par sa foi dans la vie humaine. Les nombreuses tentatives de transformer la Relativité en tremplin pour se lancer dans le royaume de la théologie n'ont jamais reçu l'encouragement d'Einstein.

XII

EINSTEIN AUX ÉTATS-UNIS

1. L'Institut d'Études supérieures[1].

Comme l'épuration raciale et politique continuait dans les Universités allemandes, il fut bientôt évident à travers le monde qu'un grand nombre d'hommes compétents et souvent célèbres cherchaient des situations hors de l'Allemagne. Il devenait donc possible aux institutions étrangères d'acquérir à bon compte de nombreux universitaires remarquables. Un des plus grands savants allemands, que j'allai voir à son laboratoire de Berlin, à l'été 1933, me montra une longue liste de disponibles et me dit, plaisantant à demi : « Ce que nous sommes en train de faire maintenant, en Allemagne, c'est d'organiser un marché pour la vente de bonnes marchandises à prix réduits. Les gens avisés saisiront certainement l'occasion de nous acheter quelque chose. »

En Allemagne, les universitaires renvoyés pouvaient réellement se comparer ainsi à la marchandise qu'on vend à prix réduit comme « irrégulière ». Un simple défaut léger, tel que l'ascendance de la femme d'un savant, rendait la vente nécessaire. Et de toutes les occasions qui surgirent alors sur le marché, Einstein fut naturellement la plus « sensationnelle ». C'était comme si un grand musée

1. *Institute for Advanced Study*. Nulle traduction ne rend exactement le sens car l'Institut est sans équivalent : sorte de monastère laïque où tout le monde vit ensemble, communauté de haut travail scientifique, enfin « hôtellerie » où tout intellectuel est le bienvenu. L'établissement est à une demi-heure de Princeton-ville. *(N. d. T.)*

se mettait subitement à vendre les plus belles peintures de Rembrandt, à très bas prix, parce que les nouveaux directeurs n'aimaient pas à avoir des tableaux d'un certain style.

Bien entendu, Einstein n'eut aucune peine à trouver une nouvelle position. Nombre d'universités lui offrirent des places. Les universités de Madrid et de Jérusalem, entre autres, l'invitèrent, et l'une des institutions les plus anciennes et les plus estimées de l'Europe, le vénérable Collège de France, à Paris, le nomma effectivement professeur, bien qu'en fait il n'occupât jamais le poste. Einstein désirait quitter l'Europe parce qu'il n'attendait aucun changement en mieux, dans l'avenir immédiat. Ses amis lui conseillaient même de ne point s'établir près de l'Allemagne, car, avec les idées fantastiques qu'on se faisait de son influence politique et l'activité exercée par le parti au pouvoir, le danger demeurait présent que quelque fanatique ordonnât de « liquider » Einstein.

Il n'eut pas de résolution difficile à prendre puisqu'on lui avait offert déjà, et qu'il avait accepté, une situation idéale aux Etats-Unis. L'offre avait eu lieu à l'été de 1932; ce fut alors pour lui l'imprévu signe du ciel de se préparer à quitter l'Europe.

En 1930, M. Louis Bamberger et Mrs. Felix Fould, sur le conseil d'Abraham Flexner, qui avait tant fait pour la réforme de l'instruction en Amérique, donnaient une somme de cinq millions de dollars pour fonder une institution entièrement nouvelle de recherche et d'enseignement. Ils avaient demandé au Dr Flexner comment, à son avis, ils pourraient employer au mieux leur fortune; Flexner avait répondu qu'il y avait déjà aux Etats-Unis beaucoup d'universités où les étudiants pouvaient travailler en vue du doctorat ès sciences, mais qu'il ressentait l'absence d'un autre type d'institution. Il avait reconnu l'importante nécessité, pour les jeunes gens offrant beaucoup d'espoir et qui avaient achevé leur travail de doctorat, de poursuivre leur formation et leurs recherches dans un commerce quotidien d'information avec les maîtres, dans leur champ d'études. Flexner voyait que ce contact familier entre universitaires remarquables et étudiants avait été la grande œuvre des universités allemandes, à leur âge d'or. Dans son opinion, les universités américaines n'étaient point encore parfaitement organisées pour cette tâche, avec des cours ne servant qu'à la préparation de certains grades universitaires et des professeurs beaucoup trop surchargés pour maintenir quelque contact avec les étudiants ayant achevé leurs études.

Le nouvel institut, que l'on nomma *Institut d'Etudes supérieures* (Institute for Advanced Study) et dont Flexner fut prié d'assumer la direction, devait être un établissement où un petit groupe de professeurs servait de noyau à un groupe plus large et temporaire de travailleurs ayant de la maturité, quoique généralement plus jeunes. Le choix du personnel et l'admission des étudiants devaient être fondés uniquement sur la valeur, sans considération de nature sociale ou politique, comme il en entre nécessairement dans toutes les nominations des institutions officielles. Les fondateurs de l'Institut l'exposèrent clairement dans une lettre adressée aux administrateurs :

« Nous avons l'espoir que le personnel de l'institution comprendra exclusivement des hommes et des femmes du premier rang dans leurs domaines respectifs de savoir; qu'ils suivront notre appel parce qu'ils verront ici l'occasion de poursuivre sérieusement des études supérieures, et parce que l'indépendance leur permettra d'y échapper aux agitations du dehors.

Il est essentiel à notre propos, et c'est notre exprès désir, que dans les nominations aux divers emplois, ou aux chaires, comme pour l'admission des travailleurs et étudiants, nul compte ne soit tenu — directement ou indirectement — de la race, de la religion ou du sexe. Nous sommes profondément persuadés que l'esprit caractéristique de l'Amérique sous sa forme la plus noble, qui est avant tout recherche d'un plus haut savoir, ne peut tolérer de conditions — notamment pour le personnel — autres que les conditions exigées par les buts pour lesquels l'Institut est fondé. Particulièrement, il ne saurait être accordé attention à des contingences quelconques de race, de croyance ou de sexe. »

On projeta aussi d'y libérer le plus possible les chercheurs de toute obligation administrative ou pédagogique, afin qu'ils pussent se consacrer à leur travail désintéressé. Dans leur lettre, les fondateurs disaient encore :

« C'est notre désir que ceux qui seront assemblés dans le corps enseignant de l'institution jouissent des circonstances les plus favorables à la poursuite de leurs recherches, dans leur domaine propre, et qu'à cette fin une entière liberté d'action leur soit offerte. »

Dans son discours à la séance d'organisation, Flexner insista particulièrement sur le fait que les membres de cet institut auraient de meilleures conditions de vie que dans la plupart des universités. Il dit :

« Les sacrifices requis d'un professeur américain et de sa famille forment un grand obstacle. Les conditions offertes sont rarement propices à un effort de pensée essentiel et d'une sévérité prolongée. Des salaires médiocres éloignent avec effroi les hommes capables et les plus originaux, contraignent l'universitaire à suppléer aux insuffisances de son revenu en écrivant sans nécessité des manuels, ou en s'engageant dans d'autres travaux mercenaires... Il est donc de la plus haute importance que nous fixions un niveau de vie nouveau. »

Ce fut donc la politique de l'Institut d'avoir un corps enseignant formé de membres excellents, en petit nombre mais bien payés.

Au début, on ne décida pas quelles matières devaient être étudiées à l'Institut; mais, si les principes posés par les fondateurs et le Dr Flexner devenaient réalité, les moyens limités dont on disposait rendaient nécessaire de restreindre les activités initiales de l'Institut à un domaine déterminé. Après mûres réflexions, Flexner décida de le consacrer d'abord aux sciences mathématiques. Trois raisons le conduisirent à ce choix. En premier lieu, les mathématiques forment la science de base; deuxièmement, elles exigent le minimum d'équipement et de livres; et enfin, Flexner comprit que, de toute évidence, il se mettrait entièrement d'accord avec ceux qu'on tenait pour les maîtres prédominants dans le domaine mathématique, plus que dans tout autre.

Avant que l'Institut pût avoir son propre édifice, le président de l'Université de Princeton, Hibben, céda à Flexner une partie de Fine Hall, le bâtiment des mathématiques à Princeton. Ce beau domaine, avec ses arbres ombreux et ses édifices dans le style gothique des universités anglaises, offrait un cadre propice. Ainsi, l'Institut possédait une certaine base de départ pour ses activités, grâce à la collaboration des mathématiciens de l'université. On pensait que le moment venu, les hommes remarquables du monde entier, déjà pourvus du doctorat de mathématiques, viendraient à Fine Hall.

Dès la première heure, l'idée des fondateurs avait été que l'atmosphère fût quelque peu claustrale. Comme Flexner l'exprimait un jour : « Ce serait un havre où travailleurs et savants pourraient regarder le monde et ses phénomènes comme leur laboratoire, sans être emportés dans le maelstrom de l'immédiat. » Cette solitude de l'Institut s'accrut en 1940 lorsqu'il quitta Fine Hall et le terrain de l'Université pour son propre édifice, à quelques milles de la ville de Princeton.

2. Décision d'Einstein de venir a l'Institut.

Flexner se mit d'abord à la recherche des grands maîtres qui devaient former la base de son Institut. Il voyagea à travers l'Amérique et l'Europe, cherchant les hommes du premier rang qui se trouvaient disponibles. Au cours de ces déplacements, il vint à Pasadena, à l'hiver de 1932. Il y étudia la question avec l'illustre physicien R. A. Millikan, qui lui dit : « Vous savez qu'Einstein est en ce moment notre invité. Pourquoi ne lui parleriez-vous pas de votre plan et ne prendriez-vous pas son avis? » Flexner hésita un peu, d'abord, à discuter d'enseignement et d'administration avec un savant d'une renommée légendaire. Il avait peur d'approcher Einstein, parce que c'était « un personnage beaucoup trop en vue ». Millikan lui dit, cependant, qu'Einstein était l'homme qui s'intéressait à tous les projets pour améliorer la formation des jeunes intellectuels et qui aimait tout ce qui était nouveau ou hardi. « Je vais lui parler de vous tout de suite. Voyez-le à l'Athenaeum. » C'est le club universitaire du California Institute of Technology, situé au milieu d'un jardin de magnifiques palmiers, où séjournent les savants étrangers qu'on invite.

Flexner a décrit ainsi cette visite :

« Je filai vers l'Athenæum où Einstein et sa femme résidaient, et c'est donc là que je le rencontrai pour la première fois. Je fus fasciné par son air de noblesse, sa charmante simplicité de manières et sa réelle humilité. Nous parcourûmes de long en large le corridor de l'Athenæum pendant plus d'une heure; j'expliquai, il questionnait. Un peu après midi, Mme Einstein vint lui rappeler qu'il était pris à déjeuner. Très bien, dit-il, de son air aimable, nous avons le temps pour ça. Laisse nous parler encore un peu. »

A cette époque, Flexner ne pensait pas à Einstein lui-même pour son Institut. Il voulait simplement avoir son opinion sur le plan. Ils convinrent de se rencontrer encore au début de l'été prochain à Oxford où Einstein devait donner des conférences.

Comme ils en étaient convenus Einstein vit effectivement Flexner, sur la belle pelouse du campus de Christ Church College, à Oxford, où séjournait Einstein. Flexner a raconté la réunion :

« Elle eut lieu par une merveilleuse journée, et nous nous promenions de long en large, serrant le problème de plus en plus près. Il m'apparut dans la conversation qu'il trouverait peut-être intérêt à s'agréger à un institut de ce genre, et avant de partir je lui dis : « Professeur Einstein, je n'aurais pas la « présomption de vous offrir un poste dans ce nouvel institut, « mais si à la réflexion vous décidiez que cela vous apporte « l'occasion désirable, vous seriez le bienvenu, et à vos propres « conditions. »

Ils tombèrent d'accord que durant l'été Flexner vînt à Berlin poursuivre les conversations. C'était l'été du gouvernement intérimaire de Papen en Allemagne, l'été où la République Allemande déjà morte ne menait plus qu'une existence de spectre. Einstein voyait l'avenir avec une absolue clarté et avait décidé de se garder ouverte la route de l'Amérique.

Lorsque Flexner arriva à Berlin, Einstein se trouvait déjà installé dans sa maison de campagne de Caputh, près de Potsdam. C'est de ce même été et de cette même maison que j'ai déjà parlé au chapitre X. Flexner arriva chez Einstein un samedi, à trois heures de l'après-midi. Il a évoqué sa visite de la sorte :

« C'était une journée froide. Je portais encore mes vêtements d'hiver et un lourd pardessus. Entrant dans la maison de campagne d'Einstein, belle et commode, je le trouvai assis dans la véranda, vêtu de flanelle estivale. Il me pria de m'asseoir. Je lui demandai la permission de garder mon pardessus. « Oh oui, répondit-il. — Vous n'avez pas froid? demandai-je en voyant son costume. — Non, répliqua-t-il, mes vêtements s'accordent à la saison, ils ne s'accordent pas au temps, nous sommes en été. »

« Nous nous assîmes alors dans la véranda et parlâmes jusqu'au soir, où Einstein me pria de rester à dîner. Après le repas, nous avons causé jusqu'à près de onze heures. À ce moment, il était parfaitement clair qu'Einstein et sa femme se préparaient à venir en Amérique. Je lui dis d'indiquer ses conditions personnelles et il me promit de m'écrire dans quelques jours.»

Selon son habitude, Einstein, en chandail et nu-tête, accompagna son visiteur sous la pluie jusqu'à l'arrêt de l'autobus. Son dernier mot sur l'offre de Flexner fut, au moment des adieux : « Je suis plein d'enthousiasme à cet égard. »

Einstein communiqua bientôt ses conditions concernant la nouvelle position, dans une lettre à Flexner qui les trouva beaucoup trop modestes pour un tel Institut et pour un homme tel qu'Einstein. Il demanda que les négociations fussent laissées à lui-même et Mme Einstein. Le contrat fut conclu à cette époque; Einstein signala qu'il était obligé de passer l'hiver de 1932-1933 à Pasadena, et qu'il ne pourrait aller à Princeton qu'à la fin de 1933. A ce moment, il avait encore l'intention de passer une partie de chaque année à Berlin, préférant n'être point infidèle aux amis qu'il y comptait dans le monde de la physique. Mais il était fort averti des événements en cours. A la révolution nazie, au début de 1933, les moyens de son émigration en Amérique étaient déjà prêts, et à l'hiver de la même année il prit donc ses nouvelles fonctions à l'Institut d'Etudes supérieures. Bien entendu, il n'était plus question de passer une partie de l'année à Berlin. Einstein venait à Princeton pour y devenir résident permanent et citoyen des Etats-Unis. Toutefois, il y eut encore nombre d'étapes par où il dut passer avant d'atteindre ce but. Il était entré dans le pays en simple visiteur, et n'avait alors aucun droit légal à y demeurer de façon permanente, pour ne rien dire de la question de citoyenneté.

3. Activités d'Einstein a l'Institut.

L'Institut où venait Einstein ressemblait à quelques égards au Kaiser Wilhelm Institut dont il faisait partie à Berlin. Ainsi, une fois encore, il occupait une position qui d'une certaine manière lui avait toujours parue déplaisante. Comme je l'ai déjà dit, il ne cessa de regarder comme une situation gênante d'être payé pour ses seules recherches personnelles. On n'a pas toujours des idées d'une réelle valeur, de sorte qu'il y a la tentation de publier des travaux sans mérite particulier. Le savant est alors soumis à une pénible contrainte. Mais, si l'on est professeur, avec une tâche modérée, on a la consolation quotidienne d'avoir fait un métier utile à la société. Dans une telle profession, on est satisfait d'accomplir des recherches pour son propre plaisir, aux heures de loisir, sans y être forcé.

D'autre part, cependant, un créateur comme Einstein s'impatientait dans la routine journalière de l'enseignement. Il en trouvait le principe très noble, mais, si l'on venait à lui offrir une place où il pouvait vraiment s'adonner à la recherche, il était incapable de refuser. Au nouvel Institut, il avait la possibilité de guider les étudiants de valeur, déjà munis du doctorat, en favorisant leurs recherches. Mais, par là même, ses contacts avec les étudiants se restreignaient à un très petit groupe. Einstein oscillait souvent entre la satisfaction de s'épargner tout travail routinier et le sentiment de solitude dû à sa séparation d'avec la grande masse des étudiants. Il se sentait donc partagé, tout à fait comme il l'était dans ses rapports avec ses semblables en général, nous l'avons déjà maintes fois montré. Cette complexité, qui a joué un grand rôle dans toute sa vie, se manifesta pareillement dans son attitude envers son entourage, à Princeton. Il lui eût été assez simple de donner des cours ou d'organiser un séminaire, que beaucoup d'étudiants eussent suivis. Mais Einstein trouvait qu'il ne serait pas régulier de sa part, étant un homme de réputation internationale, d'entrer en rivalité avec les professeurs de l'Université, dont plusieurs se trouvaient encore fort jeunes. Ils pouvaient, avec quelque raison, regarder cela comme « une concurrence déloyale ». En tout cas, il évita très scrupuleusement toute espèce de rivalité à propos des étudiants. Peut-être, cependant, a-t-il exagéré dans son esprit la susceptibilité et l'ambition de ses collègues, car beaucoup d'entre eux eussent saisi avec joie l'avantage d'avoir à Princeton un savant hors de pair, dont eux-mêmes avaient beaucoup à apprendre. Et de fait, sa présence n'y a point été utilisée autant qu'elle aurait pu l'être. Personne, pas même Einstein peut-être, ne saurait dire combien cette situation est due à la considération qu'il accordait aux autres, et à sa répugnance pour toute intimité avec les gens.

Plus ou moins, Einstein reprit à Princeton ses recherches, là où il les avait laissées à Berlin; ceci est vrai, tout ensemble des problèmes eux-mêmes et de la manière dont il les abordait. Ce fut toujours une caractéristique essentielle de son esprit que de garder son indépendance vis-à-vis du monde extérieur. Tout comme au temps de notre rencontre à Berlin, vingt-cinq ans plus tôt, il lui était indifférent de travailler à ses problèmes dans son cabinet ou sur un pont de Potsdam, de même à présent peu lui importait d'avoir quitté son bureau de la banlieue ouest de Berlin pour l'éminente cité universitaire de Princeton, en Amérique, au delà de l'océan.

Trois groupes de problèmes occupaient Einstein durant cette période. En premier lieu, le désir de développer ses théories restreintes et généralisées de la Relativité, — de 1905, 1912 et 1916, — en un édifice toujours plus logiquement lié. Sur un point d'importance, il réussit à accomplir un grand progrès à Princeton. On doit se rappeler qu'il regardait le champ de gravitation comme une propriété géométrique de l'espace, qu'on peut nommer d'un mot : la « courbure ». Cette courbure est déterminée par la présence de la matière dans l'espace, et peut se calculer à partir de la distribution de matière. Si la courbure de l'espace ou, en d'autres termes, le champ de gravitation est connu, on connaît par là même quel sera le mouvement d'un corps présent dans cet espace. Ceci résulte des « équations du mouvement », qu'on peut énoncer brièvement de la façon suivante : un corps se meut de telle manière que la représentation de sa trajectoire dans un continuum quadri-dimensionnel d'espace-temps soit une géodésique (ligne la plus courte). Ce qui serait parfaitement satisfaisant si l'on supposait que matière et champ de force sont deux entités complètement distinctes. Mais on est de plus en plus étroitement conduit à l'idée que la masse d'une particule n'est vraiment rien d'autre qu'un champ de force très intense en ce point. Conséquemment, le « mouvement d'une masse » n'est qu'une modification du champ de force dans l'espace. Les lois de ce changement sont les « équations du champ », — c'est-à-dire les lois qui déterminent le champ de force. Mais, si le mouvement du corps est déjà déterminé par les équations du champ, il n'y a plus place alors pour des lois de mouvement particulières. On ne peut ajouter aux équations du champ l'hypothèse supplémentaire selon laquelle les masses se meuvent le long des géodésiques. Au contraire, ces équations du mouvement doivent être déjà contenues dans les équations du champ.

C. Lanczos, collaborateur d'Einstein à Berlin, a esquissé l'idée de déduire mathématiquement des équations du champ les lois du mouvement. Sa déduction, pourtant, ne parut point satisfaisante à Einstein et, à Princeton, celui-ci réussit à montrer, de façon tout à fait convaincante, que seules les lois du champ ont besoin d'être connues pour qu'on puisse en déduire les lois du mouvement. On y voit une confirmation de l'idée que la matière n'est rien d'autre qu'une concentration du champ en certains points.

J'ai déjà noté qu'Einstein aimait à avoir l'aide de jeunes physiciens ou mathématiciens, surtout s'il avait affaire à des calculs mathématiques compliqués. Il amena avec lui de Berlin le mathématicien viennois Walther Mayer, qui obtint bientôt une position indépendante à l'Institut d'Etudes supérieures et ne collabora donc plus avec lui. Pendant ces tout premiers temps de séjour, un physicien polonais de réelle valeur, Léopold Infeld, vint à Princeton où il devait rester plusieurs années; c'est avec lui qu'Einstein mit au point la démonstration dont nous venons de parler de « la théorie unitaire du champ et de la matière ».

Il aimait à discuter avec Infeld toutes sortes de problèmes, y compris les problèmes fondamentaux de la physique et leur évolution. Ces entretiens donnèrent naissance à l'ouvrage d'Einstein et Infeld, *L'Evolution de la Physique* qui a atteint une large diffusion. C'est certainement l'une des meilleures présentations des idées essentielles de cette science, à l'usage du grand public.

Infeld écrivit aussi une autobiographie intitulée *Recher-*

che : le Travail du savant. Ce livre contient beaucoup de choses sur la vie d'Einstein à Princeton, vues par un pénétrant observateur et un collaborateur compétent.

Le second groupe de problèmes dont il s'occupa ardemment alors est la critique du nouvel aspect de la théorie des quanta, théorie que nous avons décrite au chapitre IX. Einstein se sentait incité à montrer par des exemples concrets que la théorie des quanta, dans la forme « de Copenhague » où elle avait été mise par Niels Bohr, ne représente pas une « réalité physique », telle qu'un champ, mais seulement l'interaction de ce champ avec un instrument de mesure. Un article, qu'Einstein signa avec N. Rosen et B. Podolsky, deux jeunes physiciens, eut une particulière importance dans le débat. Ce travail montre sur un exemple simple que la manière dont la théorie quantique décrit les conditions physiques, dans un certain domaine spatial, ne peut être appelé une description complète de la réalité physique dans ce domaine.

Ce travail incita Niels Bohr à formuler plus clairement qu'il ne l'avait fait précédemment son point de vue sur la question de la réalité physique. Bohr rejetait nettement à présent toutes les interprétations « mystiques » dont sa théorie avait été l'objet. Parmi celles-ci se trouvait la conception que « l'état réel », dans un domaine spatial, est « détruit » par l'observation, et autres idées similaires. Il établit alors clairement que la théorie des quanta ne décrit aucune propriété de champ, mais les interactions entre champ et instrument de mesure. On ne pouvait évidemment trancher entre les idées d'Einstein et celles de Bohr par des considérations générales de logique, puisqu'il ne s'agissait point d'hypothèses opposées, mais plutôt de propositions opposées. Einstein suggéra de garder comme essai une sorte de description de l'état physique dans une région de l'espace, description qui ne fût pas trop éloignée de la manière dont le langage quotidien décrit la réalité. Ceci veut dire qu'il proposait de décrire l'état physique d'une région spatiale de telle façon que la description même n'eût pas besoin de spécifier avec quel instrument de mesure elle était obtenue. Einstein savait bien qu'il n'était nullement absurde d'abandonner cette sorte de représentation où les lois de la physique sont formulées en termes de « champ »; il l'abandonnerait seulement si cela devenait nécessaire, toute espèce de doute exclue.

Le troisième et le plus passionnant problème était sa tentative de trouver le champ physique réel qui permît d'exprimer les lois physiques des phénomènes subatomiques, sous une forme qui généralisât les équations des champs électromagnétique et gravitationnel. Dans cette tâche, il eut pour collaborateurs deux jeunes savants, l'un qui s'appelait Bergmann, l'autre Bargmann, similitude qui donnait lieu à nombre de plaisanteries.

Chaque matinée, Einstein venait régulièrement dans son bureau à l'Institut; il y rencontrait Peter Bergmann ou Valentin Bargmann, ou l'un et l'autre ensemble. Il leur suggéra divers moyens de concevoir l'espace comme une structure non seulement à quatre, mais parfois aussi à cinq dimensions, de manière que les grandeurs qui représentent cette structure géométrique pussent également fournir une représentation du champ de force unitaire. Le véritable champ de force devait alors être trouvé, si l'on pouvait obtenir, entre les grandeurs représentées, des relations d'où l'on pût déduire les vraies lois des phénomènes observables, pour tous les domaines de la physique, y compris la physique atomique et nucléaire.

Les difficultés de la tâche s'affirmèrent plus grandes encore qu'on ne l'avait supposé. Il semblait à présent qu'aucun des chemins précédemment essayés ne conduisait au but. Récemment, Einstein a cherché de nouvelles équations du champ et il n'a nullement abandonné l'espoir qu'électrons et protons ne finissent par être justement des singularités du champ. Malgré l'impressionnante portée des confirmations expérimentales de la théorie « positiviste » de Bohr, la question reste encore ouverte, selon Einstein, s'il n'est pas possible de déduire les mêmes faits observables d'une théorie du champ, et de sauver la conception classique d'une réalité physique indépendante des procédés d'observation ou de mesure.

Outre ses occupations régulièrement rattachées à l'Institut, Einstein avait à réserver une part de son temps pour conseiller les jeunes gens que leur goût ou leur ambition attiraient à la science. Son sort fut souvent d'être jugé non seulement comme un simple individu, mais comme le type, voire comme le symbole, de tout un groupement. Ce destin lui était fort pénible car rien ne lui était plus désagréable que de se voir classé comme membre d'un parti ou d'un groupe. Comme il s'était donné courageusement à la cause du peuple juif, on lui avait fait jouer le rôle d'un leader ou du moins d'un représentant de son peuple, à la fois chez les ennemis des Juifs et chez les Juifs eux-mêmes. Sa vie avait été regardée comme symbolisant le destin d'un peuple, souvent rempli de dons, mais souvent attaqué et réduit à l'isolement. Aussi, parmi ceux qui recherchaient les avis d'Einstein, il y avait beaucoup de jeunes Juifs qui lui écrivaient des lettres pour solliciter son aide. A quelque degré, il jouait parmi les Juifs le rôle naguère joué par Tolstoï auprès de la jeunesse russe. Les jeunes Juifs pauvres tournaient leurs regards vers Einstein comme vers celui qui avait réussi et qui jouissait d'une renommée si universelle, qu'un pouvoir sans limite et des richesses sans nombre lui étaient attribués. C'était là, j'ose le dire, une grande erreur. Ni sa fortune, ni son influence n'ont correspondu, même de loin, à sa réputation.

Très souvent, des jeunes gens de toute origine venaient le consulter sur les débuts d'une carrière désintéressée pour laquelle ils se sentaient prêts, au lieu de se tourner vers quelque travail servile dans un bureau ou un magasin. Einstein était toujours prêt à recommander ce qu'il considérait approprié et s'intéressait à la situation personnelle de chacun. Cependant, comme nous le savons, il croyait aussi que c'est une bonne chose de gagner sa vie au moyen « d'une échoppe de savetier », et de réserver ses loisirs à l'étude.

Il n'a jamais aimé à parler de l'aide matérielle et morale qu'il apporta aux déshérités. Je me rappelle plusieurs cas, pourtant, que j'ai pu observer moi-même. Einstein continua de s'intéresser à des étudiants dont il avait facilité l'entrée à l'Université, et de veiller aux progrès de leurs études. Il leur conseilla les maîtres qu'ils devaient suivre, les livres qu'ils devaient lire, et leur envoya même des livres lui aussi. Je me souviens fort bien d'un de ces cas.

Il concerne un étudiant appartenant à un pays des Balkans. Sur l'avis d'Einstein, il voulut entrer à l'Université de Prague, où il fut admis. Einstein m'ayant demandé de m'y intéresser, l'étudiant me consultait quand il était dans l'embarras. Il vivait d'un secours qu'il recevait d'un gros manufacturier de son pays natal. Mais cet argent, à peine suffisant pour lui-même, il l'employait encore à permettre à ses frères et sœurs d'étudier également. Le fait qu'un des hommes les plus illustres de notre temps veillât sur ses études fut le grand événement de sa vie et en remplit les plus minces incidents d'un remarquable éclat. La première fois que le jeune homme s'adressa à Einstein, celui-ci se trouvait encore à Berlin, mais il était déjà en Amérique lorsque l'étudiant arriva à Prague. Einstein reçut de lui des lettres rapportant chaque étape, même les plus banales, de ses études. Einstein lui répondit souvent d'Amérique, en lui donnant des conseils extrêmement détaillés. S'il rencontrait des difficultés dans ses rapports avec ses maîtres ou ses camarades, il demandait à Einstein son avis sur l'attitude à tenir. Einstein lui recommandait d'habitude de se montrer conciliant. C'était à coup sûr un très bon conseil, pour ce garçon qui était entraîné en divers conflits dans ce milieu inaccoutumé. Il était naturellement très fier de se distinguer de tous les autres apprentis physiciens, par le fait qu'il correspondait personnellement avec le plus grand physicien de notre temps.

Il est assez étonnant qu'un simple étudiant dans ce cas ait pu se croire occasionnellement le propre représentant d'Einstein, au point qu'il tenait toute insulte personnelle pour une insulte à Einstein. Il trouvait même qu'il était un martyre, heureux qu'il lui fût permis de souffrir pour Einstein. Et finalement il en vint à croire qu'étant en relations avec Einstein, c'est lui qui faisait un sacrifice et se plongeait dans l'embarras.

4. Intellectuels réfugiés.

Avec l'accroissement des persécutions antisémites en Allemagne et dans les pays satellites, le nombre des savants, des écrivains, des artistes, des professeurs, etc., qui désiraient trouver refuge aux Etats-Unis devenait de plus en plus grand. Si une grande quantité de bonne marchandise est précipitée sur le marché à prix réduit, il se produit des répercussions économiques, voire de la saturation; de même, lorsque ces intellectuels réfugiés s'offrirent, de grandes difficultés s'élevèrent.

L'immigration nouvelle commençait alors que les Etats-Unis se trouvaient encore au milieu de la grande crise économique. Ceci bien entendu n'était point coïncidence accidentelle, puisque, sans la dépression mondiale, la révolution nazie n'aurait point eu lieu. Avec l'élévation du nombre des émigrants, des rumeurs fantastiques commençaient à se répandre sur eux. On disait souvent que les réfugiés n'étaient plus des pionniers; qu'ils n'accomplissaient aucun travail constructif comme les premiers immigrants l'avaient fait, mais qu'ils voulaient simplement devenir riches sans travailler, ou vivre de charité. Beaucoup les regardaient et les redoutaient comme des rivaux professionnels, beaucoup s'en servaient comme de simples boucs émissaires, à qui ils pouvaient reprocher des maux variés. D'astucieux agitateurs parvinrent même à persuader les gens qu'un nombre si énorme de tels immigrants changerait bientôt la composition nationale et raciale du peuple américain.

Lorsque Bertrand Russell, le mathématicien et philosophe anglais, fut écarté de la chaire de philosophie au collège de la ville de New-York, à cause de son attitude critique envers les vues traditionnelles sur le mariage et la religion, Einstein prit parti pour lui. Il estimait nuisible au progrès de la science que des attaques personnelles ou politiques pussent empêcher la nomination d'un professeur muni de titres scientifiques exceptionnels. Or, les ennemis de Russell utilisèrent l'intervention d'Einstein à leurs propres fins. Ils envoyèrent des lettres aux journaux, renfermant des phrases de ce genre : « Comment le « nudiste » Russell et le « réfugié » Einstein osent-ils intervenir dans la vie de famille des Etats-Unis! » L'usage des mots « nudiste » et « réfugié », comme signes d'un égal mépris, est digne de remarque.

Chaque institution qui désirait nommer l'un des réfugiés se trouvait dans un dilemme. D'une part, les universités américaines étaient toutes prêtes à secourir les victimes des persécutions politiques et heureuses de pouvoir ainsi s'attacher des hommes d'une grande valeur; mais, d'autre part, elles avaient la responsabilité de leurs propres gradués qui attendaient des places. C'eût été pour eux une amère déception de voir les situations soudainement occupées par des universitaires venus d'Europe, qui étaient naturellement plus âgés et de plus grande réputation.

Or, les réfugiés déjà pourvus se trouvaient eux-mêmes placés dans une situation délicate. Ils se sentaient moralement tenus d'aider leurs compatriotes et compagnons d'infortune, qui avaient été moins heureux, mais ils se voyaient contraints aussi de prêter d'abord attention aux intérêts de leurs étudiants. Plusieurs même allèrent jusqu'à dire que c'était le devoir de tout universitaire réfugié, pourvu d'une place, de veiller à ce que nul autre réfugié n'en obtînt une dans la même institution.

La position d'Einstein était encore plus difficile. Une fois de plus, on en vint à le regarder comme le symbole et le chef du groupe entièr des intellectuels réfugiés. Les amis des immigrants le dressèrent comme l'exemple des hommes remarquables qui arrivaient aux Etats-Unis, tandis que les opposants se virent contraints de le dénigrer pour combattre l'ensemble des réfugiés. Ces derniers eux-mêmes se tournaient vers Einstein comme vers leur chef naturel. Ils sentaient qu'avec sa gloire il pourrait quelque peu les aider et c'est vers lui qu'ils cherchaient assistance.

Einstein reçut des centaines de lettres d'intellectuels européens qui voulaient émigrer et qui réclamaient son aide pour obtenir une position, ou le «certificat de garantie [1] » exigé par les règlements américains d'immigration. Einstein tenta ardemment de les aider et remplit lui-même de tels certificats pour beaucoup d'entre eux. D'autres s'adressèrent immédiatement à lui dès leur arrivée en Amérique. Il fit de son mieux, mais bien entendu le nombre des personnes qu'il était vraiment en mesure d'aider se trouvait fort réduit par rapport au chiffre énorme de ceux qui recouraient à lui.

En recommandant des universitaires étrangers pour des places, Einstein n'avait comme toujours que deux considérations dans l'esprit : le sentiment immédiat de sympathie envers tous ceux qui souffraient, et la conviction que l'avancement de la science doit être favorisé partout où c'est possible. Il était toujours prêt à recommander les gens en pareil cas. Il pensait que si un savant étranger en avait besoin, sa recommandation lui serait de quelque secours, et si ce n'était pas le cas, cela ne pouvait faire de mal ni au candidat ni à l'institution.

Einstein aurait pu être beaucoup plus utile aux réfugiés s'il s'était mis à étudier la situation en diverses universités et à tirer parti des facteurs personnels, économiques ou politiques envisagés; mais une telle démarche n'était pas possible pour lui. Les gens qui sont les plus extraordinaires intellectuellement, et aussi les plus gentils, ne sont pas toujours très pratiques. Ceci explique les opinions contradictoires au sujet d'Einstein. Quelques personnes trouvent qu'il fut aimable et dévoué, d'autres qu'il se souciait peu du sort des individus.

1. *Affidavit of support :* garantie signée devant notaire, où l'on se porte responsable de l'émigré. *(N. d. T.)*

Tout en collaborant sincèrement à des organisations de charité sociale et politique, Einstein vous dira tout à coup : « Pour être sincère, je ne me suis jamais beaucoup intéressé aux gens, mais seulement aux choses. » Et si vous lui demandez ce qu'il entend par « choses », il vous répondra : « Les phénomènes physiques, et les méthodes pour les manier. »

L'état psychologique des nouveaux réfugiés offrait aussi ses difficultés. Beaucoup venaient de l'Allemagne, qu'ils avaient toujours considérée comme leur pays natal, et à la vie intellectuelle et culturelle de qui ils se sentaient unis. On les avait chassés, mais cela ne voulait pas dire qu'ils en eussent perdu tout lien avec elle. Ils venaient dans un pays étranger qui leur accordait réception amicale et faisait le possible pour qu'ils commencent une nouvelle vie, laquelle était parfois meilleure même que leur existence dans leur pays antérieur. S'ils appuyaient trop sur leurs attaches avec la culture germanique, ils pouvaient aisément faire naître un sentiment d'antagonisme à leur égard dans ce nouveau pays.

D'autre part, la cause même de leur émigration les opposaient violemment, en politique et dans le champ culturel tout ensemble, aux milieux dirigeants de l'Allemagne. Aussi les accusait-on d'un côté de propagande en faveur de la culture allemande, et d'un autre côté d'exercer une propagande haineuse qui pouvait créer de l'inimitié entre les Etats-Unis et l'Allemagne, ou même entraîner le pays dans la guerre. Il est assez remarquable que ces accusations contradictoires s'élevèrent souvent au même moment.

Einstein en personne s'étonna plus d'une fois que les nouveaux immigrants venus d'Allemagne demeurassent si fort attachés à leur ancienne patrie. Ce lui était une particulière énigme de savoir pourquoi les réfugiés Juifs, qui avaient tant souffert en Allemagne, avaient encore une telle nostalgie de ce pays. Einstein raconta une fois cette histoire, qu'ont rapportée Erika et Klaus Mann :

« J'ai rencontré un jeune avocat allemand qui habite New-York, — un de ceux qu'on appelle Aryens, — et je lui ai demandé s'il avait le mal du pays. — Le mal du pays? dit-il. Moi? Pourquoi? Je ne suis pas Juif.

« N'est-ce pas qu'elle est bonne? ajouta Einstein. Est-ce assez typique? N'est-ce point là le nationalisme des Juifs sentimentaux et pleurards, un amour morbide et morose du pays, tel qu'on ne peut le trouver que chez un peuple qui n'est pas bien sûr de savoir quel pays est le sien?

« Moi aussi je suis Juif, continua Einstein, mais pourtant tout me semble si agréable en Amérique que je n'ai aucun mal du pays pour où que ce soit, et pour ne rien dire de l'Allemagne de Herr Hitler. »

On sait l'aversion d'Einstein pour l'inhumaine attitude mécanisée de la caste dirigeante allemande sous le Kaiser, et plus encore sous Hitler. Et pourtant, son amour n'en était pas moins fort pour la musique allemande de Bach ou Mozart. A certains égards, peut-être même partageait-il les goûts artistiques des nationalistes allemands. Il n'aime pas la musique « moderne » et la trouve plutôt repoussante. En général, il aime tout ce qui en Allemagne se rattache à l'esprit de la période prébismarkienne et pré-wilhelmienne. Il se sentait heureux auprès des visiteurs nourris du classicisme allemand en musique et en littérature. Il est même tout à fait sympathique à la philosophie kantienne, en partie sans doute parce qu'elle a des attaches affectives avec cette période de l'âme allemande. Il éprouve ce sentiment de sympathie pour elle, bien que sur le plan purement scientifique il l'ait rejetée dans tous ses points essentiels.

J'ai été frappé par le fait qu'en dépit de son hostilité marquée à l'esprit d'une Allemagne gouvernée par les militaristes prussiens, il eût toujours aimé à s'entretenir avec des hommes — par exemple, des pasteurs germano-américains — en qui l'ancien esprit allemand restait quelque peu préservé.

En Amérique, on a souvent tenu officiellement Einstein pour un leader du peuple juif. Lorsque s'ouvrit la Foire mondiale de New-York, en 1939-1940, la Palestine fut représentée par un pavillon. Selon la coutume, à l'inauguration d'un pavillon, l'ambassadeur du pays intéressé doit donner un message et la question se posa de savoir qui adresserait un tel message à l'inauguration du pavillon de Palestine. Le choix ne tomba point sur un leader politique des sionistes, ni sur un rabbin, mais bien sur Einstein, qui fut alors officiellement reconnu pour une sorte de chef spirituel des Juifs.

5. Attitude d'Einstein envers la religion.

Pour comprendre Einstein dans son attitude envers le peuple juif, il faut saisir son attitude envers la religion biblique et la religion en général. Un homme comme celui-ci, dont l'impitoyable critique avait balayé de la physique les derniers vestiges des conceptions semi-théologiques du moyen-âge, n'adopterait-il pas une attitude purement critique envers la religion de la Bible? Depuis son arrivée en Amérique, cet aspect de sa personnalité a toujours été mis en pleine lumière. Dans ce pays, les gens s'intéressent bien plus qu'en Europe au problème des rapports entre science et religion, et ils éprouvent plus fortement le besoin d'une mutuelle compréhension entre elles.

La position d'Einstein à l'égard de la religion traditionnelle se rattache à son tour à l'attitude nuancée qui est la sienne envers les relations sociales en général. Lorsque je l'ai rencontré pour la première fois, environ 1910, j'eus l'impression qu'il ne sympathisait avec aucune sorte de religion traditionnelle. Au moment de sa nomination à Prague, il avait rejoint la communauté religieuse hébraïque, mais il regardait plutôt cet acte comme une formalité. Dans le même temps aussi, ses enfants allaient entrer à l'école primaire où ils recevraient l'instruction religieuse. C'était un problème un peu difficile, puisqu'il appartenait à la religion juive et sa femme à la grecque-orthodoxe. « De toutes façons, dit Einstein, il me déplait beaucoup que mes enfants apprennent quelque chose qui est contraire à tout esprit scientifique. » Et il rappela plaisamment la manière dont on parle de Dieu aux enfants, dans les écoles. « Finalement, les enfants croient que Dieu est une espèce de vertébré gazeux. » Allusion — alors courante — à un propos du philosophe et savant allemand Ernest Haeckel.

A cette époque, un observateur superficiel eut aisément réglé la question de l'attitude religieuse d'Einstein en employant le mot : sceptique. Bien caractéristique de cette attitude est sans doute la remarque d'Einstein à un Juif de stricte observance qu'il rencontra un jour, à Prague, dans un commissariat de police où j'allais avec lui faire viser un passeport. L'individu demanda à Einstein s'il connaissait à Prague un restaurant où la nourriture fut rigoureusement kasher, c'est-à-dire préparée selon les préceptes rituels. Einstein indiqua le nom d'un hôtel connu pour être kasher. L'homme le questionna de nouveau : « Cet hôtel est-il vraiment tout à fait kasher? » Un peu ennuyé, Einstein répondit sérieusement : « A la vérité il n'y a que le bœuf qui mange strictement kasher. » Le pieux personnage fut choqué et regarda Einstein avec indignation. Mais ce dernier expliqua que son affirmation n'avait rien d'agressif, qu'elle était tout à fait objective et innocente : « Le bœuf mange de l'herbe, et c'est la seule nourriture parfaitement kasher, parce qu'on ne fait rien pour la préparer. »

L'attitude d'Einstein traduit souvent la réplique immédiate d'un homme de génie, qui ressemble à celle d'un enfant intelligent. Le monde extérieur n'est pas jugé dans le mode classique, mais selon les suggestions de la raison. Si le jugement est exprimé sans aucun des euphémismes traditionnels, on le qualifie souvent de « cynique »; on devrait plutôt l'appeler « sincère, avec une pointe d'humour ».

On lui racontait une fois qu'un physicien aux capacités intellectuelles assez médiocres, avait été renversé par l'autobus et tué. Il remarqua avec sympathie : « C'est trop méchant pour son corps. »

En une autre occasion, Einstein fut invité par le comité en l'honneur d'un universitaire notoire, à prendre part à la célébration du soixante-dixième anniversaire de celui-ci, et à parler à l'assemblée. Il répondit au comité : « Je tiens en haute estime l'homme que vous voulez honorer, et je l'aime vraiment beaucoup. Pour cette raison, je veux organiser un dîner en son honneur, tout seul chez moi, le jour de l'anniversaire. Puisqu'il n'y aura pas d'auditoire, je me ferai simplement le speech à moi-même. Est-ce que cela ne conviendrait pas bien mieux à l'universitaire que vous êtes en train d'honorer, et à vous-même, si vous en faisiez autant? »

Sa manière de parler exprime souvent le besoin de rendre les choses graves tolérables, par l'artifice d'un plaisant déguisement; forme de comportement qui est en définitive la base de toute activité artistique. L'emploi de pareils mots caustiques fut pour Einstein un moyen esthétique de s'en tirer avec le monde, tout comme l'exécution d'une sonate de Mozart, qui représente aussi d'une manière souriante le mal universel. En un certain sens, toute la musique de Mozart pourrait être appelée « cynique ». Elle ne prend pas notre monde tragique très au sérieux, mais le reflète dans des rythmes joyeux, pleins de jeunesse.

Pour comprendre sérieusement les vues d'Einstein sur la religion, il est bon de partir de sa conception de la science physique et de la science entière. Comme j'y ai déjà plusieurs fois insisté, les lois générales de la science, selon Einstein, ne sont point des produits de l'induction ou de la généralisation, mais plutôt de la libre imagination, et qui doivent être éprouvés par les observations physiques. Dans son discours d'Oxford, il demandait :

« S'il est vrai que la base axiomatique de la physique théorique ne peut pas être une inférence de l'expérience, mais doit être libre invention, avons-nous quelque droit d'espérer que nous trouverons la voie exacte? Bien plus, est-ce que même cette route sûre existe, en dehors de notre imagination? »

Pour Einstein, la théorie physique est un produit de la faculté inventrice de l'homme, et l'exactitude n'en peut être décidée que sur le plan de la simplicité logique et selon l'accord de ses conséquences observables avec l'expérience. C'est exactement la définition de la théorie et le critère de validité qui avaient été prônés par les *positivistes logiques*. Pour eux, la croyance à « l'existence d'une théorie exacte » signifie « l'espoir de faire une certaine découverte ». L'expression « la forme exacte d'une théorie » n'a pas plus de sens que « la forme exacte d'un avion », expression qui n'en a évidemment aucun.

Mais ici, Einstein s'écarte précisément de la conception du positivisme logique. Dans sa conférence d'Oxford, il répondit de la façon suivante à la question de savoir si il y a une « voie sûre » :

« A cela, je réponds en toute certitude qu'à mon sens il y a une route sûre et que, de plus, il est en notre pouvoir de la trouver. Notre expérience actuelle nous confirme dans le sentiment assuré que l'idée de la simplicité mathématique est réalisée dans la nature.

« C'est ma conviction que la pure construction mathématique nous permet de découvrir les concepts, avec les lois qui s'y rattachent, qui nous donnent la clé des phénomènes naturels. L'expérience peut, bien entendu, nous guider dans notre choix des concepts mathématiques utiles; elle ne peut pratiquement être la source dont ils découlent.

« En un certain sens donc, je tiens pour vrai que la pensée pure soit capable de saisir le réel, comme les anciens le rêvaient. »

Ici, Einstein va même si loin qu'il emploie le langage de la philosophie idéaliste, des partisans d'une connaissance *a priori* — c'est-à-dire d'une connaissance indépendante de l'expérience — encore qu'il soit adversaire déclaré d'une telle philosophie. Néanmoins, pour accentuer aussi fortement que possible son opposition à certaines sursimplifications qui sont courantes sous le nom de « positivisme », il se sert d'un mode d'expression qui peut aisément demeurer incompris par ceux qui n'ont qu'une connaissance superficielle des vues einsteiniennes.

La différence entre les vues d'Einstein et ces « rêves des anciens » à quoi il se sentait relié, c'est la suivante. Selon les idées des philosophes anciens, le pouvoir de l'intuition suffit à établir des propositions qui n'ont pas besoin d'être vérifiées par l'expérience. Mais ce n'est pas ce qu'Einstein entend réellement dire. Il veut dire que la faculté d'invention nous présente diverses possibilités pour l'édification des théories mathématiques, parmi lesquelles l'expérience seule peut décider.

La conviction dont parle Einstein, et pour laquelle, bien entendu, on ne peut donner de raison décisive, est celle-ci : entre les théories, il en sera quelque jour une qui par sa simplicité logique autant que par sa représentation simple des observations se montrera tellement supérieure à toutes ses rivales que chacun la reconnaîtra la meilleure, sous tous les rapports. Cette conviction n'est rien d'autre qu'expression de l'optimisme scientifique. On y exprime la croyance en une certaine structure de la nature observable, sentiment qu'on a souvent nommé « croyance dans la rationalité de la nature ».

L'existence de telles descriptions logiques de la nature est un caractère non évident par lui-même, mais qu'on peut reconnaître par l'expérience et qu'on peut appeler la « rationalité de la nature », si l'on préfère la terminologie de la philosophie traditionnelle. Cette terminologie est d'usage courant quand on désire exprimer sa sympathie pour certains sentiments qui sont ordinairement traduits avec une grande beauté par le langage de cette philosophie. L'étonnement devant cet *aspect rationnel de la nature* se tourne en admiration; et cette admiration reste, dans l'opinion d'Einstein, l'une des plus fortes racines du sentiment religieux.

Quand on parle de l'existence d'un système logique correspondant aux processus de la nature, le terme d'« existence » signifie seulement, en langage courant, que des êtres pensants, analogues aux hommes, y peuvent imaginer un pareil système. Si l'on parle de « l'existence » d'un tel système, sans référence à un être pensant, c'est une façon obscure de parler. Si on le rattache à un être pensant, on imagine plus ou moins vaguement un être semblable à l'homme, mais avec des facultés intellectuelles supérieures. Conséquemment, parler de la « rationalité » du monde signifie toujours que l'on pense vaguement à un esprit supérieur à l'homme et pourtant semblable à lui. De cette manière, la conception einsteinienne de la nature se rattache à ce qu'on appelle ordinairement une conception « religieuse » du monde.

Einstein sait fort bien que ces réflexions sur la nature n'ont rien de scientifique, mais qu'elles expriment le sentiment éveillé par la contemplation de la nature. Dans cette perspective, il disait un jour :

« La plus belle émotion que nous puissions éprouver est l'émotion mystique. C'est là le germe de tout art et de toute science véritables. Celui à qui ce sentiment demeure étranger, qui n'est plus capable d'étonnement et vit saisi de crainte, celui-là est tout bonnement un mort. Savoir que ce qui nous est impénétrable existe vraiment, et se manifeste comme la plus haute sagesse et la plus rayonnante beauté dont les formes les plus grossières sont seules intelligibles à nos pauvres facultés, cette connaissance, ce sentiment, voilà ce qui est au centre du véritable sentiment religieux. En ce sens, et seulement en ce sens, je me range parmi les hommes profondément religieux. »

Pour Einstein, c'est particulièrement le savant des sciences de la nature, et surtout dans le champ de la physique mathématique, qui possède cette expérience mystique. Là se trouve la racine de ce qu'Einstein nomme « religion cosmique ». Il disait une fois :

« L'expérience religieuse cosmique est la plus noble, la plus forte, qui puisse surgir d'une recherche scientifique profonde. Celui qui ne comprend pas les formidables efforts, le don de soi, sans quoi rien ne se crée de nouveau dans la pensée scientifique, celui-là ne saurait évaluer la force du sentiment qui seul peut faire naître une telle œuvre, éloignée comme elle l'est de l'immédiate vie pratique.

« Quelle foi profonde dans la rationalité de la structure du monde, quel ardent désir de comprendre, ne fût-ce qu'un infime rayon de la raison révélée dans le monde, il a dû y avoir chez un Kepler et un Newton! »

Dans les années récentes, on a fréquemment émis l'idée que les théories physiques du XXe siècle, singulièrement la Relativité d'Einstein et la structure quantique de l'énergie, sont d'une grande importance pour l'apaisement du conflit entre la religion et la science. Depuis qu'Einstein a parlé d'une « religion cosmique » fondée sur la science, on l'a souvent cité comme un partisan de cette idée. Pourtant, c'est une grande méprise. Avec sa claire et profonde vision de la structure logique d'une théorie scientifique, il n'a jamais encouragé l'interprétation religieuse de la récente physique, interprétation devenue courante avec les livres de vulgarisation dus à des savants tels que Jeans et Eddington.

Pour Einstein, la religion est tout ensemble le sentiment mystique des lois de l'univers et un sentiment d'obligation morale envers nos semblables. Néanmoins, le caractère strictement empirico-logique de sa pensée le garde de conférer un lien scientifique ou d'apparence scientifique à ces deux sentiments. Nous pouvons ressentir quelque chose de cela dans la musique, qui exprime ce qui ne peut être dit par des mots.

Pourtant, ce sentiment a été incompris de quelques personnes, car Einstein n'a jamais attribué aucune importance aux aspects formels de la religion. Il est frappant de voir avec quelle aisance il se sert du mot « Dieu » comme d'une expression symbolique, même en physique. On se rappelle qu'il a plusieurs fois exprimé sous la forme suivante son rejet de la conception statistique de la physique : « Je ne peux pas croire que Dieu joue aux dés avec le monde. » Il est certain que le mot « Dieu » est ici employé comme une simple tournure de langage et non pas au sens théologique. Toutefois, les autres physiciens ne se servent pas de cette tournure avec une égale facilité. Une des plus fines remarques d'Einstein, — qui est rappelée sur un mur à l'Institut d'Etudes supérieures de Princeton, — traduit sa conception de la nature de la science physique, au moyen de la même tournure de langage. Einstein voulait dire que, d'un point de vue mathématique, le système des lois physiques est très complexe, et que pour être compris il exige de très grandes capacités mathématiques. Néanmoins il a l'espoir que la nature obéit réellement à un système de lois mathématiques, et que l'esprit humain peut trouver ces lois s'il se laisse lui-même guider par son propre sens scientifique. Et tout ceci s'exprime dans la remarque dont nous parlions :

« Dieu est sophistiqué, mais il n'est pas malveillant. »

A la fin de 1940, une conférence fut tenue à New-York pour disputer des contributions que la science, la philosophie et la religion pouvaient apporter à la cause de la démocratie américaine. Einstein fut de ceux à qui on demanda leur participation. Tout d'abord il ne voulut rien écrire : il lui déplaisait d'attirer l'attention sur soi, singulièrement en matière politique. Toutefois, comme le but de la conférence le touchait, et bien qu'il ne voulût pas apparaître ni parler en personne, il se laissa aller à envoyer une contribution écrite, intitulée « Science et Religion ». Il y déclarait :

« La source principale des conflits actuels entre la sphère de la religion et celle de la science se trouve dans le concept d'un Dieu personnel. C'est le but de la science que d'établir les règles générales qui déterminent les notions corrélatives des objets dans le temps et l'espace... C'est surtout un programme, et la foi dans la possibilité de son accomplissement, en principe, se fonde simplement sur des succès partiels. Mais on trouverait difficilement quelqu'un pour nier ces succès partiels et les imputer à une tromperie de soi-même pour l'homme...

« Plus l'homme est pénétré de cette régularité qui ordonne tous les événements, plus ferme devient sa conviction qu'il n'y a point de place, à côté de cet ordre régulier, pour des causes d'une nature différente. Pour lui, une direction ni humaine ni divine ne peut exister comme cause indépendante des événements naturels. A coup sûr, la doctrine d'un Dieu personnel intervenant dans les phénomènes naturels ne pourrait jamais être réfutée, au sens exact, par la science, car cette doctrine peut toujours se réfugier dans ces domaines où la connaissance scientifique n'est point encore établie...

« A la sphère de la religion appartient la croyance que les normes valables pour le monde de l'existence sont rationnelles, c'est-à-dire intelligibles à la raison. Je ne puis concevoir un savant véritable sans cette foi profonde. On peut rendre la situation par une image : la science sans la religion est boiteuse, la religion sans la science est aveugle. »

Rien apparemment de sensationnel ni de choquant dans de telles déclarations. Les savants qui se trouvaient prêts à concéder à la religion une place importante dans la vie de l'homme, ont généralement trouvé qu'Einstein exprimait exactement ce qu'ils pensaient. D'autre part, il y eut certainement beaucoup de savants qui prirent fort mal qu'Einstein parlât sur le même ton de la religion ou de la spiritualité et de la science.

Or, tout à coup, nombre de gens surgirent pour crier : « Einstein veut nous déposséder de notre Dieu personnel! » Et ils ajoutaient : « C'est cet élément profondément personnel en Dieu qui est le plus précieux pour l'homme. » Einstein reçut d'innombrables lettres, dont beaucoup renfermaient l'accusation véhémente qu'il voulait ravir à l'humanité une foi à ce point bienfaisante. Dans les journaux, parurent des « lettres au directeur », où les signataires protestaient contre la permission accordée à un « réfugié » de se mêler de la croyance en Dieu.

Certains pasteurs prétendirent que l'expression « Dieu personnel » caractérisait le Dieu des chrétiens par opposition au Dieu des Hébreux, et qu'Einstein entreprenait une polémique contre la conception chrétienne de Dieu. A la vérité Einstein ignorait tout de ces subtilités de la théologie chrétienne ou hébraïque. Il désirait au contraire marquer le terrain commun entre le judaïsme libéral et le christianisme libéral dans leur conception de Dieu. Mais ici encore, comme si souvent, ses meilleures intentions l'engagèrent dans d'odieuses et mauvaises polémiques qu'il n'avait pu prévoir.

Comme sur la plupart des autres points, Einstein, pratiquement, soutint les vues positivistes touchant les rapports des sciences exactes, et de la science en général, avec la conduite humaine. A la question si le but de la vie humaine peut se déduire de la science seule, Einstein, avec le positivisme, répond catégoriquement : non! Pour lui comme pour le positivisme logique, quel que soit le degré de simplicité et de beauté mathématiques dont témoignent les lois naturelles, si exactement qu'elles reflètent l'observation, elles ne peuvent jamais nous dire ce que doivent être les buts de notre vie. Des lois naturelles, nous apprenons seulement comment se comporte la nature, comment nous pouvons en utiliser les forces à la réalisation des buts humains, et non point ce que doivent être ces buts.

Ceux-ci, l'homme ne peut les apprendre que par l'exemple et la formation morale. C'est dans cette tâche éducatrice qu'Einstein voit le rôle de l'Eglise, non pas dans la prédication d'une certaine conception de la nature.

Parce qu'Einstein est profondément convaincu que la science, fût-elle à son plus haut cours, ne saurait offrir de but à l'homme, il est fort éloigné de discuter l'utilité des églises organisées. Il n'a pas le souci des rites religieux, mais il saisit pleinement la valeur des églises et des devoirs religieux comme moyens d'éducation; et pour autant que le rite accroît l'effet éducatif de la doctrine, il a appris à apprécier la valeur des cérémonies religieuses.

Ces idées d'Einstein sur la responsabilité des églises dans l'éducation morale apparaîtront sans doute dans une adresse qu'il donna, pendant l'été de 1939, au séminaire théologique de Princeton, devant un auditoire de pasteurs et d'étudiants en théologie. Le texte avait pour titre : « Le But ». Entre autres choses, il y déclarait :

« Il est certainement exact que les principes ne peuvent trouver de fondement plus sûr que l'expérience et qu'une pensée consciemment claire. En quoi l'on peut s'accorder absolument avec les rationalistes extrêmes. Le point faible de cette conception, pourtant, est dans le fait que les principes qui sont décisifs et nécessaires pour nos actions et nos jugements de valeur ne sauraient être obtenus par cette seule voie scientifique. La méthode scientifique ne peut nous enseigner autre chose que l'intelligence conceptuelle des relations réciproques entre les faits. La conquête d'une pareille connaissance objective est l'une des plus hautes aspirations dont l'homme soit capable, et vous ne me suspecterez certes pas de sous-estimer les héroïques efforts ni les exploits de l'esprit humain dans ce domaine. Mais d'autre part, il est clair que nul chemin ne mène de la connaissance de ce qui est à ce qui devrait être. Quelles que soient la clarté, la perfection de notre savoir concernant la présente existence, aucun but à nos aspirations humaines n'en saurait être dégagé... Quelque splendide que puisse être notre connaissance de la vérité, son impuissance à nous guider est si grande, qu'elle ne peut même pas fonder la justification ni le prix de ce véritable combat pour la connaissance de la vérité...

« La raison nous enseigne l'interdépendance des fins et des valeurs. Ce que la pensée seule ne peut pas nous donner, ce sont les buts ultimes, les plus essentiels, selon lesquels les secondaires viennent s'orienter. Fixer les buts les plus fondamentaux et l'appréciation des valeurs essentielles, les établir fermement dans la vie de l'individu me semble être la plus importante fonction de la religion dans la vie sociale de l'homme. Si quelqu'un demandait d'où ces buts essentiels reçoivent leur autorité, puisqu'ils ne sont point établis par la raison et ne peuvent se fonder sur elle, on peut seulement répondre qu'ils ne doivent l'existence aux arguments ni aux preuves, mais au contraire aux révélations et aux actes des fortes personnalités. Il ne faudrait pas essayer de les démontrer, mais bien plutôt de reconnaître leur essence, aussi clairement et simplement que possible.

« Les plus essentiels principes de nos aspirations et de notre appréciation des valeurs nous sont donnés par la tradition religieuse du Judéo-Christianisme. C'est un noble but... Si l'on dépouille ce but de sa forme religieuse et qu'on en regarde l'aspect purement humain, on peut le définir de la façon suivante :

« Développement libre et responsable de l'individu de manière qu'il mette librement et joyeusement ses énergies au service de la communauté humaine. Si l'on accorde attention au contenu et non à la forme, ces mêmes mots peuvent être considérés comme l'expression des principes fondamentaux de la démocratie. Le véritable démocrate déifie sa nation tout aussi peu que ne le fait un esprit religieux, au sens où nous l'entendons. »

La façon dont Einstein conçoit les rapports entre religion et science est très analogue à celle qui prévaut chez les protestants libéraux d'Amérique. Il suffit de citer en exemple les vues d'un illustre représentant de la science américaine, Robert Millikan. Dans sa conception, la science ne peut jamais être critiquée ni dirigée par la religion, car elle envisage des aspects très différents de la vie humaine. Millikan disait un jour :

« Laissez-moi vous montrer pourquoi dans la nature des choses, il ne peut y avoir de conflit. Ceci apparaît dès lors qu'on tente de définir la place de la religion dans la vie humaine. Le propos de la science est de développer sans préjugé la connaissance des faits et des lois de la nature. Le rôle beaucoup plus important encore de la religion, d'autre part, est de développer la conscience, les idéals et les aspirations de l'humanité. »

Cette conception de la religion abandonne complètement toute exigence d'une croyance à des faits spécifiquement scientifiques ou historiques; elle tient la religion pour une institution sociale, dont le propos est de promouvoir une certaine attitude à l'égard de la vie et un certain type de comportement dans notre existence quotidienne. La conception einsteinienne de la religion cadre fort bien avec cette attitude générale. Aussi comprend-on que les pasteurs anglais et surtout américains aient été si fort intéressés par Einstein.

6. Naissance de l'âge atomique.

Le dramatique paroxysme où la seconde guerre mondiale trouva son terme, avec la bombe atomique, ramena l'attention du public sur le nom d'Einstein. Le résultat qu'il déduisait de sa théorie de la Relativité restreinte en 1905 — c'est-à-dire l'équivalence entre masse et énergie — était démontré au monde par une force quasi incroyable de destruction.

Comme nous l'avons dit à la section 7 du chapitre III, il y a des transformations nucléaires où une partie de la masse du noyau atomique se change en énergie. De nombreuses réactions de ce genre ont été découvertes par les savants, mais dans tous les cas l'énergie requise pour accomplir la transmutation était beaucoup plus grande que celle qu'on obtient dans la réaction. Ainsi, l'utilisation pratique des transmutations nucléaires comme source de puissance ne paraissait pas réalisable.

Mais le tableau tout entier changea avec la découverte de la fission de l'uranium, en 1938. Otto Hahn et F. Strassmann à Berlin, Irène Curie et M. Savitch à Paris, Lise Meitner et O. Frisch à Copenhague, trouvèrent que si l'on bombarde avec des neutrons l'uranium, son noyau explose parfois en deux parties à peu près égales, avec libération d'une énorme quantité d'énergie. Quand ces nouvelles furent communiquées aux autres laboratoires, le surprenant résultat fut immédiatement confirmé. En outre, Enrico Fermi, — un physicien italien qui avait fui le régime fasciste aux Etats-Unis, — mit en évidence la possibilité, qui fut bientôt avérée, pour cette rupture du noyau d'uranium d'être accompagnée d'une production de plusieurs neutrons. La grande portée de cette dernière découverte résidait dans le fait que ce processus, appelé « fission » de l'uranium, pouvait s'entretenir de lui-même. Une fois le processus amorçé, les neutrons produits par la fission d'un noyau d'uranium peuvent causer la rupture d'autres noyaux, et les neutrons engendrés ainsi peuvent à leur tour causer d'autres fissions. Une « réaction en chaîne » nucléaire se perpétue ainsi d'elle-même, où un grand nombre de noyaux explosent, et par conséquent où devient possible la libération d'une formidable quantité d'énergie. Les calculs montrèrent qu'il pouvait y avoir autant d'énergie dégagée par la fission d'une livre d'uranium que par la combustion de milliers de tonnes de charbon.

Beaucoup de savants comprirent bientôt que cette libération d'énergie pouvait être organisée de façon à avoir lieu presque instantanément, et qu'en conséquence des bombes à uranium pourraient être produites, dont le pouvoir destructeur passerait des millions de fois celui des explosifs ordinaires. Ils virent clairement aussi que si un tel engin tombait aux mains des nations fascistes, elles en useraient dans leur guerre d'agression, et que la civilisation serait alors condamnée. Pareilles appréhensions furent ressenties avec une singulière violence par les savants qui avaient fui les persécutions de leurs pays d'origine. Deux physiciens de l'Université Columbia, un Hongrois nommé Leo Szilard, échappé de l'Université de Berlin, et Fermi, déjà mentionné, en vinrent à la conviction que les autorités militaires des Etats-Unis devaient être informées de cette possibilité. En outre, Szilard vit pleinement que si le problème n'était pas soumis à une personnalité gouvernementale très haut placée, on n'accorderait aucune attention à leurs propos. Il avait été en rapport avec Einstein à Berlin et il lui sembla que la réputation du grand savant, universellement connu comme physicien, pouvait servir à convaincre les autorités de l'importance du problème. Aussi entra-t-il en contact avec Eugène Wigner, autre physicien hongrois, alors professeur à Princeton, et, en juillet 1939, ils consultèrent Einstein.

A ce moment, le technicien moyen, civil ou militaire, tenait la théorie de la Relativité pour quelque chose de purement livresque, — dont seuls parlaient les professeurs de collèges, étrangers à toute pratique, — et qui n'aurait jamais la moindre application industrielle. Et quant à la physique nucléaire, le technicien moyen n'en avait même pas entendu le nom. Il parut donc fort clair qu'intéresser le gouvernement à l'emploi effectif de l'énergie atomique et obtenir les fonds nécessaires à l'entreprise était un problème ardu. Nos savants pensèrent que si quelqu'un pouvait répondre à une telle proposition, c'était le président Roosevelt. Dès la première heure, il avait percé à jour la politique d'agression des nazis et il était pleinement conscient de la menace qui pesait sur la sécurité future de son pays. De surcroît, il n'était pas si fermement persuadé de la sottise des professeurs de collèges que le sont la plupart des hommes politiques.

Dans ces conditions, Szilard et Fermi suggérèrent à Einstein de s'adresser directement au Président.

Comme nous l'avons vu, Einstein n'aimait pas à être entraîné dans les affaires publiques, et il éprouvait une particulière répugnance à donner des conseils sur les questions militaires comme à encourager le développement de l'arme la plus destructrice que l'homme eût encore découverte. D'un autre côté, il restait convaincu que les nazis entreraient en possession de la puissance atomique dans un avenir proche, et qu'ils en useraient pour subjuguer le reste du monde. Avec la responsabilité qu'il se sentait, étant donnée sa position exceptionnelle de savant le plus illustre du pays, il comprit entièrement quel était son devoir.

Le 2 août 1939, Einstein adressait donc au président Roosevelt une lettre qui commençait ainsi :

« Plusieurs travaux récents de E. Fermi et L. Szilard, qui m'ont été communiqués en manuscrit, me font envisager la possibilité pour l'élément Uranium de devenir une nouvelle et importante source d'énergie, dans l'avenir immédiat... Une seule bombe de ce type... explosant dans un port... pourrait fort bien détruire le port tout entier, avec le territoire environnant... »

Einstein avertissait aussi le Président de l'état probablement très avancé des recherches allemandes en ce domaine, et insistait sur le grand danger que les Etats-Unis courraient si les nazis parvenaient à détenir une telle bombe. Einstein proposait qu'une organisation spéciale, avec une équipe de savants spécialisés dans les recherches nucléaires, fût créée pour entreprendre les investigations en vue de l'usage pratique de l'Uranium.

Le résultat, qui fut si dramatiquement rendu public, et la publicité consécutive donnée à l'organisation et au développement du « Manhattan Project » — comme on l'appela plus tard — sont trop connus aujourd'hui pour avoir besoin d'être ici rappelés.

La réaction immédiate du peuple américain à l'annonce de la bombe atomique, et de la reddition japonaise qui la suivit de près, fut l'idée que ç'en était fait de la guerre, et la fierté pour les Etats-Unis d'avoir prouvé qu'ils étaient à la tête de la science.

Les savants qui avaient participé à la réalisation de la bombe atomique, cependant, y virent une implication politique où ils trouvaient un sujet d'alarme. La guerre avait été menée à bonne fin par l'éclatante victoire des démocraties, mais l'établissement de la paix semblait conduire à une impasse. Une atmosphère de méfiance s'élevait parmi les alliés, qui pouvait aisément répandre la semence d'une autre guerre. En outre, la bombe atomique rendait maintenant possible, de la part d'un pays agresseur, une attaque par surprise qui pratiquement anihilerait l'adversaire en quelques minutes. Les savants ressentaient tout le poids de la responsabilité qu'ils s'étaient créée, et ils se mirent à agir pour informer le Congrès, comme le public en général. Ils voulaient que la nation entière comprît pleinement toute la gravité de la situation. Le « secret » de la bombe atomique aurait la vie courte, et contre elle il n'y avait aucune défense adéquate.

Pour Einstein, — artisan à la fois de la théorie primordiale et de la requête au président Roosevelt, — le poids de la responsabilité se trouvait doublement lourd. Il se sentit de tout cœur avec les savants comme Oppenheimer et Shapley qui firent de leur mieux pour exposer les conséquences entières de l'arme nouvelle aux hommes politiques et aux autorités militaires. On sait pourtant combien il lui déplaisait d'être mêlé à la politique, et qu'il n'a jamais volontiers risqué ses idées dans les troubles de l'heure. Il adhéra pleinement aux vues d'Emery Reves, dans son livre *Anatomie de la Paix*, où l'on peut lire : « Nous devons bien nous persuader qu'il est nécessaire de limiter la souveraineté des nations et d'établir un gouvernement mondial qui réglera les rapports entre nations par la loi, tout comme les Etats-Unis, par exemple, règlent aujourd'hui les rapports entre les divers états qui les composent. » Pour cette raison, Einstein ne fut pas satisfait du projet de céder le secret de la bombe atomique aux principaux membres des Nations Unies, voire à l'Organisation des Nations Unies elle-même.

Toutefois, nul gouvernement mondial n'existant à ce jour, l'idée d'Einstein paraît être de suggérer que le secret restât présentement entre les mains des premiers réalisateurs, Etats-Unis, Grande-Bretagne et Canada. Aussi fut-il accusé d'idéalisme et d'absence de sens pratique, par certains, d'être réactionnaire et d'aller du côté des « Etats-Majors [1] », par d'autres.

Einstein protesta avec véhémence contre de telles interprétations, lorsque je discutai récemment avec lui ses vues sur les aspects internationaux de la bombe atomique. Il comprenait fort bien que le « contrôle de l'énergie atomique » est d'abord un problème non point technique mais politique, qui ne peut être résolu d'une autre façon qu'en établissant la paix entre les grandes nations. Tout « contrôle » exige un accord international pour faire surveiller par certains agents les recherches en vue de la guerre et aussi l'industrie, dans toutes les nations. Pareil accord présuppose un haut degré de confiance mutuelle,

1. *Brass hats*, littéralement : « chapeaux de cuivre », c'est-à-dire les grands chefs haut galonnés; si l'on veut « les *gros bonnets* ». *(N. d. T.)*

et si une telle confiance existe, il n'y a plus alors de danger de guerre, avec ou sans bombe.

Einstein reste persuadé qu'on pourrait sortir de ce cercle vicieux, non point en isolant le « contrôle de l'énergie atomique », mais uniquement par un large accord territorial et économique. Il espère que la peur de la guerre atomique deviendra si grande qu'elle amènera les gouvernements et les peuples à sacrifier leur souveraineté beaucoup plus qu'ils ne le feraient sans cette menace.

7. Vie a Princeton.

Mme Einstein, Elsa, était restée très attachée de cœur à sa patrie allemande. Mais elle mourut en 1936 et, ayant perdu sa femme, Einstein se sentit lié bien plus étroitement à son nouveau pays. Sa première femme ne quitta jamais la Suisse; mais leur fils aîné, qui naquit à Berne au moment même des premières grandes découvertes de son père, exerce aujourd'hui son activité d'ingénieur aux Etats-Unis, lui aussi. Des deux belles-filles d'Einstein, l'une mourut après leur départ d'Allemagne; l'autre, Margot, sculpteur de talent, a divorcé d'avec son mari, et vit maintenant le plus souvent avec Einstein, à Princeton.

En 1939, Maja, l'unique sœur d'Albert, quitta Florence pour Princeton. Elle avait épousé le fils de ce professeur à l'Ecole cantonale d'Aarau, Winteler, vers qui Einstein s'était senti vivement attiré. Elle s'était inquiétée de l'influence grandissante des nazis en Italie. Son mari retourna temporairement en Suisse, tandis qu'elle-même allait voir son frère. Sa manière de parler et le son de sa voix, aussi bien que la forme enfantine et pourtant sceptique de tout ce qu'elle dit, sont extraordinairement semblables au mode d'expression du frère. C'est une surprise que de l'écouter; on éprouve une espèce de gêne en trouvant ainsi une réplique à tous les traits du génie, fussent-ils les moindres. Pourtant, on se sent d'autre part rassuré, de voir les plus grands génies mêmes entrer comme un maillon dans la chaîne ordinaire des événements naturels.

Depuis 1928, Einstein a pour secrétaire, — et plus tard gouvernante, — Mlle Hélène Dukas. Elle est ordonnée, intelligente et énergique. C'est aussi une enfant du pays souabe, et elle est originaire de la même petite ville qu'Elsa.

Les trois femmes dont nous venons de parler forment à présent l'immédiat entourage d'Einstein.

Lorsqu'il était arrivé aux Etats-Unis, en 1933, il n'avait que le simple visa de visiteur. La loi américaine sur l'immigration ne prévoit aucun lieu dans le pays où l'on puisse obtenir le droit de devenir résident permanent aux États-Unis. Une telle permission ne peut être délivrée que par les consuls américains, et ces fonctionnaires se trouvent seulement en pays étrangers. Par suite, Einstein dut se rendre dans la colonie anglaise des Bermudes, pour y solliciter le consul d'Amérique. Sa visite dans l'île fut l'occasion d'un gala. Le consul offrit un dîner en son honneur et lui donna permission d'entrer aux Etats-Unis en qualité de résident permanent.

C'est seulement alors qu'Einstein fut en mesure d'annoncer son intention de devenir citoyen des Etats-Unis et de recevoir ses premiers papiers de naturalisation. Il eut encore cinq ans à attendre avant d'acquérir la citoyenneté. Pendant cette période, il dut se préparer à un examen sur la Constitution Américaine, ainsi que sur les droits et devoirs du citoyen américain. Ce qu'il fit avec zèle. En 1941, il acquit donc la naturalisation, avec sa belle-fille Margot et sa secrétaire Mlle Dukas. On lui demanda de dire par la radio au public les idées et les émotions qu'il éprouva alors.

Ainsi, cet arbre puissant, avec ses racines, se trouvait transplanté dans une nouvelle terre. Quelle existence y mène-t-il?

Diverses choses de son appartement de Berlin ont été apportées dans son cottage, situé au milieu d'un grand jardin, dans une rue de banlieue. Là, on peut voir encore plusieurs objets rares, comme ceux qui ornaient le salon d'une famille aisée de Berlin : par exemple, des icones byzantines de Russie, avec leur fond d'or mystérieusement assombri par l'encens. A Princeton, Einstein vit vraiment comme un invité étranger, exactement comme à Berlin dans son intérieur de bourgeois cossu. Sa nature profondément bohème n'a pas changé, même depuis son soixantième anniversaire, qu'il célébra en 1939 à Princeton.

Il n'a pas de vie sociale, au sens traditionnel du terme. Il ne prend aucune part aux séries de dîners et de réceptions que donnent les membres des facultés lors des réunions universitaires. Il n'en faudrait pourtant point conclure qu'il lui déplût de voir des gens. Il aime, au contraire, à recevoir ceux qu'il peut conseiller ou aider, avec qui il peut tenir quelque discussion intéressante ou s'entretenir librement; ou, ce qu'il préfère à tout, avec qui il lui est possible de faire de la musique. Il apprécie les personnes prêtes à l'accompagner avec enthousiasme au violoncelle ou au piano, tandis qu'il prend son violon. La plupart des visiteurs n'appartiennent ni à l'Université de Princeton, ni à l'Institut d'Etudes supérieures. Ses pensées s'attachent toujours aux choses lointaines plus qu'à celles qui sont proches. Mais il n'est guère d'après-midi sans quelque visiteur du dehors ou de la ville, qui vienne bavarder avec lui.

Parmi eux, d'abord des physiciens, des philosophes ou même des théologiens venus à Princeton, et qui saisissent l'occasion pour recueillir quelque souvenir de l'homme auquel ils doivent, dans leur propre domaine, tant d'idées neuves. Il y a aussi les innombrables réfugiés d'Europe en quête d'avis ou d'assistance auprès de lui. Parfois, des Européens qui passent quelques jours chez lui parce qu'ils sont dans l'abandon. Il y a des Sionistes, qui veulent connaître sa position à l'égard de certaines questions politiques. Des professeurs à l'Université de Jérusalem, même, lui rendent visite pour qu'il intervienne en leur faveur. Il y a des écrivains, des journalistes, des artistes qui désirent l'intéresser à leur œuvre, espérant par là élargir leur audience. Le nombre de ceux qui ont envie de le voir est considérable, et Mlle Dukas doit déployer une somme énorme de tact, d'énergie et d'amabilité pour maintenir autour de lui cette paisible atmosphère dont il a besoin.

Son attitude en la matière est la même que pour tous les problèmes de la vie sociale : il se sent vraiment tout à fait à part et ne peut jamais s'assimiler de très près aux autres. Toujours, il éprouve un peu le sentiment d'être un étranger, voire le désir de demeurer isolé. D'un autre côté, pourtant, il a une vive curiosité de tout ce qui est humain, et un sens profond de l'humour, grâce à quoi il peut tirer un certain plaisir, peut-être artistique, de tout ce qui est étrange ou même désagréable. En fin de compte, il est d'un très bon naturel, et ressent fortement l'égalité de tous les hommes. Sans doute se dit-il souvent à soi-même : c'est justement avec les gens les plus déplaisants qu'on devrait le moins se laisser entraîner à être bref, car ce sont ceux qui souffrent le plus, puisque personne ne veut causer avec eux.

Il en résulte que ce sont souvent les inventeurs rebutés et autres génies méconnus qui viennent le voir. Depuis l'époque où il était à l'Office des Brevets de Berne, il a toujours gardé un certain agrément à écouter les projets les plus insensés. Ils contiennent tous quelque lueur de la faculté inventrice de l'homme, fût-ce sous une forme méconnaissable; pour son esprit agile et pénétrant, c'est toujours un plaisir que de suivre une trame confuse de pensée, de la débrouiller et d'y découvrir les erreurs.

D'aventure, il reçoit aussi la visite de physiciens qui poursuivent des recherches fondées sur des idées opposées à celles que tiennent exactes les physiciens d'aujourd'hui. Pareils savants aberrants peuvent aussi bien être précurseurs d'importantes innovations, que simples garçons à la tête folle. Einstein se montre plus disposé que d'autres à écouter de tels physiciens, comme à accorder une sérieuse considération à leurs vues, car il lui est toujours agréable d'apercevoir la semence possible des idées de l'avenir. En tout cas, ce lui est un plaisant exercice d'esprit que d'évoluer logiquement à travers toute une suite de déductions, sans être sûr au départ si la fin sera le moins du monde raisonnable ou utile.

D'ailleurs, il arrive parfois à certains de ces inventeurs ou savants de s'estimer outragés si l'on ne trouve pas correctes leurs conclusions. Précisément parce que c'est sans doute le seul physicien illustre qui veuille bien les entendre et considérer leurs idées, toute la haine des physiciens obscurs envers ceux qui ont atteint la renommée se concentre occasionnellement contre Einstein. D'où le résultat paradoxal qu'il fut quelque fois attaqué et condamné le plus sévèrement par les personnes à qui vraiment il avait réservé le plus d'attention.

Depuis son immigration, Einstein a rarement parlé en public. Des organisations de tous genres ont essayé de l'y amener, mais il n'a pris la parole que si le sujet abordé se trouvait de ceux à quoi il s'intéresse grandement. Pas davantage n'a-t-il fréquemment assisté à des réunions scientifiques. Il n'a que très rarement disputé de ses recherches actuelles dans les cercles professionnels. Encore ne l'a-t-il guère fait volontiers, comprenant souvent que ses travaux n'étaient point dans la ligne de recherche préférée du plus grand nombre des physiciens. Pendant bien des années, nous le savons, il s'est consacré à l'édification d'une « théorie du champ unitaire » qui, finalement, rendît compte aussi des phénomènes subatomiques. Il a souvent pensé que ses investigations n'éveilleraient pas grand intérêt chez ceux qui croyaient ne pas devoir détourner leur attention de la tâche qu'ils estiment centrale pour la physique actuelle : interpréter les phénomènes atomiques au moyen de la théorie quantique de Bohr ou de son principe de complémentarité. En quelques occasions, cependant, Einstein exposa dans des congrès scientifiques ses vues sur le présent et l'avenir de la science physique en général. L'un de ces rares exemples est offert par son message à Philadelphie « Sur la réalité physique », où figure la phrase qui sert d'épigraphe à ce livre [1].

Le monde autour d'Einstein a vraiment beaucoup changé depuis la publication de ses premières découvertes. Il commença son œuvre à l'époque du Kaiser, dans le cadre particularisé de la mesquine bourgeoisie allemande ou suisse. Il vécut, durant la seconde guerre mondiale, dans le dernier boulevard de la démocratie, les Etats-Unis d'Amérique. Il a pu contribuer fortement à avancer plus qu'on ne l'espérait la conclusion de la guerre, et le voici maintenant anxieux d'aider à faire de la paix une paix durable. Mais son attitude à l'égard du monde extérieur n'a pas varié. Il est resté un bohème, avec une façon humoristique, ou même apparemment sceptique, d'approcher les faits de l'existence humaine, et il est en même temps un prophète, avec l'intense pathétique de la tradition biblique. Il est demeuré un individualiste qui préfère ne pas s'encombrer des relations sociales, mais aussi bien un combattant de l'égalité sociale et de la fraternité humaine. Il a gardé sa créance en la possibilité d'exprimer les lois universelles dans des formules simples, encore qu'ingénieusement mathématiques, mais en même temps ses doutes à l'égard des formules toutes faites qui prétendent apporter une solution correcte au comportement des hommes dans la vie privée ou dans la vie politique.

Quand un visiteur qu'il a connu au pays d'autrefois vient chez lui à Princeton, Einstein dit souvent : « Vous êtes surpris, n'est-ce pas, du contraste entre ma renommée à travers le monde, le vacarme à mon sujet dans les journaux, et l'isolement, la tranquillité dans lesquels je vis ici? J'ai soupiré après cet isolement toute ma vie, et à présent je l'ai enfin trouvé ici, à Princeton. »

Beaucoup de maîtres célèbres vivent dans cette ville d'université réputée, mais aucun habitant ne rangera simplement Einstein parmi les nombreux autres person-

1. « La chose la plus incompréhensible du monde, c'est que le monde est compréhensible. » *(N. d. T.)*

nages célèbres. Pour les gens de Princeton en particulier, et pour tout le monde en général, il n'est pas exactement un grand intellectuel, mais bien plutôt l'une des figures légendaires du XXe siècle. Les actes et les paroles d'Einstein ne doivent pas être simplement notés ni jugés comme des faits : chacun possède sa signification symbolique, symbolique de son temps, de son peuple, ou de sa profession.

A Princeton, on raconte bien des anecdotes à son propos. On rapporte qu'une de ses voisines, la mère d'une fillette de dix ans, avait remarqué que l'enfant quittait souvent la maison et allait chez Einstein. La mère s'en étonna, et là-dessus l'enfant déclara : « J'étais embarrassée de mon devoir d'arithmétique à faire à la maison. Les gens disent qu'au numéro 112 habite un très grand mathématicien, qui est aussi un très brave homme. Je suis allée le voir et je lui ai demandé de m'aider pour mon devoir. Il l'a fait très volontiers et m'a tout très bien expliqué. C'était bien plus facile à comprendre que quand notre professeur nous l'explique à l'école. Il m'a dit que je vienne chaque fois que j'aurais un problème trop difficile. » La maman de la petite fille fut effrayée par l'audace de l'enfant et se rendit chez Einstein pour excuser sa fille. Mais Einstein lui dit : « Vous n'avez pas à vous excuser. J'ai certainement plus appris dans les conversations avec l'enfant, qu'elle-même avec moi. »

Je ne sais pas, ni n'ai jamais rien fait pour savoir, si l'histoire est vraie. On en donne différentes versions, comme de l'histoire beaucoup plus simple qui veut qu'en été Einstein se promène souvent à travers les rues de Princeton, pieds nus dans des sandales, avec un chandail et sans veste, en train de savourer un cornet d'ice cream, pour la grande joie des étudiants et l'ébahissement des professeurs.

Comme ce n'est pas seulement la personnalité d'Einstein, mais aussi bien son temps et son entourage qui devaient être décrits dans ce livre, toutes les histoires de ce genre sont certainement vraies. Même si elles ne nous disent rien qui soit effectivement arrivé à Einstein, elles restent une évocation véritable du monde dans lequel il a vécu.

En 1945, Einstein a résigné ses fonctions de professeur à l'Institut d'Etudes supérieures. Ce changement dans son statut officiel, toutefois, ne signifie aucun changement dans son travail réel. Il continue d'habiter Princeton et de faire des recherches à l'Institut.

CHAPITRE COMPLÉMENTAIRE
PAR ANDRÉ GEORGE

XIII

LES DERNIERS TEMPS, 1945-1955

1. EINSTEIN ET LA BOMBE ATOMIQUE

Cette existence de recherche, dans la demi-retraite de Princeton, allait devenir fort troublée. Il restait encore dix années de vie à Einstein. Mais c'était aussi les années où le monde avait à faire son apprentissage de l'ère atomique, laquelle venait de commencer. Certes, les problèmes scientifiques ne cesseront pas de peupler l'esprit d'Einstein et nous aurons à le voir. Mais l'ampleur des événements qui agitaient la planète, sans parler des soucis de sa propre santé, allait gravement perturber ses jours. Il ressentait vivement la dangereuse menace qui pesait désormais sur l'humanité. Il se livrait à cette remarque sombre, dès février 1946 : « Le penchant vers la guerre est une bonne part de la nature humaine, comme c'est une part de la nature des fleuves d'inonder de temps en temps leurs rives. » Or, nous savons que le goût profond qu'il avait de la solitude, sa répugnance pour les affaires publiques, s'alliait toujours à un besoin non moins profond de témoigner pour les causes où il lui semblait que sa responsabilité fût engagée, même de façon lointaine.

Nous disposons aujourd'hui d'un tableau scrupuleux, complet, des efforts du grand savant pour la justice et la paix : c'est le livre qui, précisément, s'appelle *Einstein et la paix (Einstein on Peace)* [1]. On le doit à son ami et

1. In-8° de XVI-704 pages, préface de Bertrand Russell; Simon et Schuster, New York, 1960.

exécuteur testamentaire, l'économiste Otto Nathan, aidé de Heinz Norden. Or, cette période de dix années occupe presque la moitié du recueil et l'on demeure confondu devant la masse d'écrits, de témoignages en tout genre, d'efforts déployés pour l'entente entre les hommes par celui qui était le plus grand savant de son temps, dont le génie paraissait tourné tout entier vers l'exploration des phénomènes naturels et la recherche des lois qui les gouvernent.

On a vu déjà comment Einstein se trouvait personnellement affronté aux problèmes moraux que soulevait la libération de l'énergie nucléaire sous forme de bombes. Sa responsabilité ayant été souvent mal comprise, il nous faut d'abord citer ses propres réponses à ceux qui le mettaient en cause. Là encore, les textes nous sont fournis par l'ouvrage inestimable du professeur Nathan.

Sa première déclaration semble avoir été faite au magazine *Newsweek*, numéro du 10 mars 1947 : « Si j'avais su, dit-il, que les Allemands ne réussiraient pas à fabriquer la bombe, je n'aurais rien fait du tout pour la bombe. » Il observe d'ailleurs que tôt ou tard les choses seraient arrivées quand même sans son intervention.

Huit ans après, le vieil historien français Jules Isaac lui adressa un article, « Guerre atomique ou coexistence », et lui demanda s'il n'aurait pu prévoir les conséquences inquiétantes de sa fameuse équation formulant l'équivalence entre masse matérielle et énergie? La réponse, datée du 28 février 1955, établit si nettement les faits, qu'il importe d'en citer au moins un passage significatif :

« ... Vous semblez croire que moi, pauvre homme que je suis, en découvrant et publiant la relation entre masse et énergie, j'ai contribué de façon importante à la lamentable situation où nous nous trouvons aujourd'hui. Vous supposez que j'aurais dû, en 1905, prévoir la possibilité de faire des bombes atomiques. Mais ceci est absolument impossible, puisque la réalisation d'une *réaction en chaîne* dépendait de faits expérimentaux qui pouvaient difficilement être imaginés en 1905. Et même si une telle connaissance avait été effective, il eût été ridicule d'essayer de dissimuler ce résultat particulier de la Relativité restreinte. Dès lors que la théorie existait, la conclusion aussi existait et ne pouvait être longtemps cachée. Comme la théorie même, elle doit son existence aux efforts pour découvrir les propriétés de « l'éther luminifère » Il n'y a jamais eu là la moindre indication de quelque application technique en puissance. »

On peut ajouter un argument de fait à l'appui de cette déclaration. Elle est si vraie que le physicien français Paul Langevin avait lui-même et indépendamment tiré de la Relativité restreinte la conséquence en question, c'est-à-dire la relation d'équivalence entre la matière et l'énergie.

La dernière explication qu'Einstein ait apportée à cet égard est une réponse du 19 mars 1955 — il n'avait plus qu'un mois à vivre! — à son ami Max von Laue, illustre lauréat allemand du Prix Nobel, gendre de Planck, et dont le nom a déjà été lu dans ce livre.

« Mon action concernant la bombe atomique et Roosevelt consiste simplement, devant le danger qu'Hitler pût avoir le premier la bombe, à signer une lettre au Président dont Szilard avait rédigé le texte. Si j'avais su que cette crainte n'était pas justifiée, ni moi ni Szilard n'aurions participé à l'ouverture de cette boîte de Pandore. Car ma méfiance des gouvernements n'était pas limitée à l'Allemagne. »

On a prétendu que, dans une conversation privée où la question de sa participation au déclenchement du « Manhattan Project » était en jeu, il aurait dit : « Oui, j'ai pressé le bouton. » Or, il n'a cessé de protester contre ce mot qu'il n'a jamais prononcé.

2. L'action pour la paix et le « gouvernement mondial ».

Aussi bien le véritable problème n'est-il pas là. On sait déjà combien, en un certain sens, la vie d'Einstein n'était pour ainsi dire qu'une longue lutte pour la paix. Les événements dramatiques récemment survenus ne pouvaient que l'inciter à persévérer. Après les bombardements atomiques sur le Japon — dès l'été 1945, en somme —, il éprouve de plus en plus que son universelle renommée scientifique l'oblige à intervenir encore et plus que jamais en faveur d'une entente durable. Il sentait que toute mesure relative à l'énergie nucléaire uniquement ne pouvait maintenir qu'une situation bien précaire. Un moyen politique plus large serait seul capable de garantir la paix entre les peuples. Ce moyen, pour lui, était d'organiser une autorité supra-nationale ou plus exactement un gouvernement mondial. On peut prendre pour base de ses vues à cet égard, parmi les nombreuses et systématiques expressions qu'il en a données, un témoignage du 14 juin 1947. A cette date, en effet, il adressait tout un mémorandum au célèbre chimiste Harold C. Urey, lauréat Nobel pour sa découverte de l'hydrogène lourd *(deuterium)* et de l'eau lourde. Ce mémorandum était rédigé en vue d'une discussion éventuelle à une conférence organisée par les atomistes de Chicago et qui devait se tenir à Lake Geneva, dans le Wisconsin. Voici quelles étaient les idées essentielles présentées par Einstein.

La guerre ne peut être écartée que si la puissance militaire des diverses nations est remplacée par un monopole militaire confié au gouvernement supra-national.

Pas de droit de *veto* aux membres de ce gouvernement, en matière de sécurité.

Les *populations* et non les gouvernements des Etats doivent être représentées à cette instance supra-nationale.

Ainsi, les nations doivent-elles obligatoirement accepter certaines restrictions à leur souveraineté. Toutefois, et provisoirement du moins, l'on doit poursuivre cet idéal sans sacrifier les mesures de défense en cas d'agression. Nous retrouvons bien là cette caractéristique d'Einstein, de garder en même temps la rigueur des principes et la volonté d'éviter toute exagération passionnelle.

Son vœu ardent d'un gouvernement mondial qui épargnerait au monde une catastrophe nucléaire ne s'accompagnait d'ailleurs d'aucune illusion. Il faut y insister car l'on s'est souvent mépris sur sa nature profonde et son apparente naïveté. Avec son humour coutumier, il écrivait dès le 29 décembre 1947, à un chef de file du mouvement pour la paix en Allemagne : « Quand nous arriverons au ciel vous et moi, c'est au séjour de don Quichotte que nous nous rencontrerons! » Il déclarait encore que les humains ont sans doute autant de mal à s'entendre « qu'un tigre à devenir végétarien »!

N'importe, il décidait qu'il fallait envers et contre tout lutter face à la démence, génératrice du pire. Cette lutte, il la mènera jusqu'au bout. Nous en avons le témoignage suprême dans son échange de lettres avec Bertrand Russell. Le grand apôtre anglais de la paix lui suggérait, le 11 février 1955, de lancer un avertissement solennel de la nécessité d'éviter la guerre nucléaire, déclaration qui, au-delà de toute appartenance politique — communiste et anticommuniste — recueillerait la signature d'un petit nombre, six par exemple, de savants du plus haut rang. Il ne s'agissait d'ailleurs point de la bombe H seule, mais du risque pour le moins aussi grand des « armes » bactériologiques. Toutes choses de nature à renforcer cette proposition générale que la guerre et la science ne sauraient désormais coexister.

Einstein lui apporte son accord, le 16 février même. Il admet des personnalités aussi « marquées » à gauche que Joliot, pourvu que des hommes de l'autre bord en contrebalancent le poids. Et des neutres aussi : par exemple il serait d'une importance vitale d'obtenir l'assentiment de Niels Bohr s'il y consent. Il s'adresse directement à Bohr, le 2 mars. L'illustre physicien danois, sans être en opposition marquée, répond à Russell négativement, ne fondant pas, semble-t-il, grand espoir sur la démarche tout en l'accompagnant de ses vœux.

Finalement, Einstein signa la proposition de Russell et lui adressa un court billet, le même jour, 11 avril 1955.

Comme le remarque le professeur Nathan, ces deux signatures seront les dernières d'Einstein : deux jours plus tard, nous le verrons, il était mortellement frappé. La déclaration devait paraître dans le *New York Times*, du 10 juillet. Elle eut un grand retentissement et dû surtout au fait qu'elle apportait en quelque sorte le témoignage d'outre-tombe de celui qui venait de disparaître en restant le plus grand savant du siècle. Infeld, revenu à Varsovie, avait signé, ainsi que Frédéric Joliot, qui d'abord avait fait certaines réserves.

3. Attitude par rapport au communisme.

Une vue, même aussi rapide et comme en survol, des rapports d'Einstein avec les grandes questions politiques, en ses dernières années, serait incomplète si elle ne comprenait encore, d'une part quelque référence à une lettre célèbre, détaillée, qu'il eut à envoyer à des collègues soviétiques, et d'autre part, une allusion aux événements qui modifièrent la situation personnelle des savants américains et d'abord des atomistes, dans leur pays même.

Quatre membres de l'Académie des Sciences soviétique, S. Vavilof, A. N. Frumkin, A. F. Joffe, N. N. Semyonov, tous quatre réputés, lui adressèrent une « lettre ouverte », publiée le 26 novembre 1947 au journal *New Times*, où ils critiquaient sa notion d'un gouvernement mondial. Ils avançaient que cela n'eût profité qu'au capitalisme international. En décembre, Einstein prépara sa réponse, qui parut au *Bulletin des Scientifiques atomistes* de février 1948. Ces pages mûries, pesées firent quelque bruit et fort justement car on y trouve une expression remarquable de ses idées en la matière [1].

Il commence par montrer à ses interlocuteurs qu'il

1. Voir le recueil *Conceptions scientifiques, morales et sociales*, traduction française par Maurice Solovine (Flammarion, 1952) de *Out of my later years*, (New York, 1950.)

ne méconnaît nullement le sort tragique de la Russie, durant des années. Puis il essaye d'analyser l'antagonisme entre socialisme et capitalisme, car ce conflit lui paraît dominer entièrement l'attitude soviétique touchant les problèmes internationaux. Objectivement, dit-il, la question socio-économique est elle-même déterminée par le fait que l'essor technique conduisit à accroître la concentration des mécanismes économiques. On peut être reconnaissant à la Russie d'avoir la première, et en dépit d'extrêmes difficultés, démontré la possibilité d'une économie socialiste planifiée, avec ses avantages.

D'autre part, il ne faut pas imputer au système capitaliste tous les maux sociaux et politiques, ou croire qu'ils disparaîtraient radicalement avec l'établissement véritable du socialisme. Le danger de semblables croyances rigides est qu'elles tournent inévitablement au fanatisme, l'Histoire le prouve.

Une société civilisée doit tenir la balance exacte entre le gouvernement et la tyrannie. Mais il avoue :

« Ce qui me surprend le plus, dans votre attitude générale, telle que l'exprime votre lettre, c'est que vous, passionnément opposés à l'anarchie dans la sphère économique, défendez avec une égale passion l'anarchie, c'est-à-dire une souveraineté sans limites, dans la sphère de la politique internationale. » L'argument selon lequel les Nations Unies seraient sous contrôle purement américain et simple émanation du capitalisme américain lui paraît ressortir au genre mythique. Certes, il y a puissante influence, mais qui, toutefois, ne doit pas être surestimée.

Pour lui, les propositions américaines sur l'armement atomique représentaient à tout le moins un effort vers la création d'un organisme de sécurité internationale. Elles auraient pu servir de base de discussion. En fait, l'attitude mi-négative, mi-dilatoire du gouvernement soviétique a rendu malaisée la lutte contre les « fauteurs de guerre ». Il tente donc une explication impartiale et raisonnable des choses. Et c'est bien la raison lucide, sereine, qui conclut cette épître, l'une des plus longues qu'il ait jamais écrites :

« Nos passions et les habitudes dont nous avons hérité doivent-elles, en vérité et inévitablement, nous condamner à nous détruire les uns et les autres? (...) N'est-il pas vrai que toutes les controverses et différences d'opinions abordées dans notre singulier échange de lettres sont minimes et insignifiantes, comparées au danger réel où nous sommes tous affrontés? Si l'on persiste à pratiquer la doctrine de la souveraineté illimitée pour chaque nation, cela peut seulement signifier que chaque pays se réserve le droit de recourir à la force pour atteindre ses buts. Ce qui entraîne à envisager l'éventualité de la guerre, et à mettre toute sa puissance dans l'acquisition de la supériorité militaire. Nous empoisonnerons ainsi l'esprit de notre jeunesse bien avant que la catastrophe de la guerre ne soit réellement sur nous. Tant qu'il nous restera la moindre trace de calme raisonnement et d'humanité, nous ne devons tolérer cela. »

Il conclut enfin :

« Ces considérations seules me conduisent à défendre l'idée d'un « gouvernement mondial », sans la moindre référence à ce que d'autres peuvent avoir dans l'esprit lorsqu'il travaillent pour le même objectif. Je défends le gouvernement mondial parce que je suis convaincu qu'il n'y a nul autre moyen possible d'écarter le plus terrible danger qui ait jamais menacé l'homme. L'objectif d'éviter la destruction totale doit avoir priorité sur tout autre but. — Je suis sûr de votre conviction que cette lettre est écrite avec tout le sérieux et l'honnêteté en mon pouvoir, j'ai confiance que vous l'accepterez dans le même esprit. »

En 1949 et 1950, il déclinera les invitations au Congrès mondial de la paix, que lui adressèrent successivement son ami le grand mathématicien français Hadamard, et Frédéric Joliot-Curie. Il lui semblait que le Congrès, dans la situation internationale du moment, ne pouvait paraître que d'inspiration soviétique et par suite incapable de servir réellement la cause de la paix.

Rien de tout cela qui ne soit conforme à ce que nous savons de ses idées profondes et pour ainsi dire de sa règle de vie. Son hostilité juvénile envers la férule bismarkienne et le militarisme prussien, contre le totalitarisme nazi ensuite, le conduisaient encore à désapprouver ce que le régime soviétique pouvait avoir d'oppresseur, et le déni de justice qu'il apportait souvent : toute cette période de la dictature stalinienne ne pouvait, d'évidence, avoir son approbation.

Mais il importe tout de suite de préciser qu'il n'entendait nullement s'affilier ainsi à une politique stérile de négation sociale. Un texte me paraît singulièrement opportun à citer ici. Il s'agit d'une lettre, adressée le 14 janvier 1954, en réponse à une longue épître que lui avait envoyée un inconnu new-yorkais et qui appelait les remarques suivantes, nuançant tout de suite les critiques du régime russe :

« Mais tout cela ne saurait servir de justification pour ce qui se range, en notre pays, sous le slogan du « combat contre le communisme ». La « menace communiste » est utilisée ici par les politiciens réactionnaires, comme prétexte à masquer leur attaque des droits civiques. Le peuple est trop mal guidé, les intellectuels trop timides pour être capables de défendre efficacement leurs droits constitutionnels. (...) Nous avons fait un grand pas vers l'établissement d'un régime fasciste. La similitude entre les conditions générales ici et dans l'Allemagne de 1932 est tout à fait apparente. Qu'arriverait-il, si, de surcroît, la redoutable dépression économique venait réellement à se produire! Et pourquoi, peut-on se demander, les Britanniques n'ont-ils pas peur de leurs communistes? »

4. Einstein et les restrictions à la liberté de pensée des scientifiques.

Nous abordons ainsi cet autre aspect de l'attitude d'Einstein, face à certains événements politiques, et d'ordre intérieur cette fois, dont je parlais tout à l'heure. L'évolution des idées dans le pays qui était devenu le sien lui inspirait les craintes dont nous venons de lire l'expression. Naguère, l'Amérique lui avait semblé une terre de refuge, comme à tous ceux qui durent fuir les pays asservis à Hitler ou Mussolini. Il appréciait le libéralisme qui régnait outre-mer et le système constitutionnel lui paraissait tenir un juste équilibre démocratique entre une organisation solide de l'Etat et la liberté de tous, l'Etat étant fait pour les hommes et non les hommes pour l'Etat. Mais comme savant il ressentait plus profondément encore toute mesure, toute tendance de nature à réduire cette absolue liberté de pensée, d'expression, de discussion qui est l'essence même de la science. Il lui semblait assister à un essor grandissant de la « mentalité militaire », un abandon des valeurs réelles au profit de la prospérité supposée de l'Etat, ou d'une idéologie stérile. Ce qu'on a pu appeler le mac-carthysme, « la chasse aux sorcières », cette inquisition sous prétexte de traquer le communisme l'éprouve d'autant plus que, là encore, il se sentait un peu à part. A une confidente insigne, la reine Elisabeth de Belgique — le lecteur l'a déjà rencontrée en ce livre et l'y rencontrera encore —, il écrit le 28 mars 1954 :

« ... Je suis devenu une espèce d'*enfant terrible* [en français dans le texte] en ma nouvelle patrie, ce qui est dû à mon incapacité de garder le silence et d'avaler tout ce qui arrive ici. D'ailleurs, je crois que les gens d'âge, qui ont peu à perdre, devraient désirer de s'exprimer en toute indépendance à l'égard des jeunes, soumis à une bien plus grande contrainte. J'aime à penser que ce peut être de quelque secours pour eux. »

A ce moment commençait l'affaire Oppenheimer, où le célèbre physicien qui avait dirigé, on le sait, tout le programme de la bombe atomique à Los Alamos allait être tenu pour *security risk*, quitte à recevoir plus tard une éclatante réparation. Einstein y fit peu d'allusions publiques. Au numéro de mai 1954 du *Bulletin des Scientifiques atomistes*, il déclare simplement : « La tentative systématique et largement répandue de détruire la confiance mutuelle constitue le coup le plus rude possible envers la société. »

A un correspondant new-yorkais, il écrivait aussi : « Nous ne pouvons que continuer à lutter pour l'honnêteté et l'indépendance de la pensée. »

Et c'est dans le magazine *The Reporter* du 18 novembre 1954, à propos de la situation des scientifiques américains, que l'on trouve la fameuse déclaration :

« Si j'étais encore un jeune homme, et avais à décider de faire ma vie, je ne voudrais point tenter de devenir un savant, un universitaire, un professeur. Je choisirais plutôt d'être plombier ou colporteur, dans l'espoir de trouver ce modeste degré d'indépendance encore possible, présentement. »

Venant de lui, la phrase fit le tour du monde et connut un grand retentissement. Einstein fut nommé membre d'honneur de l'Union des Plombiers. Sa pensée fut d'ailleurs mal interprétée parfois. On supposa qu'elle traduisait un remords d'avoir eu certains rapports avec la bombe atomique. Il n'en est rien : nous avons vu sa conviction à cet égard. Mais il ressentait douloureusement l'entrave à la liberté de l'esprit qui sévissait alors envers les scientifiques. Je puis avancer qu'en septembre 1954 par exemple, il n'était même pas sûr de n'être point pris à partie, en personne. Quand il écrira à Bohr un peu plus tard, il lui dira : « J'ai la réputation ici d'être une bête noire [a black sheep] », en ajoutant même cette parenthèse : « (et non pas seulement en matière scientifique) ».

5. Le livre jubilaire des soixante-dix ans.

« Une *bête noire* et non pas seulement en matière scientifique... » Il l'était donc en matière scientifique? L'allusion nous conduit à un point fondamental de son itinéraire intellectuel, à peine entrevu au précédent chapitre. C'est le problème de l'interprétation de la mécanique ondulatoire ou quantique, et plus généralement de la mystérieuse dualité des ondes et des corpuscules dans notre description des phénomènes en microphysique. Son attitude s'opposait à celle de la plupart des théoriciens, fidèles à l'École de Copenhague dont le chef de file était Bohr. C'est, plus généralement, un aspect important des rapports d'Einstein avec les grands courants d'idées de son temps, à cause des implications philosophiques du problème et des extensions plus ou moins justifiées qu'on en a données. Dans ses dernières années, il s'est particulièrement attaché à livrer ses vues sur la question dans deux ouvrages, l'un qui le concernait lui-même, l'autre sur Louis de Broglie. Il importe de parler sommairement de ces deux recueils.

La publication d'un livre jubilaire, célébrant son soixante-dixième anniversaire, restera comme un témoignage, pour ce qu'il y dit de lui-même, pour ce que l'on y dit de lui. Une collection consacrée à quelques illustres penseurs de notre temps paraissait à Evanston, dans l'Illinois. Le volume *Albert Einstein Philosopher-Scientist* fut publié en 1949, sous la direction de P. A. Schlipp, de la Northwestern University. Il comprenait quatre parties : d'abord des « Notes autobiographiques »; puis les hommages de vingt-cinq savants ou philosophes américains et étrangers; en troisième lieu une réponse d'Einstein à certains articles du recueil dont il avait eu connaissance avant la publication; enfin une minutieuse bibliographie des écrits de l'illustre physicien, à la date d'octobre 1949. En fait, c'est dans ce livre que la discussion avec les « probabilistes » prit son caractère le plus éclatant.

Mais voyons d'abord la contribution biographique d'Einstein. De tels témoignages sont singulièrement précieux, où un grand savant précise sa démarche intellectuelle, son évolution propre, telle qu'il en prend conscience. Pour ne citer qu'un exemple contemporain, Max Planck, en 1945 — à quatre-vingt-cinq ans! — avait rédigé son « Autobiographie scientifique », à l'invitation de l'Académie des Sciences de Halle, rédaction qui parut en librairie trois ans plus tard à Leipzig.

Les « Notes autobiographiques » d'Einstein forment un ensemble de 47 pages et d'autant plus importantes qu'il ne s'était jamais penché si résolument sur le cours de ses idées. Le texte est d'ailleurs l'original allemand (face à la traduction anglaise). Nous y avons donc l'écho fidèle de sa voix. C'est un retour assez testamentaire sur son existence et, avec son humour coutumier, il l'appelle tout de suite sa « nécrologie ». Il ne faut d'ailleurs pas y chercher quelque confidence intime, une fenêtre entrouverte sur sa vie privée. Au bout d'un moment, il imagine que le lecteur étonné va s'écrier : « Mais s'agit-il vraiment d'une nécrologie? » A quoi il répond : « Essentiellement oui, car, pour un être comme moi, l'essentiel consiste précisément dans ce qu'il pense et *comment* il pense, non dans ce qu'il fait ou souffre. »

Il déclare vite que sa jeunesse était déjà à la recherche d'un monde réel, extérieur aux hommes, et d'une contemplation de la nature. Mais il proclame là encore combien un tel idéal ne peut exister que dans une liberté complète de l'esprit : « C'est une erreur grave de croire que la joie de voir et de connaître puisse résulter de la coercition ou du devoir. »

Et nous retrouvons, pour ainsi dire codifiés une dernière fois, les principes fondamentaux sur lesquels s'appuya toute son activité inventive. Particulièrement, il définit les caractères essentiels de la théorie physique. Il rappelle sa conviction qu'elle ne saurait être autre chose, selon lui, qu'un libre jeu avec les concepts. A quoi reconnaître une bonne théorie? A sa simplicité logique, à sa perfection interne, aux confirmations qu'elle reçoit de l'extérieur. Autrement dit, il lui faut la rigueur et la cohérence mathématiques, puis l'approbation de l'expérience. Et il aime à insister sur le fait qu'une théorie est d'autant plus riche que ses prémisses sont plus simples.

Einstein montre donc la continuité de sa pensée aux grands moments de son œuvre : son état d'esprit dans le temps où il allait construire la Relativité restreinte, puis sa quête méditative d'une extension et l'édification de la Relativité générale, enfin l'élaboration de la théorie unitaire. Le récit devient vite d'ordre technique d'ailleurs, sans oublier l'atmosphère çà et là philosophique.

Un problème particulier se dressait, au cours de cet itinéraire d'esprit : ses rapports avec la théorie des quanta ou plutôt les distances qu'il prend envers l'interprétation qu'en donnent la plupart des physiciens contemporains et qui finit par prendre figure d'« orthodoxie » — ce que lui-même appelait un jour *la mystique probabiliste.*

Il n'y a pas à descendre ici jusqu'au détail de la discussion. Encore convient-il d'évoquer l'affrontement — d'autant plus sensible qu'il s'agissait d'un recueil d'hommages — entre les vues des célébrants et celles du célébré. Pauli déclare, par exemple, sa conviction ferme que « la nouvelle situation épistémologique soutenant la mécanique quantique est satisfaisante aussi bien du point de vue de la physique même que des conditions de la connaissance humaine en général ».

Le reproche de Max Born, vieil ami et admirateur qui, jadis à Berlin et comme assistant de Planck voyait Einstein presque chaque jour, est par là même singulièrement vif. Comment, selon lui, Einstein peut-il se déjuger à ce point, lui qui d'abord fit plus que personne pour montrer le rôle essentiel des probabilités dans les lois naturelles! N'est-ce pas lui-même qui a « pavé la route » conduisant à « remplacer les lois causales par des lois statistiques et le déterminisme par l'indéterminisme [1] »?

1. Dans un exposé fait le 16 juillet 1955 à la Conférence internationale sur la Relativité (Berne) et reproduit à la fin de son recueil *Physics in my Generation* (Pergamon Press, Londres et New York, 1956), Max Born reproduit des extraits de sa correspondance avec Einstein et conclut sur le point qui

Nous avons vu — ici même, page 319 — l'accusé répondre éventuellement par une boutade : « Une bonne plaisanterie ne doit pas être répétée trop souvent... » Au volume jubilaire, l'ensemble des notes autobiographiques et de la réplique forme une défense sérieuse et développée.

Le maître du chœur adverse était Bohr, naturellement. Dans sa contribution, le grand physicien danois avait repris un long historique de l'affaire, et dressé un bel exposé de l'attitude probabiliste. Essentiellement, il soutenait que cette attitude n'est nullement une renonciation arbitraire à quelque analyse plus détaillée des phénomènes atomiques, mais la reconnaissance obligatoire qu'une telle analyse est exclue. La théorie probabiliste est « complète », en elle-même, la situation radicalement neuve exige l'abandon des idées traditionnelles.

Einstein ne voit là, tout au contraire, qu'un *expédient provisoire* et faute de mieux en l'état actuel. Par de nombreux exemples, il essaye de prouver à quelles difficultés inextricables se heurte une façon de voir qui attribue à la solution de Bohr et ses disciples le caractère d'une description complète. Le vieux lutteur combat pied à pied. Il ne renonce pas, semble-t-il, à son humour accoutumé. S'il nous dit que, selon lui, l'œuvre de Bohr offre l'exemple de « la plus haute *musicalité* dans le domaine intellectuel », n'y a-t-il pas là une admiration légèrement teintée d'ironie, la musicalité n'étant sans doute pas ce que l'on requiert le plus d'un esprit scientifique rigoureux?

Tout cela, d'ailleurs, devra toujours être consulté de près, à la fois par les commentateurs d'Einstein même, et par les historiens de la pensée scientifique dans cette période troublée de la physique. Il importe enfin d'insister sur le fait que, à deux reprises, celui que le recueil était censé honorer emploie le terme d'*accusation*

nous occupe : « La physique courante ne l'a pas suivi; elle a continué à accumuler des faits expérimentaux et à les interpréter d'une manière qui déplaisait souverainement à Einstein. »

pour qualifier les attaques véritables qu'il dut ici subir. Il semble bien qu'il ait été jusqu'à dire dans l'intimité : « Ce livre d'hommages, en réalité, c'est ma mise en accusation! »

6. Contribution au livre « Louis de Broglie, physicien et penseur ».

Une circonstance particulière allait le conduire à grouper et dresser une fois de plus ses idées touchant ce problème. Pour le soixantième anniversaire de Louis de Broglie, qui tombait le 15 août 1952, quelques disciples ou amis, à l'Institut Henri Poincaré (Sorbonne) où professait leur maître, décidèrent en 1950 de lui offrir un recueil d'hommages, selon la tradition. Ils prirent pour modèle précisément le volume des soixante-dix ans d'Einstein, et le recueil s'appela tout naturellement *Louis de Broglie, physicien et penseur.* L'invitation à contribuer au livre fut adressée d'abord aux savants dont les travaux avaient eu quelque rapport avec ceux de Louis de Broglie. On sait déjà comment Einstein se trouvait être le premier d'entre eux, à la fois par la renommée et par l'influence exercée. La découverte parBroglie de la nature ondulatoire de l'électron était une sorte de généralisation inattendue de la synthèse opérée par Einstein entre ondes et corpuscules dans le domaine du rayonnement, c'est-à-dire sa théorie des quanta de lumière (photons), en 1905.

On se souvient qu'au fameux Congrès de Physique Solvay d'octobre 1927, la doctrine « probabiliste », affirmée par Bohr, Born et leurs jeunes émules, avait commencé de se codifier, cependant qu'Einstein s'y opposait déjà et que Louis de Broglie tentait un dernier essai de doctrine classique. Dans un récit de 1952 [1], il a rapporté lui-même les circonstances de leur rencontre en évoquant l'impression profonde qu'il en avait durablement éprou-

1. Voir *Nouvelles Perspectives en microphysique*, Albin Michel, 1956.

vée. Il ne faut pas hésiter à donner l'essentiel de ce texte, puisque le présent livre a le dessein de situer Einstein dans son temps. Louis de Broglie y trace, d'ailleurs, un très fin portrait de son illustre devancier.

« Je me sentais plein de joie et de curiosité à l'idée que j'allais probablement rencontrer Einstein et pouvoir échanger des idées avec lui.

Mon espérance ne fut pas déçue et j'eus en effet l'occasion de voir à Bruxelles pendant plusieurs jours l'illustre physicien dont la figure avait hanté ma jeunesse et de m'entretenir assez longuement avec lui. L'impression qu'il fit sur moi fut profonde et d'ailleurs conforme à ce que je prévoyais. Je fus très frappé par l'expression douce et méditative de son visage, par l'affabilité de son accueil, par sa simplicité et par sa bonhomie. Parfois, animé d'un gai enjouement, il se laissait aller à de fines remarques ou même à des confidences personnelles sur la vie et les détails de l'existence quotidienne. Parfois, revenant à l'attitude de méditation réfléchie qui lui était familière, il discutait avec profondeur et originalité de nombreux problèmes scientifiques ou autres. Je fus particulièrement séduit par cette haute et sympathique figure et j'en ai conservé un très attachant souvenir. »

Les deux savants revinrent ensemble de Bruxelles à Paris, pour l'hommage rendu à Fresnel, le grand physicien français de la lumière, car on célébrait alors le centième anniversaire de sa mort. Le récit de Louis de Broglie précise ensuite :

« ... J'eus une dernière conversation avec Einstein sur le quai de la gare du Nord. Il me dit encore qu'il avait peu de confiance dans l'interprétation indéterministe et qu'il blâmait l'orientation trop formelle que commençait à prendre la Physique quantique; forçant peut-être quelque peu sa pensée, il me disait que toute théorie physique devrait pouvoir en dehors de tout calcul, être illustrée par des images si simples « qu'un enfant même devrait pouvoir les comprendre ». A coup sûr avec l'interprétation purement probabiliste de la Mécanique ondulatoire, on était loin de compte! A la sortie de la gare, il me quitta en disant à peu près : « Continuez! C'est vous qui êtes dans la bonne voie! »

Il ajouta curieusement cette phrase, qui ne figure pas dans le récit : « Moi, je suis trop vieux!... » A la vive surprise de son interlocuteur, car Einstein n'avait alors que quarante-huit ans!

Au moment où nous préparions le livre collectif pour les soixante ans de Louis de Broglie, c'est d'évidence l'illustre nom d'Einstein qui nous vint le premier à l'esprit. Chargé de la tâche, j'écrivis donc à Princeton, en priant le grand physicien de nous accorder l'honneur de sa collaboration. Il me répondit tout de suite fort aimablement, mais en objectant qu'il n'avait rien de prêt, étant surtout occupé de sa théorie unitaire, et assez éloigné des questions quantiques. Je me permis d'insister en lui suggérant que, étant donné le retour aux idées classiques dès lors amorcé par Louis de Broglie, l'occasion serait peut-être bonne pour lui-même de rassembler, en un court article, l'essentiel de son argumentation. Il accepta avec beaucoup de bonne grâce, et d'ailleurs nous envoya ensuite un mémoire de théorie unitaire, en collaboration avec son assistante Mlle B. Kaufman, plus un appendice de lui seul. Son humour habituel lui fit même écrire en substance : vous pouvez garder les trois morceaux, ou seulement l'un d'entre eux, ou même n'en garder aucun. Je n'ai pas besoin d'ajouter que c'est la première solution qui fut adoptée d'enthousiasme. Nous verrons plus tard le complément de la théorie unitaire, mais le mémoire sur la théorie quantique a tout lieu d'être examiné ici; il complète en effet ce que faisait apparaître le volume *Einstein, philosophe et savant*, dont on vient de parler. Einstein l'intitule : *Remarques préliminaires sur les concepts fondamentaux*. Il l'écrit en allemand, précisant dès l'abord : « dans la seule langue où je puis m'exprimer avec un peu d'aisance ». Mais il déclare tout de suite :

« Ce sont des paroles d'excuse. Elles doivent montrer pourquoi — bien que j'aie assisté avec admiration, en des années de relative jeunesse, à la découverte géniale par L. de Broglie d'un lien intime entre les états quantiques discrets et les états de résonance — j'ai pourtant sans cesse cherché un moyen de résoudre l'énigme des quanta d'une autre manière ou du moins d'aider à en préparer la solution. Ces recherches étaient fondées sur un profond malaise, de nature principielle, que les bases de la théorie quantique statistique m'inspiraient. Je sais fort bien à ce propos que ce sentiment n'est pas tout à fait étranger à L. de Broglie lui-même. Ceci apparaît clairement dans l'essai qu'il a tenté, dès les années vingt pour compléter la théorie ondulatoire des quanta et chercher à donner, dans le cadre conceptuel de la mécanique classique (point matériel, énergie potentielle) une description complète de la configuration d'un système en fonction du temps, — idée sur laquelle assez récemment et sans connaître le travail de Broglie, vient de retomber M. David Bohm (théorie de l'onde pilote). »

Son mémoire, très remarquable, outre qu'il examine des questions particulières (ainsi la théorie de l'interaction entre deux particules), est une nouvelle expression de son credo [1]. Nous y retrouvons cette indéfectible attitude de l'esprit qui lui fait affirmer une réalité extérieure à nous-mêmes, comme à tout ce que nous en savons et tout ce que nous sommes : « *Il y a*, déclare-t-il, et c'est lui qui souligne, *quelque chose comme « l'état réel »* d'un système physique, qui existe objectivement, indépendamment de toute observation ou mesure, et qui peut en principe se décrire par les moyens d'expression de la physique. » D'ailleurs, tout le monde tient fermement à cette thèse sur la réalité, et les théoriciens quantiques eux-mêmes tant qu'ils ne disputent point des fondements de la théorie. La démarcation se fait au-delà, entre ceux qui tiennent le système orthodoxe pour complet (presque tous les physiciens actuels) et le petit nombre de ceux qui le jugent incomplet malgré ses étonnants résultats pratiques. « La perfection du mécanisme de la théorie et ses considérables succès » détournent ses partisans du prix qu'elle

1. On peut y joindre sa contribution (moins importante) au volume en l'honneur de Born : *Scientific Papers presented to Max Born* (Edimbourg, Oliver and Boyd, 1953.)

coûte! » — Le mot d'expédient revient dans son texte, cette fois encore, pour qualifier un tel système.

Au fond, deux natures d'esprit s'opposent : les probabilistes décident que le cartésianisme, le régime des idées claires et distinctes, les simplifications dues à l'astronomie et à la mécanique classiques sont radicalement inadéquates en physique atomique, où seules des solutions statistiques sont désormais conformes à la nature des choses [1]. Cependant qu'Einstein et ses émules estiment que c'est là fermer les yeux aux objections nombreuses et renoncer un peu trop aisément aux modes de pensée qui sont de l'essence même de la science, à travers ses formes les plus diverses.

Mais il importe de remarquer un fait nouveau. Einstein a certes puissamment contribué à la critique du système régnant. Ni lui, ni Schroedinger, ni nul autre, cependant, n'a tenté de passer à un stade plus positif, et de construire une véritable théorie « causale », cherchant à rendre compte des phénomènes quantiques d'une manière plus conforme à la description classique, et sans opposer *par principe* une borne à toute recherche future en la frappant arbitrairement d'interdit.

C'est au contraire une telle tentative que poursuit incessamment Louis de Broglie, en améliorant les idées sur lesquelles se fondait cette théorie de l' « onde pilote » dont parlait Einstein, et en édifiant un système nouveau (théorie de la « double solution »). Ce fut, certes, la suprême consolation intellectuelle de l'illustre savant que d'assister à la naissance de ce revirement : nous le constaterons bientôt en citant telles lettres de lui. Mais au moment de sa mort, la doctrine nouvelle prenait seulement son départ. Et Louis de Broglie en personne, au seuil d'un livre de 1966, *Certitudes et Incertitudes de la Science*, pouvait écrire mélancoliquement combien « il est regrettable

1. On peut trouver un témoignage supplémentaire et excellent de cette façon de voir dans l'ouvrage *Physique et philosophie* de Heisenberg, qui reproduit ses Gifford Lectures à l'Université St Andrews en 1955-1956, et qui fut traduit dans la présente collection en 1961.

qu'Einstein ne soit plus là pour porter un jugement » sur l'essai de construction qui est si bien dans l'esprit du grand prédécesseur.

7. Dernier aspect de la théorie unitaire.

On a déjà vu au chapitre IX, § 6, qu'une théorie unitaire figurait en quelque sorte le dernier étage de l'édifice relativiste : une construction qui unirait le champ de gravitation et le champ électromagnétique en un champ total, accordé mathématiquement à la structure géométrique de l'univers. Einstein a pu dire, qu'en fait, la généralisation de sa théorie de la gravitation « n'avait cessé de l'occuper depuis 1916 ». Cet immense effort tout au long d'un si grand espace de la vie humaine — et quelle vie! — trouva son ultime expression dans deux compléments : d'abord, comme je l'ai dit, sa seconde contribution au recueil d'hommages à Louis de Broglie en 1952, puis l'appendice II à son livre essentiel *The Meaning of Relativity* [1], appendice récrit à la fin de 1954 et joint à la dernière édition. Sous le titre *Théorie relativiste du champ non symétrique*, et en partie avec son assistante B. Kaufman, il réussit à simplifier le formalisme de ses équations du champ total. « La théorie entière, déclare-t-il, devient par là même plus transparente, sans que le contenu en soit modifié. »

Cette volonté de « transparence » s'attaquait aux grandes difficultés d'une théorie qui cherchait à soumettre les champs physiques à une géométrisation complète. Jadis, faisant allusion à l'équation générale de son nouveau système il écrivait déjà dans son langage imagé : « La théorie ressemble à un édifice dont une aile est bâtie de marbre fin (le premier membre de l'équation) et l'autre d'un bois de qualité inférieure (le second membre) [2] ». Et tout à

1. Dans le texte original en allemand, *Grundzüge der Relativitätstheorie*, Vieweg, Braünschweig.
2. *Conceptions*, etc., p. 92 (article d'abord paru au *Franklin Institute Journal*).

la fin, il résumait ainsi son jugement, dans une lettre du 27 février 1955 à son vieil ami Solovine [1] : « J'ai encore réussi à introduire une amélioration notable dans la généralisation de la théorie du champ de gravitation (théorie du champ non symétrique). Mais, même les équations ainsi simplifiées ne peuvent pas encore, à cause des difficultés mathématiques, être vérifiées par les faits. »

Le système lui semblait bien avoir pour lui sa cohérence interne et, selon ses vues, d'être logiquement la plus simple possible des théories relativistes du champ; mais il reconnaissait que la nature pouvait fort bien obéir à quelque chose de plus complexe.

Et voici que de nouveau se dressait la redoutable question de la structure atomique et quantique de la réalité, c'est-à-dire de l'inéluctable dualisme des ondes et des corpuscules. Car l'auteur de la théorie du champ total n'écartait aucunement l'existence des corpuscules. Il avait bien trop le *sens physique* pour cela! D'ailleurs, n'avait-il pas découvert les quanta de lumière et fourni la contribution capitale au domaine atomique? Mais la structure mathématique même exigée par la notion de champ excluait quoi que ce fût qui pût correspondre *directement* à la notion de corpuscule. Le concept de *champ*, c'est la base même que la doctrine de Relativité donne depuis l'origine à toute représentation du monde physique. Or, un champ étant par essence continu, comment y introduire — autrement que par des subterfuges — la discontinuité de la matière imposée par l'atomisme et les quanta? Les deux derniers paragraphes du dernier état de l'appendice II font ressortir nettement l'obstacle. Seul un progrès décisif des méthodes mathématiques apporterait l'aide nécessaire. Einstein termine par une déclaration profonde. L'opinion générale, écrit-il, est de transformer la théorie des champs en une théorie d'ordre statistique, selon des

1. Albert Einstein, *Lettres à Maurice Solovine*, reproduites en fac-similé et traduites en français, Gauthier-Villars, 1956. — Nous aurons encore à citer cette source d'autant plus précieuse que la reproduction en fac-similé du texte nous donne la pensée originale même d'Einstein.

règles plus ou moins établies. Il ne voit dans cette méthode qu'un essai pour substituer à la théorie réelle (en termes techniques : non linéaire), une théorie (linéaire) qui n'est pas en accord avec la réalité profonde des phénomènes, et ne correspond point au lien des corpuscules avec les champs qui les entourent (par exemple leur onde associée[1].

Au terme d'une tentative que la mort allait arrêter, il ne voyait jusqu'alors « pas d'autre moyen de formuler des lois relativistes généralisées ». Mais il reconnaissait, avec sa modestie habituelle, qu'il ne pouvait dire « s'il se trouvait de la vérité physique dans sa théorie d'un champ total ». Elle offrait seulement « cette économie de notions indépendantes et d'hypothèses » et cette rigueur de déduction mathématique, où il voyait les caractères d'une bonne théorie.

Les dernières additions d'Einstein au petit volume *The Meaning of Relativity* connurent dès leur annonce et partout ces mouvements de la presse écrite et parlée, ces extraordinaires vagues de curiosité qu'avaient déchaînés dans le grand public les publications antérieures. Bien entendu, le profane ne pouvait à peu près rien entrevoir de cette mystérieuse théorie, dont la suprême incarnation consistait en quelques pages de calcul tensoriel et de remarques purement techniques. Mais les esprits étaient toujours puissamment ébranlés par tout ce qui semblait rayonner de ce foyer. La légendaire personnalité de l'illustre savant faisait un peu penser à quelque mage vénérable, pour l'auditeur ou le lecteur moyen, cependant que

1. Louis de Broglie, commentant cette idée, précise son importance : « D'ailleurs, écrit-il, la linéarité est toujours dans la nature une première approximation : elle n'est approximativement réalisée que pour des phénomènes faibles, de petite amplitude » (*Certitudes et Incertitudes de la Science*, Albin Michel, 1966, p. 37). Les équations linéaires sont celles qui permettent, quand on a trouvé plusieurs solutions, d'obtenir en les additionnant une nouvelle solution : les solutions des équations linéaires peuvent donc s'ajouter sans réagir l'une sur l'autre. — Il n'en est aucunement de même pour les équations non linéaires, qui forment l'une des parties les plus difficiles et les moins explorées de la mathématique.

l'idée naïve d'une formule mathématique où tiendrait l'univers matériel entier, fascinait ceux qui voyaient les choses du dehors, tout en gardant l'avidité de ces notions vagues. Certains se rappelaient alors une phrase sonore et jadis fameuse, du philosophe Hippolyte Taine, où l'on peut voir un exemple des simplifications du XIXe siècle : « L'objet final de la science est cette loi suprême et celui qui, d'un élan, pourrait se transporter dans son sein y verrait, comme d'une source, se dérouler, par des canaux distincts et ramifiés, le torrent éternel des événements et la mer infinie des choses ».

Dans l'ensemble, les physiciens n'acceptèrent guère cette ultime incarnation de la Relativité. La plupart la considérèrent avec ce sentiment de révérence qu'on éprouve devant un temple qu'on respecte, certes, mais dans lequel on n'entre pas [1]. Un bon juge, le physicien relativiste Lanczos, a bien caractérisé cet isolement en comparant Einstein à Solness le constructeur, l'un des héros d'Ibsen. Solness ajoute une petit tour aux maisons qu'il bâtit et les habitants ne comprennent pas pourquoi... Au temps du soixante-dixième anniversaire, Solness-Einstein avouait à Solovine qui venait de le féliciter :

« Vous vous figurez que je regarde avec une calme satisfaction l'œuvre de ma vie. Mais vue de près la chose se présente tout autrement. Il n'y a pas une seule notion dont je sois convaincu qu'elle tiendra ferme, et je ne suis pas sûr d'être généralement sur la bonne voie. Les contemporains voient en moi tout à la fois un hérétique et un réactionnaire, qui s'est, pour ainsi dire, survécu à lui-même [2] ».

Et son collaborateur Infeld rapporte qu'il lui déclarait souvent : « L'homme a peu de chance [3] !.. » Infeld recon-

1. Toutefois, il importe de signaler au moins, en France, la remarquable contribution de Mme Marie-Antoinette Tonnelat, notamment son ouvrage : *La Théorie du champ unifié d'Einstein et quelques-uns de ses développements* (Gauthier-Villars, 1955), avec préface d'André Lichnérowicz.
2. Lettre du 28-III-1949.
3. Leopold Infeld, *Albert Einstein, his work and its influence on our World*, New York, Scribner, 1950, pp. 114 et 111.

naissait formellement, d'ailleurs, malgré toute son admiration pour son maître : « Dans les années récentes, Einstein a poursuivi son œuvre presque seul sur sa route et son influence sur le développement actuel de la théorie quantique est presque inexistante. »

Mais nous avons annoncé que la période ultime de sa vie allait amener quelque éclaircie dans cet examen pessimiste et lui montrer que sa voix ne se perdait pas dans le désert, sinon pour la théorie unitaire, du moins pour les bases de la théorie quantique. La révision systématique dès lors entreprise par Louis de Broglie le conduit par exemple à reconnaître familièrement dans une lettre privée [1] : « Il est réel que les collègues parisiens, dans leurs travaux scientifiques de ces dernières années, se tiennent beaucoup plus près de moi que les théoriciens d'Amérique. Il m'est difficile de comprendre combien, particulièrement dans les périodes de transitions et d'incertitude, la mode joue en science un rôle à peine inférieur à celui qu'elle joue dans l'habillement des femmes. L'homme est vraiment un animal très sensible à la suggestion en toute chose et non pas seulement en politique. »

Et une lettre écrite à Louis de Broglie vaut d'être citée plus amplement, tant elle résume la doctrine d'Einstein, à la fin de sa vie :

« Hier j'ai lu, traduit en allemand, votre article qui m'était déjà connu, concernant la question « quanta et déterminisme », et vos pensées si claires m'ont fait grand plaisir (...)

« Si je vous écris aujourd'hui, la cause en est étrange car je voudrais vous dire *comment* j'ai été poussé vers ma méthodologie qui, vue de l'extérieur semble assez bizarre. En effet, je dois ressembler à l'oiseau du désert, l'autruche, qui sans cesse cache sa tête dans le sable relativiste afin qu'il ne doive pas faire face aux méchants quanta. En vérité, je suis exac-

1. Lettre du 28 décembre 1954, adressée à Mme Germaine François, qui fut le professeur de français des Einstein, lors des années berlinoises. Elle était restée — et reste toujours — en relations très amicales avec la famille. Einstein disait d'elle : « C'est une femme exceptionnelle. »

tement comme vous, convaincu qu'il faut chercher une substructure, une nécessité que la théorie quantique actuelle cache habilement par l'application de la forme statistique.

« Mais depuis longtemps je suis convaincu qu'on ne pourra pas trouver cette substructure *par une voie constructive* en partant du comportement des choses physiques comme empiriquement, car le saut conceptionnel [conceptuel] nécessaire dépasserait les forces humaines. Ce n'est pas par la futilité de nombreuses années d'efforts que je suis arrivé à cette opinion, mais par mon expérience en théorie de la gravitation. Les équations de la gravité pouvaient être découvertes *seulement* sur la base d'un principe purement formel (la covariance générale)[1] c'est-à-dire sur la base de la conviction que les lois de la nature ont la plus grande simplicité logique imaginable. Comme il était évident que la théorie de la gravitation ne constitue qu'un premier pas vers la découverte de lois générales de champ les plus simples, il me semblait que d'abord cette voie logique devait être poursuivie jusqu'à la fin avant de pouvoir espérer arriver également à une solution du problème quantique. C'est ainsi que je suis devenu un adepte fanatique de la méthode de la *simplicité logique.* »

Il reconnaît, il est vrai, qu'il n'est pas sûr de l'aboutissement : « Peut-être n'y a-t-il pas de *théorie de champ* des quanta. » Mais une telle « conviction négative », fût-elle partagée par les théoriciens d'aujourd'hui, presque tous, « est fondée sur une base intuitive et non objective. En outre, ajoute-t-il, je ne vois aucune autre voie clairement distincte vers une théorie logiquement simple ».

Il ne semble pas superflu d'avoir si largement cité cette lettre, car elle montre directement l'attitude intellectuelle d'Einstein, au terme de sa longue réflexion. En lisant cette déclaration formelle, nous comprenons mieux cette autre confidence qu'il faisait à Infeld : « Je suis un philosophe plutôt qu'un physicien. » L'on pourrait croire à quelque paradoxe, de la part de celui qui était précisément le plus grand physicien de son temps, sinon de tous les temps. Mais il entendait par là, on vient de

1. Cette expression signifie que le formalisme mathématique reste le même quel que soit le système de référence adopté.

le voir, que de grandes idées directrices, un *credo* de simplicité logique, n'avaient cessé d'être son idéal ou plutôt l'essence même de sa méthode. Ajoutons qu'un *réalisme* bien éloigné de tout positivisme faisait essentiellement partie de ce *credo*, ce qui permet de comprendre son accord avec le profond philosophe des sciences Emile Meyerson. Il exprima publiquement cet accord dans un article de la *Revue philosophique* (Paris, 1928) et, lors de son séjour parisien de l'automne 1929, il tint à rendre visite à Meyerson [1].

Alors que les chercheurs, dont le nombre allait croissant, accumulaient partout les connaissances, les faits expérimentaux, ce qu'il voulait, lui, c'était *comprendre.* Et il remarquait, au terme de sa longue existence laborieuse : « Qui aurait pensé, vers 1900, qu'en cinquante ans nous saurions tellement plus et comprendrions tellement moins! »

Au reste, l'avenir seul jugera en dernier ressort, sur les parties même les plus contestées de l'œuvre. Qui sait ce que l'on peut encore tirer d'une pareille masse d'idées originales et de réflexions profondes? Pour ne donner qu'un exemple désormais fameux, Einstein, dans le temps de la Première Guerre mondiale, en 1917, publiait à *Physikalische Zeitschrift* un court article qui, quelque quarante années plus tard, devenait le principe même des *masers* et des *lasers*, comme, par là même, l'origine lointaine et la base d'une science toute neuve : l'électronique quantique.

8. Les dernières années de Princeton.

Nous apercevons mieux, maintenant, tout ce qui pou-

1. Un autre témoignage — celui d'un des grands physiciens des quanta, Sommerfeld — va dans le même sens. Il écrivait dans un article de la revue internationale *Scientia* (1er avril 1936) : « Les savants ne peuvent se tirer d'affaire sans une certaine dose de métaphysique... Ce dernier point, Einstein l'a en ma présence exprimé il y a quelques années sous cette forme plus acérée : *Toute physique est métaphysique* (Alle Physik ist Metaphysik). » — Nous sommes évidemment à l'opposé du positivisme...

vait assombrir parfois ce terme d'une vie. Outre la menace écrasante que le mauvais usage de la science faisait peser sur le monde, outre ce progressif déclin de la santé que nous allons voir bientôt, le vieux sage de Princeton ressentait cette mélancolie du soir qui affecte les plus grands, à voir combien « l'homme a peu de chance » et n'accomplit qu'une part étroite de ce qu'il rêvait. Il éprouvait ce sentiment de limite et d'inachèvement que, dans le domaine de l'art par exemple, ressentaient à la fin de leurs jours glorieux, un Michel-Ange ou un Wagner mêmes. Seuls les médiocres sont satisfaits.

L'universelle renommée qui faisait de lui un peu ce que notre époque appelle indifféremment un « monstre sacré », l'atteignait mal et il ne comprit jamais ce bruit autour de son nom. Cette popularité ne compensait pas la relative indifférence ou l'opposition de presque tous ses émules.

Tout cela, d'ailleurs, n'accédait pour ainsi dire qu'à une partie de lui-même. Peu d'hommes auront montré une telle unité, à travers les tribulations, les changements de cadre et d'habitudes, qui auraient submergé une âme moins forte. Chez lui le caractère était à la hauteur du génie, chose d'autant plus remarquable que le génie était plus haut.

Il faut se hâter d'ajouter que rien ne put jamais altérer son humour, dont ses lettres, par exemple, témoigneront jusqu'au bout. Il *aimait à rire.* Et cet humour s'alliait volontiers au goût prolongé et permanent de la culture humaniste. L'un de ses derniers entretiens publiés fut pour s'opposer à la « spécialisation » prématurée. L'adolescent dont la formation est trop particularisée risque de devenir une sorte de machine, utile peut-être, mais non une personne humaine. Mieux vaut, par exemple, lui donner tôt le sens du beau et du bien. « Sinon, cet homme muni de ses connaissances spéciales ressemble plus à un chien bien dressé qu'à un esprit harmonieusement développé. » Il recommandait formellement ici les *humanités* et, comme Poincaré jadis, dans l'intérêt même de la science : « Mettre l'accent sur une spécialisation prématurée, dans le dessein d'un rendement immédiat, tue l'esprit, dont toute vie culturelle dépend, *le savoir spécialisé y compris.* »

C'est bien ainsi qu'il semble avoir apprécié la fonction exacte des ordinateurs, où tant de gens voient exagérément des « machines à penser », en raison de leurs merveilleux pouvoirs électroniques. On lui prête ce mot, dont je n'ai pu retrouver l'origine, mais qui me paraît tout à fait dans sa ligne de pensée : « Oh! la machine résoudra très bien tous les problèmes que vous voudrez. Mais elle ne sera jamais capable d'en *poser* un seul. »

Il goûta fort, dans ce temps, la *Cyropédie* de Xénophon, « une œuvre tout à fait exquise », dit-il, en remarquant : « Seuls les Grecs ont réalisé quelque chose de si juste et de si naturel. »

C'était avec sa sœur Maïa qu'il partageait ce plaisir d'esprit, lui faisant le soir la lecture à haute voix. Tombée malade chez eux, elle n'avait plus quitté Mercer Street, où son état exigeait des soins constants. Elle souffrait beaucoup d'artériosclérose cérébrale et finit par mourir à l'été de 1951.

Trois ans plus tôt, il avait appris la mort de sa première épouse, Mileva. Elle était restée en Suisse où Einstein, avec l'argent du Prix Nobel, lui avait acquis un immeuble de rapport à Zürich. Leur second fils, très malade depuis des années, se trouvait également dans une maison de santé zurichoise, où il devait mourir en 1965. C'était un garçon très fin et qui semble, au départ, avoir témoigné de dons poétiques.

La vie était très simple dans la paisible maison de Princeton. Les visites étrangères, surtout un peu longues, fatiguaient le vieux savant, dans les dernières années. Mais il aimait les intimes, qui connaissaient bien son rire franc et sonore. Un séjour que fit Maurice Solovine, durant plusieurs semaines de 1946, ranima les souvenirs de la jeunesse, au temps de Berne et de la toute fraternelle et libre Académie Olympia, que les deux amis avaient fondée avec Habicht, autre compagnon des mêmes années lointaines.

Le grand pianiste français Robert Casadesus, un familier lui aussi, était toujours accueilli avec plaisir dans la maison où tout le monde était musicien.

Et il convient de faire une place à part à l'ancien gendre d'Einstein, Rodolphe Kayser. Veuf d'Ilse, il avait épousé une amie du Dr Bucky et de sa femme, eux-mêmes liés depuis longtemps avec les Einstein, et le couple restait tout à fait considéré comme de la famille. Kayser, jadis directeur à Berlin de la *Neue Deutsche Rundschau,* était en dernier lieu professeur à New York.

Naturellement, l'entourage, c'était désormais et de plus en plus les deux fidèles qui ne cessaient de veiller près de lui, sur lui, et sans doute est-il malaisé, du dehors, de dire à quel point! Margot Einstein, elle-même de santé chancelante, souvent malade et astreinte à de grands ménagements. Hélène Dukas, sa secrétaire depuis 1928, attentive à tout, à la tenue de la maison comme à celle des dossiers, et véritable « ange gardien ». Il fallait défendre la liberté du maître. A chaque maladie, le secret régnait jalousement dans la maison, pour épargner au malade l'incessante ruée des journalistes en quête de nouvelles.

Aussi bien, les attaques se renouvelaient-elles contre sa santé. Malgré sa forte charpente, le foie et le cœur n'avaient jamais été chez lui d'une entière solidité. Avec l'âge, diverses atteintes surgirent. Il avait heureusement pour le soigner son médecin de Berlin, émigré aux États-Unis quelques années après lui. C'était un ami et qui connaissait de longue date sa constitution. A la fin de 1948, on dut l'opérer d'un ulcère intestinal, compliqué d'adhérences. Deux ans plus tard, les douleurs reprirent, en dépit d'un régime très sévère. En 1952, il avait à se débarrasser d'une phlébite, « qui d'ordinaire se manifeste chez les femmes enceintes », déclarait-il plaisamment comme d'habitude. La fin de l'automne 1954 allait le plonger dans un état de profonde anémie, de grande pâleur et qui inquiétait son entourage.

Aux accrocs de santé s'ajoutèrent, il faut le répéter, les soucis qui l'assaillirent dans la mauvaise période où les intellectuels et surtout les savants se voyaient menacés dans leur liberté d'expression ou leur liberté tout court. Contre ces courants fâcheux, il protesta particulièrement dans une courageuse lettre ouverte, et il était prêt à endurer le pire, car nous savons combien ce grand esprit tourné mieux que personne vers la plus haute spéculation, savait s'engager lorsque la situation l'exigeait. On ne peut se retenir d'appliquer à lui-même ce qu'il écrivit un jour de Kepler : « C'était un de ces hommes rares qui sont simplement incapables de faire autrement que de défendre ouvertement leurs convictions dans chaque domaine. »

Au Texas, on était allé jusqu'à parler de brûler ses livres! Par bonheur, l'attitude du président Eisenhower tempéra opportunément ces excès.

Parmi ses écrits généraux de la dernière période, c'est vraiment ici le cas de citer sa préface à *Relativity, A richer Truth*, un ouvrage philosophique dû à l'auteur de la présente biographie, Philippe Frank. Einstein y étend les vues exprimées dans son article « Le but » (voir p. 415) : la science est distincte de la morale, leurs lois sont différentes aussi. Toutefois, il y a bien quelque chose de commun en ceci que les unes et les autres ne sont pas vérifiées très différemment. Toujours « la vérité repose sur l'expérience ».

Et l'un de ses derniers écrits fut au début de 1955 sa préface à la traduction anglaise de *Physique et Microphysique*, un des livres d'ordre général dus à Louis de Broglie.

Il correspondait volontiers avec la reine Elisabeth de Belgique et je sais que les lettres adressées à sa royale amie sont parmi les plus belles qu'il ait jamais données. Il lui écrivait *Liebe Königin* (chère Reine). La Reine l'admirait, avec cette passion généreuse qu'elle apportait à contempler toutes les grandes œuvres humaines. Un jour, je lui disais qu'aux dernières nouvelles Einstein délaissait son violon — j'y voyais le signe d'une extrême lassitude. Mais la Reine me fit observer : « Non! ce n'est pas cela. Mais il arrive un moment où l'on garde en soi toutes les musiques entendues et on n'a plus besoin de les jouer. Sans doute Einstein éprouve-t-il ce sentiment. » Il lui écrivait encore le 11 mars 1955[1]. Il exprime une fois de plus son extrême souci de la destruction universelle qu'un conflit possible engendrerait. Et il ajoute cette sorte de confession d'une si vive modestie :

« Je dois avouer que l'estime exagérée où l'on tient l'œuvre de ma vie me rend très mal à l'aise. Je suis obligé de me voir comme un escroc involontaire... »

Ces semaines ultimes donnèrent lieu également à une courte esquisse biographique, notamment de ses années de jeunesse en Suisse, car il s'agissait de célébrer le centenaire du Polytechnicum zurichois. Elle se termine sur la pensée fameuse de Lessing selon qui la recherche de la vérité vaut mieux que la possession de la vérité.

Mais son écrit suprême prend une allure solennelle et testamentaire. Il était destiné à commémorer l'indépendance d'Israël, et le message devait être diffusé largement par la radio et la télévision. Einstein voulut s'assurer l'accord des représentants officiels de son peuple et c'est ainsi que M. Abba Eban, alors ambassadeur, et le consul R. Dafni vinrent à Princeton au début d'avril. Il commença ensuite à rédiger son message dont il faut au moins entendre le début :

« Je vous parle aujourd'hui, non en citoyen américain, non en tant que Juif, mais comme un être humain qui cherche avec tout le sérieux dont il est capable, à regarder les choses objectivement. Ce que je voudrais accomplir est simplement de servir, avec mes faibles forces, la vérité et la justice, au risque de ne plaire à personne.

1. Le manuscrit de ce dernier message est reproduit à la fin d'*Einstein on Peace*.

« Le conflit entre Israël et l'Égypte est à son terme. Vous pouvez regarder cela comme un petit problème insignifiant et trouver qu'on peut se soucier de choses plus sérieuses. Mais ce n'est pas vrai. Lorsque la vérité et la justice sont en jeu, il n'y a pas à distinguer entre grands et petits problèmes; car les principes généraux qui déterminent la conduite des hommes sont indivisibles. Quiconque ne prend pas soin de la vérité dans les petites choses, ne peut inspirer confiance dans les affaires d'importance ».

Il poursuivait en montrant une fois de plus quelle responsabilité, à l'âge atomique, encourent les hommes politiques qui mènent le monde. Sa dernière phrase est inachevée : « Les passions politiques, quand on en attise la flamme, réclament leurs victimes... » On ne peut sans émotion entendre cette voix si noble que la mort allait éteindre, car il ne put continuer la page. Et comme le dit avec profondeur l'auteur d'*Einstein on Peace*, à sa dernière ligne lui-même : « Ici, la main qui changea le monde, et cependant en trop de domaines n'avait pu le changer, tomba et ne put écrire plus avant. »

Nous parvenons, en effet, aux derniers moments de cette grande vie. Quand *la main tomba sans terminer la phrase*, c'est l'homme même qui allait tomber. Apparemment, il était rétabli de cette grande fatigue de l'automne. Mais il sentait le fardeau de l'âge plus lourdement peut-être que la moyenne des hommes. Et il entrevoyait la fin avec une impavide sérénité. Huit ans plus tôt, à la disparition de son ami Paul Langevin, il avait écrit : « N'y a-t-il pas une certaine satisfaction dans le fait que des limites naturelles soient portées à la vie de l'individu, de sorte qu'à sa fin elle apparaisse comme une œuvre d'art. » Pour celui qui avait tant respecté, pour ne pas dire vénéré, les lois de la nature, dont tout l'effort avait été de les approfondir et d'en révéler l'harmonie, le terme de l'existence des hommes n'était qu'un cas particulier et nécessaire de l'ordre universel. Retrouvant l'antique image du vieil Homère sur les générations humaines qui se succèdent comme les feuilles, il disait souvent à sa fille et avec le plus grand calme, que la mort humaine est disparition selon la norme, « comme un arbre perd ses feuilles ». Et dans l'une de ses dernières lettres, celle qu'il adressait le 21 mars de cette fatale année 1955 à la famille de son vieil ami de jeunesse Besso qui venait de mourir, il affirmait assez mystérieusement : « Maintenant, il m'a aussi un peu précédé dans l'adieu à ce monde étrange. Cela ne signifie rien. Pour nous, physiciens croyants *(gläubige Physiker)*, la séparation entre passé, présent et avenir a la simple valeur d'une illusion, si tenace qu'elle soit. » La sentence rend un son hindou, à moins qu'on ne soit tenté de la prendre dans un sens relativiste ou déterministe. Mais Mlle Dukas pense qu'Einstein prenait littéralement ici le mot « croyant » et elle ajoute : « Il parlait un jour de lui-même, comme d'un incroyant croyant *(gläubige Ungläubiger)*, en rapport avec son genre de religion ou religiosité. »

En ce début d'avril, la maison de Mercer Street était déjà dans le trouble. Souffrant de sciatique, Margot se trouvait alitée en clinique depuis le 18 mars. L'un de ses regrets était d'avoir laissé sa petite perruche Bibo dans l'isolement. Alors le vieux savant, qui lui-même aimait l'oiseau, allait le chercher et tenait un peu compagnie à Bibo, tout en prenant le thé l'après-midi.

Les craintes de l'automne s'étaient éloignées. Les mois récents avaient paru raffermir sa santé et rien ne permettait d'entrevoir la proche menace. Brusquement, le mercredi 13 avril, il éprouva des douleurs extrêmes, ne gardant nulle nourriture. Mlle Dukas, seule avec lui, l'entourait de mille soins, tout en éprouvant la plus vive anxiété. Lui-même dominait la souffrance et pensa d'abord ne point quitter la maison. Il avait une très menue perforation de l'aorte et l'on crut au début qu'elle se refermerait d'elle-même. Les hémorragies, la déshydratation décidèrent le médecin à exiger l'hospitalisation. Le vendredi 15, on le conduisait à la clinique : il y demanda tout de suite Margot qui était dans une chambre voisine et fut amenée sur un fauteuil roulant. Il l'accueillit avec son affection habituelle. Le lendemain, il pria même Hélène Dukas de lui apporter ses lunettes et son bloc-notes. Il parlait aux médecins et aux rares visiteurs. Son fils aîné, Hans Albert, l'ingénieur, était là, rappelé de Californie par Margot. Celle-ci a pu dire qu'il montrait le même calme, la même harmonie d'esprit que son père. Sa présence fut d'un grand apaisement pour celles dont toute l'existence était dédiée au grand homme pour qui, seul vraiment, l'une et l'autre paraissaient vivre et qu'elles allaient perdre.

Le dimanche 17, il prit du bouillon et put le garder. Une lueur d'espoir sembla poindre. Mais dans la nuit, à une heure et quart, au très petit matin du 18 avril, il quittait doucement et comme endormi *ce monde étrange.* Les combats de l'agonie furent épargnés à l'homme de la paix. L'aorte creva et ce fut comme une seconde mort. On avait envisagé de la remplacer artificiellement, longue opération de plusieurs heures et qu'il avait énergiquement repoussée. L'autopsie révéla qu'il avait eu raison : dans son cas, l'opération eût été impossible.

Ce même jour funèbre, son corps fut incinéré en la seule présence des plus intimes. Il ne voulait point de tombe illustre et rien qui pût rompre, de l'autre côté de la mort, cette absolue simplicité dont avait témoigné sa vie, tout au long de ses jours et jusqu'à leur terme.

Il y a une grandeur socratique, dans tout ce que nous savons de lui au moment suprême. Dans l'ambulance qui l'emmenait à la clinique, il s'était entretenu de ses sujets d'étude avec celui qui l'accompagnait et qui se trouvait être un volontaire, en réalité membre de l'Université de Princeton. Il avait profondément compris que la mort était là. Mais il ne cessait de garder sa force d'âme, écartant même, au début, toute piqûre calmante. Absent de toute crainte, il semblait, selon le mot d'une intime, être parvenu « à séparer son esprit de son corps ». Son pur souci restait de rassurer son entourage.

L'un de ceux qui l'ont le mieux compris, son ancien collaborateur et ami C. Lanczos, a rappelé le mot de

Spinoza — de Spinoza qui eut la plus grande influence sur lui : « Homo liber de nulla re minus quam de morte cogitat. » Homme libre s'il en fut, certes, Albert Einstein n'avait pas souci de sa mort.

A la maison de Mercer Street, sa présence semble presque matérielle encore. Dans son studio, il y a sa table de travail, son grand fauteuil, la couverture de laine qu'aux mois d'hiver il mettait sur ses genoux. Des fleurs fraîches prolongent dans la chambre l'atmosphère agreste du jardin...

Il ne faudrait rien ajouter ici, car *le reste est silence.* Que le monde ait paru « diminué de valeur », ce fut pour les plus illustres comme pour les plus obscurs une évidence. Mais il convient seulement de terminer par ce que dit alors sa fille Margot Einstein :

« Dans sa mort même, il nous aura montré comment il faut vivre! »

NOTES

Page 48, à propos des années scolaires à Munich, Frank donne assez l'impression que le jeune Einstein avait alors répudié la communauté juive. C'est inexact, car à aucun moment de sa vie il ne le fit et il aurait sans doute écarté cette assertion s'il s'en était aperçu.

P. 292. La phrase excessivement dure du second paragraphe vise probablement l'Académie des Sciences, car on ne voit pas de quelle autre il pourrait s'agir. Certes, plusieurs de ses membres n'engageant qu'eux-mêmes purent avoir à ce moment une attitude hostile. Mais rien d'officiel et de fâcheux n'émana de la compagnie même, où de grands savants comme Appell, Painlevé, Emile Picard ou Jean Perrin étaient pleinement conscients de la valeur d'Einstein.

P. 319-321. Il y a beaucoup à redire sur le prétendu « positivisme » d'Einstein. Voir notamment à ce sujet la fin du § 7 de notre chapitre XIII complémentaire.

P. 423. Ce n'est pas Mlle Dukas, mais sa mère qui était originaire de Hechingen comme Elsa Einstein. Hélène Dukas était venue de Fribourg-en-Brisgau à Berlin et fut introduite par l'une de ses sœurs auprès d'Einstein qui la prit comme secrétaire en 1928, on le sait.

Au § 7 et à la dernière page de notre chapitre XIII complémentaire, je fais allusion aux très précieuses conférences de C. Lanczos, *Albert Einstein, his Life and Work* (67 pages dactylographiées, Dublin, Institute for advanced Studies, Lectures 1955-1956). — Je ne crois pas qu'elles aient été éditées.

A. G.

TABLE DES MATIÈRES

Achevé d'imprimer en janvier 1991
sur les presses de l'Imprimerie Bussière
à Saint-Amand (Cher)

N° d'éditeur : 12998
Dépôt légal : février 1991
N° d'impression : 170
Imprimé en France